고종훈
한국사
능력검정시험

기출 400제

INTRO 머리말

한국사능력검정시험은 자격시험이다.

24년 한 해 동안 모두 4번의 시험(69~72회)이 있었다. 25년에도 4번의 시험(73~76회)이 예정되어 있으며, 이미 일정도 정해졌다. 1회부터 46회까지는 고급/중급/초급 체제였으나 47회 시험부터 심화/기본으로 개편되었다. 심화로 응시할 경우 60점 이상은 3급, 70점 이상은 2급, 80점 이상은 1급이 주어진다. 대부분의 취준생(취업준비생)이 도전하는 것은 2급이다. 취업 준비로 바쁜 분들은 굳이 만점을 받기 위해 많은 공부를 하지 않아도 된다. 물론 사관학교 준비생들처럼 고득점을 할수록 유리한 경우도 있다.

1년에 4회 치러지는 한능검 시험의 난이도는 회차별로 크지 않다. 50문제를 출제하기 때문에 한국사 전체에서 골고루 출제된다. 심화라고 하지만 고등학교 교과서 범위에서 95% 이상 출제한다. 어려운 문제가 2~3문제 정도 출제되며, 문화유산, 기록유산 등 교양과 관련된 주제가 출제되는 경우도 있지만 2~3문제를 넘지 않는다.

역대 기출문제가 가이드북이다.

한국사능력검정시험은 매년 4회가 치러지기 때문에 기출문제가 아주 풍부하다. 매번 비슷한 주제가 반복된다. 탐구자료가 바뀌지만 지문은 늘 비슷비슷하다. 최근 2~3회 기출문제를 풀어보면 어떤 시험인지, 난이도가 어떤지 금방 알 수 있다. 고등학교 교과 과정을 충분히 숙지하면 다 풀 수 있는 문제이다. 그러나 졸업한 지 오래되어서 기억이 가물가물한 취준생은 따로 2~3주 개념(이론)을 정리해야 한다.

한국사 전체를 115개 주제로 분해

이 책은 1부와 2부로 구성되어 있다. 1부는 최근 10회(65~74회) 기출(심화)을 빈출 주제 위주로 115개를 뽑고, 해당 주제별로 [대표 기출]과 [기출 변형]을 실었다.

2부는 대단원, 중단원 단위로 최근 10회(65~74회) 기출(심화)을 재구성하여 실었다. 너무 자주 반복되는 주제는 일부 쳐내고 총 170문제를 엄선하였다.

독학서이자 강의 교재

한국사능력검정시험은 독학으로 도전하는 분들이 많다. 이 책은 기획 단계부터 독학으로 고득점을 할 수 있도록 준비했다. 그러나 강의와 연계하고 효과적으로 단기 고득점을 하고 싶은 분들을 위해 메가공무원(www.megagong.net)에 강좌가 열려 있다. 강의와 연계한다면 다소 개념(이론)이 부족한 분들도 충분히 따라갈 수 있을 것이다.

부디 많은 분들이 이 책으로 한국사능력검정시험에 고득점 할 수 있기를 바랍니다. 마지막으로 이 책의 출판을 위해 기획, 편집 과정에서 도움을 주시고 애써 주신 분들에게 진심으로 감사드립니다.

2025년 7월 1일

고종훈

CONTENTS 차 례

PART 1. 대표기출 + 기출변형

I 한국 고대사

- 001 선사 시대의 전개 ········ 012
- 002 청동기·철기 시대 ········ 013
- 003 고조선 ········ 014
- 004 초기국가(부여, 고구려) ········ 015
- 005 초기국가(옥저, 동예, 삼한) ········ 016
- 006 고구려의 발전 ········ 017
- 007 백제의 발전 ········ 018
- 008 신라의 발전 ········ 019
- 009 가야의 발전 ········ 020
- 010 삼국의 항쟁(1) ········ 021
- 011 삼국의 항쟁(2) ········ 022
- 012 삼국의 통일 ········ 023
- 013 통일 신라의 발전 ········ 024
- 014 신라 말의 정치 변동 ········ 025
- 015 발해의 발전 ········ 026
- 016 고대의 경제 ········ 027
- 017 고대의 사회 ········ 028
- 018 불교의 발전 ········ 029
- 019 학문과 사상의 발달 ········ 030
- 020 고분과 고분 벽화 ········ 031
- 021 불교 미술(탑, 불상) ········ 032
- 022 고대인의 멋과 자취 ········ 033
- 023 발해의 문화 ········ 034

II 한국 중세사

- 024 고려의 성립 ········ 040
- 025 고려 초기의 정치 ········ 041
- 026 문벌 귀족 사회의 성립과 동요 ········ 042
- 027 고려의 제도 ········ 043
- 028 무신 정권의 성립 ········ 044
- 029 대외 관계의 변화 ········ 045
- 030 고려 후기의 정치 변동 ········ 046
- 031 고려의 멸망 ········ 047
- 032 고려의 경제 정책 ········ 048
- 033 고려의 경제 활동 ········ 049
- 034 고려의 사회 ········ 050
- 035 유학의 발달 ········ 051
- 036 역사서의 편찬 ········ 052
- 037 불교 사상의 발달 ········ 053
- 038 귀족 문화의 발달 ········ 054
- 039 불교 문화의 발달 ········ 055

III 한국 근세사

040 조선의 건국 ········ 060
041 유교 정치의 실현 ········ 061
042 사림의 대두 ········ 062
043 붕당의 출현 ········ 063
044 통치 제도의 정비(1) ········ 064
045 통치 제도의 정비(2) ········ 065
046 임진왜란 ········ 066
047 두 차례 호란 ········ 067
048 통치 체제의 변화 ········ 068
049 붕당 정치의 전개 ········ 069
050 탕평 정치 ········ 070
051 세도 정치와 농민 봉기 ········ 071
052 토지 제도 ········ 072
053 수취 제도 ········ 073
054 경제 활동(1) ········ 074
055 경제 활동(2) ········ 075
056 신분 제도 ········ 076
057 향촌 질서의 변화 ········ 077
058 조선 전기의 편찬 사업 ········ 078
059 성리학의 융성 ········ 079
060 실학 사상(1) ········ 080
061 실학 사상(2) ········ 081
062 국학 연구 ········ 082
063 과학기술 ········ 083
064 새로운 종교의 등장 ········ 084
065 문화 예술(그림) ········ 085
066 문화 예술(건축과 공예) ········ 086

IV 한국 근대사

067 흥선대원군의 개혁 정치 ········ 092
068 두 차례 양요 ········ 093
069 근대적 조약 체결 ········ 094
070 개화 정책의 추진 ········ 095
071 개화 정책에 대한 반발 ········ 096
072 갑신정변 ········ 097
073 동학 농민 운동 ········ 098
074 갑오·을미개혁 ········ 099
075 독립협회 ········ 100
076 대한제국 ········ 101
077 국권의 침탈 ········ 102
078 항일의병 ········ 103
079 애국 계몽 운동 ········ 104
080 개항 이후의 경제 ········ 105
081 경제적 구국 운동 ········ 106
082 근대의 사회·문화(1) ········ 107
083 근대의 사회·문화(2) ········ 108
084 근대의 사회·문화(3) ········ 109

CONTENTS 차례

PART 1. 대표기출 + 기출변형

V 독립운동사

- 085 일제의 식민 통치 ········ 114
- 086 식민지 경제 수탈 ········ 115
- 087 1910년대 민족 운동 ········ 116
- 088 3·1 운동 ········ 117
- 089 대한민국 임시 정부 ········ 118
- 090 의거 활동 ········ 119
- 091 1920년대 무장 독립 투쟁 ········ 120
- 092 1930년대 무장 독립 투쟁 ········ 121
- 093 1940년대 무장 독립 투쟁 ········ 122
- 094 독립운동가 ········ 123
- 095 사회적 민족 운동 ········ 124
- 096 신간회 ········ 125
- 097 경제적 민족 운동 ········ 126
- 098 국학 연구(1) ········ 127
- 099 국학 연구(2) ········ 128
- 100 문화 예술계의 동향 ········ 129

VI 한국 현대사 / 기타

- 101 8·15 광복 ········ 134
- 102 대한민국 정부의 수립(1) ········ 135
- 103 대한민국 정부의 수립(2) ········ 136
- 104 6·25 전쟁 ········ 137
- 105 이승만 정부 ········ 138
- 106 박정희 정부 ········ 139
- 107 민주주의의 시련과 발전(1) ········ 140
- 108 민주주의의 시련과 발전(2) ········ 141
- 109 현대의 경제 발전 ········ 142
- 110 현대의 사회 문화 ········ 143
- 111 통일을 위한 노력 ········ 144
- 112 역사 속의 지역(1) ········ 145
- 113 역사 속의 지역(2) ········ 146
- 114 문화유산(1) ········ 147
- 115 문화유산(2) ········ 148

단원별 기출문제

- **I** 한국 고대사 ·········· 152
- **II** 한국 중세사 ·········· 160
- **III** 한국 근세사 ·········· 168
- **IV** 한국 근대사 ·········· 178
- **V** 독립운동사 ·········· 184
- **VI** 한국 현대사/기타 ·········· 190

PART 1
대표기출 + 기출변형

I 한국 고대사

001 선사 시대의 전개
002 청동기·철기 시대
003 고조선
004 초기국가(부여, 고구려)
005 초기국가(옥저, 동예, 삼한)
006 고구려의 발전
007 백제의 발전
008 신라의 발전
009 가야의 발전
010 삼국의 항쟁(1)
011 삼국의 항쟁(2)
012 삼국의 통일
013 통일 신라의 발전
014 신라 말의 정치 변동
015 발해의 발전
016 고대의 경제
017 고대의 사회
018 불교의 발전
019 학문과 사상의 발달
020 고분과 고분 벽화
021 불교 미술(탑, 불상)
022 고대인의 멋과 자취
023 발해의 문화

대단원 출제경향

I 한국 고대사

	제70회	제71회	제72회	제73회	제74회
1. 선사 문화의 발전과 초기 국가	2문제	2문제	2문제	2문제	2문제
2. 삼국의 성립과 가야의 발전	2문제	4문제	1문제	3문제	1문제
3. 통일 신라와 발해의 발전	2문제	2문제	3문제	2문제	3문제
4. 고대의 사회와 경제, 문화	3문제	2문제	4문제	3문제	3문제
합계	9문제	10문제	10문제	10문제	9문제

제70회 리뷰

모두 9문제가 출제되었다. [선사 문화의 발전과 초기 국가] 단원에서는 청동기 시대의 생활 모습, 동예 등 2문제가 출제되었다. [삼국의 성립과 가야의 발전] 단원에서는 소수림왕, 한성 함락(개로왕의 죽음) 등 2문제가 출제되었다. [통일신라와 발해의 발전] 단원에서는 원성왕(785년 왕위 경쟁), 발해 등 2문제가 출제되었다. [고대의 사회와 경제, 문화] 단원에서는 도교, 원효, 최치원 등 3문제가 출제되었다.

제71회 리뷰

모두 9문제가 출제되었다. [선사 문화의 발전과 초기 국가] 단원에서는 구석기 시대의 생활 모습, 부여 등 2문제가 출제되었다. [삼국의 성립과 가야의 발전] 단원에서는 백제의 발전, 금관가야, 지증왕, 삼국의 통일 등 4문제가 출제되었다. [통일신라와 발해의 발전] 단원에서는 궁예, 발해의 등주 공격 등 2문제가 출제되었다. [고대의 사회와 경제, 문화] 단원에서는 원광, 석가탑 등 2문제가 출제되었다.

제72회 리뷰

모두 9문제가 출제되었다. [선사 문화의 발전과 초기 국가] 단원에서는 청동기 시대의 생활 모습, 고조선 등 2문제가 출제되었다. [삼국의 성립과 가야의 발전] 단원에서는 삼국의 항쟁 1문제가 출제되었다. [통일신라와 발해의 발전] 단원에서는 진성여왕, 발해, 견훤 등 3문제가 출제되었다. [고대의 사회와 경제, 문화] 단원에서는 통일신라의 경제, 고구려의 고분벽화, 신라의 탑, 백제의 문화유산 등 4문제가 출제되었다.

제73회 리뷰

모두 10문제가 출제되었다. [선사 문화의 발전과 초기 국가] 단원에서는 청동기 시대의 생활 모습, 옥저와 삼한 등 2문제가 출제되었다. [삼국의 성립과 가야의 발전] 단원에서는 근초고왕, 대가야, 삼국의 통일 등 3문제가 출제되었다. [통일신라와 발해의 발전] 단원에서는 신라 하대, 궁예 등 2문제가 출제되었다. [고대의 사회와 경제, 문화] 단원에서는 화랑도, 고구려의 문화유산, 발해의 불교문화 등 3문제가 출제되었다.

제74회 리뷰

모두 9문제가 출제되었다. [선사 문화의 발전과 초기 국가] 단원에서는 신석기 시대의 생활 모습, 고조선 등 2문제가 출제되었다. [삼국의 성립과 가야의 발전] 단원에서는 삼국의 항쟁 1문제가 출제되었다. [통일신라와 발해의 발전] 단원에서는 문무왕, 장보고, 발해 등 3문제가 출제되었다. [고대의 사회와 경제, 문화] 단원에서는 고구려 장군총, 능산리 고분, 선종 불교 등 3문제가 출제되었다.

001 선사 시대의 전개

대표기출
심화 69회

(가) 시대의 생활 모습으로 가장 적절한 것은?

> **초대합니다**
> **수장고에서 찾아낸 유물 이야기**
> 우리 박물관은 수장고의 유물을 선정하여 분기별로 특별 전시회를 개최하고 있습니다. 이번 전시회에서는 (가) 시대를 주제로 한 유물들이 전시될 예정입니다.
>
> ■ 대표 전시 유물
>
>
> 동삼동 패총 유적에서 출토된 빗살무늬 토기로 짧은 사선 무늬, 생선뼈무늬 등이 잘 드러납니다. 농경과 목축이 시작된 (가) 시대에 식량의 저장과 조리를 위해 이와 같은 토기가 제작되었습니다.
>
> ■ 기간: 2024.○○.○○.~○○.○○.
> ■ 장소: △△ 박물관 특별 전시실

① 반달 돌칼을 이용하여 벼를 수확하였다.
② 주로 동굴이나 강가의 막집에 거주하였다.
③ 가락바퀴와 뼈바늘로 옷을 만들어 입었다.
④ 많은 인력을 동원하여 고인돌을 축조하였다.
⑤ 주먹도끼, 찍개 등의 뗀석기를 처음 제작하였다.

해설
(가)는 농경과 목축이 시작되고 빗살무늬 토기를 사용한 신석기 시대이다. 신석기 시대 초기에는 이른 민무늬 토기, 덧무늬 토기, 눌러찍기무늬 토기(압인문 토기) 등을 만들어 사용하였고 나중에는 빗살무늬 토기를 사용하였다.
신석기 시대에는 각종 농경 도구나 토기를 만들어 쓰는 것 이외에도 원시적인 수공업 활동이 이루어졌다. 옷이나 그물을 만들 때 사용하는 가락바퀴와 뼈바늘이 출토되는 것을 통해 이를 짐작할 수 있다.

오답분석
① 청동기 시대에 벼농사가 시작되었고 반달 돌칼을 사용하였다.
② 구석기 시대 사람들은 주로 동굴이나 강가의 막집에 거주하였다.
④ 청동기 시대에 지배층의 무덤으로 고인돌이 축조되었다.
⑤ 구석기 시대에 주먹도끼, 찍개 등이 처음 제작되었다.

정답 ③

기출변형

(가) 시대의 생활 모습으로 옳은 것은?

> 공주 석장리에서 남한 최초로 (가) 시대의 유물인 찍개, 주먹도끼 등의 뗀석기가 출토되었습니다. 이번 발굴로 우리나라에서도 (가) 시대가 존재했다는 사실이 입증되었습니다.
>
> **대한 뉴우스**
> 공주 석장리, 남한 최초로 뗀석기 출토

① 반달 돌칼로 벼를 수확하였다.
② 주로 동굴이나 막집에서 거주하였다.
③ 의례 도구로 청동 방울 등을 제작하였다.
④ 빗살무늬 토기를 제작하여 식량을 저장하였다.
⑤ 거푸집을 사용하여 세형 동검을 제작하였다.

해설
찍개, 주먹도끼 등의 뗀석기는 구석기 시대의 유물이다. 공주 석장리를 비롯해 단양 수양개, 제천 창내 등 여러 지역에서 구석기 시대의 유물이 발견되고 있다. 특히, 연천 전곡리 유적에서는 아슐리안형 주먹도끼가 아시아에서 처음으로 발견되었으며, 청원 두루봉 동굴에서는 구석기 시대 사람의 뼈(흥수아이)가 발견되기도 하였다.
구석기 시대 사람들은 가족 단위의 무리를 이루어 사냥감을 찾아다녔고, 계절에 따라 이동 생활을 하였기 때문에 동굴, 바위 그늘에서 생활하거나 강가에 막집을 짓고 살았다.

오답분석
① 청동기 시대에 벼농사가 시작되고 반달 돌칼을 수확에 이용하였다.
③ 청동기 시대에 의례 도구로 청동 방울 등을 제작하였다.
④ 신석기 시대에 빗살무늬 토기를 만들어 사용하였다.
⑤ 철기 시대에 거푸집을 이용하여 세형 동검을 제작하였다.

정답 ②

002 청동기 · 철기 시대

대표기출
심화 67회

(가) 시대의 생활 모습으로 옳은 것은?

> 계급이 출현한 (가) 시대의 생활상을 엿볼 수 있는 환호, 고인돌, 민무늬 토기 등이 울주 검단리 유적에서 발굴되었습니다. 특히 마을의 방어 시설로 보이는 환호는 우리나라의 (가) 시대 유적에서 처음 확인된 것으로, 둘레가 약 300미터에 달합니다.

① 철제 무기로 정복 활동을 벌였다.
② 주로 동굴이나 막집에서 거주하였다.
③ 소를 이용한 깊이갈이가 일반화되었다.
④ 비파형 동검과 청동 거울 등을 제작하였다.
⑤ 빗살무늬 토기에 음식을 저장하기 시작하였다.

기출변형

(가) 시대의 생활 모습으로 옳은 것은?

> △△ 박물관 특별전
> 금속이 우리의 삶으로, (가) 시대로의 여행
>
> 모시는 글
> 우리 박물관에서는 금속을 사용하기 시작한 (가) 시대 특별전을 마련하였습니다. 비파형 동검, 거푸집, 민무늬 토기 등 당시의 생활 모습을 엿볼 수 있는 다양한 유물들을 준비하였으니 많은 관람 바랍니다.
> ■ 기간: 2020.○○.○○.~○○.○○.
> ■ 장소: △△ 박물관 특별 전시실

① 우경이 처음 시작되었다.
② 지배층의 무덤으로 고인돌을 축조하였다.
③ 반량전 등의 중국 화폐가 사용되었다.
④ 쟁기, 쇠스랑 등의 철제 농기구를 사용하였다.
⑤ 주먹도끼, 슴베찌르개 등을 도구로 사용하였다.

해설

(가)는 계급이 출현하고 고인돌, 민무늬 토기 등이 만들어진 청동기 시대이다. 울주 검단리 등 청동기 시대 주거지에서는 마을의 방어를 위한 환호, 목책 등이 발견되었다.
청동기 시대에는 비파형 동검(요령식 동검), 거친무늬 거울(다뉴조문경) 등의 청동기를 만들어 사용하였다. 청동기는 지배층의 무기나 장식품으로 사용되었고, 농기구·공구와 같은 일반적인 도구는 돌로 만들어 사용하였다.

오답분석
① 철기 시대에 철제 무기가 제작되어 사용되었다.
② 구석기 시대 사람들이 주로 동굴이나 막집에 거주하였다.
③ 고려 시대에 소를 이용한 깊이갈이가 일반화되었다.
⑤ 신석기 시대에 빗살무늬 토기를 만들어 사용하였다.

정답 ④

해설

(가)는 비파형 동검, 민무늬 토기 등을 사용한 청동기 시대이다.
청동기 시대에는 돌널무덤과 함께 고인돌이 많이 만들어졌는데, 고인돌은 계급 사회의 발생을 보여 주는 유물이다. 고인돌을 축조하기 위해서는 덮개돌을 채석하여 운반하고 무덤에 설치하기까지 많은 인력이 동원되었을 것으로 추정된다. 이는 당시 지배층이 우세한 정치권력과 경제력을 가지고 있었다는 것을 의미한다.

오답분석
① 삼국 시대에 우경(소를 이용한 밭갈이)이 처음 시작되었다.
③ 철기 시대 유적지에서 반량전 등의 중국 화폐가 발견되었다.
④ 철기 시대에 쟁기, 쇠스랑 등의 농기구를 철로 만들었다.
⑤ 구석기 시대에 주먹도끼, 슴베찌르개 등을 도구로 사용하였다.

정답 ②

I 한국 고대사

003 고조선

대표기출　　　　　　　　　심화 68회

(가)에 들어갈 내용으로 가장 적절한 것은?

> #8. 궁궐 안
> 손자와 대화하며 과거를 회상하는 장면
> 손자: 할아버지, 어떻게 왕이 되셨나요?
> 왕: 이 땅에 들어와서 처음에는 국경 수비를 맡았다가 준왕을 몰아내고 왕이 되었지.
> 손자: 또 무슨 일을 하셨어요?
> 왕: 왕검성을 중심으로 기반을 정비하고 백성을 받아들여 나라의 내실을 다졌단다. 그리고 (가)

① 율령을 반포하여 체제를 정비하였단다.
② 화랑도를 국가적인 조직으로 개편하였단다.
③ 내신 좌평 등 여섯 명의 좌평을 거느렸단다.
④ 진번과 임둔을 복속하여 영토를 확대하였단다.
⑤ 지방의 여러 성에 욕살, 처려근지 등을 두었단다.

해설
제시된 자료의 '왕'은 준왕을 몰아내고 (고)조선의 왕위에 오른 위만이다. 위만이 망명해오자 준왕은 그를 신임하여 서쪽 국경 수비를 담당하게 하였다. 그러나 위만은 이주민 세력을 통솔하며 세력을 확대하였고, 기원전 194년 수도인 왕검성을 공격하여 준왕을 몰아내고 스스로 왕이 되었다. 위만이 집권한 후 고조선은 철기 문화를 적극적으로 수용하였다. 철제 무기와 농기구 생산을 중심으로 한 수공업이 발달하였고, 상업과 무역도 발달하여 강력한 국가로 성장할 수 있었다. 위만조선은 주변의 진번·임둔 등을 복속시키며 영토를 확대하였다.

오답분석
① 삼국 시대에 율령이 처음 반포되었다.
② 신라 진흥왕 때 화랑도가 국가적인 조직으로 개편되었다.
③ 백제에서 6좌평제를 시행하였다.
⑤ 고구려에서 욕살, 처려근지 등의 지방관을 두었다.

정답 ④

기출변형

(가) 나라에 대한 설명으로 옳은 것을 <보기>에서 고른 것은?

> 아들을 거쳐 손자 우거 때 이르러서는 …… 수변의 여러 나라들이 글을 올려 천자를 알현하고자 하였으나 또한 가로막고 통하지 못하게 하였다. …… 좌장군이 두 군대를 합하여 맹렬히 (가) 을/를 공격하였다. 상 노인, 상 한음, 니계상 참, 장군 왕협 등이 서로 [항복을] 모의하였다. [우거]왕이 항복하려 하지 않았다. 한음, 왕협, 노인이 모두 도망하여 한에 항복하였는데, 노인은 도중에 죽었다.
> — 『사기』 —

〈보기〉
ㄱ. 영고라는 제천행사를 열었다.
ㄴ. 제사장인 천군과 신성 지역인 소도가 있었다.
ㄷ. 살인, 절도 등의 죄를 다스리는 범금 8조가 있었다.
ㄹ. 한과 한반도 남부 사이의 중계 무역으로 발전하였다.

① ㄱ, ㄴ　　② ㄱ, ㄷ　　③ ㄴ, ㄷ
④ ㄴ, ㄹ　　⑤ ㄷ, ㄹ

해설
우거는 위만의 손자로 고조선의 마지막 왕이므로 (가)는 고조선이다. 한의 무제는 '섭하 사건'을 계기로 고조선을 침략하였다. 고조선은 약 1년에 걸쳐 한의 군대에 맞서 완강하게 대항하였다. 그러나 지배층의 내분으로 니계상 참은 사람을 보내 우거왕을 살해하고 한나라에 항복하였다. 우거왕이 죽은 후 대신 성기(成己)가 계속 저항하였지만 오래 가지 못했고, 마침내 기원전 108년 고조선은 멸망하고 말았다.
위만 왕조의 고조선은 활발한 정복 사업을 전개하여 진번(황해도 일대), 임둔(함경남도 일대) 등 주변의 여러 나라들을 복속시켜 넓은 영토를 차지하였다. 또, 지리적인 이점을 이용하여 동방의 예나 남방의 진이 직접 중국의 한과 교역하는 것을 막고, 중계 무역의 이득을 독점하려 하였다. 고조선에서는 사회 질서를 유지하기 위한 8개조의 법률이 있었는데, 그 중에서 3개 조항만이 『한서』의 지리지에 기록되어 전해 진다.

오답분석
ㄱ. 부여에는 영고라는 제천행사가 있었다.
ㄴ. 삼한에는 제사장인 천군과 신성 지역인 소도가 있었다.

정답 ⑤

004 초기국가(부여, 고구려)

대표기출
심화 64회

(가) 나라에 대한 설명으로 옳은 것은?

> ○ (가) 의 풍속에는 가뭄이나 장마가 계속되어 오곡이 영글지 않으면, 그 허물을 왕에게 돌려 "왕을 마땅히 바꾸어야 한다."고 하거나 "죽여야 한다."라고 하였다.
> — 『삼국지』 동이전 —
>
> ○ (가) 사람들은 …… 활·화살·칼·창으로 무기를 삼았다. 가축의 이름으로 관직명을 지으니 마가·우가·구가 등이 있었다. 그 나라의 읍락은 모두 여러 가(加)에 소속되었다.
> — 『후한서』 동이열전 —

① 영고라는 제천 행사를 열었다.
② 한 무제의 공격으로 멸망하였다.
③ 정사암에 모여 재상을 선출하였다.
④ 읍락 간의 경계를 중시하는 책화가 있었다.
⑤ 제사장인 천군과 신성 지역인 소도가 존재하였다.

기출변형

밑줄 그은 '이 나라'에 대한 설명으로 옳은 것은?

> 이 나라에는 왕이 있고 벼슬로는 상가·대로·패자·고추가·주부·우태·승·사자·조의·선인이 있으며, 존비(尊卑)에 따라 각각 등급을 두었다. 모든 대가들도 스스로 사자·조의·선인을 두었는데, 그 명단은 모두 왕에게 보고하여야 한다. …… 범죄자가 있으면 제가들이 모여 회의하여 즉시 사형에 처하고, 그 처자는 노비로 삼는다.
> — 『삼국지』 동이전 —

① 집집마다 부경이라는 창고가 있었다.
② 10월에 무천이라는 제천행사를 열었다.
③ 혼인 풍습으로 민며느리제가 있었다.
④ 여러 가(加)들이 별도로 사출도를 다스렸다.
⑤ 사회 질서의 유지를 위해 범금 8조를 만들었다.

해설
(가)는 재해가 들면 왕에게 책임을 묻고, 마가·우가·구가 등의 대가들이 있었던 부여이다.
부여는 중앙의 수도를 중심으로 사방에서 가(加)들이 각각의 읍락을 통치하는 연맹체 국가였다. 그중 마가, 우가, 저가, 구가 등의 대가(大加)의 세력이 커 중앙과 합쳐 5부를 구성하였다.
부여는 본격적인 사냥철이 시작되는 12월에 영고라는 제천행사를 거행하였다. 영고는 공동 수렵을 행하던 전통을 계승한 것으로, 이때에는 온 백성이 노래를 부르고 춤을 추고 즐겼으며, 죄인을 풀어 주기도 하였다.

오답분석
② 고조선이 한 무제의 공격으로 멸망하였다.
③ 백제의 귀족들이 정사암에 모여 재상을 선출하였다.
④ 동예에 읍락 간의 경계를 중시하는 책화가 있었다.
⑤ 삼한에 제사장인 천군과 신성 지역인 소도가 존재하였다.

정답 ①

해설
고구려에 상가, 고추가 등의 벼슬이 있었다. 중국 문헌에 의하면 고구려는 죄인이 있으면 제가회의에서 논의하여 사형에 처하고 그 처자는 노비로 삼는다고 한다.
고구려는 험준한 산악 지대에 위치하여 농토가 부족하였다. 일찍부터 고구려인들은 주변의 소국을 정복하고 약탈하여 부족한 물자를 충당하였다. 중국 문헌에는 고구려 지배층은 부경이라는 작은 창고를 집집마다 갖고 있었는데 이는 약탈한 물자를 보관하는 곳이었다.

오답분석
② 동예에서는 10월에 무천이라는 제천행사를 열었다.
③ 옥저에서는 혼인 풍습으로 민며느리제가 있었다.
④ 부여는 중앙의 왕 이외에 여러 가(加)들이 별도로 사출도를 다스렸다.
⑤ 고조선은 사회 질서의 유지를 위해 범금 8조를 만들었다.

정답 ①

005 초기국가(옥저, 동예, 삼한)

대표기출
심화 66회

다음 자료에 해당하는 나라에 대한 설명으로 옳은 것은?

> 호의 수는 5천인데 대군왕은 없으며 읍락에는 각각 대를 잇는 우두머리가 있다. …… 여러 읍락의 거수(渠帥)들은 스스로를 삼로라 일컬었다. …… 장사를 지낼 때에는 큰 나무곽을 만든다. 길이가 10여 장이나 되며 한쪽을 열어 놓아 문을 만든다. 사람이 죽으면 임시로 매장한다. 겨우 시체가 덮일 만큼 묻었다가 가죽과 살이 다 썩은 다음에 뼈만 추려 곽 속에 넣는다. 온 집 식구를 하나의 곽 속에 넣어 두는데, 죽은 사람의 숫자만큼 나무를 깎아 생전의 모습과 같이 만들었다.
> — 『삼국지』 동이전 —

① 신성 지역인 소도가 존재하였다.
② 혼인 풍습으로 민며느리제가 있었다.
③ 범금 8조를 통해 사회 질서를 유지하였다.
④ 여러 가(加)들이 각각 사출도를 주관하였다.
⑤ 정사암에 모여 국가의 중대사를 논의하였다.

해설
장례 풍습으로 골장제(가족 공동 무덤)가 있었던 나라는 옥저이다. 옥저의 장례 풍속인 골장제는 가족이 죽으면 시체를 가매장하였다가 나중에 그 뼈를 추려서 가족 공동의 무덤인 커다란 목곽에 안치하였다. 목곽 입구에는 죽은 자의 양식으로 쌀을 담은 항아리를 매달아 놓기도 하였다. 옥저의 혼인 풍습에는 어린 여자를 남자의 집에 데려다 기른 후 며느리로 삼는 민며느리제가 있었다.

오답분석
① 삼한에 천군이 종교 의례를 주관하는 신성 지역인 소도가 존재하였다.
③ 고조선이 사회 질서를 유지하기 위해 범금 8조를 시행하였다.
④ 부여에서 마가, 우가, 저가, 구가 등의 가(加)들이 각각 사출도를 주관하였다.
⑤ 백제의 귀족들이 정사암에 모여 국가의 중대사를 논의하였다.

정답 ②

기출변형

(가) 나라에 대한 설명으로 옳은 것은?

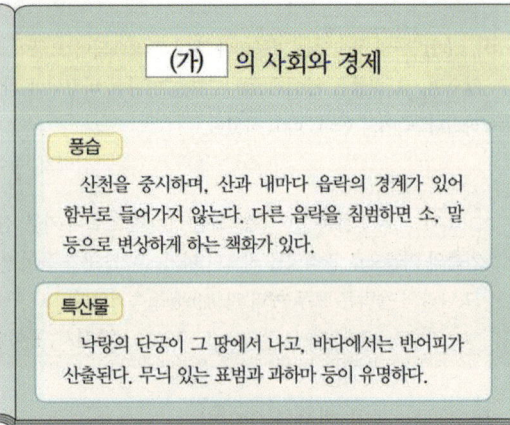

① 신성 지역인 소도가 존재하였다.
② 동맹이라는 제천행사가 있었다.
③ 읍군이나 삼로라는 지배자가 있었다.
④ 철을 생산하여 낙랑, 왜에 수출하였다.
⑤ 도둑질한 자에게 12배로 배상하게 하였다.

해설
책화 풍습이 있었으며 단궁, 반어피, 과하마가 특산물로 생산된 (가)는 동예이다.
동예는 연맹 국가로 성장하지 못하여 왕은 없었고, 각 읍락별로 자치를 영위하고 있었다. 각 읍락은 후(侯), 읍군, 삼로라고 불리는 (소)군장들이 다스렸다. 각 읍락은 산천을 경계로 한 일정한 구역을 가지고 있었으며, 그 구역 내의 산림과 하천 등을 공유지로 보유하였고, 호랑이를 신으로 섬기는 산신 신앙을 가지고 있었다. 당시 사회에서는 남의 읍락에 침범했을 때에는 생구(生口)나 우마(牛馬)를 배상으로 지불해야 하였다.

오답분석
① 삼한에 천군이 주관하는 신성 지역인 소도가 있었다.
② 고구려는 10월에 동맹이라는 제천행사가 있었다.
④ 삼한 중 변한에서는 철을 생산하여 이를 낙랑, 왜에 수출하였다.
⑤ 부여와 고구려에서 1책 12법이 시행되었다.

정답 ③

006 고구려의 발전

대표기출 _심화 66회_

밑줄 그은 '왕'에 대한 설명으로 옳은 것은?

> ○ 기해년에 백제가 맹세를 어기고 왜와 화통하였다. 왕이 순행하여 평양으로 내려갔는데, 신라에서 사신을 보내어 아뢰기를, "왜인이 국경에 가득 차 성지(城池)를 파괴하고 있습니다. …… 귀부하여 명을 받고자 합니다."라고 하였다.
> ○ 경자년에 왕이 보병과 기병 5만 명을 보내서 신라를 구원하게 하였다. 군대가 남거성을 거쳐 신라성에 이르니 왜적이 많았다. 군대가 도착하자 왜적이 퇴각하였다.

① 대가야를 병합하였다.
② 평양으로 도읍을 옮겼다.
③ 22담로에 왕족을 파견하였다.
④ 영락이라는 연호를 사용하였다.
⑤ 낙랑군을 몰아내고 영토를 확장하였다.

해설
5만의 군대를 보내어 신라를 침입한 왜를 격퇴한 '왕'은 고구려 광개토왕(391~413)이다.
광개토왕은 북으로는 후연을 격파하고 요동 지방을 차지하였으며 부여와 숙신(말갈)을 굴복시켰다. 남으로는 백제를 공격하여 백제 아신왕의 동생과 대신을 인질로 삼았다. 또한 신라에 침입한 왜군을 격퇴함으로써 한반도 남부에까지 영향력을 넓혔다.
광개토왕은 재위 기간 동안 영락(永樂)이라는 연호를 사용하였는데, 영락은 우리나라에서 사용된 최초의 독자적 연호로 알려져 있다.

오답분석
① 신라 진흥왕이 대가야를 병합하였다.
② 고구려 장수왕이 국내성에서 평양으로 도읍을 옮겼다.
③ 백제 무령왕이 22담로에 왕족을 파견하였다.
⑤ 고구려 미천왕이 낙랑군을 몰아내고 영토를 확장하였다.

정답 ④

기출변형

(가), (나) 사이의 시기에 고구려에 있었던 사실로 옳은 것은?

> (가) 백제왕이 병력 3만 명을 거느리고 평양성을 공격해 왔다. 왕이 출병하여 막다가 날아오는 화살에 맞아 서거하였다.
> (나) 왕이 보병과 기병 5만 명을 보내 신라를 구원하게 하였다. (고구려군이) 남거성을 통해 신라성에 이르렀는데, 그곳에 왜적이 가득하였다. 고구려군이 도착하자 왜적이 퇴각하였다.

① 율령을 반포하였다.
② 서안평을 점령하고 낙랑군을 축출하였다.
③ 연개소문이 정변을 일으켜 권력을 장악하였다.
④ 평양으로 도읍을 옮기고 남진 정책을 강화하였다.
⑤ 위(魏)의 장수 관구검이 침입하여 수도가 함락되었다.

해설
(가)는 근초고왕이 평양성을 공격하여 고구려 고국원왕을 죽인 사건이다 (371년). (나)는 고구려 광개토왕이 신라를 도와 왜를 물리친 사건이다 (400년).
소수림왕 때 고구려는 불교를 수용하고 유교 교육 기관인 태학을 설립하였다.

오답분석
② 4세기 초 미천왕 때 고구려는 서안평을 점령하고 낙랑군을 축출하였다.
③ 642년 연개소문이 정변을 일으켜 영류왕을 시해하고 권력을 장악하였다.
④ 5세기 초 고구려 장수왕은 평양으로 도읍을 옮기고 남진 정책을 강화하였다.
⑤ 3세기 동천왕 때 고구려는 위(魏)의 장수 관구검의 침입으로 수도인 환도성이 함락되는 등 국가적 위기를 겪었다.

정답 ①

007 백제의 발전

대표기출
심화 64회

밑줄 그은 '이 왕'에 대한 설명으로 옳은 것은?

- 무령왕의 뒤를 이어 즉위한 이 왕은 국호를 고치고 중앙 관청을 22부로 정비하였어.
- 신라와 연합하여 한강 유역을 되찾았지만, 신라에 다시 빼앗겼지.
- 결국 신라와 전쟁을 벌이다가 관산성 전투에서 전사하였어.

① 금마저에 미륵사를 창건하였다.
② 수도를 웅진에서 사비로 옮겼다.
③ 윤충을 보내 대야성을 함락하였다.
④ 고흥으로 하여금 서기를 편찬하게 하였다.
⑤ 북위에 사신을 보내 고구려 공격을 요청하였다.

해설
무령왕의 뒤를 이어 즉위하였으며 관산성 전투에서 전사한 왕은 백제의 성왕(523~554)이다.
백제 성왕은 538년 웅진(공주)에서 사비(부여)로 도읍을 옮기고, 국호를 남부여로 고치며 중흥을 도모하였다. 중앙 관청을 22부로 정비하였으며, 수도를 5부, 지방을 5방으로 정비하였다.
성왕은 신라와 연합하여 551년에 일시적으로 한강 하류 지역을 수복하였지만 553년에 신라에 빼앗겼다. 이에 성왕은 신라에 복수하기 위해 관산성을 공격하다 전사하였다(554).

오답분석
① 백제 무왕이 금마저(전북 익산)에 미륵사를 창건하였다.
③ 의자왕 때 윤충이 신라의 대야성을 함락하였다.
④ 근초고왕 때 고흥이 역사서 『서기』를 편찬하였다.
⑤ 개로왕이 북위에 사신을 보내 고구려 공격을 요청하였다.

정답 ②

기출변형

(가), (나) 사이의 시기에 있었던 사실로 옳은 것은?

> (가) 백제왕 모대가 사신을 보내 혼인하기를 청하였다. [신라]왕은 이벌찬 비지(比智)의 딸을 보냈다.
> — 『삼국사기』 —
>
> (나) 신라를 습격하기 위해 왕이 직접 보병과 기병 50명을 거느리고 구천(狗川)에 이르렀는데 신라 복병을 만나 그들과 싸우다가 살해되었다. 시호를 성(聖)이라 하였다.
> — 『삼국사기』 —

① 고구려가 낙랑군을 축출하였다.
② 백제가 동진으로부터 불교를 수용하였다.
③ 신라가 고구려의 도움으로 왜를 격퇴하였다.
④ 고구려를 막기 위해 나·제 동맹을 처음 맺었다.
⑤ 백제가 사비로 천도하고 국호를 남부여로 고쳤다.

해설
(가)는 백제 동성왕과 신라의 혼인동맹(493), (나)는 백제 성왕의 관산성 전투(554)를 다룬 기사이다.
성왕(523~554)은 웅진(공주)에서 사비(부여)로 도읍을 옮기고(538), 남부여로 국호를 고치면서 중흥을 꾀하였다. 성왕은 신라와 연합하여 551년에 일시적으로 한강 하류 지역을 수복하였지만 553년에 신라에 빼앗겼다. 이에 성왕은 신라에 복수하기 위해 관산성을 공격하다 전사하였다(554).

오답분석
① 고구려 미천왕(300~331) 때 서안평을 점령하고 곧이어 낙랑군과 대방군을 완전히 몰아내어 대동강 유역을 확보하였다.
② 백제 침류왕(384~385) 때 동진의 마라난타를 통해 불교를 받아들였다.
③ 신라 내물마립간(356~402) 시기에 고구려 광개토왕의 도움을 받아 왜의 침략을 물리칠 수 있었다.
④ 433년 고구려를 막기 위해 나·제 동맹을 처음 맺었다.

정답 ⑤

008 신라의 발전

대표기출
심화 69회

밑줄 그은 '이 왕'의 업적으로 옳은 것은?

이 비석은 원래 도선국사비, 무학대사비 등으로 알려져 있었지.

맞아. 그런데 조선 후기에 김정희가 금석과안록에서 이 왕이 건립한 순수비임을 고증하였어.

① 관료전을 지급하고 녹읍을 폐지하였다.
② 인재 등용을 위해 독서삼품과를 실시하였다.
③ 이차돈의 순교를 계기로 불교를 공인하였다.
④ 지방관을 감찰하기 위해 외사정을 파견하였다.
⑤ 대아찬 거칠부에게 명하여 국사를 편찬하였다.

해설

조선 후기에 김정희가 『금석과안록』에서 고증한 비석은 진흥왕(540~576) 순수비이다.
진흥왕은 대외적으로는 백제와 연합하여 고구려의 지배 아래에 있던 한강 유역을 빼앗고 북쪽으로는 함경도 지역까지 진출하였으며, 남쪽으로는 고령의 대가야를 정복하였다. 단양 적성비와 4개의 순수비(북한산·마운령·황초령·창녕)에는 진흥왕의 정복 활동에 관한 사실이 잘 나타나 있다.
진흥왕은 나라의 정통성과 왕실의 권위를 과시하고 백성들의 충성심을 모으기 위해 거칠부로 하여금 『국사』를 편찬하게 하였다.

오답분석
① 신문왕 때 관료전을 지급하고 녹읍을 폐지하였다.
② 원성왕 때 독서삼품과를 실시하였다.
③ 법흥왕 때 이차돈의 순교를 계기로 불교를 공인하였다.
④ 문무왕 때 외사정을 파견하여 지방관을 감찰하였다.

정답 ⑤

기출변형

다음 검색창에 들어갈 왕에 대한 설명으로 옳은 것은?

내 용
6년 거칠부가 국사를 편찬하다
11년 이사부가 도살성과 금현성을 점령하다
27년 황룡사를 완공하다

① 불국사와 석굴암을 건립하였다.
② 첨성대를 세워 천문을 관측하였다.
③ 마운령, 황초령 등에 순수비를 세웠다.
④ 금관가야를 복속하여 영토를 확대하였다.
⑤ 율령을 반포하고 백관의 공복을 제정하였다.

해설

황룡사를 창건하고, 거칠부가 역사서인 『국사』를 편찬한 것은 진흥왕 때의 사실이다.
진흥왕은 화랑도를 국가적인 조직으로 개편하여 인재를 양성하였고, 대외적으로는 정복활동을 통해 한강 유역을 차지하고, 북쪽으로는 함경도 지역까지 진출하였다. 또 남쪽으로는 고령의 대가야를 정복하였다. 이러한 진흥왕의 정복 활동은 단양적성비와 4개의 순수비에 잘 나타나 있다. 마운령비와 황초령비는 진흥왕 때 함경도 지역에 진출한 사실을 입증하는 금석문이다.

오답분석
① 경덕왕 때 불국사와 석굴암을 건립하였다.
② 선덕여왕 때 첨성대를 건립하였다.
④ 법흥왕 때 금관가야를 복속하였다.
⑤ 법흥왕 때 율령을 반포하고 백관의 공복을 제정하였다.

정답 ③

009 가야의 발전

대표기출   심화 68회

(가) 나라에 대한 설명으로 옳은 것은?

(가) 의 대표적 생활 유적지인 봉황대가 회현리 패총과 합쳐져 김해 봉황동 유적으로 확대 지정되었습니다. 이 유적은 김수로왕에 의해 건국되었다고 전해진 (가) 의 초기 모습을 추정해 볼 수 있는 귀중한 문화유산입니다.

김해 봉황동 유적, 사적으로 확대 지정

① 집사부를 비롯한 14부를 두었다.
② 집집마다 부경이라는 창고가 있었다.
③ 대가들이 사자, 조의, 선인을 거느렸다.
④ 철이 많이 생산되어 낙랑, 왜 등에 수출하였다.
⑤ 왕족인 부여씨와 8성의 귀족이 지배층을 이루었다.

기출변형

밑줄 그은 '이 나라'에 대한 설명으로 옳은 것은?

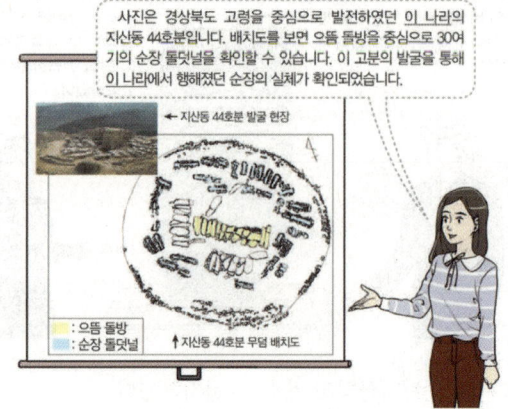

사진은 경상북도 고령을 중심으로 발전하였던 이 나라의 지산동 44호분입니다. 배치도를 보면 으뜸 돌방을 중심으로 30여 기의 순장 돌덧널을 확인할 수 있습니다. 이 고분의 발굴을 통해 이 나라에서 행해졌던 순장의 실체가 확인되었습니다.

← 지산동 44호분 발굴 현장
: 으뜸 돌방
: 순장 돌덧널
↑ 지산동 44호분 무덤 배치도

① 진흥왕 때 신라에 복속되었다.
② 나·당 연합군에 의해 멸망하였다.
③ 막리지, 대대로 등이 재상의 역할을 맡았다.
④ 빈민을 구제하기 위해 진대법을 시행하였다.
⑤ 박, 석, 김의 3성이 교대로 왕위를 계승하였다.

해설

(가)는 김해를 중심으로 김수로왕이 건국한 금관가야이다.
금관가야는 가야 연맹체 중 하나로 낙동강 하류의 김해 지역을 중심으로 성장하였다. 특히 김해 지방에는 질 좋은 철이 많이 나서 각종 철제 무기를 만들어 사용하였고, 덩이쇠를 만들어 화폐와 같은 교환 수단으로 이용하기도 하였다. 또, 해상 활동에 유리한 입지 조건을 이용하여 낙랑과 왜의 규슈 지방을 연결하는 중계무역이 발달하였다.

오답분석
① 신라가 집사부 등 14부를 두었다.
② 고구려의 지배층이 부경이라는 창고를 두었다.
③ 고구려의 대가들이 사자, 조의, 선인을 거느렸다.
⑤ 백제에서 왕족인 부여씨와 8성의 귀족이 지배층을 형성하였다.

정답 ④

해설

고령 지산동 고분군은 대가야 지배층의 고분이다.
금관가야가 쇠퇴한 이후 고령의 대가야가 후기 가야 연맹체를 이끌었다. 5세기 후반 대가야는 크게 성장하여 그 세력 범위를 소백산맥 서쪽(호남 동부 지역)까지 확장하였다. 그러나 대가야는 562년 신라 진흥왕 때 이사부 장군의 공격을 받아 멸망하였다.

오답분석
② 백제와 고구려가 나·당연합군에 의해 멸망하였다.
③ 막리지, 대대로 등은 고구려에서 재상의 관직이었다.
④ 고구려 고국천왕 때 진대법을 시행하였다.
⑤ 신라는 내물왕 이전 시기에 박, 석, 김 3성이 교대로 왕위를 계승하였다.

정답 ①

010 삼국의 항쟁(1)

대표기출
심화 68회

다음 상황이 전개된 배경으로 옳은 것은?

말풍선1: 자네 들었는가? 백제의 동성왕이 사신을 보내 혼인을 청하셨다더군.

말풍선2: 들었네. 우리 마립간께서 이벌찬 비지의 딸을 보내신다고 하네.

① 법흥왕이 금관가야를 병합하였다.
② 장수왕이 한성을 공격하여 함락시켰다.
③ 김유신이 비담과 염종의 반란을 진압하였다.
④ 영양왕이 온달을 보내 아단성을 공격하였다.
⑤ 김춘추가 당으로 건너가 군사 동맹을 성사시켰다.

해설
백제 동성왕(479~501)이 신라 이벌찬 비지의 딸과 혼인한 것은 493년의 사실이다.
고구려 장수왕(413~491)은 427년 평양으로 천도한 후 본격적인 남진 정책을 추진하였다. 고구려의 남진정책에 백제는 신라와 동맹을 맺어 대항하였다. 그러나 475년 고구려의 한성 함락으로 개로왕(455~475)이 죽임을 당하고 한강 유역을 상실하자, 문주왕(475~477)은 웅진(공주)으로 도읍을 옮겼다. 그 뒤 무역 활동의 침체와 귀족 세력의 권력 다툼이 이어져 큰 어려움을 겪었다. 이에 동성왕은 493년에 신라의 이벌찬 비지의 딸을 왕비로 맞이하여 신라와의 동맹을 강화하였다.

오답분석
① 532년에 신라 법흥왕이 금관가야를 병합하였다.
③ 647년에 김유신과 김춘추가 비담과 염종의 반란을 진압하였다.
④ 590년 고구려 영양왕은 한강 유역 수복을 위해 온달을 보내 아단성을 공격하였다.
⑤ 648년에 김춘추가 당으로 건너가 군사 동맹을 성사시켰다.

정답 ②

기출변형

(가), (나) 사이의 시기에 있었던 사실로 옳은 것은?

> (가) 고구려 병사는 비록 물러갔으나 성이 파괴되고 왕이 죽어서 [문주가] 왕위에 올랐다. …… 겨울 10월, 웅진으로 도읍을 옮겼다.
> — 『삼국사기』 —
>
> (나) 왕이 신라를 습격하고자 몸소 보병과 기병 50명을 거느리고 밤에 구천(狗川)에 이르렀는데, 신라 복병을 만나 그들과 싸우다가 살해되었다.
> — 『삼국사기』 —

① 익산에 미륵사가 창건되었다.
② 흑치상지가 임존성에서 군사를 일으켰다.
③ 마한 세력을 정복하여 남해안까지 영토를 넓혔다.
④ 지방을 통제하기 위하여 22담로에 왕족이 파견되었다.
⑤ 계백이 이끄는 결사대가 황산벌에서 신라군에 맞서 싸웠다.

해설
(가)는 475년 고구려 장수왕의 침입으로 한성이 함락되고 개로왕이 전사한 후 문주왕이 즉위한 상황을 전하고 있다.
(나)는 554년 백제 성왕이 신라를 공격하다 관산성에서 전사한 사건이다.
고구려의 침략으로 한강 유역을 빼앗긴 백제는 수도를 웅진(공주)으로 옮겼다(475). 5세기 후반 동성왕은 백제의 부흥을 도모하면서 신라와의 동맹을 강화하였다. 6세기 전반 무령왕(501~523) 때에는 남조의 양과 문화 교류에 힘쓰는 등 국력을 회복하려 노력하였으며, 안으로는 22담로에 왕족을 파견하여 지방에 대한 통제를 강화하였다.
성왕(523~554)은 신라와 연합하여 고구려로부터 한때 한강 하류 유역을 되찾았으나, 신라의 공격으로 이를 다시 빼앗겼다. 성왕은 신라에 보복하기 위해 관산성(옥천)을 공격하였으나 전사하였다.

오답분석
① 무왕(600~641) 때 익산에 미륵사를 창건하였다.
② 백제 멸망(660) 이후 흑치상지가 백제 부흥운동을 전개하였다.
③ 4세기 중엽 근초고왕 때 백제는 마한 세력을 정복하여 남해안까지 영토를 넓혔다.
⑤ 660년 나·당 연합군의 백제 침략 때 황산벌 전투가 벌어졌다.

정답 ④

Ⅰ 한국 고대사 021

011 삼국의 항쟁(2)

대표기출
심화 64회

(가) 시기에 있었던 사실로 옳은 것은?

① 소수림왕이 율령을 반포하였다.
② 진흥왕이 대가야를 병합하였다.
③ 을지문덕이 살수에서 대승을 거두었다.
④ 김춘추가 당과의 군사 동맹을 성사시켰다.
⑤ 근초고왕이 평양성을 공격하여 고국원왕을 전사시켰다.

해설
645년(보장왕 4)에 안시성 전투에서 고구려가 승리하였고, 665년(보장왕 24)에 연개소문이 죽자 고구려 지배층의 분열이 일어났다. (가)는 645년부터 665년 사이에 발생한 사실이 들어가야 한다.
642년 백제 장군 윤충은 신라 대야성을 공격하여 성주 김품석과 그의 부인인 김춘추의 딸을 죽이고 성을 함락하였다. 이에 김춘추는 백제를 치기 위해 당과의 외교에 많은 노력을 기울여, 648년 당 태종을 만나 나·당 동맹 체결에 성공하였다.

오답분석
① 373년에 소수림왕(371~384)이 율령을 반포하였다.
② 562년에 진흥왕(540~576)이 대가야를 병합하였다.
③ 612년에 을지문덕이 살수에서 수의 대군을 물리쳤다.
⑤ 371년에 근초고왕이 평양성을 공격하여 고국원왕을 전사시켰다.

정답 ④

기출변형

(가), (나) 사이의 시기에 있었던 사실로 옳은 것은?

(가) 고구려 왕 거련(巨璉)이 군사 3만 명을 이끌고 와서 왕도인 한성을 포위하였다. 고구려 군사가 네 길로 나누어 협공하고, 바람을 타고 불을 놓아 성문을 불태웠다. 왕이 어찌할 바를 몰라 수십 명의 기병을 거느리고 성문을 나가 서쪽으로 달아나니, 고구려 군사가 추격하여 왕을 해쳤다.

(나) 여러 장수가 안시성을 공격하였다. …… 60일 동안 50만 명의 인력을 동원하여 밤낮으로 쉬지 않고 토산을 쌓았다. 토산의 정상은 성에서 몇 길 떨어져 있고 성 안을 내려다 볼 수 있었다. 도중에 토산이 허물어지면서 성을 덮치는 바람에 성벽의 일부가 무너졌다.

① 미천왕이 서안평을 점령하였다.
② 을지문덕이 살수에서 수의 군대를 물리쳤다.
③ 고국원왕은 백제의 평양성 공격으로 전사하였다.
④ 당은 평양성을 함락시킨 후 안동도호부를 설치하였다.
⑤ 광개토 대왕이 군대를 보내 신라에 침입한 왜를 격퇴하였다.

해설
(가)는 475년 고구려 장수왕이 백제 수도 한성을 함락시키고 백제왕(개로왕)을 죽인 사건이다.
(나)는 645년 당 태종이 고구려를 대대적으로 침공했으나 안시성에서 성주 양만춘과 성민들이 굳세게 항전하여 격퇴한 사실이다.
598년 고구려 영양왕은 말갈 기병 1만 명을 보내 요서 지방을 선제공격하였다. 이에 수 문제는 대군을 이끌고 고구려를 침공하였으나 실패하고 퇴각하였다. 612년에는 수 양제가 직접 100만이 넘는 대군을 이끌고 고구려를 침공하였으나 살수에서 패하여 돌아갔다(살수대첩).

오답분석
① 4세기 초 미천왕이 서안평을 점령하였다.
③ 371년 고국원왕이 평양성 전투에서 전사하였다.
④ 668년 고구려가 멸망하고 안동 도호부가 설치되었다.
⑤ 5세기 초 광개토왕이 신라에 침입한 왜를 격퇴하였다.

정답 ②

012 삼국의 통일

대표기출 [심화 65회]

(가), (나) 사이의 시기에 있었던 사실로 옳은 것은?

> (가) 당의 손인사, 유인원과 신라왕 김법민은 육군을 거느려 나아가고, 유인궤 등은 수군과 군량을 실은 배를 거느리고 백강으로 가서 육군과 합세하여 주류성으로 갔다. 백강 어귀에서 왜의 군사를 만나 …… 그들의 배 4백 척을 불살랐다.
>
> (나) 이근행이 군사 20만 명을 이끌고 매소성에 머물렀다. 신라군이 공격하여 달아나게 하고 말 3만여 필을 얻었는데, 노획한 병장기의 수도 그 정도 되었다.

① 장문휴가 당의 등주를 공격하였다.
② 원광이 왕명으로 걸사표를 작성하였다.
③ 을지문덕이 살수에서 대승을 거두었다.
④ 김춘추가 당과의 군사 동맹을 성사시켰다.
⑤ 검모잠이 안승을 왕으로 세워 부흥 운동을 벌였다.

기출변형

(가), (나) 사이의 시기에 있었던 사실로 옳은 것은?

> (가) 왕은 당과 신라 군사들이 이미 백강과 탄현을 지났다는 소식을 듣고 장군 계백에게 결사대 5천 명을 거느리고 황산으로 가서 신라 군사와 싸우게 하였다. 계백은 4번 싸워서 모두 이겼으나 군사가 적고 힘이 모자라서 마침내 패하였다.
>
> (나) 사찬 시득이 수군을 거느리고 소부리주 기벌포에서 설인귀와 싸웠는데 연이어 패배하였다. 그러나 이후 크고 작은 22번의 싸움에서 승리하여 4천여 명을 죽였다.

① 김흠돌이 반란을 꾀하다 처형되었다.
② 의자왕이 신라의 대야성을 함락시켰다.
③ 고구려가 당의 군대를 안시성에서 물리쳤다.
④ 대조영이 고구려 유민을 이끌고 발해를 건국하였다.
⑤ 복신과 도침이 부여 풍과 함께 부흥 운동을 일으켰다.

해설

(가)는 백강 전투(663), (나)는 매소성 전투(675)에 대한 기사이다.
663년 백제 부흥 운동을 지원하기 위해 일본의 수군이 백강에서 나·당 연합군과 전투를 벌였으나 크게 패하고, 백제왕자 부여 풍은 고구려로 도망하였다.
668년에 고구려가 멸망한 뒤 검모잠과 안승은 지금의 황해도 재령 지역에 근거지를 마련하고 신라의 지원을 받으며 고구려 부흥을 도모하였다. 670년 안승이 검모잠을 죽이고 신라에 투항하자 문무왕은 그를 금마저(익산)에 머무르게 하고 고구려왕에 봉하였다.
신라는 675년(문무왕 15)에 매소성에서 당의 20만 대군을 격파하여 나·당 전쟁의 주도권을 장악하였다(매소성 전투).

오답분석
① 732년에 발해 무왕 때 장문휴가 당의 등주를 공격하였다.
② 608년에 원광이 진평왕(579~632)의 명으로 걸사표를 작성하였다.
③ 612년에 을지문덕이 살수에서 수나라의 대군을 물리쳤다.
④ 648년에 김춘추가 당에 건너가 군사 동맹을 성사시켰다.

정답 ⑤

해설

(가)는 황산벌 전투(660), (나)는 기벌포 전투(676)에 대한 사료이다.
660년 나·당 연합군은 먼저 백제를 공격하였다. 김유신은 황산벌에서 계백의 결사대를 물리치고 사비를 함락하여 백제를 멸망시켰다. 백제를 멸망시킨 나·당 연합군은 연이어 고구려를 공격하여 668년에 보장왕의 항복을 받았다.
그 후 신라는 한반도 전체에 대한 지배권을 확보하고자 하는 당의 야욕에 전면으로 맞서게 되면서 나·당 전쟁이 일어났다. 신라는 매소성 싸움에서 당을 크게 격파하고(675), 기벌포 싸움에서도 당의 수군에 대승을 거두었다(676). 이로써 신라는 대동강 이남 지역에서 당의 세력을 완전히 몰아내고 삼국 통일을 이룩하였다.

오답분석
① 신문왕(681~692) 즉위년에 김흠돌이 반란을 꾀하다 처형되었다.
② 642년에 의자왕의 명으로 윤충이 신라의 대야성을 함락시켰다.
③ 645년 고구려가 당의 군대를 안시성에서 물리쳤다(안시성 전투).
④ 698년에 대조영이 동모산에서 발해를 건국하였다.

정답 ⑤

013 통일 신라의 발전

대표기출   심화 74회

밑줄 그은 '이 왕'에 대한 설명으로 옳은 것은?

history_♡ 감은사지, 나홀로 역사 답사 #감은사는 삼국 통일의 위업을 달성한 <u>이 왕</u>이 부처의 힘을 빌어 왜구의 침입을 막고자 짓기 시작한 절이야. 그 뜻을 이어받은 아들 신문왕이 완공했고, 절의 이름을 #감은사라고 지었다고 해. 나는 이제 <u>이 왕</u>의 수중릉인 #대왕암으로 이동!

① 이사부를 보내 우산국을 복속하였다.
② 건원이라는 독자적 연호를 사용하였다.
③ 관료전을 지급하고 녹읍을 폐지하였다.
④ 거칠부에게 명하여 국사를 편찬하였다.
⑤ 지방관을 감찰하고자 외사정을 파견하였다.

해설
삼국 통일의 위업을 달성하고 감은사를 짓기 시작한 '이 왕'은 문무왕(661~681)이다.
삼국 통일을 달성한 문무왕은 왜병을 진압하려고 감은사를 지었으나 완성되기 전에 죽고, 그 아들 신문왕이 완성하였다. 신문왕은 아버지의 은혜에 감사한다는 뜻을 담아 절의 이름을 감은사로 짓고 동서로 마주 보는 3층 석탑을 세웠다.
문무왕은 660년 백제 사비성을 함락시키는 데 공을 세웠고, 백제 부흥 운동 세력을 진압하였다. 고구려 멸망 이후에는 나·당 전쟁을 승리로 이끌면서 삼국 통일을 이룩하였다.
문무왕은 주의 장관인 군주를 총관으로 바꾸어 군사적 기능을 약화시키고 행정적 기능을 강화했으며, 지방 감찰 기관인 외사정을 두었다.

오답분석
① 지증왕이 이사부를 보내 우산국을 복속하였다.
② 법흥왕이 건원이라는 독자적 연호를 사용하였다.
③ 신문왕이 관료전을 지급하고 녹읍을 폐지하였다.
④ 진흥왕이 거칠부에게 명하여 『국사』를 편찬하였다.

정답 ⑤

기출변형

(가)에 들어갈 내용으로 옳은 것은?

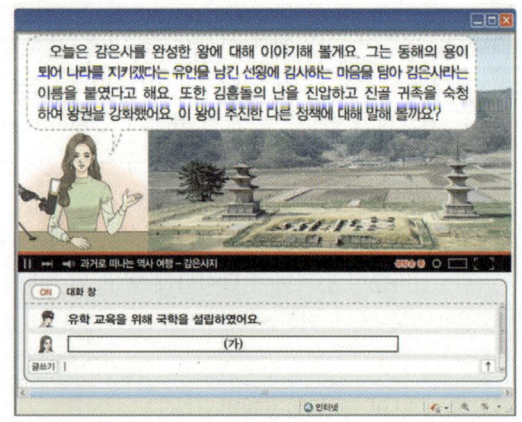

오늘은 감은사를 완성한 왕에 대해 이야기해 볼게요. 그는 동해의 용이 되어 나라를 지키겠다는 유언을 남긴 선왕에 감사하는 마음을 담아 감은사라는 이름을 붙였다고 해요. 또한 김흠돌의 난을 진압하고 진골 귀족을 숙청하여 왕권을 강화했어요. 이 왕이 추진한 다른 정책에 대해 말해 볼까요?

유학 교육을 위해 국학을 설립하였어요.
(가)

① 백성에게 정전을 지급하였어요.
② 건원이라는 독자적인 연호를 사용하였어요.
③ 독서삼품과를 실시하여 관리를 채용하였어요.
④ 지방 행정 제도를 9주 5소경으로 정비하였어요.
⑤ 기벌포 전투에서 당의 수군을 격파하였어요.

해설
동해의 용이 되어 나라를 지키겠다는 유언을 남긴 왕은 문무왕이다. 신문왕은 선왕(문무왕)에 대한 감사의 마음을 담아 감은사를 건립하였다. 또 신문왕은 즉위 초 김흠돌의 난을 진압하고 전제 왕권을 확립하였다.
신문왕은 9주 5소경의 지방 제도를 완비하였으며, 9서당 10정의 군사 제도를 정비하였다.

오답분석
① 성덕왕 때 백성들에게 정전을 지급하였다.
② 법흥왕 때 신라 최초로 건원이라는 독자적인 연호를 제정하였다.
③ 8세기 후반 원성왕 때 독서삼품과를 실시하였다.
⑤ 문무왕 때 기벌포 전투에서 당의 수군을 격퇴하였다(676).

정답 ④

014 신라 말의 정치 변동

대표기출
심화 67회

다음 상황 이후에 전개된 사실로 옳은 것은?

> 이찬 김지정이 반역하여 무리를 모아 궁궐을 에워싸고 침범하였다. 여름 4월에 상대등 김양상이 이찬 경신과 함께 군사를 일으켜 김지정 등을 죽였으나, 왕과 왕비는 반란군에게 살해되었다. 양상 등이 왕의 시호를 혜공왕이라 하였다.
>
> ─ 『삼국사기』 ─

① 김흠돌이 반란을 도모하였다.
② 이사부가 우산국을 복속하였다.
③ 김대성이 불국사 조성을 주도하였다.
④ 장보고가 왕위 쟁탈전에 가담하였다.
⑤ 거칠부가 왕명에 의해 국사를 편찬하였다.

해설
제시된 자료는 혜공왕(765~780) 대에 일어난 96 각간의 난에 대한 기사이므로, 신라 하대에 발생한 사실을 골라야 한다.
흥덕왕(826~836) 때 장보고(궁복)는 지금의 완도에 청해진을 설치하고 해적을 소탕하여 서남해의 교통과 무역을 장악하였다. 장보고는 신무왕(김우징)의 즉위를 돕는 등 신라 왕실의 내분에도 개입하였다. 신무왕의 아들 문성왕(839~857)이 자신의 딸을 왕비로 맞이하기를 거절하자 난을 일으켰으나 자객에게 살해당했다.

오답분석
① 신라 중대 신문왕 때 김흠돌이 반란을 도모하다 진압되었다.
② 신라 지증왕 때 이사부가 우산국을 복속하였다.
③ 신라 중대 경덕왕 때 김대성이 불국사를 조성하였다.
⑤ 신라 진흥왕 때 거칠부가 국사를 편찬하였다.

정답 ④

기출변형

다음 검색창에 들어갈 왕의 재위 기간에 있었던 사실로 옳은 것은?

연도	내용
1년	죄수를 사면하고 주군의 조세를 면제해 주다
2년	삼대목을 편찬하다
3년	원종과 애노가 반란을 일으키다
10년	서남쪽에서 적고적이라고 불리는 도적이 일어나다
11년	태자 요에게 왕위를 물려주다

① 김흠돌의 반란을 진압하였다.
② 장보고가 완도에 청해진을 설치하였다.
③ 독서삼품과를 실시하여 관리를 채용하였다.
④ 최치원이 왕에게 시무 10여 조를 건의하였다.
⑤ 궁예가 철원으로 천도하고, 국호를 마진으로 고쳤다.

해설
삼대목 편찬, 원종·애노의 난, 적고적의 난은 모두 진성여왕(887~897)이 재위하던 기간에 발생한 사건이다.
최치원은 당에서 빈공과에 급제하고 '토황소격문'이라는 명문장을 지어 명성을 떨쳤다. 귀국 후 그는 진성여왕에게 개혁안 10여 조를 올려 유교적 정치 이념을 실현하려 하였다.

오답분석
① 신라 신문왕 즉위년에 김흠돌이 반란을 일으켰으나 진압되었다.
② 828년 흥덕왕 때 장보고가 완도에 청해진을 설치하였다.
③ 788년 원성왕 때 독서삼품과를 실시하였다.
⑤ 궁예는 901년 후고구려를 건국하고, 904년 철원으로 천도하고, 국호를 마진으로 고쳤다.

정답 ④

015 발해의 발전

대표기출 (심화 65회)

밑줄 그은 '이 나라'에 대한 설명으로 옳은 것은?

> ○ 조영이 죽으니, 이 나라에서는 고왕이라 하였다. 아들 무예가 왕위에 올라 영토를 크게 개척하니, 동북의 모든 오랑캐들이 겁을 먹고 그를 섬겼다.
> ○ 처음에 이 나라의 왕이 자주 학생들을 경사의 태학에 보내어 고금의 제도를 배우고 익혀 가더니, 드디어 해동성국이 되었다. 그 땅에는 5경 15부 62주가 있다.
> ─ 「신당서」 ─

① 정사암 회의를 개최하였다.
② 9서당 10정의 군사 조직을 갖추었다.
③ 욕살, 처려근지 등의 지방관을 두었다.
④ 인안, 대흥 등 독자적인 연호를 사용하였다.
⑤ 광평성을 비롯한 각종 정치 기구를 마련하였다.

해설
'이 나라'는 대무예가 영토를 크게 개척하고, 5경 15부 62주의 지방 행정 조직을 갖춘 발해이다.
발해는 중국과 대등한 지위에 있음을 대외적으로 과시하기 위해 무왕 때는 인안, 문왕 때는 대흥이라는 독자적인 연호를 사용하였다. 발해는 9세기 전반 선왕 때 전성기를 맞이하여, 그 영역이 북으로는 헤이룽 강, 동으로는 연해주, 서로는 요동에 이르렀다. 이 무렵 당은 전성기를 맞은 발해를 바다 건너 동쪽의 융성한 나라라는 의미로 해동성국(海東盛國)이라 불렀다.

오답분석
① 백제에서 귀족들의 회의 기구로 정사암 회의가 열렸다.
② 통일신라에서 9서당 10정의 군사 조직을 갖추었다.
③ 고구려가 지방관으로 욕살, 처려근지를 두었다.
⑤ 궁예가 건국한 후고구려에서 광평성 등의 정치 기구를 두었다.

정답 ④

기출변형

(가) 국가에 대한 설명으로 옳은 것은?

> **명문(名文)으로 만나는 한국사**
>
> …… 신이 삼가 (가) 의 원류를 살펴보건대, 고구려가 멸망하기 이전에는 본디 이름도 없는 조그마한 부락에 불과하였는데, …… 걸사[비]우와 대조영 등이 측천무후가 임조(臨朝)할 즈음에 이르러, 영주에서 반란이 일어나자 그곳에서 도주하여 황구(荒丘)를 차지하고 비로소 진국(振國)이라고 칭하였습니다. ……
>
> [해설] 이 글은 최치원이 작성한 사불허북국거상표(謝不許北國居上表)의 일부입니다. 이를 통해 북국으로 표현된 (가) 의 건국 과정 등을 파악할 수 있습니다.

① 태학과 경당을 두어 인재를 양성하였다.
② 지방관으로 방령, 군장 등을 파견하였다.
③ 도병마사에서 변경의 군사 문제 등을 논의하였다.
④ 서적 관리, 주요 문서 작성 등을 위해 문적원을 두었다.
⑤ 골품에 따라 관등 승진, 일상생활 등을 엄격히 제한하였다.

해설
(가)는 대조영이 건국하였으며 처음에 진국(振國)이라 칭했던 발해이다. 발해는 당의 제도를 모방하여 3성과 6부를 중심으로 중앙 정치 기구를 정비하였지만, 명칭과 운영은 발해의 특색을 살렸다. 귀족들이 국가 중대사를 의결하는 정당성이 최고 관부가 되고, 정당성의 장관인 대내상이 국정을 총괄하였다. 정당성 아래에는 집행기관인 6부를 두었다. 이외에도 관리들의 비위를 감찰하는 중정대, 서적 관리를 맡은 문적원, 중앙의 최고 교육 기관인 주자감 등을 두었다.

오답분석
① 고구려는 태학과 경당 등의 교육 기관을 두어 인재를 양성하였다.
② 백제는 전국을 5방으로 나누고 방령을 두었으며, 그 아래 군장 등을 파견하였다.
③ 고려에 군사 문제 등을 논의하는 도병마사가 있었다.
⑤ 신라에서 골품제가 시행되었다.

정답 ④

016 고대의 경제

대표기출
심화 66회

교사의 질문에 대한 학생의 답변으로 가장 적절한 것은?

지도는 이 국가의 교역로를 표시한 것입니다. 청해진을 설치하여 해상 교역을 활발하게 전개하였던 이 국가의 경제 상황에 대해 말해 볼까요?

① 삼한통보와 해동통보를 발행하였어요.
② 특산품으로 솔빈부의 말이 유명하였어요.
③ 고구마, 감자 등의 구황 작물을 재배하였어요.
④ 특수 행정 구역인 소에서 여러 물품을 생산하였어요.
⑤ 조세 수취를 위해 3년마다 촌락 문서를 작성하였어요.

해설
청해진을 설치하여 해상 교역을 활발하게 전개하였던 나라는 통일신라이다.
신라는 조세·공물·부역 등을 합리적으로 수취하기 위해 민정문서(촌락문서)를 만들었다. 일본 정창원에서 발견된 민정문서는 서원경 부근의 4개 촌락의 경제 상황을 구체적으로 기록하였는데, 변동사항을 조사하여 3년마다 다시 작성하였다. 인구(人口)는 연령과 성별에 따라 6등급으로 구분하였으며, 호구(戶口)는 인정(人丁)의 다과에 따라 상상호(上上戶)에서 하하호(下下戶)까지 9등급으로 나누어 파악하였다.

오답분석
① 고려 숙종 때 주전도감을 설치하고 삼한통보와 해동통보를 발행하였다.
② 솔빈부는 발해 15부 중의 하나로, 이곳에서 생산되는 말은 발해의 주요 수출품이었다.
③ 조선 후기에 고구마, 감자 등이 전래되어 재배되었다.
④ 고려 시대에 특수 행정 구역인 소(所)가 설치되었다.

정답 ⑤

기출변형

(가) 국가의 경제에 대한 설명으로 옳은 것은?

이 석상은 원성왕릉 앞에 세워진 무인상이다. 부리부리한 눈이나 이국적인 얼굴 윤곽과 복식은 흥덕왕릉 앞에 있는 무인상과 더불어 서역인의 모습을 하고 있다. 이는 당시 (가) 이/가 아라비아 등 서역과 활발하게 교류하였다는 주장을 뒷받침해 준다.

① 의창을 두어 빈민을 구제하였다.
② 솔빈부의 말이 특산물로 유명하였다.
③ 왜관을 설치하여 일본과 교역하였다.
④ 낙랑, 왜를 잇는 중계무역이 발달하였다.
⑤ 청해진을 중심으로 해상 무역이 전개되었다.

해설
원성왕릉과 흥덕왕릉의 무인상은 통일 신라 시대에 서역인과 교류가 있었다는 증거로 볼 수 있다. 통일 신라 시대 흥덕왕 때 장보고는 청해진을 거점으로 서남해의 무역을 주도하였다.

오답분석
① 고려 성종 때 의창을 설치하여 빈민을 구휼하였다.
② 발해의 솔빈부에서는 말이 특산물로 유명했다.
③ 조선 시대에 왜관을 설치하여 일본과 무역하였다.
④ 금관가야는 3~4세기 경 낙랑과 왜를 잇는 중계무역으로 번영하였다.

정답 ⑤

017 고대의 사회

대표기출
심화 64회

(가)에 들어갈 내용으로 가장 적절한 것은?

① 연의 장수 진개의 공격을 받았어요.
② 골품에 따른 신분 차별이 엄격하였어요.
③ 빈민을 구제하기 위해 진대법을 실시하였어요.
④ 사회 질서를 유지하기 위한 범금 8조가 있었어요.
⑤ 왕족인 부여씨와 8성의 귀족이 지배층을 이루었어요.

해설
안악 3호분은 북한 황해도 안악군에 위치한 고구려 시기의 벽화고분이다. 고구려 초기에는 주로 돌무지무덤을 만들었고, 평양 천도 이후에는 굴식돌방무덤을 많이 만들었다. 굴식돌방무덤은 만주 집안, 평안도 용강, 황해도 안악 등지에 분포하고 있으며, 널방의 벽과 천장에 벽화를 그리기도 하였다.
고구려의 고국천왕(179~197)은 출신이 한미한 을파소를 국상으로 등용하여 중앙 집권적 개혁을 추진하였다. 을파소는 진대법을 실시(194)하여 소농민을 보호하는 정책을 추진하였다. 진대법은 곡물 대여 제도로, 춘궁기인 봄에 관청에서 보유하고 있던 곡식을 필요한 사람에게 빌려주고 가을 수확이 끝난 후에 갚게 하였다.

오답분석
① 고조선이 기원전 3세기 초 연나라 장수 진개의 침략을 받아 서쪽 땅을 상실하였다.
② 신라에서 왕경 귀족을 대상으로 골품제를 시행하여 신분을 차별하였다.
④ 고조선이 사회 질서를 유지하기 위한 범금 8조를 시행하였다.
⑤ 백제의 지배층이 왕족인 부여씨와 8성의 귀족으로 구성되었다.

정답 ③

기출변형

(가) 제도가 시행된 국가에 대한 설명으로 옳은 것은?

① 제가 회의에서 나라의 중요한 일을 결정하였다.
② 상수리 제도를 실시하여 지방 세력을 견제하였다.
③ 중국 남조의 영향을 받아 벽돌무덤을 축조하였다.
④ 왕족인 부여씨와 8성의 귀족이 지배층을 이루었다.
⑤ 거란도, 영주도 등을 통해 주변의 나라들과 교류하였다.

해설
두 사람의 대화에서 '큰 공을 세워도 신분적인 한계 때문에 관등이 아찬까지밖에 오르지 못한다'라는 표현으로 보아 이들은 6두품이며, 빈칸의 제도는 골품제도이다.
통일 신라는 상수리 제도를 실시하여 지방 세력을 견제하였다. 이 상수리 제도는 훗날 고려 시대 기인 제도로 계승되었다.

오답분석
① 고구려는 국가 중대사를 제가회의에서 결정하였다.
③ 백제는 무령왕릉과 같은 벽돌무덤을 축조하였다.
④ 백제는 왕족인 부여씨와 진씨, 해씨 등의 8성 귀족이 지배층을 이루었다.
⑤ 발해는 5도(신라도, 조공도, 일본도, 거란도, 영주도)라는 교통로를 통해 주변의 나라들과 교류하였다.

정답 ②

018 불교의 발전

대표기출
심화 74회

(가) 종파에 대한 설명으로 가장 적절한 것은?

> 이것은 ⬚(가)⬚ 의 9산문 중 가지산문의 대표 사찰인 보림사에 있는 철조비로자나불좌상입니다. 이 불상의 왼팔 뒤편에 헌안왕 2년 무주 장사현의 부관인 김수종이 아뢰어 만들었다는 새김글이 양각되어 있어 정확한 조성 연대를 알 수 있습니다. 이와 같은 철불은 승탑과 더불어 9세기부터 크게 유행하였습니다.

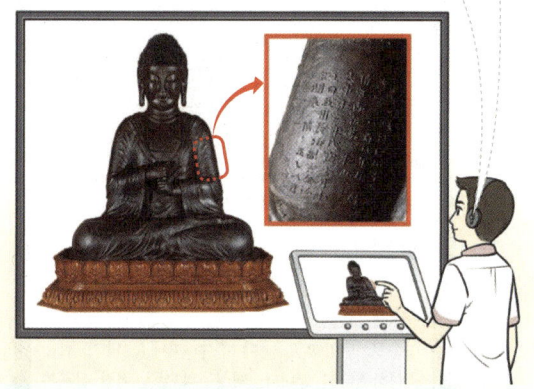

① 하늘에 제사 지내는 초제를 거행하였다.
② 참선과 수행을 통한 깨달음을 강조하였다.
③ 시경, 서경, 역경 등을 주요 경전으로 삼았다.
④ 신선 사상을 기반으로 불로장생을 추구하였다.
⑤ 인내천 사상을 내세워 인간 평등을 주장하였다.

기출변형

(가) 인물에 대한 설명으로 옳은 것은?

> ⬚(가)⬚ 은/는 설총을 낳은 이후 속인의 옷으로 바꾸어 입고 스스로 소성거사라고 하였다. 우연히 광대들이 갖고 놀던 큰 박을 얻었는데 그 모양이 괴이하였다. 그 모양을 따라서 도구로 만들어 화엄경의 구절에서 이름을 따와 무애(無㝵)라고 하고 노래를 지어 세상에 퍼뜨렸다.

① 부석사를 창건하였다.
② 열반종을 개창하였다.
③ 선종 불교를 소개하였다.
④ 금강삼매경론을 저술하였다.
⑤ 신편제종교장총록을 편찬하였다.

해설

(가)는 가지산문 등 9산선문을 형성한 선종 불교이다.
신라 하대 헌덕왕 때 도의(道義) 선사가 중국에서 남종선(南宗禪)을 들여온 이후 선종 불교가 널리 확산되었다. 도의의 선법은 제자인 염거를 거쳐 체징(804~880)에게 전해졌다. 체징은 전라남도 장흥에서 도의를 개조(開祖)로 하는 가지산문을 개창하였다. 신라 하대에는 가지산문을 비롯해 9개의 선종 문파가 형성되었기에, 이를 9산선문이라 한다.
선종은 경전과 교리를 중시하는 교종과 달리 개인이 스스로 사색과 참선이라는 실천 수행을 통하여 자기 마음속에 있는 불성을 깨닫는 것을 강조하였다(불립문자, 견성오도).

오답분석

① 국가의 재앙을 물리치고 복을 비는 초제(醮祭)는 도교의 의례이다.
③ 유학이 시경, 서경, 역경 등을 주요 경전으로 삼았다.
④ 도교가 신선 사상을 기반으로 불로장생을 추구하였다.
⑤ 동학이 인내천 사상을 내세워 인간 평등을 주장하였다.

정답 ②

해설

설총을 낳고, 무애가를 지어 대중을 교화한 (가)는 원효(617~686)이다. 원효는 당시의 거의 모든 불교 서적을 폭넓게 이해하고 『대승기신론소』와 『금강삼매경론』 등을 저술하여 불교의 사상적 이해 기준을 확립하였다. 한편 원효는 모든 것이 한마음에서 나온다는 일심 사상을 바탕으로, 다른 종파들과 사상적 대립을 조화시키고 분파 의식을 극복하기 위해 『십문화쟁론』을 저술하였다.

오답분석

① 의상이 화엄 사상을 바탕으로 교단을 형성하여 많은 제자를 양성하였고, 부석사를 비롯해 화엄 10찰을 지었다.
② 고구려 승려 보덕이 백제로 망명하여 열반종을 개창하였다.
③ 신라 하대에 도의 선사가 당에서 선종 불교(남종선)를 소개하였다.
⑤ 의천이 송, 요, 일본 등에서 대장경에 대한 주석서를 수집하여 『신편제종교장총록』이라는 불서 목록을 만들고 이를 토대로 교장을 간행하였다.

정답 ④

019 학문과 사상의 발달

대표기출 — 심화 65회

밑줄 그은 '이 인물'에 대한 설명으로 옳은 것은?

이곳은 이 인물을 제사하는 경주의 서악서원. 그는 한자의 음과 훈을 빌려 우리말을 표기하는 이두를 체계적으로 정리함. 우리말로 유학 경전을 풀이하여 후학들을 가르침. 원효의 아들임.

① 향가 모음집인 삼대목을 편찬하였다.
② 진성 여왕에게 시무책 10여 조를 올렸다.
③ 화랑도의 규범으로 세속 5계를 제시하였다.
④ 외교 문서 작성에 능하여 청방인문표를 지었다.
⑤ 국왕에게 조언하는 내용인 화왕계를 집필하였다.

해설
원효의 아들로, 이두를 체계적으로 정리한 '이 인물'은 설총이다. 설총은 한자를 빌려 우리말을 표현하는 방법인 '이두(吏讀)'를 정리하고 체계화시켰다. 그리고 신문왕에게 '화왕계'라는 글을 바쳐 임금도 향락을 멀리하고 도덕을 엄격하게 지킬 것을 강조하였다.

오답분석
① 위홍과 대구화상이 진성여왕 때 향가 모음집인 『삼대목』을 편찬하였다.
② 최치원이 당에서 돌아와 진성여왕에게 시무책 10여 조를 올렸다.
③ 원광 법사가 화랑도의 규범으로 세속 5계를 제시하였다.
④ 강수가 외교 문서 작성에 능하여 청방인문표를 지었다.

정답 ⑤

기출변형

(가) 인물에 대한 설명으로 옳은 것은?

대한민국 방방곡곡 - 함양 상림
한국사 채널   조회 수 220,212

이번에 소개할 곳은 함양 상림입니다. 이 숲은 당에서 귀국한 (가) 이/가 천령군(현 함양군) 태수로 부임하였을 때 홍수 피해를 막기 위해 조성하였다고 합니다. 백성들의 삶을 직접 살펴본 (가) 은/는 개혁 방안을 담은 시무책 10여 조를 진성 여왕에게 올렸습니다.

① 유식의 교의를 담은 『해심밀경소』를 저술하였다.
② 외교 문서 작성에 능하여 청방인문표를 작성하였다.
③ 한자의 음훈을 빌려 우리말을 표기한 이두를 정리하였다.
④ 신라 말의 사회상을 보여주는 해인사 묘길상탑기를 남겼다.
⑤ 종파 간의 사상적 대립을 해소하기 위해 『십문화쟁론』을 지었다.

해설
(가)는 진성여왕(887~897)에게 개혁 방안을 담은 시무책 10여 조를 올린 최치원이다. 최치원은 당에서 빈공과에 급제하고 '토황소격문'이라는 명문장을 지어 명성을 떨쳤다. 당에서 귀국 후 최치원은 진성여왕에게 개혁안 10여 조를 올려 유교적 정치 이념을 실현하려 하였다. 자신의 뜻이 받아들여지지 않자 그는 벼슬을 버리고 은둔 생활을 하면서 여러 저술을 남겼다.
한편, 진성여왕 때에 해인사 부근에서 치열한 전란이 있었고, 이 전란에서 사망한 승군(僧軍)들의 넋을 위로하고자 삼층석탑을 만들었는데, 최치원이 '해인사 묘길상탑기'를 작성하였다.

오답분석
① 원측이 현장에게서 유식학을 배웠으며, 『해심밀경소』를 저술하였다.
② 강수는 외교 문서 작성에 능하여 청방인문표를 지었다.
③ 설총이 이두를 정리하여 한문 교육의 보급에 공헌하였다.
⑤ 원효가 종파 간의 사상적 대립을 해소하기 위해 『십문화쟁론』을 지었다.

정답 ④

020 고분과 고분 벽화

대표기출 심화 74회

(가) 국가에서 볼 수 있는 모습으로 가장 적절한 것은?

이번에 촉각 전시물로 새롭게 제작된 장군총은 (가) 의 대표적인 무덤입니다. 반듯하게 다듬은 돌을 계단처럼 쌓아 만든 이 무덤의 높이는 약 13미터이고, 한 변의 최대 길이는 약 31미터에 달합니다. 거대한 크기를 고려할 때 왕의 무덤일 가능성이 높습니다. 이 무덤의 주인이 누구였을지 상상하며 만져보면 어떨까요?

① 녹과전을 지급받는 관리
② 경당에서 수련하는 청년
③ 팔만대장경판을 만드는 장인
④ 지방의 22담로에 파견되는 왕족
⑤ 황룡사 구층 목탑의 축조를 건의하는 승려

해설

장군총과 같은 계단식 돌무지무덤을 만든 (가) 국가는 고구려이다. 장군총은 고구려 초기에 주로 만들어진 계단식 돌무지무덤으로, 화강암을 다듬어 7층까지 쌓아올린 것이 특징이다. 장군총의 1층 각 면에는 3개씩 호석(버팀돌)을 기대어 놓았으며, 뒤편에는 본래 5개의 배총(딸린무덤)이 있었지만 현재는 하나만 남아 있다.
고구려는 소수림왕 때 국내성에 태학을 세우고 5경 박사를 두어 시, 서, 역(易), 춘추, 예기 등 유교 경전과 역사서를 교육시켰고, 평양 천도 이후에는 지방에 경당을 세워 청소년들에게 한학과 무술을 가르쳤다.

오답분석

① 고려 원종이 개경 환도 직후인 1271년(원종 12) 녹과전을 설치하여 경기 8현의 토지를 녹봉 대신 나누어 주었다.
③ 고려 조정이 강화도로 천도한 이후 최우의 주도로 팔만대장경판을 만들었다.
④ 백제의 무령왕이 지방의 22담로에 왕족을 파견하였다.
⑤ 신라의 자장이 선덕여왕에게 황룡사 구층 목탑의 축조를 건의하였다.

정답 ②

기출변형

(가) 문화유산에 대한 설명으로 옳은 것은?

학술 대회 안내

올해는 백제의 고분 중 피장자와 축조 연대가 확인되는 유일한 무덤인 (가) 발굴 50주년이 되는 해입니다. 우리 학회는 이를 기념하여 '(가) 출토 유물로 본 동아시아 문화 교류'를 주제로 학술 대회를 개최합니다.

◆ 발표 주제 ◆

- 진묘수를 통해 본 도교 사상
- 금동제 신발의 제작 기법 분석
- 금송으로 만든 관을 통해 본 일본과의 교류

■ 일시: 2021년 ○○월 ○○일 13:00~17:00
■ 장소: □□박물관 강당
■ 주최: △△학회

① 서울 석촌동 고분군에 위치하고 있다.
② 나무로 곽을 짜고 그 위에 돌을 쌓았다.
③ 국보로 지정된 금동 대향로가 출토되었다.
④ 무덤의 둘레돌에 12지 신상을 조각하였다.
⑤ 중국 남조의 영향을 받아 벽돌로 축조하였다.

해설

사진은 공주 송산리 무령왕릉에서 발견된 진묘수(돌짐승)이다. 백제 무령왕릉은 중국 남조의 영향을 받은 벽돌무덤이다. 무령왕릉은 금관 장식과 진묘수 등 우수한 공예품과 함께 왕과 왕비의 지석이 출토되어 무덤의 주인공과 축조 연대가 확실히 밝혀졌다. 한편 양나라에서 들여온 벽돌과 일본에서 수입한 금송으로 만든 관은 백제의 대외 교류 관계를 보여준다.

오답분석

① 석촌동 고분은 계단식 돌무지 무덤 양식이다.
② 경주의 천마총 등이 돌무지 덧널 무덤의 양식이다.
③ 부여 능산리 절터에서 금동대향로가 발견되었다.
④ 통일기 무렵의 신라의 굴식돌방무덤에 둘레돌 양식이 나타난다.

정답 ⑤

021 불교 미술(탑, 불상)

대표기출
심화 67회

(가)에 해당하는 문화유산으로 옳은 것은?

국보로 지정된 (가) 은 현존하는 신라 탑 중에 가장 오래된 것으로 평가받습니다. 이 탑은 돌을 벽돌 모양으로 다듬어 쌓았다는 특징이 있으며, 선덕여왕 3년에 건립된 것으로 추정됩니다.

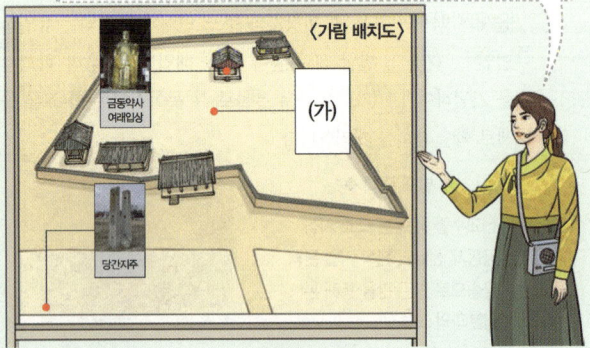

①  ②  ③
④  ⑤

해설
(가)는 신라 석탑 중에 가장 오래되었으며, 돌을 벽돌 모양으로 다듬어 쌓은 탑은 분황사 모전석탑이다. 선덕여왕 때 건립된 것으로 추정되는 분황사 탑은 석재를 벽돌 모양으로 다듬어 쌓은 모전석탑으로 지금은 3층까지만 남아 있다.

오답분석
① 경주 불국사 3층 석탑(석가탑)이다.
② 부여 정림사지 5층 석탑이다.
③ 중국 길림성 백산시에 남아 있는 발해의 영광탑이다.
⑤ 목탑양식을 본떠 건축한 백제의 익산 미륵사지 석탑이다.

정답 ④

기출변형

(가)에 해당하는 문화유산으로 옳은 것은?

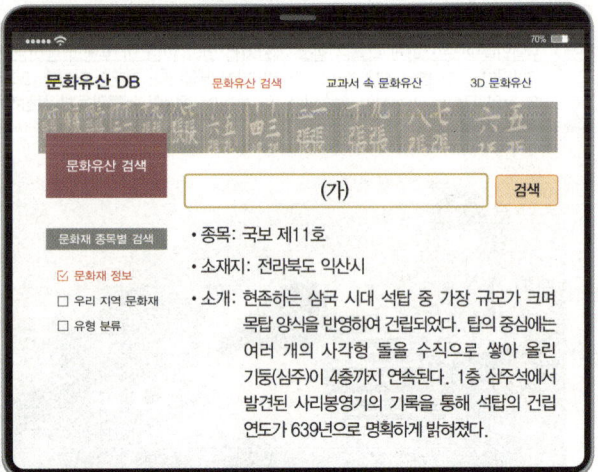

문화유산 DB
- 종목: 국보 제11호
- 소재지: 전라북도 익산시
- 소개: 현존하는 삼국 시대 석탑 중 가장 규모가 크며 목탑 양식을 반영하여 건립되었다. 탑의 중심에는 여러 개의 사각형 돌을 수직으로 쌓아 올린 기둥(심주)이 4층까지 연속된다. 1층 심주석에서 발견된 사리봉영기의 기록을 통해 석탑의 건립 연도가 639년으로 명확하게 밝혀졌다.

①  ②  ③
④  ⑤

해설
자료의 (가)에 해당하는 문화유산은 익산 미륵사지 석탑이다. 미륵사지 석탑은 639년 백제 무왕 때 건립되었으며 목탑 양식을 반영하여 건립되었다. 2011년 미륵사지 석탑의 보수 정비 과정에서 사리 장엄구 일체가 발견되어 미륵사의 창건 배경과 발원자, 석탑의 건립 연대 등을 정확하게 알 수 있게 되었다.

오답분석
① 백제 정림사지 5층 석탑이다.
② 통일신라 경덕왕 때 건립된 다보탑이다.
④ 발해의 영광탑으로 벽돌탑이다.
⑤ 익산 왕궁리 5층 석탑이다.

정답 ③

022 고대인의 멋과 자취

 심화 64회

(가)에 해당하는 문화유산으로 옳은 것은?

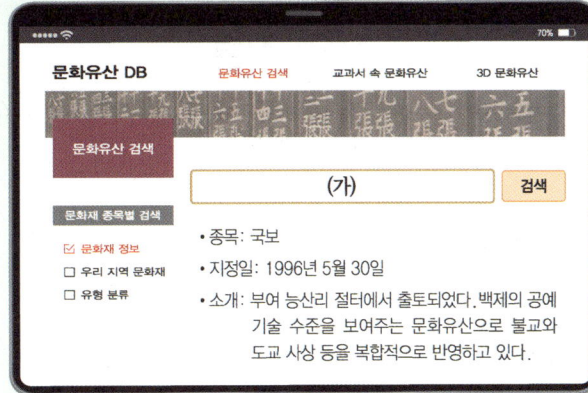

다음 특별전에 전시될 문화유산으로 가장 적절한 것은?

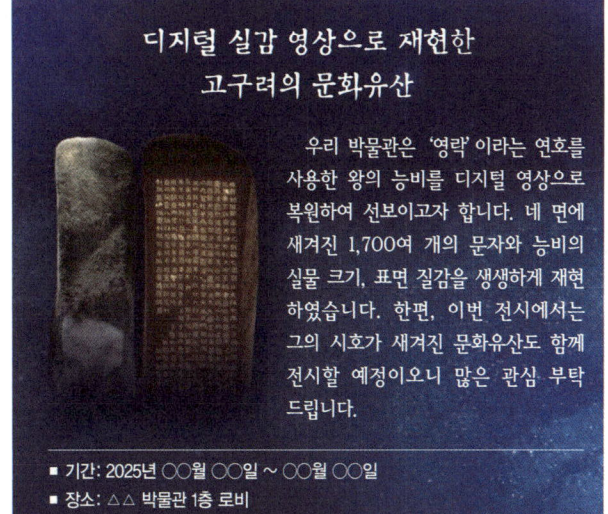

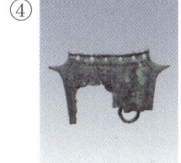 

해설

부여 능산리 절터에서 출토되었으며, 백제의 공예 기술을 보여 주는 문화유산은 백제 금동대향로이다.
1993년 부여 능산리에서 발굴된 금동 대향로는 백제 금속 공예 기술의 우수성을 잘 보여 주는 문화재이다. 향로를 장식한 용과 봉황, 연꽃, 그리고 신선이 산다고 하는 삼신산의 74개 봉우리는 도교의 이상향을 표현한 것이다.

오답분석

① 발해에서 만들어진 이불병좌상이다.
② 고구려에서 만들어진 금동 연가 7년명 여래 입상이다.
③ 고령 지산동 고분에서 출토된 가야의 금관이다.
④ 신라에서 만들어진 기마인물형토기이다.

정답 ⑤

해설

경주의 호우총에서 출토된 청동 그릇은 고구려 광개토대왕을 기념하는 명문이 새겨져 있다. 호우명(壺杅銘) 그릇은 광개토대왕을 기념하는 의례 행위에 사용하기 위해 고구려에서 만든 것으로, 경주의 돌무지덧널무덤에서 이 그릇이 발견되었다는 사실은 당시 신라가 고구려의 영향력 아래에 있었다는 것을 보여준다.

오답분석

① 현존하는 가장 오래된 신라의 금석문인 포항 중성리 신라비이다.
② 백제 무령왕릉에서 발견된 진묘수이다.
③ 김해 대성동 고분에서 발견된 가야의 판갑옷이다.
④ 후기 청동기 시대에 제작된 것으로 추정되는 농경문 청동기이다.

정답 ⑤

I 한국 고대사 033

023 발해의 문화

대표기출 심화 66회

(가)에 들어갈 내용으로 가장 적절한 것은?

한국사 모둠별 탐구 활동 안내
◆ 주제: (가)
◆ 방법: 문헌 조사, 인터넷 검색 등을 활용하여 아래에 제시된 문화유산을 탐구한다.
◆ 모둠별 탐구 자료

1모둠 ▲ 크라스키노 성 유적 출토 연꽃무늬 수막새
2모둠 ▲ 콕샤로프카 평지성 온돌 유적

① 백제 문화의 국제성
② 신라와 서역의 교류
③ 가야 문화의 일본 전파
④ 고려에서 유행한 몽골풍
⑤ 발해와 고구려의 문화적 연관성

해설
제시된 자료는 발해의 유적에서 출토된 연꽃무늬 수막새와 온돌 유적이다. 발해의 유적에서 발견되는 기와 무늬나 온돌 유적은 고구려의 영향을 받았음을 보여 준다.

정답 ⑤

기출변형

(가) 국가의 문화유산으로 옳은 것은?

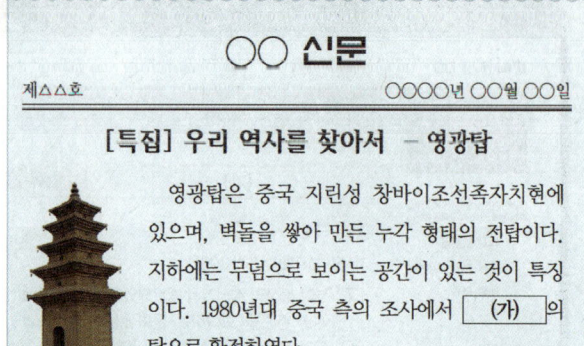

○○ 신문
제△△호   ○○○○년 ○○월 ○○일

[특집] 우리 역사를 찾아서 – 영광탑

영광탑은 중국 지린성 창바이조선족자치현에 있으며, 벽돌을 쌓아 만든 누각 형태의 전탑이다. 지하에는 무덤으로 보이는 공간이 있는 것이 특징이다. 1980년대 중국 측의 조사에서 (가) 의 탑으로 확정하였다.

①  ②  ③
④  ⑤

해설
중국 지린성 창바이 조선족 자치현에 남아 있는 영광탑은 발해의 탑이다. 벽돌을 쌓아 만든 전탑으로 지하에는 무덤으로 보이는 공간이 조성되어 있다.
발해의 상경과 동경의 절터에서 발굴된 이불병좌상은 두 분의 부처가 나란히 앉아 있는 모습을 하고 있으며, 고구려 양식을 따르고 있다.

오답분석
② 영주 부석사 소조 여래 좌상은 고려 시대에 만들어졌다.
③ 금동 연가 7년명 여래 입상은 고구려에서 만들어졌다.
④ 통일 신라 시대에 만들어진 석굴암 본존불상이다.
⑤ 원에서 유행한 티벳 불상의 영향을 받아 고려 시대에 조성된 금동관음보살좌상이다.

정답 ①

MEMO

PART 1

대표기출 + 기출변형

 한국 중세사

- 024 고려의 성립
- 025 고려 초기의 정치
- 026 문벌 귀족 사회의 성립과 동요
- 027 고려의 제도
- 028 무신 정권의 성립
- 029 대외 관계의 변화
- 030 고려 후기의 정치 변동
- 031 고려의 멸망
- 032 고려의 경제 정책
- 033 고려의 경제 활동
- 034 고려의 사회
- 035 유학의 발달
- 036 역사서의 편찬
- 037 불교 사상의 발달
- 038 귀족 문화의 발달
- 039 불교 문화의 발달

대단원 출제경향

II 한국 중세사

	제70회	제71회	제72회	제73회	제74회
1. 고려의 정치 발전	4문제	1문제	4문제	5문제	5문제
2. 고려의 경제와 사회	2문제	3문제	1문제	2문제	2문제
3. 고려의 사상과 문화	1문제	3문제	2문제	1문제	2문제
합계	7문제	7문제	7문제	8문제	9문제

제70회 리뷰

모두 7문제가 출제되었다. [고려의 정치 발전] 단원에서는 후삼국의 통일, 고려 숙종, 정중부의 난(무신정변), 몽골과의 전쟁 등 4문제가 출제되었다. [고려의 경제와 사회] 단원에서는 고려의 경제 상황, 원 간섭기의 사회 모습 등 2문제가 출제되었다. [고려의 사상과 문화] 단원에서는 고려의 승려 1문제가 출제되었다.

제71회 리뷰

모두 7문제가 출제되었다. [고려의 정치 발전] 단원에서는 몽골과의 전쟁 1문제가 출제되었다. [고려의 경제와 사회] 단원에서는 고려의 경제 상황, 전시과 제도, 민중의 저항(무신집권기) 등 3문제가 출제되었다. [고려의 사상과 문화] 단원에서는 관학진흥책, 이제현(역옹패설), 고려의 문화유산 등 3문제가 출제되었다.

제72회 리뷰

모두 7문제가 출제되었다. [고려의 정치 발전] 단원에서는 고려 성종, 거란과의 관계, 무신집권기의 정치, 원 간섭기의 사실 등 4문제가 출제되었다. [고려의 경제와 사회] 단원에서는 고려의 경제 상황 1문제가 출제되었다. [고려의 사상과 문화] 단원에서는 김부식, 고려의 탑 등 2문제가 출제되었다.

제73회 리뷰

모두 8문제가 출제되었다. [고려의 정치 발전] 단원에서는 태조(왕건), 인종(묘청의 난), 삼별초, 공민왕, 왜구 격퇴 등 5문제가 출제되었다. [고려의 경제와 사회] 단원에서는 고려의 경제 모습, 향소부곡(망이 망소이의 난) 등 2문제가 출제되었다. [고려의 사상과 문화] 단원에서는 제왕운기 1문제가 출제되었다.

제74회 리뷰

모두 9문제가 출제되었다. [고려의 정치 발전] 단원에서는 후삼국의 통일, 광종, 거란과의 전쟁, 무신집권기의 정치, 고려의 중앙 관제 등 5문제가 출제되었다. [고려의 경제와 사회] 단원에서는 원 간섭기의 사회 모습, 고려의 사회 모습 등 2문제가 출제되었다. [고려의 사상과 문화] 단원에서는 지눌, 고려의 문화유산 등 2문제가 출제되었다.

024 고려의 성립

대표기출
심화 69회

(가) 왕에 대한 설명으로 옳은 것은?

이 불상은 충청남도 논산시에 있는 개태사지 석조 여래 삼존입상으로, 큼직한 손과 신체의 굴곡이 거의 드러나지 않는 원통형의 형태가 특징입니다. 개태사는 후삼국을 통일한 (가) 이/가 이를 기념하여 세운 사찰입니다.

① 관학 진흥을 위해 양현고를 설치하였다.
② 쌍기의 건의를 받아들여 과거제를 시행하였다.
③ 전국에 12목을 설치하고 지방관을 파견하였다.
④ 전시과 제도를 처음 마련하여 관리에게 토지를 지급하였다.
⑤ 후대 왕들이 지켜야 할 정책 방향을 담은 훈요 10조를 남겼다.

해설
(가)는 후삼국을 통일한 태조 왕건이다.
태조 왕건은 왕위에 오른 뒤 민생 안정과 호족 세력 통합을 중시하였다. 태조는 말년에 관리들에게 신하된 자로서 지켜야 할 의무를 기술한 '정계', '계백료서'를 지어 반포하였다. 아울러 후대 왕들이 지켜야 할 정책 방향을 제시하는 '훈요 10조'를 남겼다.

오답분석
① 예종 때 양현고라는 장학 재단을 두어 관학의 경제 기반을 강화하였다.
② 광종 때 쌍기의 건의로 과거제를 시행하였다.
③ 성종 때 전국에 12목을 설치하고 지방관을 파견하였다.
④ 경종 때 시정 전시과 제도를 시행하여 관리에게 토지를 지급하였다.

정답 ⑤

기출변형

(가), (나) 사이의 시기에 있었던 사실로 옳은 것은?

> (가) 태조는 정예 기병 5천을 거느리고 공산(公山) 아래에서 견훤을 맞아서 크게 싸웠다. 태조의 장수 김락과 신숭겸은 죽고 모든 군사가 패배했으며, 태조는 겨우 죽음을 면하였다.
> - 『삼국유사』 -
>
> (나) [태조를] 신검의 군대가 막아서자 일리천(一利川)을 사이에 두고 대치하였다. 태조가 견훤과 함께 병사들을 사열한 후 …… 신검이 양검, 용검 및 문무 관료들과 함께 항복하여 오니, 태조가 그를 위로하였다.
> - 『고려사절요』 -

① 최승로가 시무 28조를 건의하였다.
② 경순왕 김부가 경주의 사심관이 되었다.
③ 거란의 침입에 대비하여 광군을 조직하였다.
④ 궁예가 국호를 마진에서 태봉으로 바꾸었다.
⑤ 쌍기의 건의를 받아들여 과거제가 시행되었다.

해설
(가)는 927년 공산 전투 때의 상황이다. 후백제왕 견훤이 군사를 이끌고 신라 경주를 침공하여 경애왕을 죽이고 경순왕을 세웠다. 신라의 구원 요청을 받은 고려군이 공산(대구)에서 전투를 벌였으나 크게 패했다.
(나)는 936년 일리천 전투 때의 상황이다. 견훤이 장남 신검에게 왕위를 빼앗기자 고려에 투항하였다. 고려는 936년 견훤을 앞세워 후백제를 공격하여 일리천(선산)에서 승리하면서 후삼국을 통일하였다.
935년 신라 경순왕이 고려에 귀순하자 왕건은 김부(경순왕)를 경주 사심관으로 삼았다.

오답분석
① 6대 성종 때 최승로가 시무 28조를 건의하였다.
③ 3대 정종 때 거란의 침입에 대비하여 광군 30만을 조직하였다.
④ 911년 궁예는 국호를 마진에서 태종으로 바꾸었다.
⑤ 4대 광종 때 쌍기의 건의를 받아들여 과거제를 실시하였다.

정답 ②

025 고려 초기의 정치

대표기출   심화 68회

(가) 왕의 재위 시기에 있었던 사실로 옳은 것은?

공은 대송(大宋) 강남 천주 출신이다. …… 예빈성 낭중에 임명하고 집 한 채를 내려주었다.

이것은 고려에 귀화한 채인범의 묘지명으로 현존하는 고려 시대 묘지명 중 가장 오래된 것입니다. 노비안검법을 실시한 (가) 은/는 채인범, 쌍기 등의 귀화인들을 적극 등용하였습니다.

① 최승로가 시무 28조를 건의하였다.
② 경기에 한하여 과전법이 실시되었다.
③ 신돈이 전민변정도감의 판사가 되었다.
④ 빈민 구제 기관인 흑창이 처음 설치되었다.
⑤ 광덕, 준풍 등의 독자적 연호가 사용되었다.

기출변형

밑줄 그은 '왕'의 업적으로 옳은 것은?

> 왕이 명령하기를, "…… 경관(京官) 5품 이상은 각기 봉사를 올려 시정(時政)의 잘잘못을 논하라."라고 하였다. …… 최승로가 올린 글의 대략은 다음과 같다. "…… 이제 앞선 5대 조정(朝廷)의 정치와 교화에 대해서 본받을 만한 좋은 행적과 경계할 만한 나쁜 행적을 삼가 기록하여 조목별로 아뢰겠습니다. ……"
> – 『고려사절요』 –

① 12목을 설치하고 지방관을 파견하였다.
② 관학 진흥을 위해 양현고를 설치하였다.
③ 왕권 강화를 위해 노비안검법을 실시하였다.
④ 신돈을 등용하고 전민변정도감을 설치하였다.
⑤ 빈민을 구제하기 위해 흑창을 처음 설치하였다.

해설

(가)는 노비안검법을 실시한 광종이다. 광종은 노비안검법을 시행하여 (956) 본래 양민이었으나 후삼국 시대의 혼란기에 호족 세력에 의해 불법으로 노비가 된 자를 다시 양민으로 돌아가게 하였다. 이를 통해 호족 세력의 경제적·군사적 기반을 약화시키고 국가의 재정 기반과 왕권을 안정시켰다.
광종은 국왕의 권위를 높이기 위해 황제를 칭하고 개성을 황도(皇都), 서경을 서도(西都)로 격상시켰으며, 광덕·준풍 등 독자적인 연호를 사용하였다.

오답분석

① 성종 때 최승로가 시무 28조를 건의하였다.
② 공양왕 때 신진사대부 주도로 과전법이 제정되었다.
③ 공민왕 때 전민변정도감을 설치하고 신돈을 판사로 삼았다.
④ 태조 왕건 때 흑창을 처음 설치하였다.

정답 ⑤

해설

제시된 자료에서 '최승로가 올린 글에서 5대 조정(朝廷)의 정치와 교화에 대해서 본받을 만한 좋은 행적' 등을 통해 최승로의 시무 28조에 대한 것임을 짐작할 수 있다. 따라서 밑줄 친 '왕'은 고려 성종이다. 고려 성종은 2성 6부의 중앙 관제를 마련하고, 전국에 12목을 설치하여 지방관(목사)을 파견하였다.

오답분석

② 고려 중기 예종 때 관학 진흥을 위해 양현고를 설치하였다.
③ 고려 초기 광종 때 노비안검법을 실시하였다.
④ 고려 말기 공민왕 때 신돈을 발탁하여 전민변정도감을 설치하였다.
⑤ 고려 초기 태조 때 흑창을 설치하였다.

정답 ①

026 문벌 귀족 사회의 성립과 동요

 **대표기출** 심화 67회

(가) 왕의 재위 기간에 있었던 사실로 옳은 것은?

> 〈역사 연극 시나리오 구상〉
>
> 제목: (가) 의 험난한 피란길
>
> ○학년 ○반 ○모둠
>
> 장면1: 강조의 정변을 구실로 침입한 거란군이 서경까지 이르자 강감찬이 왕에게 남쪽으로 피란할 것을 권유한다.
>
> 장면2: 왕이 개경을 떠나 전라도 삼례에 이르는 동안 호위군이 도망가는 등의 어려움을 겪는다.
>
> 장면3: 나주에 도착한 왕은 강화가 성립되어 거란군이 물러간다는 소식을 듣고 안도한다.

① 만부교 사건이 일어났다.
② 초조대장경 조판이 시작되었다.
③ 사신 저고여가 귀국 길에 피살되었다.
④ 공주 명학소에서 망이·망소이가 봉기하였다.
⑤ 신돈을 중심으로 전민변정 사업이 추진되었다.

 기출변형

밑줄 그은 '왕'의 재위 기간에 있었던 사실로 옳은 것은?

> 중군(中軍) 김부식이 아뢰기를, "윤언이는 정지상과 결탁하여 생사를 함께하기로 맹세한 당(黨)이 되어 크고 작은 일마다 실제로 함께 의논하였습니다. 또한 임자년에 왕께서 서경으로 행차하실 때, 글을 올려 연호를 세우고 황제로 칭하기를 청하였습니다. …… 이는 모두 금나라를 격노하게 하여 이때를 틈타 방자하게도 자기 당이 아닌 사람을 처치하고 반역을 도모한 것이니 신하의 마음이 아니었습니다."라고 하였다.
>
> – 『고려사』 –

① 전시과 제도를 처음 실시하였다.
② 국경 일대에 천리장성을 축조하였다.
③ 서경 유수 조위총이 반란을 일으켰다
④ 강조가 정변을 일으켜 김치양을 제거하였다.
⑤ 왕실의 외척인 이자겸이 권력을 독점하였다.

해설

(가)는 거란의 2차 침입 때 나주까지 피난한 현종이다.
현종 즉위 초 거란은 강조의 정변을 구실로 강동 6주를 넘겨 줄 것을 요구하면서 40만 대군으로 침입해왔다(1010). 개경이 함락되고 현종은 나주까지 피난하였지만, 흥화진에서 양규가 선전하자 거란군은 현종의 입조를 조건으로 강화하고 퇴각하였다.
현종은 거란의 침입을 물리치기 위해 초조대장경 조판 사업을 시작하였다. 또한 거란의 2차 침입으로 인해 궁궐 안에 있던 사관(史館)이 소실되자 현종은 앞선 7대의 실록을 편찬하도록 명하였다.

오답분석

① 태조 왕건 때 거란에서 보내온 낙타 50필을 만부교 아래에 매어놓아 굶어 죽게 한 만부교 사건이 일어났다.
③ 최우 집권기인 1225년(고종 12)에 몽골 사신 저고여가 귀국 길에 피살되었다.
④ 정중부 집권기에 망이·망소이의 난이 일어났다.
⑤ 공민왕 재위기에 신돈이 전민변정 사업을 추진하였다.

정답 ②

해설

정지상 등이 서경천도와 칭제건원을 청하고, 김부식이 정지상·윤언이 등이 반역을 도모했다고 비판한 것은 모두 고려 인종(1122~1146) 시기의 사실이다.
이자겸은 자신의 외손인 14세의 인종을 즉위시키고 두 딸을 인종의 비로 들이는 한편, 한안인 등 측근 세력을 제거하면서 자신의 권세를 강화하였다. 이자겸은 대내적으로 문벌 중심의 질서를 유지하고, 대외적으로 금과 타협하는 정치적 성향을 보였다.

오답분석

① 5대 경종 때 전시과를 처음 실시하였다.
② 거란과의 전쟁 이후 덕종~정종 재위 기간에 천리장성을 축조하였다.
③ 무신정변 직후 서경 유수 조위총이 반란을 일으켰다(1174).
④ 강조가 정변을 일으켜 목종을 폐위시키고 현종을 옹립하였다.

정답 ⑤

027 고려의 제도

대표기출 (심화 67회)

㉠~㉣ 기구에 대한 설명으로 옳은 것을 <보기>에서 고른 것은?

> **역사 돋보기** 왕실과의 혼인을 통한 이자겸의 출세
>
> 음서로 관직에 진출한 이자겸은 1108년 둘째 딸이 예종의 비가 되면서 빠른 속도로 출세하였다.
> 1109년 ㉠<u>추밀원(중추원)</u> 부사, 1111년 ㉡<u>어사대</u>의 대부가 된다. 1113년에는 ㉢<u>상서성</u>의 좌복야에 임명되었고, 1118년 재신으로서 판이부사를 맡았으며, 1122년 ㉣<u>중서문하성</u> 중서령에 오른다.

―보기―
ㄱ. ㉠ – 군사 기밀과 왕명 출납을 담당하였다.
ㄴ. ㉡ – 소속관원이 낭사와 함께 서경권을 행사하였다.
ㄷ. ㉢ – 화폐·곡식의 출납과 회계를 담당하였다.
ㄹ. ㉣ – 원 간섭기에 도평의사사로 개편되었다.

① ㄱ, ㄴ   ② ㄱ, ㄷ   ③ ㄴ, ㄷ
④ ㄴ, ㄹ   ⑤ ㄷ, ㄹ

해설

송의 추밀원을 모방한 중추원(추밀원)은 군사 기밀을 담당하는 추밀과 왕명의 출납을 담당하는 승선으로 구성되었다. 중추원은 추부라고도 했는데, 재부인 중서문하성과 합해서 양부로 불렸다.
고려시대 어사대는 정치의 잘잘못을 논하고 관리들의 비리를 감찰하는 임무를 담당하였다. 어사대의 관원은 중서문하성의 낭사와 함께 대간(대성)으로 불렸다. 대간은 왕의 과오나 비행을 비판하는 간쟁, 합당하지 못한 왕명 및 조직을 봉함하여 반박하는 봉박, 관리의 임명이나 법령의 개폐를 인준하는 서경권을 가지고 있었다.

오답분석

㉢ 상서성은 이·병·호·형·예·공의 6부를 두고 정책의 집행을 담당하였다. 화폐와 곡식의 출납에 대한 회계를 담당한 기구는 삼사이다.
㉣ 도병마사는 원 간섭기 충렬왕 때 도평의사사로 개편되었다.

정답 ①

기출변형

다음 군사 제도를 운영한 국가에 대한 설명으로 옳은 것은?

> 목종 5년에 6위의 직원을 마련하여 두었는데, 뒤에 응양군(鷹揚軍)과 용호군(龍虎軍)의 2군을 설치하고, 6위의 위에 있게 하였다.
> 뒤에 또 중방을 설치하고, 2군·6위의 상장군과 대장군이 모두 회합하게 하였다.

① 중정대를 두어 관리를 감찰하였다.
② 삼사는 언론과 학술의 역할을 맡았다.
③ 지방의 육군은 진관체제로 편성하였다.
④ 전국을 크게 경기, 5도와 양계로 나누었다.
⑤ 왕족인 부여씨와 8성의 귀족이 지배층을 이루었다.

해설

고려는 중앙군은 2군과 6위로 편제되었다. 2군은 국왕의 친위부대로 용호군과 응양군이 있었다. 6위는 수도 경비와 국경 방어를 맡았는데, 좌우위, 신호위, 흥위위, 금오위, 천우위, 감문위가 있었다.
고려의 지방 행정 조직은 현종 때 정비되었다. 전국을 경기와 5도, 양계로 나눈 다음 그 아래에 3경과 도호부 그리고 군, 현, 진을 설치하였다.

오답분석

① 발해는 중정대를 두어 관리를 감찰하였다.
② 조선의 삼사는 언론과 학술의 역할을 맡았다.
③ 조선 전기 지방의 육군은 진관체제로 편성하였다.
⑤ 백제의 지배층은 왕족인 부여씨와 8성의 귀족으로 이루어졌다.

정답 ④

028 무신 정권의 성립

대표기출 — 심화 66회

다음 자료에 나타난 상황 이후의 사실로 옳은 것은?

> 경대승이 정중부를 죽이자, 조정 신하들이 대궐에 나아가 축하하였다. 경대승이 말하기를, "임금을 죽인 사람이 아직 살아 있는데, 무슨 축하인가?"라고 하였다. 이의민은 이 말을 듣고 매우 두려워하여 날랜 사람들을 모아서 대비하였다. 또한 경대승의 도방(都房)에서 자기들이 싫어하는 사람을 죽일 것을 모의한다는 말을 들었다. 이의민이 더욱 두려워하여 마을에 큰 문을 세워 밤마다 경계하였다.

① 묘청 등이 서경 천도를 주장하였다.
② 최충헌이 왕에게 봉사 10조를 올렸다.
③ 강조가 정변을 일으켜 왕을 폐위하였다.
④ 이자겸과 척준경이 반란을 일으켜 궁궐을 불태웠다.
⑤ 김보당이 폐된 왕의 복위를 주장하며 군사를 일으켰다.

해설

제시된 자료는 경대승이 정중부를 제거하고 권력을 장악한 상황을 보여준다.
1179년에 경대승은 정중부 등을 제거하고 권력을 장악하였다. 경대승은 중방을 무력화하고 사병 집단인 도방을 설치하여 권력을 행사하였다. 1183년 경대승이 죽자 천민 출신 이의민이 권력을 장악하였다. 이의민은 중방을 중심으로 권력을 행사하였으나, 1196년 최충헌 형제에게 피살당했다.
이의민을 제거하고 권력을 차지한 최충헌은 봉사 10조와 같은 사회개혁책을 제시하는 한편, 농민 항쟁을 적극적으로 진압하는 등 강력한 독재정치를 펼쳤다. 최충헌은 최고 집정부의 구실을 하는 교정도감을 설치하고 자신이 교정별감이 되어 권력을 장악하였다.

오답분석

① 인종 재위 기간(1135년)에 묘청 등이 서경 천도를 주장하며 난을 일으켰다.
③ 1009년에 강조는 김치양을 죽인 후 목종을 폐위하고 현종을 옹립하였다.
④ 인종 재위 기간(1126년)에 이자겸이 척준경과 함께 반란을 일으켰다.
⑤ 무신정변 직후(1173년) 동북면 병마사 김보당이 의종의 복위와 정중부의 타도를 목적으로 난을 일으켰다.

정답 ②

기출변형

다음 검색창에 들어갈 인물에 대한 설명으로 옳은 것은?

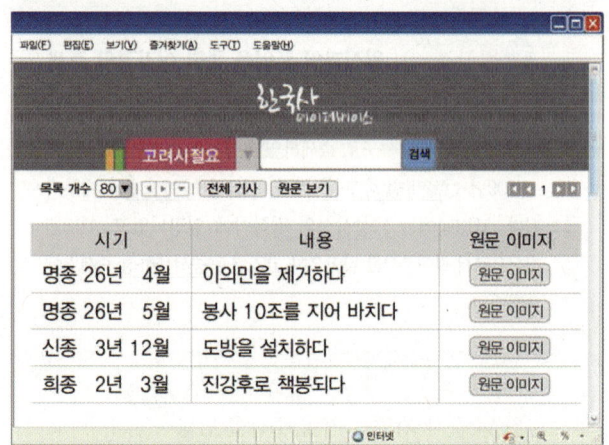

시기	내용
명종 26년 4월	이의민을 제거하다
명종 26년 5월	봉사 10조를 지어 바치다
신종 3년 12월	도방을 설치하다
희종 2년 3월	진강후로 책봉되다

① 서경에서 난을 일으키고 국호를 대위로 하였다.
② 화약과 화포 제작을 위한 화통도감 설치를 건의하였다.
③ 삼별초를 이끌고 진도로 이동하여 대몽 항쟁을 펼쳤다.
④ 교정별감이 되어 인사, 재정 등 국정 전반을 장악하였다.
⑤ 전민변정도감의 책임자로 임명되어 권문세족을 견제하였다.

해설

이의민을 제거하고 권력을 장악하였으며, 봉사 10조를 바친 인물은 최충헌이다.
최충헌이 이의민을 제거하고 권력을 차지하면서 최씨 무신 정권 시대가 시작되었다. 최충헌은 봉사 10조와 같은 사회 개혁책을 제시하는 한편, 농민 항쟁을 적극적으로 진압하는 등 강력한 독재 정치로 무신정권 초기의 혼란을 수습하였다. 최충헌은 최고 집정부의 구실을 하는 교정도감을 설치하고 자신이 교정별감이 되어 권력을 장악하였다. 또, 경대승 사후 폐지되었던 도방을 부활시켜 신변을 경호하였다. 최충헌은 진강후로 봉해지면서 진주 지방을 식읍으로 받았는데, 흥녕부를 두어 이를 관리하였다.

오답분석

① 묘청 등 서경 세력이 서경에서 국호를 대위라 하고 난을 일으켰다.
② 우왕 때 최무선이 화통도감 설치를 건의하였다.
③ 배중손이 삼별초를 이끌고 진도에서 대몽 항쟁을 전개하였다.
⑤ 공민왕 때 신돈이 전민변정도감의 책임자가 되었다.

정답 ④

029 대외 관계의 변화

대표기출
심화 67회

(가), (나) 사이의 시기에 있었던 사실로 옳은 것은?

> (가) 윤관이 포로 346구와 말 96필, 소 300여 마리를 바쳤다. 의주와 통태진·평융진에 성을 쌓고, 함주·영주·웅주·길주·복주, 공험진과 함께 북계 9성이라 하였다.
>
> (나) 그해 12월 16일에 처인부곡의 작은 성에서 적과 싸우던 중 화살로 적의 괴수인 살리타를 쏘아 죽였습니다. 사로잡은 자들이 많았으며 나머지 무리는 무너져 흩어졌습니다.

① 외침에 대비하여 광군을 조직하였다.
② 서희의 활약으로 강동 6주를 획득하였다.
③ 이제현이 만권당에서 유학자들과 교유하였다.
④ 묘청 등이 칭제 건원과 금 정벌을 주장하였다.
⑤ 압록강에서 도련포까지 천리장성을 축조하였다.

해설

(가)는 1107년(예종2)에 윤관이 여진을 북방으로 밀어낸 후 동북 9성을 쌓은 사건, (나)는 1232년 몽골의 2차 침입 때 처인성에서 김윤후가 부곡민을 지휘하여 살리타를 사살한 사건이다.
이자겸의 난(1126) 이후 인종은 왕권 강화, 민생 안정, 국방력 강화를 위한 개혁을 추진하였다. 이 과정에서 묘청과 정지상 등 서경(평양) 세력은 서경 천도와 칭제건원, 그리고 금국 정벌을 주장하였다. 그러나 김부식 등 개경 세력의 반대로 서경 천도가 어렵게 되자, 묘청 등은 서경에서 반란을 일으켰다(묘청의 난, 1135).

오답분석

① 정종(945~949) 때 거란의 침입에 대비하여 광군을 조직하였다.
② 거란의 제1차 침입(993) 때 서희는 소손녕과 외교 담판을 통해 강동 6주를 획득하였다.
③ 충선왕이 왕위에서 물러난 뒤 대도(베이징)에 만권당을 설립하였다.
⑤ 덕종 때 압록강 어귀로부터 도련포에 이르는 천리장성을 쌓게 하였는데, 정종 때에 완성되었다 (1033~1044).

정답 ④

기출변형

(가) 군사 조직에 대한 설명으로 옳은 것은?

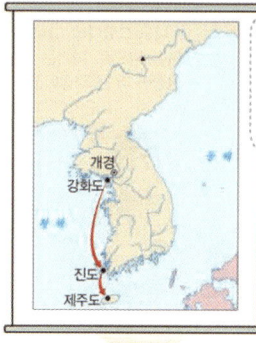

> 이 지도는 개경 환도 결정에 반발하여 봉기한 (가) 의 이동 경로를 나타낸 것입니다. 강화도와 진도에서는 배중손, 제주도에서는 김통정을 중심으로 항쟁하였습니다.

① 최씨 무신 정권의 군사적 기반이었다.
② 거란의 침입에 대비하여 창설되었다.
③ 신기군, 신보군, 항마군으로 구성되었다.
④ 국왕의 친위군으로 군인전을 지급받았다.
⑤ 옷깃 색을 기준으로 9개의 부대로 편성되었다.

해설

개경 환도 결정에 반발하여 봉기하였으며, 배중손·김통정의 지휘 아래 대몽 항쟁을 전개한 (가)는 삼별초이다.
삼별초는 최우가 치안 유지를 위해 설치한 야별초에서 유래하였으며, 야별초에서 분리된 좌별초, 우별초와 몽골에 포로로 잡혀갔던 병사들로 조직된 신의군으로 구성되었다. 삼별초는 최씨 무신 정권의 사병이었으나, 국왕 시위와 도적 체포 등 공적인 역할도 하였다.
고려 왕실이 개경 환도를 명령하고 삼별초 해산 명령을 내리자 삼별초는 배중손의 지휘 아래 반기를 들었다(1270). 이들은 진도로 옮겨 용장성을 쌓고 항전하다 김방경이 이끄는 여·몽 연합군에 함락되었다. 진도가 함락된 뒤에는 일부가 다시 제주도로 가서 계속 항쟁하였다.

오답분석

② 정종(945~949) 때 거란의 침입에 대비하여 광군사를 설치하고, 광군을 조직하였다.
③ 윤관의 설치로 창설된 별무반이 신기군, 신보군, 항마군으로 구성되었다.
④ 고려의 중앙군 중에서 2군(용호군, 응양군)은 국왕의 친위군으로, 그 소속 군인들은 군인전을 지급받았다.
⑤ 통일 신라의 중앙군인 9서당의 각 부대들은 옷깃의 색깔로 구별했다.

정답 ①

030 고려 후기의 정치 변동

대표기출
심화 64회

다음 대화 이후에 전개된 사실로 옳은 것은?

(원의 공주와 혼인한 태자께서 돌아와 왕이 되신 건 알고 있는가? 이전에 변발과 호복 차림으로 돌아오신 길 보고 눈물을 흘렸다네.)

(나도 그랬다네. 그나저나 며칠 앞으로 다가온 일본 원정이 더 큰 걱정이군.)

① 빈민 구제를 위한 흑창이 처음 설치되었다.
② 망이·망소이가 공주 명학소에서 봉기하였다.
③ 김부식 등이 왕명으로 삼국사기를 편찬하였다.
④ 김보당이 의종 복위를 주장하며 난을 일으켰다.
⑤ 유인우, 이자춘 등이 쌍성총관부를 수복하였다.

해설
고려 왕이 원의 공주와 혼인하고 변발과 호복이 유행한 것은 원 간섭기의 상황이다. 원 간섭기에 고려의 국왕은 세자가 되면 원의 수도 대도(북경)에 가서 독로화(인질)로 머물다가 원의 공주와 결혼하고, 귀국하여 왕위에 오르는 것이 관례가 되었다.
공민왕(1351~1374)은 변발과 호복 등 몽골 풍속을 폐지하고, 원의 연호 사용을 폐지하였다. 그리고 고려의 내정을 간섭하던 정동행성 이문소를 폐지하고, 기철로 대표되던 친원 세력을 숙청하였다. 또, 쌍성총관부를 공격하여 철령 이북의 땅을 수복하였으며, 고구려의 옛 땅을 되찾기 위하여 인당, 최영, 이성계 등으로 하여금 세 차례나 요동 지방을 공격하게 하였다.

오답분석
① 고려 태조 때 흑창을 설치하여 빈민을 구제하였다.
② 무신집권기(1176년)에 공주 명학소에서 망이·망소이가 난을 일으켰다.
③ 인종 재위 기간(1145년)에 김부식이 『삼국사기』를 편찬하였다.
④ 무신정변 직후(1173년) 동북면 병마사 김보당이 의종의 복위와 정중부의 타도를 목적으로 난을 일으켰다.

정답 ⑤

기출변형

(가), (나) 사이의 시기에 있었던 사실로 옳은 것은?

> (가) 다루가치가 왕을 비난하면서 말하기를, "선지(宣旨)라 칭하고, 짐(朕)이라 칭하고, 사(赦)라 칭하니 어찌 이렇게 참람합니까?"라고 하였다. …… 이에 (왕이) 선지를 왕지(王旨)로, 짐을 고(孤)로, 사를 유(宥)로, 주(奏)를 정(呈)으로 고쳤다.
> – 『고려사』 –
>
> (나) 대사도 기철, 태감 권겸, 경양 부원군 노책이 반역을 도모하다 처단되었으며 그들의 친족과 당여는 모두 도망쳤다.
> – 『고려사』 –

① 일본 원정을 위해 정동행성이 설치되었다.
② 경기 지역에 한하여 과전법이 실시되었다.
③ 김윤후가 처인성에서 살리타를 사살하였다.
④ 정중부 등이 정변을 일으켜 권력을 장악하였다.
⑤ 우왕이 요동 정벌을 위해 이성계를 파견하였다.

해설
제시된 자료의 (가)는 원나라가 고려의 사정을 감시하기 위해 남겨둔 '다루가치'가 고려 왕실의 용어를 격하시키는 것에 대한 사료이다. (나)는 공민왕이 기철 등 친원 세력을 숙청한 것에 대한 사료이다. 원은 2차 일본 원정을 준비하기 위해 충렬왕 때 개경에 정동행성을 설치하였으나, 훗날 일본 원정이 중단된 뒤에는 내정 간섭 기구로 변질되었다.

오답분석
② 1391년 공양왕 때 과전법을 실시하였다.
③ 1232년 몽골의 2차 침입 때 처인부곡 전투가 있었다.
④ 1170년 정중부는 정변을 일으켜 의종을 폐위하고 명종을 옹립하였다.
⑤ 1388년 우왕 때 최영 주도로 요동 정벌을 단행하였다.

정답 ①

031 고려의 멸망

대표기출 심화 73회

(가) 왕의 재위 시기에 있었던 사실로 옳은 것은?

(가) 께서 돌아가신 뒤 어린 왕을 새로 옹립한 이인임이 원과의 관계 회복에 나섰다는군.

나도 들었네. 기철 세력을 숙청하고, 쌍성총관부를 수복했던 (가) 의 정책이 중단될까 염려되네.

① 대각국사 의천이 천태종을 개창하였다.
② 신돈을 중심으로 전민변정사업이 추진되었다.
③ 만적이 개경에서 노비를 모아 반란을 모의하였다.
④ 최충이 문헌공도를 설립하여 유학 교육에 힘썼다.
⑤ 이규보가 고구려 계승 의식을 강조한 동명왕편을 지었다.

해설

(가)는 기철 세력을 숙청하고 쌍성총관부를 수복했던 고려 공민왕(1351~1374)이다.
공민왕은 원·명 교체기를 이용하여 밖으로는 반원정책을 통해 고려의 자주권을 회복하고, 안으로는 권문세족을 누르고 왕권과 민생을 동시에 안정시키는 정책을 추진하였다.
1366년 공민왕은 출신이 한미한 승려 신돈을 기용하여 개혁을 추진하였다. 신돈은 전민변정도감을 설치하여 권문세족이 불법적으로 빼앗은 토지를 원주인에게 돌려주고, 불법적으로 노비가 된 자를 양인으로 해방시켰다. 이를 통하여 권문세족들의 경제기반을 약화시키고 국가 재정 수입의 기반을 확대하였다.

오답분석

① 고려 숙종(1095~1105) 때 대각국사 의천이 국청사를 창건하고 천태종을 개창하였다.
③ 최충헌 집권기에 만적이 개경에서 노비를 모아 반란을 모의하였다.
④ 고려 문종(1046~1083) 때 최충이 문헌공도를 설립하여 유학 교육에 힘썼다.
⑤ 고려 명종(1170~1197) 때 이규보가 고구려 계승 의식을 강조한 『동명왕편』을 지었다.

정답 ②

기출변형

(가)~(다)를 일어난 순서대로 옳게 나열한 것은?

(가) 우왕이 요동을 공격하는 일을 최영과 은밀하게 의논하였다. …… 마침내 8도의 군사를 징발하고 최영이 동교에서 군사를 사열하였다.

(나) 대군이 압록강을 건너서 위화도에 머물렀다. …… 이성계가 회군한다는 소식을 듣고 앞다투어 모여든 사람이 천여 명이나 되었다.

(다) 도평의사사에서 글을 올려 과전을 지급하는 법을 정할 것을 청하니, 그 의견을 따랐다. …… 경기는 사방의 근본이므로 마땅히 과전을 설치하여 사대부를 우대하여야 한다. 무릇 수도에 거주하며 왕실을 지키는 자는 현직, 산직(散職)을 불문하고 각각 과(科)에 따라 받게 한다.

① (가) – (나) – (다)
② (가) – (다) – (나)
③ (나) – (가) – (다)
④ (나) – (다) – (가)
⑤ (다) – (나) – (가)

해설

(가) 우왕 때 명나라가 철령위를 설치하여 철령 이북의 땅을 명의 직속령으로 삼겠다고 통고하자, 고려는 최영을 팔도도통사, 조민수를 좌군도통사, 이성계를 우군도통사로 삼아 요동 출병을 단행하였다.
(나) 이성계는 여러 차례 회군 요청을 하였으나 묵살되자, 위화도에서 회군하여 최영 등 집권 세력을 제거하였다(위화도 회군, 1388).
(다) 위화도 회군 이후 정권을 장악한 신진사대부 세력은 전제 개혁을 단행하여 옛 토지 대장을 모두 불태우고 권문세족에게서 몰수한 토지를 농민들에게 분배하였다. 그리고 1391년에는 관료들에게 수조지를 분급하는 과전법을 제정하여 신진사대부들의 경제적 기반을 마련해 주었다.

정답 ①

032 고려의 경제 정책

대표기출
심화 66회

다음 제도를 시행한 국가의 경제 상황으로 옳지 않은 것은?

> 문종 3년 5월 양반 공음전시법을 정하였다. 1품은 문하시랑평장사 이상으로 전지 25결, 시지 15결이다. 2품은 참정 이상으로 전지 22결, 시지 12결이다. 3품은 전지 20결, 시지 10결이다. 4품은 전지 17결, 시지 8결이다. 5품은 전지 15결, 시지 5결이다. 이를 모두 자손에게 전하여 주게 한다. …… 공음전을 받은 자의 자손이 사직을 위태롭게 할 것을 꾀하거나 모반이나 대역에 연좌되거나, 여러 공죄나 사죄를 범하여 제명된 것 이외에는 비록 그 아들에게 죄가 있더라도 그 손자에게 죄가 없다면 공음전시의 3분의 1을 지급한다.

① 활구라고 불리는 은병이 유통되었다.
② 벽란도가 국제 무역항으로 번성하였다.
③ 서적점, 다점 등의 관영 상점이 운영되었다.
④ 경시서의 관리들이 수도의 시전을 감독하였다.
⑤ 설점수세제의 시행으로 민간의 광산 개발이 허용되었다.

해설
5품 이상의 고위 관료들에게 공음전을 지급한 것은 고려 시대의 사실이다. 고려 문종 3년(1049)에 공음전시를 신설하여 5품 이상 관리에게 토지를 지급하였다. 공음전은 매매·세습 등 처분이 자유로운 영업전으로 음서제와 함께 귀족들이 정치적·경제적 특권을 유지해 나갈 수 있는 기반이 되었다.
① 고려 숙종 때 의천의 건의에 따라 주전도감을 설치하고 삼한통보, 해동통보, 해동중보 등의 동전과 활구(은병)를 통용시켰다.
② 고려 시대에는 국내 상업이 발전하면서 송, 요 등 외국과의 무역도 활발해졌다. 예성강 하구의 벽란도는 국제적인 무역항으로 번성하였다.
③ 고려 시대에 개경, 서경 등의 대도시에는 서적점, 약점과 술, 차 등을 파는 주점, 다점 등 관영상점이 운영되었다.
④ 고려는 건국 직후인 919년 개경에 시전을 설치하여 관수품을 조달하고 관청과 귀족들이 이용하게 하였다. 그리고 경시서를 설치하여 시전의 상행위를 감독하고 물가를 조절하도록 하였다.

오답분석
⑤ 조선 후기 효종 때 민간인에게 광산 채굴을 허용하고 세금을 받는 설점수세제를 실시하였다.

정답 ⑤

기출변형

다음 가상 대화가 이루어진 시기에 볼 수 있는 모습으로 적절한 것은?

문익점이 중국에서 목화씨를 들여온 공로로 이번에 왕의 부름을 받아 벼슬을 받게 되었다네.

그가 준 목화씨를 장인인 정천익이 심어 재배에 성공하였다는군.

① 녹읍 폐지를 명하는 국왕
② 농상집요를 소개하는 관리
③ 당백전을 주조하는 관청 소속 장인
④ 공가를 받고 관청에 물품을 납부하는 공인
⑤ 고추, 담배 등을 상품 작물로 재배하는 농민

해설
'문익점이 중국에서 목화씨를 들여온' 것은 고려 말 공민왕 재위 무렵이다. 그 후 목화 재배에 성공하면서 백성들의 의생활에 커다란 변화가 일어났다.
고려 후기에는 원나라로부터 '농상집요'라는 농서가 소개되어 농업 기술 발전에 기여하였다.

오답분석
① 통일신라 신문왕 때 녹읍을 폐지하였다.
③ 흥선대원군 집권 시기에 경복궁 중건 비용을 조달하기 위해 당백전을 발행하였다.
④ 조선 후기 대동법 실시 이후 공인이 등장하였다.
⑤ 고추, 담배 등이 우리나라에서 재배되기 시작한 것은 임진왜란 이후이다.

정답 ②

033 고려의 경제 활동

대표기출
심화 69회

다음 자료에 나타난 국가의 경제 상황으로 옳은 것은?

> ○ 이때에 은병을 화폐로 쓰기 시작하였다. 그 제도는 은 한 근으로 만들며 본국의 지형을 본뜨도록 하였다. 속칭 활구라 하였다.
> ○ 도평의사사에서 방을 붙여 알리기를, "지금부터 은병 하나를 쌀로 환산하여 개경에서는 15~16석, 지방에서는 18~19석의 비율로 하되, 경시서에서 그 해의 풍흉을 살펴 그 값을 정할 것이다."라고 하였다.

① 솔빈부의 말을 특산물로 수출하였다.
② 서적점, 다점 등의 관영 상점을 운영하였다.
③ 청해진을 중심으로 해상 무역을 전개하였다.
④ 광산을 전문적으로 경영하는 덕대가 활동하였다.
⑤ 기유약조를 체결하여 일본과의 교역을 재개하였다.

해설

활구라고 불린 은병을 화폐로 사용한 것은 고려 시대의 사실이다. 고려 성종 때 우리나라 최초의 화폐인 건원중보를 만들어 유통시켰으나 널리 이용되지는 못하였다. 숙종은 의천의 건의에 따라 주전도감을 설치하고 삼한통보, 해동통보, 해동중보 등의 동전과 은 1근으로 우리나라 지형을 본떠 만든 활구(은병)를 통용시켰다.
고려는 건국 직후인 919년에 개경에 시전을 설치하여 관수품을 조달하고 관청과 귀족이 주로 이용하게 하였다. 개경·서경(평양)·동경(경주) 등 대도시에는 서적점, 약점과 술, 차 등을 파는 주점, 다점 등 관영상점을 두어 운영하였다.

오답분석
① 솔빈부는 발해 15부 중의 하나로, 이곳에서 생산되는 말은 발해의 주요 수출품이었다.
③ 신라 하대에 장보고가 청해진을 중심으로 해상 무역을 전개하였다.
④ 조선 후기에 광산 경영 전문가인 덕대가 등장하였다.
⑤ 조선 광해군 때 대마도주와 기유약조를 체결하였다.

정답 ②

기출변형

다음 상황이 나타난 시기의 경제 모습으로 옳은 것은?

> ○ 11월에 팔관회가 열렸다. 왕이 신봉루에 들러 모든 관료에게 큰 잔치를 베풀었다. …… 송의 상인과 탐라국도 특산물을 바쳤으므로 자리를 내주어 음악을 관람하게 하였는데, 이후 상례(常例)가 되었다.
> ○ 대식국의 객상(客商) 보나합 등이 와서 …… 물품을 바쳤다. 관리에게 명하여 객관에서 우대하며 대접하게 하고, 돌아갈 때에는 황금과 명주를 넉넉하게 하사하였다.

① 송과 바닷길을 통해 교역하였다.
② 송상이 전국 각지에 송방을 설치하였다.
③ 시장을 감독하는 관청인 동시전이 있었다.
④ 거란과 여진에 은, 모피, 말 등을 수출하였다.
⑤ 육의전을 제외한 시전 상인의 금난전권을 폐지하였다.

해설

팔관회는 하늘, 산신, 용왕 등의 토속신에 제사를 지내는 행사로 신라 시대에 시작되어 고려 시대에 성행하였다. 이 행사에는 송과 여진 등 외국 사신과 상인까지 내왕하여 왕에게 축하 선물을 바치는 등 국제 무역이 이루어지기도 하였다.
고려 시대에는 상업이 발전하면서 송과 요 등 외국과의 무역도 활발해졌다. 특히 예성강 어귀의 벽란도는 중국, 일본, 아라비아 상인들이 드나드는 국제적인 무역항으로 번성하였다. 고려는 송과 가장 활발하게 교역을 진행하였다. 대식국 인이라고 불리던 아라비아 상인들은 고려에 왕래하면서 수은, 향료, 산호 등을 팔았다.

오답분석
② 조선 후기에 개성을 근거지로 한 송상이 전국 각지에 송방을 설치하였다.
③ 신라 지증왕 때 동시를 개설하고 시장을 감독하는 관청으로 동시전을 설치하였다.
④ 고려는 거란과 여진에 농기구, 곡식, 옷감 등을 수출하고, 은, 모피, 말 등을 수입하였다.
⑤ 조선 후기 정조 때 신해통공으로 육의전을 제외한 시전 상인의 금난전권을 폐지하였다.

정답 ①

II 한국 중세사 049

034 고려의 사회

대표기출
심화 68회

다음 서술형 평가의 답안에 들어갈 내용으로 가장 적절한 것은?

> **서술형 평가** ○학년 ○○반 이름: ○○○
>
> ◎ 아래의 인물들이 활동한 시기에 볼 수 있는 사회 모습에 대해 서술하시오.
>
> ○ 윤수는 응방을 관리하였는데 권력을 믿고 악행을 행하여 사람들로부터 비난받았다.
> ○ 유청신은 몽골어를 익혀 여러 차례 원에 사신으로 가서 공을 세우고 충렬왕의 총애를 받아 장군이 되었다.
> ○ 기철과 형제들은 누이동생이 원 순제의 황후가 된 후 국법을 무시하고 횡포를 부렸다.
>
> 답안

① 왕조 교체를 예언하는 정감록이 유포되었습니다.
② 대각국사 의천이 해동 천태종을 개창하였습니다.
③ 지배층을 중심으로 변발과 호복이 유행하였습니다.
④ 가혹한 수탈에 저항하여 망이·망소이가 봉기하였습니다.
⑤ 상민층이 납속과 공명첩을 활용하여 신분 상승을 꾀하였습니다.

해설
응방의 관리가 악행을 행하고, 몽골어를 익힌 역관이 출세한 것은 원 간섭기의 사실이다. 원 간섭기에 결혼도감을 통하여 많은 고려의 처녀들이 공녀로 뽑혀가서 원의 황실에서 궁인으로 일했는데, 기황후와 같이 특별한 지위에 오른 사람도 있었지만 대부분은 고통스럽게 살았다.
원 간섭기에 원과의 교류가 활발해짐에 따라 몽고의 여러 가지 풍속이 고려에 들어와 유행하였는데, 이를 몽골풍이라 하였다. 변발과 호복은 당시 왕실이나 관리들 사이에서 유행하였던 대표적인 몽골 풍속이었다.

오답분석
① 조선 후기에 『정감록』이 민중 사이에 유행하였다.
② 고려 중기에 의천이 해동 천태종을 개창하였다.
④ 고려 무신집권기에 망이·망소이의 봉기가 발생하였다.
⑤ 조선 후기에 납속과 공명첩을 활용한 신분 상승이 활발하였다.

정답 ③

기출변형

다음 상황이 나타난 시기의 사회 시책으로 옳은 것은?

> ○ 왕이 명하였다. "도성 안의 백성들이 역질에 걸렸으니 구제도감을 설치하여 치료하고, 시신과 유골은 거두어 비바람에 드러나지 않게 매장하라."
> ○ 중서성에서 아뢰었다. "지난해 관내 서도의 주현에 흉년이 들어 백성이 굶주리고 있습니다. 사창과 공해(公廨)의 곡식을 내어 경작을 원조하고, 가난하여 스스로 살아갈 수 없는 자는 의창을 열어 진휼하십시오."

① 유랑민을 구휼하는 활인서를 두었다.
② 백성들에게 곡식을 빌려주는 진대법을 실시하였다.
③ 국산 약재와 치료법을 소개한 향약집성방을 편찬하였다.
④ 기근에 대비하기 위해 구황촬요를 간행하여 보급하였다.
⑤ 기금을 모아 그 이자로 빈민을 구제하는 제위보를 운영하였다.

해설
구제도감을 설치하고 의창에서 진휼을 실시한 것은 고려 시대의 상황이다. 고려 예종 4년(1109) 5월 개경에 역질이 유행하여 사망자가 많이 생기고 심지어는 시체를 거리에 버리는 등의 사태가 발생하게 되어 구제도감을 설치하였다.
한편 고려 태조 때 흑창(黑倉)을 설치하고, 성종 때 흑창의 진대곡을 1만 석 보충하여 의창을 설치하였다.
고려 시대에는 왕실, 귀족, 사원의 고리대가 성행하였는데, 이로 인한 폐해가 무척 컸다. 그래서 일정한 기금을 만들어 그 이자를 공적인 사업의 경비로 충당하는 보(寶)가 성행하였다. 광종 때 설치된 제위보는 기금에서 발생하는 이자를 질병의 치료와 빈민 구제에 사용하였다.

오답분석
① 조선 세조 때 활인서를 설치하여 유랑민을 구휼하였다.
② 고구려 고국천왕이 진대법을 실시하였다.
③ 조선 세종 때 향약집성방을 편찬하였다.
④ 조선 명종 때 구황촬요를 간행하여 보급하였다.

정답 ⑤

035 유학의 발달

대표기출   심화 67회

(가) 교육 기관에 대한 설명으로 옳은 것은?

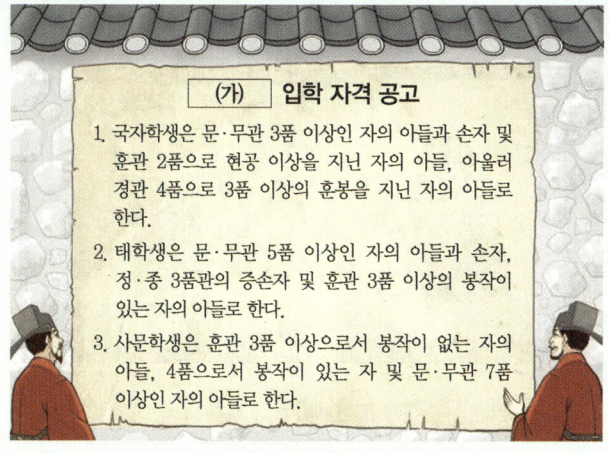

(가) 입학 자격 공고

1. 국자학생은 문·무관 3품 이상인 자의 아들과 손자 및 훈관 2품으로 현공 이상을 지닌 자의 아들, 아울러 경관 4품으로 3품 이상의 훈봉을 지닌 자의 아들로 한다.
2. 태학생은 문·무관 5품 이상인 자의 아들과 손자, 정·종 3품관의 증손자 및 훈관 3품 이상의 봉작이 있는 자의 아들로 한다.
3. 사문학생은 훈관 3품 이상으로서 봉작이 없는 자의 아들, 4품으로서 봉작이 있는 자 및 문·무관 7품 이상인 자의 아들로 한다.

① 문헌공도로 불리기도 하였다.
② 중앙에서 교수나 훈도가 파견되었다.
③ 전국의 부·목·군·현에 하나씩 설치되었다.
④ 장학 기금 마련을 위해 양현고가 설립되었다.
⑤ 사가독서제를 시행하여 학문에 전념하게 하였다.

기출변형

다음 인물의 활동으로 옳은 것은?

> 나는 충선왕을 수행하여 중국의 여러 지역을 다녔습니다. 또한 역옹패설을 저술하고 역사서인 사략을 편찬하였습니다.

① 고려에 성리학을 처음 소개하였다.
② 9재 학당을 세워 유학 교육에 힘썼다.
③ 만권당에서 원의 학자들과 교유하였다.
④ 성리학 입문서인 입학도설을 저술하였다.
⑤ 정몽주, 정도전 등을 가르쳐 성리학을 확산시켰다.

해설

(가)는 국자학, 태학, 사문학으로 나누어 유학 교육을 실시한 고려의 국자감이다.
고려는 국립대학인 국자감에 국자학·태학·사문학과 같은 유학부를 두고 문무관 7품 이상 관리의 자제들에게 사서오경 등을 교육하였다. 국자감에는 율학·서학·산학 등의 기술학부도 설치하여 8품 이하 관리나 서민의 자제들에게 잡학 교육을 실시하였다.
고려 중기에 최충이 설립한 9재학당(문헌공도)을 비롯하여 사학 12도가 융성하여 관학이 위축되었다. 고려 예종 때 관학을 진흥하기 위해 국자감에 7재라는 전문 강좌를 설치하여 유학 교육을 전문화시켰고, 양현고라는 장학 재단을 두어 관학의 경제 기반을 강화하였다.

오답분석

① 최충이 설립한 9재 학당이 문헌공도로 불렸다.
② 조선 시대 지방의 향교에 교수나 훈도를 파견하였다.
③ 조선 시대 전국의 부·목·군·현에 향교를 하나씩 설치하였다.
⑤ 조선 세종 때 집현전 학사들을 대상으로 사가독서제를 시행하였다.

정답 ④

해설

제시된 자료에서 '충선왕을 수행하여 중국을 다녔으며, 역옹패설, 사략 등을 편찬'한 인물은 이제현이다. 충선왕은 원나라 연경에 '만권당'이라는 독서당을 세워 이제현 등의 고려 학자와 조맹부 등의 원의 학자들이 중국의 고전 및 성리학 등을 연구하게 하였다.

오답분석

① 충렬왕 때 안향이 성리학을 처음 소개하였다.
② 고려 중기 문종 때 최충이 9재 학당을 세워 유학 교육에 힘썼다.
④ 고려 말의 유학자 권근이 성리학 입문서인 입학도설을 저술하였다.
⑤ 고려 말의 유학자 이색은 정몽주, 정도전 등을 가르쳐 성리학을 확산시켰다.

정답 ③

036 역사서의 편찬

대표기출 (심화 69회)

밑줄 그은 '역사서'에 대한 설명으로 옳은 것은?

이곳은 경상북도 군위군에 위치한 인각사로 승려 일연이 마지막 여생을 보낸 곳입니다. 그는 불교사를 중심으로 민간 설화 등을 수록한 역사서를 저술하였습니다.

① 편년체 형식으로 기술되었다.
② 고조선의 건국 이야기가 서술되었다.
③ 남북국이라는 용어가 처음 사용되었다.
④ 왕명에 의해 고승들의 전기가 수록되었다.
⑤ 고구려 시조의 일대기가 서사시로 표현되었다.

해설

일연이 불교사를 중심으로 민간 설화 등을 수록한 역사서는 『삼국유사』이다. 『삼국유사』는 왕력(王歷)·기이(紀異)·흥법(興法)·탑상(塔像)·의해(義解)·신주(神呪)·감통(感通)·피은(避隱)·효선(孝善) 등 9편목으로 구성되어 있다. 이 책은 불교사를 중심으로 고대의 민간 설화나 전래 기록을 기사본말체로 충실히 서술함으로써, 유교적 합리성을 표방한 『삼국사기』의 한계를 보완하였다. 또한 단군의 건국 이야기를 기록하여 우리 역사의 출발점을 고조선으로 설정하였다.

오답분석

① 『삼국유사』는 기사본말체 형식으로 기술되었다.
③ 유득공이 지은 『발해고』에서 남북국이라는 용어가 처음 사용되었다.
④ 각훈이 지은 『해동고승전』에 삼국시대 이래의 고승들의 전기가 수록되었다.
⑤ 이규보가 지은 『동명왕편』이 고구려 시조의 일대기를 서사시로 표현하였다.

정답 ②

기출변형

(가) 역사서에 대한 설명으로 옳은 것은?

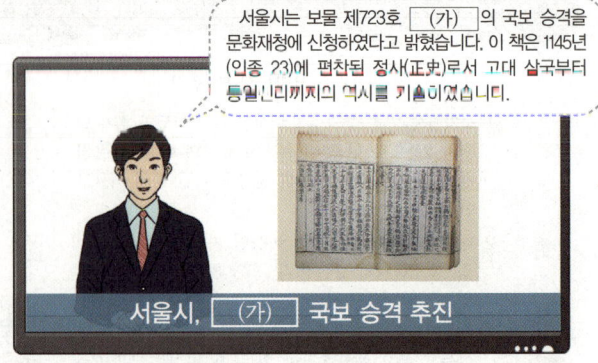

서울시는 보물 제723호 (가) 의 국보 승격을 문화재청에 신청하였다고 밝혔습니다. 이 책은 1145년(인종 23)에 편찬된 정사(正史)로서 고대 삼국부터 통일신라까지의 역사를 기술하였습니다.

서울시, (가) 국보 승격 추진

① 불교사를 중심으로 고대사 체계를 세웠다.
② 단군왕검의 건국 이야기가 수록되어 있다.
③ 김부식 등이 왕명으로 편찬한 기전체 사서이다.
④ 사초, 시정기 등을 바탕으로 실록청에서 편찬하였다.
⑤ 고구려 건국 시조의 일대기를 서사시 형태로 서술하였다.

해설

1145년(인종 23)에 고대 삼국부터 통일신라까지의 역사를 정사로 편찬한 (가)는 "삼국사기"이다. 김부식이 인종의 명을 받아 편찬한 "삼국사기"는 현전하는 최고(最古)의 역사서이다. "삼국사기"는 본기, 지, 표, 열전의 기전체 서술 방식으로 편찬되었다.

오답분석

① 일연의 삼국유사에 대한 설명이다.
② 삼국유사(일연), 제왕운기(이승휴) 등이 단군의 고조선 건국 이야기를 수록하였다.
④ 조선왕조실록에 대한 설명이다.
⑤ 이규보의 동명왕편에 대한 설명이다.

정답 ③

037 불교 사상의 발달

대표기출   심화 65회

(가)에 들어갈 내용으로 옳은 것은?

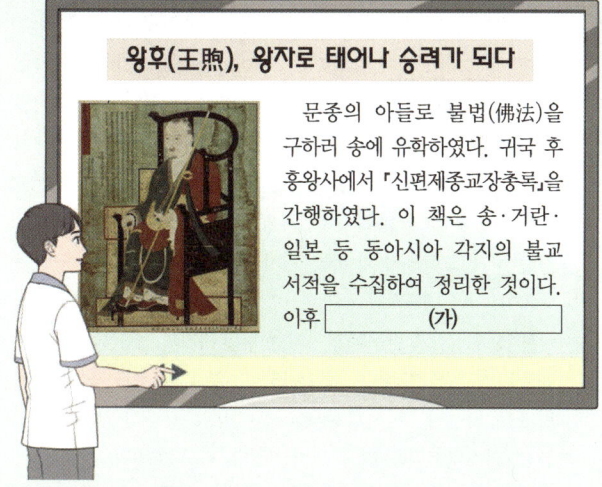

왕후(王煦), 왕자로 태어나 승려가 되다

문종의 아들로 불법(佛法)을 구하러 송에 유학하였다. 귀국 후 흥왕사에서 『신편제종교장총록』을 간행하였다. 이 책은 송·거란·일본 등 동아시아 각지의 불교 서적을 수집하여 정리한 것이다. 이후 ____(가)____

① 국청사의 주지가 되어 해동 천태종을 개창하였다.
② 불교 개혁을 주장하며 수선사 결사를 조직하였다.
③ 선문염송집을 편찬하고 유불 일치설을 주장하였다.
④ 불교 관련 자료를 중심으로 삼국유사를 집필하였다.
⑤ 인도와 중앙아시아를 순례하고 왕오천축국전을 남겼다.

해설

(가)는 문종의 아들로, 송에 유학하고 돌아와 『신편제종교장총록』을 간행한 대각국사 의천이다.
의천은 흥왕사의 주지가 되어 교장도감을 설치하고 교장 간행에 힘쓰는 한편, 화엄종 연구에 몰두하여 『원종문류』·『석원사림』·『천태사교의주』 등을 저술하여 불교 사상의 정리와 조화에 힘썼다. 그는 흥왕사를 근거지로 삼아 화엄종을 중심으로 교종 각파의 사상을 종합·절충하려 노력하였다. 또한 국청사를 창건하여 해동 천태종을 창시하고 교종의 입장에서 선종을 통합하려 하였다. 의천은 교종과 선종의 통합을 위한 사상으로 이론의 연마와 실천을 아울러 강조하는 교관겸수를 주장하였다.

오답분석

② 지눌이 불교 개혁을 주장하며 수선사 결사를 조직하였다.
③ 혜심이 『선문염송집』을 편찬하고 유불일치설을 주장하였다.
④ 일연이 불교 관련 자료를 중심으로 『삼국유사』를 집필하였다.
⑤ 혜초가 인도와 중앙아시아를 순례하고 『왕오천축국전』을 저술하였다.

정답 ①

기출변형

밑줄 그은 '그'에 대한 설명으로 옳은 것은?

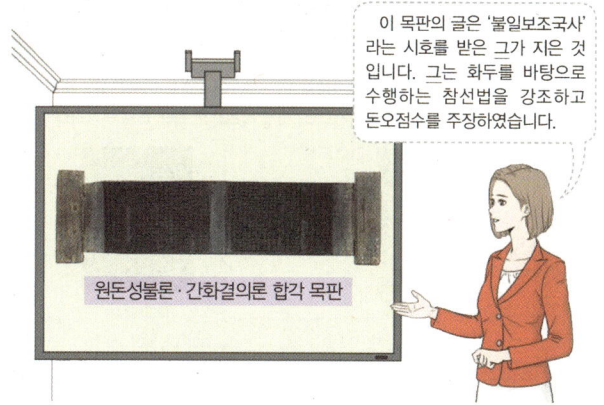

이 목판의 글은 '불일보조국사'라는 시호를 받은 그가 지은 것입니다. 그는 화두를 바탕으로 수행하는 참선법을 강조하고 돈오점수를 주장하였습니다.

원돈성불론·간화결의론 합각 목판

① 화왕계를 지어 국왕에게 바쳤다.
② 천태종을 개창하여 불교 통합에 힘썼다.
③ 정혜결사를 통해 불교 개혁에 앞장섰다.
④ 심성의 도야를 강조한 유불 일치설을 제창하였다.
⑤ 불교 관련 설화를 중심으로 삼국유사를 저술하였다.

해설

참선법을 강조하고 돈오점수를 주장한 것은 보조국사 지눌이다.
지눌은 명리에 집착하는 당시 불교계를 비판하고 정혜결사라는 신앙 결사단체를 만들어 불교 혁신 운동을 전개하였다. 승려 본연의 자세로 돌아가 독경과 선 수행, 노동에 고루 힘쓰자는 정혜결사는 나중에 순천 송광사로 옮겨져 수선사로 그 명칭이 바뀌었다.

오답분석

① 신문왕 때 설총이 화왕계를 지었다.
② 문종의 넷째 아들 의천이 출가하여 천태종을 개창하였다.
④ 지눌의 제자 혜심(진각국사)이 유불일치설을 제창하였다.
⑤ 충렬왕 때 승려 일연이 삼국유사를 저술하였다.

정답 ③

038 귀족 문화의 발달

대표기출 심화 63회

(가)에 들어갈 문화유산으로 옳은 것은?

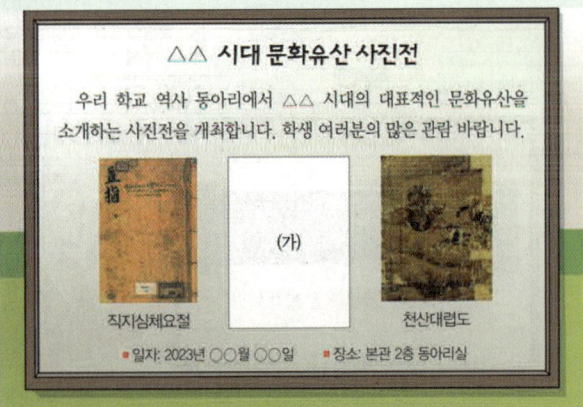

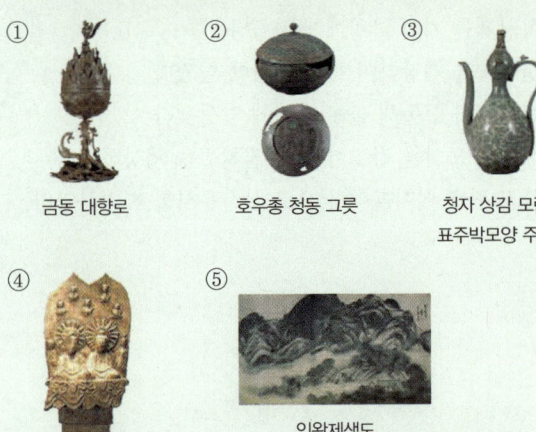

해설
세계 최고의 금속 활자본으로 공인된 『직지심체요절』은 고려 우왕(1374~1388) 때 청주 흥덕사에서 금속활자로 인쇄되었다. 천산대렵도는 고려 공민왕(1352~1374)이 그렸다고 전해지는 그림이다. 따라서 (가)는 고려 시대의 문화유산이 들어가야 한다.
고려 자기는 11세기에 독자적인 경지를 개척하였는데, 비색 순청자는 중국인들도 천하의 명품으로 손꼽았다. 12세기 중엽에는 자기 표면에 무늬를 음각하고 백토나 흑토를 채워 무늬를 만드는 상감청자가 출현하였다. 상감청자는 강화도에 도읍한 13세기 중엽까지 주류를 이루었으나, 고려 말에는 점차 소박한 분청사기로 바뀌어 갔다.

오답분석
① 금동 대향로는 백제 사비 시기에 만들어진 향로이다.
② 호우총 청동 그릇은 고구려 광개토왕과 관련된 유물로 경주의 호우총에서 발견되었다.
④ 이불병좌상은 발해의 불상이다.
⑤ 인왕제색도는 조선 후기에 정선이 그린 그림이다.

정답 ③

기출변형

(가) 국가의 문화유산으로 옳지 않은 것은?

'국보 순회전: 모두의 곁으로', 강진군에서 열려

국립중앙박물관이 지역 간의 문화 격차를 해소하기 위해 기획한 국보 순회전이 전남 강진군에서 '도자기에 핀 꽃, 상감 청자'를 주제로 개최된다. 이번 전시에서는 청자 상감 모란무늬 항아리, 청자 상감 물가풍경무늬 매병 등 (가) 의 대표적인 국가유산인 상감 청자가 공개된다. 특히 국보 '청자 상감 모란무늬 항아리'는 왕실 자기의 전형을 보여 주는 유물로 모란을 정교하고 화려하면서도 사실적으로 묘사하였다는 평가를 받는다. 전시회 관계자는 "상감 청자의 생산지였던 강진군에서 개최되어 더 큰 의미가 있다."라고 밝혔다.

▲ 청자 상감 모란무늬 항아리

해설
(가)는 상감 청자를 개발한 고려이다. 12세기 중엽에 고려의 독창적 기법인 상감법이 개발되어 자기에 활용되었다. 상감 청자는 강화도에 도읍한 13세기 중엽까지 주류를 이루었으나, 원 간섭기 이후에는 퇴조해 갔다.
① 고려 초기에 만들어진 논산 관촉사 석조 미륵보살 입상이다.
② 고려 시대에는 옻칠한 바탕에 자개를 붙여 무늬를 나타내는 나전 칠기 공예도 크게 발달하였다. 특히, 불경을 넣는 경함, 화장품갑, 문방구 등이 남아 있다.
③ 고려 후기에는 왕실과 권문세족의 구복적 요구에 따라 불화가 많이 그려졌다. 일본에 전해 오고 있는 혜허가 그린 관음보살도는 대표적인 작품이다.
④ 고려 후기 충목왕 때 건립된 경천사지 10층 석탑이다.

오답분석
⑤ 조선 후기에 김홍도, 김득신, 신윤복 등에 의해 풍속도가 많이 그려졌는데, 제시된 그림은 김득신의 '파적도'이다.

정답 ⑤

039 불교 문화의 발달

대표기출
심화 65회

(가)에 해당하는 문화유산으로 옳은 것은?

> 충청남도 예산군에 있는 이 건물은 맞배지붕에 주심포 양식입니다. 건물 보수 중 묵서명이 발견되어 충렬왕 34년이라는 정확한 건립 연도를 알게 되었습니다.

국보로 지정된 불교 건축물
(가)

①  수덕사 대웅전
②  화엄사 각황전
③  부석사 무량수전
④  봉정사 극락전
⑤  법주사 팔상전

해설
충청남도 예산에 있으며 주심포 양식의 불교 건축물은 수덕사 대웅전이다.
수덕사는 6세기 후반 백제 말에 창건된 것으로 추정되며, 대웅전은 1937년에 보수 공사를 하다가 발견된 대들보의 묵서명(墨書銘)을 통해 1308년(충렬왕 34)에 축조되었음이 확인되었다.

오답분석
② 구례 화엄사 각황전은 조선 후기에 건립된 다층 건물이다.
③ 영주 부석사 무량수전은 팔작지붕에 주심포 양식이다.
④ 안동 봉정사 극락전은 맞배지붕에 주심포 양식이다.
⑤ 보은 법주사 팔상전은 조선 후기에 건립된 5층 목조탑이다.

정답 ①

기출변형

(가)에 해당하는 문화유산으로 옳은 것은?

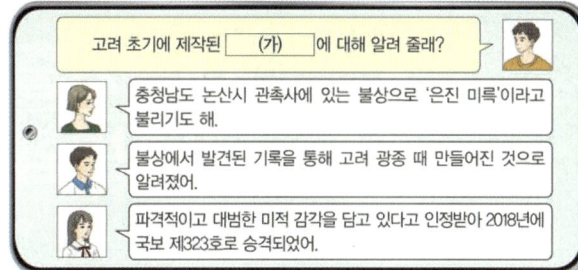

고려 초기에 제작된 (가) 에 대해 알려 줄래?
- 충청남도 논산시 관촉사에 있는 불상으로 '은진 미륵'이라고 불리기도 해.
- 불상에서 발견된 기록을 통해 고려 광종 때 만들어진 것으로 알려졌어.
- 파격적이고 대범한 미적 감각을 담고 있다고 인정받아 2018년에 국보 제323호로 승격되었어.

①
②
③
④
⑤

해설
논산 관촉사에 있으며, 고려 광종 때 만들어진 불상은 '관촉사 석조 미륵보살 입상'이다.
고려 시대에는 논산 관촉사 석조 미륵보살 입상이나 안동 이천동 석불, 파주 용미리 석불처럼 사람들이 많이 지나가는 길목에 지역 특색이 잘 드러난 거대한 불상들이 건립되었다.

오답분석
② '갓바위'라고 알려진 경산 팔공산 관봉 석조여래좌상이다.
③ 안동 이천동 마애여래입상이다.
④ '백제의 미소'라고 알려진 서산 마애 삼존불(서산 용현리 마애여래입상)이다.
⑤ 파주 용미리 석불(파주 용미리 마애이불입상)이다.

정답 ①

PART 1

대표기출 + 기출변형

Ⅲ 한국 근세사

- 040 조선의 건국
- 041 유교 정치의 실현
- 042 사림의 대두
- 043 붕당의 출현
- 044 통치 제도의 정비(1)
- 045 통치 제도의 정비(2)
- 046 임진왜란
- 047 두 차례 호란
- 048 통치 체제의 변화
- 049 붕당 정치의 전개
- 050 탕평 정치
- 051 세도 정치와 농민 봉기
- 052 토지 제도
- 053 수취 제도
- 054 경제 활동(1)
- 055 경제 활동(2)
- 056 신분 제도
- 057 향촌 질서의 변화
- 058 조선 전기의 편찬 사업
- 059 성리학의 융성
- 060 실학 사상(1)
- 061 실학 사상(2)
- 062 국학 연구
- 063 과학기술
- 064 새로운 종교의 등장
- 065 문화 예술(그림)
- 066 문화 예술(건축과 공예)

대단원 출제경향

III 한국 근세사

	제70회	제71회	제72회	제73회	제74회
1. 조선 전기의 정치	4문제	2문제	4문제	3문제	1문제
2. 양난의 극복과 조선 후기의 정치	2문제	4문제	3문제	3문제	3문제
3. 조선 시대의 경제와 사회	2문제	2문제	2문제	2문제	2문제
4. 조선 시대의 문화	2문제	1문제	1문제	2문제	2문제
합계	10문제	9문제	10문제	10문제	8문제

제70회 리뷰

모두 10문제가 출제되었다. [조선 전기의 정치] 단원에서는 태종, 성종, 김종서, 조광조 등 4문제가 출제되었다. [양난의 극복과 조선 후기의 정치] 단원에서는 임진왜란, 정조 등 2문제가 출제되었다. [조선 시대의 경제와 사회] 단원에서는 대동법, 조선 후기의 경제 상황 등 2문제가 출제되었다. [조선 시대의 문화] 단원에서는 박지원, 김홍도 등 2문제가 출제되었다.

제71회 리뷰

모두 9문제가 출제되었다. [조선 전기의 정치] 단원에서는 태조(이성계), 을사사화 등 2문제가 출제되었다. [양난의 극복과 조선 후기의 정치] 단원에서는 비변사, 인조(이괄의 난), 숙종, 세도 정치 등 4문제가 출제되었다. [조선 시대의 경제와 사회] 단원에서는 신해통공, 조선 후기의 사회와 문화 등 2문제가 출제되었다. [조선 시대의 문화] 단원에서는 김정희 1문제가 출제되었다.

제72회 리뷰

모두 10문제가 출제되었다. [조선 전기의 정치] 단원에서는 태종, 홍문관, 성종, 을사사화 등 4문제가 출제되었다. [양난의 극복과 조선 후기의 정치] 단원에서는 조선통신사, 병자호란, 송시열 등 3문제가 출제되었다. [조선 시대의 경제와 사회] 단원에서는 대동법, 조선 후기의 경제 상황 등 2문제가 출제되었다. [조선 시대의 문화] 단원에서는 강희안(고사관수도) 1문제가 출제되었다.

제73회 리뷰

모두 10문제가 출제되었다. [조선 전기의 정치] 단원에서는 정도전, 연산군, 유향소 등 3문제가 출제되었다. [양난의 극복과 조선 후기의 정치] 단원에서는 명과의 외교, 주요 성곽(양난), 철종 등 3문제가 출제되었다. [조선 시대의 경제와 사회] 단원에서는 균역법, 향촌 질서의 변화 등 2문제가 출제되었다. [조선 시대의 문화] 단원에서는 세종 대의 서적 편찬 1문제가 출제되었다.

제74회 리뷰

모두 10문제가 출제되었다. [조선 전기의 정치] 단원에서는 세조 1문제가 출제되었다. [양난의 극복과 조선 후기의 정치] 단원에서는 임진왜란, 숙종 대의 정치, 정조 등 3문제가 출제되었다. [조선 시대의 경제와 사회] 단원에서는 조선 후기의 경제 상황, 신유박해 등 2문제가 출제되었다. [조선 시대의 문화] 단원에서는 이황, 조선 후기 서민문화 등 2문제가 출제되었다.

040 조선의 건국

대표기출
심화 62회

(가) 왕이 추진한 정책으로 옳은 것은?

□□신문

관현맹(管絃盲) 공연, 경복궁에서 재현

조선 시대 관현맹의 공연을 재현하는 행사가 경복궁 수정전에서 개최되었다. 관현맹은 궁중 잔치에서 연주한 시각장애인 악사인데, 박연의 상소를 계기로 (가) 때 관직과 곡식을 받게 되었다. 이번 공연에서는 (가) 이/가 작곡한 여민락(與民樂)을 시작으로 여러 곡이 연주되었다.

① 창덕궁에 신문고를 처음 설치하였다.
② 삼수병으로 구성된 훈련도감을 창설하였다.
③ 붕당 정치의 폐단을 경계하고자 탕평비를 세웠다.
④ 통치 체제를 정비하기 위해 『대전통편』을 간행하였다.
⑤ 유교 윤리의 보급을 위해 『삼강행실도』를 편찬하였다.

기출변형

다음 왕에 대한 설명으로 옳은 것은?

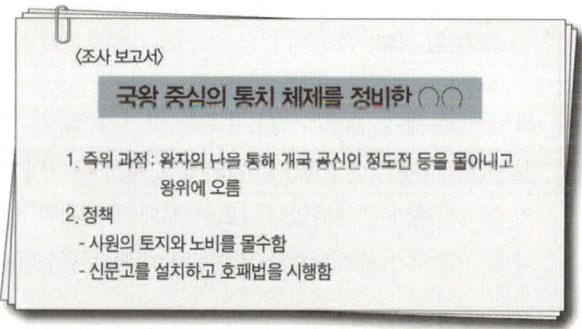

〈조사 보고서〉
국왕 중심의 통치 체제를 정비한 ○○

1. 즉위 과정 : 왕자의 난을 통해 개국 공신인 정도전 등을 몰아내고 왕위에 오름
2. 정책
   - 사원의 토지와 노비를 몰수함
   - 신문고를 설치하고 호패법을 시행함

① 집현전을 설치하였다.
② 관수관급제를 실시하였다.
③ 경국대전의 편찬을 시작하였다.
④ 동인과 서인 사이에 붕당이 형성되었다.
⑤ 의정부의 권한을 약화시키고 6조 직계제를 실시하였다.

해설

(가)는 여민락을 작곡한 세종이다. 세종 때 박연 등이 60여 종의 악기를 개량하고, 악곡과 악보를 정리하여 아악을 체계화함으로써 아악이 궁중 음악으로 발전하게 하였다. 세종 자신도 '여민락' 등의 악곡을 짓고 소리의 장단과 높낮이를 표현할 수 있는 정간보를 창안하였다
1434년(세종 16) 설순 등은 조선과 중국의 서적에서 삼강(三綱)의 모범이 될만한 충신, 효자, 열녀를 모두 105명을 뽑아 그 행적을 그리고 설명을 붙여 『삼강행실도』를 편찬하였다.

오답분석

① 태종 때 창덕궁에 신문고를 처음 설치하여 반란음모를 고발하게 하였다.
② 선조 때 일본군에 맞서기 위해 삼수병으로 구성된 훈련도감을 창설하였다.
③ 영조 때 붕당 정치의 폐단을 경계하고자 성균관에 탕평비를 세웠다.
④ 정조 때 통치 체제를 정비하기 위해 『대전통편』을 간행하였다.

정답 ⑤

해설

왕자의 난을 통해 정도전 등을 몰아내고 왕위에 오른 인물은 태종 이방원이다. 정종의 양위로 왕위에 오른 태종은 관제 개혁을 통해 6조의 기능을 강화시키고, 6조 직계제를 채택하여 의정부와 재상의 권한을 약화시켰다.
지방 행정구역도 정비하여 8도제를 확립하고 군현제를 재조정하여 속현을 없애고 모든 군현에 지방관을 파견하였다. 또한 국가 재정 확충에도 힘써 양전 사업을 통해 120만여 결의 전지를 확보하고, 사원의 토지와 노비를 몰수하고 억울한 노비를 조사하여 해방시켰다. 아울러 호구와 인구 파악을 위해 호패법을 실시하였으며, 창덕궁 앞에 신문고를 설치하여 고변을 신고하게 하였다.

오답분석

① 세종 때 궁중에 학문 연구 기관인 집현전을 설치하였다.
② 성종 때 관수관급제를 실시하였다.
③ 세조 때 경국대전의 편찬이 시작되어 성종 때 완성되었다.
④ 16세기 후반 선조 때 동인과 서인 사이에 붕당이 형성되었다.

정답 ⑤

041 유교 정치의 실현

대표기출   심화 65회

밑줄 그은 '이 왕'의 재위 시기에 있었던 사실로 옳은 것은?

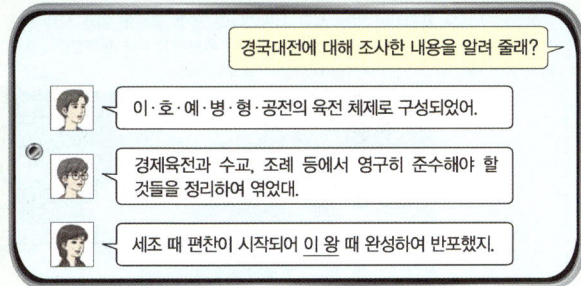

① 독립된 간쟁 기관으로 사간원이 설치되었다.
② 함길도 토착 세력인 이시애가 난을 일으켰다.
③ 직제가 개편된 홍문관에서 경연을 주관하였다.
④ 집현전 관리를 대상으로 사가독서제가 시행되었다.
⑤ 붕당의 폐해를 경계하기 위한 탕평비가 건립되었다.

해설
밑줄 그은 '이 왕'은 『경국대전』을 완성하여 반포한 조선 성종(1469~1494)이다. 성종은 『경국대전』의 편찬을 마무리하여 반포함으로써 법치주의에 바탕을 둔 통치규범을 확립하고 각종 문물제도의 정비를 마무리 지었다.
성종은 집현전의 후신으로 홍문관을 확충하여 관원 모두에게 경연관을 겸하게 하였다. 경연은 정승을 비롯한 주요 관리들도 다수 참여하여, 왕과 신하들이 함께 정책을 토론하고 심의하는 중요한 자리가 되었다.

오답분석
① 태종 때 문하부 낭사를 독립시켜 사간원을 설치하였다.
② 세조 때 함길도 토착 세력인 이시애가 난을 일으켰다.
④ 세종 때 집현전 관리를 대상으로 사가독서제를 시행하였다.
⑤ 영조 때 붕당의 폐해를 경계하기 위한 성균관에 탕평비를 건립하였다.

정답 ③

기출변형

밑줄 그은 '왕'의 재위 기간에 있었던 사실로 옳은 것은?

역사 신문
제△△호   ○○○○년 ○○월 ○○일

육조 직계제 부활하다

계유년에 황보인 등을 제거하고 권력을 장악한 이후 즉위한 왕은 강력한 왕권을 행사하고자 육조 직계제를 부활시켰다. 이번 조치는 형조의 사형수 판결을 제외한 육조의 서무를 직접 왕에게 보고하도록 한 것이다. 따라서 이전보다 더욱 강력한 육조 직계제가 시행될 것으로 예상된다.

① 주자소가 설치되어 계미자가 주조되었다.
② 조의제문이 발단이 되어 무오사화가 일어났다.
③ 통치 체제를 정비하기 위해 대전회통이 편찬되었다.
④ 제한된 범위의 무역을 허용한 계해약조가 체결되었다.
⑤ 현직 관리에게만 수조지를 지급하는 직전법이 시행되었다.

해설
계유정난으로 권력을 장악하고 왕위에 오른 인물은 세조(수양대군)이다. 세조는 재상의 권한을 축소하고 6조 직계제를 부활시켜 왕권을 강화하였다. 또 진관체제를 실시하여 지방군의 방위 체제를 정비하였다. 또 중앙집권적 통치 체제를 확립하기 위해 경국대전의 편찬에 착수하였다.
세조는 재위 기간에 현직 관리에게만 수조지를 지급하는 직전법을 시행하였다.

오답분석
① 태종 때 주자소가 설치되어 계미자가 주조되었다.
② 연산군 때 조의제문이 발단이 되어 무오사화가 일어났다.
③ 대전회통은 고종 때 흥선대원군 주도로 편찬된 조선왕조의 마지막 법전이다.
④ 세종 때 계해약조를 맺고 세견선 무역을 허락하였다.

정답 ⑤

042 사림의 대두

대표기출 — 심화 73회

(가)에 들어갈 내용으로 가장 적절한 것은?

[역사 다큐멘터리 기획안]

폭정으로 흔들리는 조선

■ 기획 의도
국왕이 대신, 삼사 등과 함께 국정을 운영한 선왕 대의 정치 구조를 깨고 폭정을 일삼다가 폐위된 ○○○. 그의 재위 시기에 일어난 정치적 혼란을 살펴본다.

■ 구성 내용
1부. 선왕 대에 성장한 삼사와 대립하다
2부. 조의제문을 구실로 사림을 탄압하다
3부. (가)
4부. 반복된 폭정으로 반정이 일어나 폐위되다

① 이괄의 난이 일어나 공주로 피란하다
② 단종의 복위를 꾀한 성삼문 등을 처형하다
③ 영창 대군을 죽이고 인목 대비를 유폐하다
④ 위훈 삭제를 주장한 조광조 일파를 제거하다
⑤ 폐비 윤씨 사사 사건을 빌미로 신하들을 숙청하다

해설

조의제문을 빌미로 무오사화(1498)가 발생한 것은 연산군 때의 사실이다. 성종에 이어 즉위한 연산군은 훈구 대신과 사림을 모두 누르고 왕권을 강화하고자 하였다. 특히 사림 세력의 분방한 언론 활동을 불만스럽게 생각하였던 연산군은 김일손의 사초와 김종직의 조의제문을 빌미로 무오사화(1498)를 일으켰다. 이로 인해 김종직 일파를 비롯한 사림 세력이 쫓겨나고, 삼사의 활동이 약화되었다. 그리고 윤씨 폐출 사건을 빌미로 갑자사화(1504)를 일으켜 훈구 대신과 사림 세력을 참혹한 방법으로 처벌하였다. 두 차례의 사화를 겪으면서 영남 사림의 상당수가 몰락하였다. 연산군의 폭정이 계속되자 성희안 등이 중종반정(1506)을 일으켜 연산군을 추방하고 이복 동생(중종)을 왕으로 추대했다.

오답분석

① 인조 때 이괄이 난을 일으켜 한양을 점령하자 인조가 공주로 피난하였다.
② 세조 때 단종 복위 운동을 전개한 성삼문 등을 처형하였다.
③ 광해군 때 영창 대군을 죽이고 인목 대비를 유폐하였다.
④ 중종 때 위훈 삭제를 주장한 조광조 일파가 제거되었다.

정답 ⑤

기출변형

(가)에 들어갈 내용으로 가장 적절한 것은?

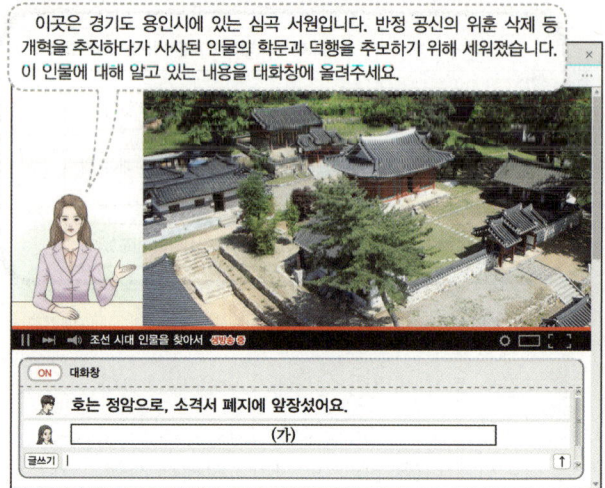

이곳은 경기도 용인시에 있는 심곡 서원입니다. 반정 공신의 위훈 삭제 등 개혁을 추진하다가 사사된 인물의 학문과 덕행을 추모하기 위해 세워졌습니다. 이 인물에 대해 알고 있는 내용을 대화창에 올려주세요.

ON 대화창
- 호는 정암으로, 소격서 폐지에 앞장섰어요.
- (가)

① 성학집요를 지어서 임금에게 바쳤어요.
② 김종직의 조의제문을 사초에 포함시켰어요.
③ 최초의 서원인 백운동 서원을 건립하였어요.
④ 소학의 보급과 현량과 실시를 주장하였어요.
⑤ 재상 중심의 정치를 강조한 조선경국전을 저술하였어요.

해설

(가)는 소격서 폐지에 앞장섰으며, 반정공신의 위훈삭제를 주장하다 사사된 조광조이다.
중종(1506~1544) 때 등용된 조광조 일파는 훈구파의 비리를 공격하고, 천거제의 일종인 현량과를 통하여 자신들의 세력을 확대하였다. 또한 훈구 세력에 장악된 유향소 대신 향약의 보급에 힘쓰고,『이륜행실도』,『소학』 등을 보급하여 사림들의 향촌 지배력을 확대시키려 하였다. 이들은 3사의 언관직을 차지하고 자신들의 의견을 공론이라 표방하면서 소격서 폐지, 방납의 폐단 시정, 위훈 삭제(僞勳削除) 등의 급진적 개혁을 추진하였다. 그러나 위훈 삭제에 대해 공신들이 강력히 반발하고 중종도 사림의 급진적 태도에 반감을 갖게 되어 조광조를 비롯한 사림 세력은 제거되었다(기묘사화, 1519).

오답분석

① 이이가『성학집요』를 저술하였다.
② 김일손이 김종직이 지은 조의제문을 사초에 포함시켰다.
③ 주세붕이 백운동 서원을 건립하였다.
⑤ 정도전이『조선경국전』을 저술하였다.

정답 ④

043 붕당의 출현

 **대표기출** 심화 65회

㉠~㉤에 대한 탐구 활동으로 가장 적절한 것은?

> ㉠왕이 어려서 즉위하여 모후(母后)가 수렴청정을 하고, 사림 간에 큰 옥사가 연달아 일어난 데다가 ㉡요승(妖僧)을 높이고 사랑하여 불교를 숭상했으나 모두 왕의 뜻은 아니었다. …… ㉢부세는 무겁고 부역은 번거로웠으며 흉년으로 백성들이 고달프고 도적이 성행하여 국내의 재력이 고갈되었다. 그래서 왕이 비록 성덕(盛德)을 품었어도 끝내 하나도 펴지 못했으니 참으로 애석하다. 그러다가 ㉣문정왕후가 돌아가신 후에 국정을 주관하게 되자 …… ㉤을사사화 때 화를 당한 사람들을 풀어 주고 먼 곳으로 쫓겨난 사람들을 모두 내지로 옮겼다.

① ㉠ – 1차 왕자의 난이 일어난 이유를 찾아본다.
② ㉡ – 황사영 백서 사건이 가져온 결과를 살펴본다.
③ ㉢ – 예송 논쟁의 발생 배경을 파악한다.
④ ㉣ – 갑술환국의 전개 양상을 정리한다.
⑤ ㉤ – 윤임 일파가 축출되는 과정을 조사한다.

 **기출변형**

(가), (나) 사이의 시기에 있었던 사실로 옳은 것은?

> (가) 대사헌 등이 아뢰기를, "정국공신은 책봉된 지 오래되었지만 폐주(廢主)의 총신(寵臣)도 많이 선정되었을 뿐 아니라, 그 중에는 반정 때 뚜렷한 공을 세우지 못한 사람도 많습니다. 지금이라도 이런 폐단을 고치지 않는다면 나라가 바로 서지 않을 것이니 삭훈해야 마땅합니다."라고 하였다.
> (나) 김효원과 심의겸의 두 당이 원수처럼 서로 공격하였다. 당초 심의겸이 김효원을 비방하자 김효원도 심의겸을 비난하여 각기 붕당이 나뉘어 대립하였다.

① 외척 간의 대립으로 윤임이 제거되었다.
② 조의제문이 발단이 되어 김일손 등이 화를 입었다.
③ 붕당의 폐해를 경계하기 위한 탕평비가 건립되었다.
④ 희빈 장씨 소생의 원자 책봉 문제로 환국이 발생하였다.
⑤ 폐비 윤씨 사사 사건의 전말이 알려져 김굉필 등이 처형되었다.

해설

제시된 자료는 조선 명종(1545~1567) 대의 정치 상황에 대한 설명이다. 명종이 어린 나이에 즉위하였기 때문에 문정왕후가 수렴청정하고 외척 윤원형이 세력을 잡았다. 윤원형 등 소윤 세력은 인종의 외척인 윤임 등 대윤 세력을 제거하는 을사사화(1545)를 일으켰다. 을사사화와 곧이어 터진 양재역 벽서 사건(1547)으로 이언적 등 많은 사림들이 정계에서 축출되었다. 이에 따라 명종 때에는 윤원형을 비롯한 척신들이 정국을 주도하였고, 사림의 세력은 크게 꺾였다.

오답분석

① 태조 때 이방원이 1차 왕자의 난을 일으켜 정도전 등을 제거하였다.
② 문정왕후는 불교를 숭신하여 보우를 중용하고 승과를 부활하였다. 순조 때 신유박해(1801)와 황사영 백서 사건으로 천주교인들이 박해를 받았다.
③ 현종(1659~1674) 때 인조의 계비 자의대비 조씨의 상복기한을 두고 기해예송(1659)과 갑인예송(1674)이 발생하였다.
④ 숙종이 폐위된 인현왕후를 복위시키고 장희빈을 강등하면서, 남인이 축출되고 서인이 다시 권력을 장악하게 되었다(갑술환국, 1694).

정답 ⑤

해설

(가) 사료는 중종 때 조광조 등이 위훈삭제를 제기하고 있다. 조광조 일파가 위훈삭제를 제기하자 공신 세력이 결집하여 조광조 일파를 제거하기 위해 기묘사화를 일으켰다(1519).
(나) 사료는 선조 때 이조전랑 자리를 둘러싸고 김효원과 심의겸이 대립하면서 동인과 서인의 붕당이 형성된 것과 관련 있다.
명종 즉위 초에 외척 간의 다툼으로 을사사화가 일어났다. 을사사화는 대윤(윤임)과 소윤(윤원형) 사이에 일어난 권력 다툼인데, 이 사건으로 윤임 일파가 제거되었다.

오답분석

② 연산군 때 조의제문이 발단이 되어 무오사화가 일어났다.
③ 영조 때 탕평교서와 탕평비가 건립되었다.
④ 숙종 때 희빈 장씨 소생의 원자 책봉 문제로 기사환국이 일어났다.
⑤ 연산군 때 폐비 윤씨 문제로 갑자사화가 일어났다.

정답 ①

044 통치 체제의 정비(1)

대표기출

심화 61회

(가) 기구에 대한 설명으로 옳은 것은?

역사 용어 해설

(가)

1. 개요

조선 시대에 언론 활동, 풍속 교정, 백관에 대한 규찰과 탄핵 등을 관장하던 기구이다. 대사헌, 집의, 장령, 감찰 등의 직제로 구성되어 있다.

2. 관련 사료

건국 초기에 고려의 제도에 따라 설치하였다. …… 『경국대전』에는 "정사를 논평하고, 백관을 규찰하고, 풍속을 바로잡고, 억울함을 풀어주고, 허위를 금지하는 등의 일을 관장한다."라고 하였다.

- 『순암집』 -

① 업무 일지인 내각일력을 작성하였다.
② 고려의 삼사와 같은 기능을 수행하였다.
③ 은대(銀臺), 후원(喉院)이라고도 불리었다.
④ 임진왜란을 거치면서 국정 전반을 총괄하였다.
⑤ 5품 이하의 관리 임명에 대한 서경권을 행사하였다.

해설

(가)는 언론 활동 및 풍속 교정, 백관에 대한 규찰과 탄핵을 담당하였던 사헌부이다.
사헌부는 관리에 대한 감찰과 탄핵 업무를 담당하는 한편, 정치 전반에 대한 언론 기능을 수행했다. 사헌부는 사간원과 함께 언론 기능을 담당하여 양사라고도 불렸는데, 양사는 서경이라는 권한을 가지고 있었다. 즉 5품 이하의 관리를 임명할 때 인물의 경력·신분 등을 조사하여 그 가부를 승인하거나 법령을 제정할 때 양사의 동의를 구한 뒤 이들의 서명을 거쳐 시행하도록 한 것이다.

오답분석

① 규장각의 관원이 업무 일지인 내각일력을 작성하였다.
② 고려의 삼사는 화폐와 곡식의 출납·회계 사무를 담당하였다.
③ 승정원이 은대(銀臺), 후원(喉院)이라고도 불리었다.
④ 비변사가 임진왜란을 거치면서 국정 전반을 총괄하였다.

정답 ⑤

기출변형

(가), (나) 기구에 대한 설명으로 옳은 것은?

나는 (가) 의 도사(都事)입니다. 반역죄, 강상죄 등을 저지른 죄인을 주국할 때 왕명을 받들어 죄인을 압송하고, 형을 집행하기도 합니다.

나는 (나) 의 주서(注書)입니다. 도승지의 지휘를 받아 문서의 기록과 관리를 담당하고, 매일 국왕을 수행하면서 날짜별로 그 언행을 기록합니다.

① (가) - 5품 이하의 관원에 대한 서경권을 가졌다.
② (가) - 왕에게 경서와 사서를 강론하는 경연을 주관하였다.
③ (나) - 정책을 심의·결정하면서 국정을 총괄하였다.
④ (나) - 왕명 출납을 담당하는 왕의 비서 기관이었다.
⑤ (가), (나) - 소속 관원을 대간이라고도 불렀다.

해설

(가)는 왕명을 받들어 반역죄, 강상죄 등 중범죄를 다스린 조선 시대의 의금부, (나)는 도승지의 지휘를 받아 문서를 기록하고 국왕의 언행을 기록하는 승정원이다.
의금부와 승정원은 국왕 직속 기관으로 설치되어 왕권 강화에 기여하였다. 의금부는 대역·모반죄 등 왕권 안위에 관계된 중죄 등을 처결하는 국왕 직속의 특별 사법 기관이었고, 승정원은 왕명을 출납하는 국왕의 비서기관이었다. 승정원의 주서는 매일 국왕의 언행을 기록하여 승정원 일기를 작성하였다.

오답분석

① 양사(사헌부, 사간원)의 관원들이 서경권을 행사하였다.
② 홍문관은 학술기관으로 경연을 주관하였다.
③ 의정부는 국정을 총괄하는 최고 관서였다.
⑤ 양사(사헌부, 사간원)의 관원들을 대간이라 불렀다.

정답 ④

045 통치 체제의 정비(2)

대표기출 — 심화 67회

(가) 기구에 대한 설명으로 옳은 것은?

> 우부승지 김종직이 아뢰기를, "고려 태조는 여러 고을에 영을 내려 공변되고 청렴한 선비를 뽑아서 향리들의 불법을 규찰하게 하였으므로 간사한 향리가 저절로 없어져 5백 년간 풍화를 유지할 수 있었습니다. 우리 조정에서는 이시애의 난 이후 (가) 이/가 혁파되자 간악한 향리들이 불의를 자행하여서 건국한 지 1백 년도 못 되어 풍속이 쇠퇴해졌습니다. …… 청컨대 (가) 을/를 다시 설립하여 향풍(鄕風)을 규찰하게 하소서."라고 하였다.
>
> -『성종실록』-

① 조광조 일파의 건의로 폐지되었다.
② 좌수와 별감을 중심으로 운영되었다.
③ 풍기 군수 주세붕이 처음 설립하였다.
④ 대사성 이하 좨주, 직강 등의 관직을 두었다.
⑤ 매향(埋香) 활동 등 각종 불교 행사를 주관하였다.

기출변형

(가) 교육 기관에 대한 설명으로 옳은 것은?

> 이곳은 경기도 수원시에 위치한 조선 시대 지방 교육 기관인 (가) 입니다. 대부분 지방 관아 가까운 곳에 위치하였으며 제향 공간인 대성전, 강학 공간인 명륜당, 기숙사인 동재와 서재 등으로 이루어져 있습니다.

① 천민도 입학이 허가되었다.
② 풍기 군수 주세붕이 처음 세웠다.
③ 생원과 진사에게 입학 자격을 부여하였다.
④ 중앙에서 교수나 훈도를 파견하기도 하였다.
⑤ 유학을 비롯하여 율학, 서학, 산학을 교육하였다.

해설

(가)는 세조 때 이시애의 난을 계기로 혁파되었던 유향소이다.
조선 초기 향촌 사회의 지배층인 유향품관들은 향촌 자치 기구로 유향소(留鄕所)를 설치하였다. 유향소는 수령을 보좌하고 향리를 감찰하며 향촌 사회의 풍속을 바로잡는 역할을 하였다. 유향소는 세조 때 이시애의 난을 계기로 폐지되었다가 성종 때 다시 설치되었다. 유향소는 임원으로 좌수와 별감을 선출하여 자율적으로 규약을 만들고, 수시로 향회를 소집하여 여론을 수렴하면서 백성을 교화하였다.

오답분석

① 제천행사를 주관하던 소격서가 조광조 일파의 건의로 혁파되었다.
③ 주세붕은 중종 때 서원을 처음 설립하였다.
④ 성균관에 대사성, 좨주(→사성), 직강 등의 관직을 두었다.
⑤ 고려 시대 향도가 매향 활동 등 각종 불교 행사를 주관하였다.

정답 ②

해설

(가)는 조선 시대 지방 교육 기관인 향교이다.
고려 시대에는 주요 군현에만 향교가 있었으나 조선 시대에는 모든 군현에 향교가 설립되었다. 향교는 제향 공간인 대성전, 강학 공간인 명륜당, 기숙사인 동재와 서재 등을 갖추고 성현에 대한 제사와 유생의 교육, 지방민의 교화를 담당하였다. 향교에는 양반은 물론 평민도 입학할 수 있었는데, 향교의 정원은 인구 비례에 따라 책정되었다. 향교는 규모와 지역에 따라 중앙에서 교관인 교수(종 6품) 또는 훈도(종 9품)를 파견하였다.

오답분석

① 조선 시대 천민은 교육과 과거 응시의 기회가 없었다.
② 풍기 군수 주세붕은 서원을 처음 세웠다.
③ 최고 교육 기관인 성균관이 생원과 진사에게 입학 자격을 부여하였다.
⑤ 고려 시대 국자감에서 유학을 비롯하여 율학, 서학, 산학을 교육하였다.

정답 ④

046 임진왜란

대표기출 〈심화 67회〉

다음 기사에 보도된 전투 이후의 사실로 옳은 것은?

> **역사 신문**
> 제△△호   ○○○○년 ○○월 ○○일
>
> **조·명 연합군, 평양성 탈환**
>
> 평안도 도체찰사 류성룡, 도원수 김명원이 이끄는 관군이 명 제독 이여송 부대에 합세하여 평양성을 되찾았다. 이번 전투에서 아군의 불랑기포를 비롯한 화포가 위력을 발휘하여 일본군은 크게 패하고 남쪽으로 내려갔다. 이 전투의 승리는 향후 전쟁의 판도를 바꿀 것으로 기대된다.

① 송상현이 동래성에서 항전하였다.
② 권율이 행주산성에서 적군을 격퇴하였다.
③ 이순신이 한산도 앞바다에서 대승을 거두었다.
④ 신립이 탄금대 앞에서 배수의 진을 치고 싸웠다.
⑤ 최윤덕이 올라산성에서 이만주 부대를 정벌하였다.

해설
조·명 연합군이 평양성 탈환에 성공한 것은 1593년 1월의 사실이다(평양성 전투).
평양성 전투 이후 일본군을 추격하던 명군은 벽제관 전투에서 패배하고 평양으로 후퇴하였다. 이로 인해 권율의 조선군 부대는 행주산성에서 일본군에 포위되었으나 관민이 합세하여 이를 격퇴하였다(행주대첩).

오답분석
① 1592년 4월 13일 일본군이 부산에 상륙하면서 임진왜란이 시작되었다. 부산진에서는 정발이, 동래에서는 송상현이 일본군에 맞서 싸웠으나 끝내 패하고 말았다.
③ 1592년 7월에 이순신 함대는 한산도 앞바다에서 일본 수군을 물리쳤다(한산도 대첩).
④ 1592년 4월 28일 신립은 충주 탄금대에서 배수진(背水陣)을 치고 일본군과 맞서 싸웠으나 패하고 달천강에 투신하였다.
⑤ 세종 때 최윤덕은 건주위 추장 이만주 세력을 정벌하고 압록강 유역에 4군을 설치하였다.

정답 ②

기출변형

다음 전투 이후에 전개된 사실로 옳은 것은?

> 권율이 정병 4천 명을 뽑아 행주산 위에 진을 치고 책(柵)을 설치하여 방비하였다. …… 적은 올려다보고 공격하는 처지가 되어 탄환도 맞히지 못하는데 반해 호남의 씩씩한 군사들은 모두 활쏘기를 잘하여 쏘는 대로 적 숭시켰다. …… 적이 결국 패해 후퇴하였다.
> – 『선조수정실록』 –

① 최영이 홍산에서 대승을 거두었다.
② 이순신이 한산도 대첩에서 승리하였다.
③ 휴전 회담의 결렬로 정유재란이 시작되었다.
④ 이종무가 왜구의 근거지인 쓰시마를 정벌하였다.
⑤ 신립이 탄금대에서 배수의 진을 치고 왜군에 항전하였다.

해설
제시된 자료는 권율이 행주산성에서 왜군을 격파한 행주대첩에 대한 기사이다.
1593년 1월 명나라의 원군이 조선군과 합세하여 평양성을 탈환하였고, 퇴각하는 왜군을 추격하다 고양의 벽제관에서 패배하였다. 명의 이여송은 개성으로 후퇴하였으나, 권율이 행주산성에서 왜군을 격파하여 대승을 거두었다(행주대첩). 조·명 연합군의 반격에 기세가 꺾인 일본군은 경상도 해안 일대로 물러난 뒤 명과 강화 협상에 나섰다.
이 시기에 정부는 훈련도감을 설치하여 군대의 편제와 훈련 방법을 바꾸고, 속오법을 실시하여 지방군의 편제를 개편하였다. 명나라와 일본 간의 강화교섭이 결렬되자 1597년 1월에 가토 기요마사가 이끄는 일본군 선봉대가 부산을 재침하면서 정유재란이 일어났다.

오답분석
① 고려 우왕 때 최영이 홍산대첩에서 왜구를 물리쳤다(1376).
② 1592년 7월에 이순신 함대는 한산도 앞바다에서 일본 수군을 물리쳤다(한산도 대첩).
④ 1419년(세종 1) 이종무는 대마도를 토벌하여 왜구의 근절을 약속 받고 돌아왔다.
⑤ 1592년 4월 신립은 충주 탄금대에 배수진(背水陣)을 치고 일본군과 맞서 싸웠으나 패배하였다.

정답 ③

047 두 차례 호란

대표기출 심화 69회

밑줄 그은 '이 전쟁'의 영향으로 가장 적절한 것은?

> 신풍부원군 장유가 예조에 단자를 올리기를 "외아들이 있는데 강도(江都)의 변 때 그의 처가 잡혀갔다가 속환되어 지금은 친정 부모집에 가 있습니다. 그대로 배필로 삼아 함께 조상의 제사를 받들 수 없으니, 새로 장가들도록 허락해 주십시오." 라고 하였다.
>
> 위 사료는 <u>이 전쟁</u> 중 강화도가 함락되면서 적국으로 끌려갔다 돌아온 며느리를 아들과 이혼하게 해달라는 내용의 글이다. 국왕이 삼전도에서 항복하며 종결된 <u>이 전쟁</u>으로 많은 사람들이 포로로 끌려갔다. 여성들은 살아 돌아오더라도 절개를 잃었다는 이유로 억울하게 이혼을 당하기도 하였다.

① 이완 등을 중심으로 북벌이 추진되었다.
② 김종서가 두만강 일대에 6진을 개척하였다.
③ 이종무가 적의 근거지인 쓰시마섬을 정벌하였다.
④ 강홍립이 이끄는 부대가 사르후 전투에 참전하였다.
⑤ 국방 문제를 논의하기 위해 비변사가 처음으로 설치되었다.

기출변형

(가)~(다)를 일어난 순서대로 옳게 나열한 것은?

> (가) 왕은 군사를 일으켜 왕대비를 받들어 복위시킨 뒤 경운궁에서 즉위하였다. 광해군을 폐위시켜 강화로 내쫓고 이이첨 등을 처형한 다음 전국에 대사령을 내렸다.
> (나) 용골대 등이 왕을 인도하여 들어가 단 아래에 북쪽을 향해 자리를 마련하고 왕에게 자리로 나아가기를 청하였다. 왕이 세 번 절하고 아홉 번 머리를 조아리는 예를 행하였다.
> (다) 왕은 김상용에게 도성의 일을 맡기고 종묘사직의 신주를 받들어 강화로 피난해 들어갔다. 이에 김류, 이귀, 최명길, 김자점 등의 신하들이 모두 따라갔다.

① (가) - (나) - (다)
② (가) - (다) - (나)
③ (나) - (가) - (다)
④ (나) - (다) - (가)
⑤ (다) - (가) - (나)

해설

밑줄 그은 '이 전쟁'은 강화도가 함락되고, 국왕이 삼전도에서 항복하며 종결된 병자호란(1636)이다.
병자호란에서 패한 조선은 청과 군신 관계를 맺게 되었고, 소현세자와 봉림대군(효종), 그리고 3학사 등 강경파 주전론자와 수만 명의 백성들이 청으로 끌려갔다.
인조의 뒤를 이어 왕위에 오른 효종(1649~1659)은 송시열, 송준길 등 서인과 이완 등을 중용하여 북벌을 추진하였다. 수도 방위를 위해 설치한 어영청을 대폭 강화하였고, 남한산성을 복구하였으며, 조총과 화포 등의 신무기를 개량, 보수하였다.

오답분석
② 세종 때 김종서가 두만강 일대에 6진을 개척하였다.
③ 세종 때 이종무가 왜구의 근거지인 쓰시마섬을 정벌하였다.
④ 광해군 때 명의 요청으로 강홍립이 이끄는 부대가 사르후 전투(1619)에 참전하였다.
⑤ 중종 때 삼포왜란을 계기로 비변사가 임시기구로 처음 설치되었다.

정답 ①

해설

(가) 1623년 인조(능양군)는 김류, 이귀 등의 서인 세력과 함께 반정을 일으켰다. 인조반정으로 광해군은 폐위되고, 인목대비는 복위되었다.
(다) 1627년 정묘호란이 발생하자 인조는 강화도로 피난하여 항전하였다.
(나) 1636년 12월 병자호란이 발발하자 인조는 남한산성으로 피난하여 45일 동안 항전하였다. 결국 1637년 1월 송파 삼전도에서 청 황제에게 항복하였다.

정답 ②

048 통치 체제의 변화

대표기출
심화 63회

(가) 기구에 대한 설명으로 옳은 것은?

> 오늘에 와서는 큰일이건 작은 일이건 중요한 것으로 취급되지 않는 것이 없어. 의정부는 한갓 헛이름만 지니고 6조는 모두 그 직임을 상실하였습니다. 명칭은 '변방의 방비를 담당하는 것'이라고 하면서 과거 시험에 대한 판하(判下)*나 비빈 간택 등의 일까지도 모두 (가) 을/를 경유하여 나옵니다. 명분이 바르지 못하고 말이 이치에 맞지 않음이 이보다 심할 수가 없습니다. 신의 어리석은 소견으로는 (가) 을/를 고쳐 정당(政堂)으로 칭하는 것이 상책이라 생각합니다.
>
> *판하(判下): 안건을 임금이 허가하는 것

① 사헌부·사간원과 함께 3사로 불렸다.
② 서얼 출신 학자들이 검서관에 등용되었다.
③ 흥선 대원군이 집권한 시기에 혁파되었다.
④ 서울과 수원에 설치되어 국왕의 호위를 맡았다.
⑤ 대사성을 수장으로 좨주, 직강 등의 관직을 두었다.

해설
(가)는 '변방의 방비를 담당'하기 위해 설치하였던 비변사이다.
조선 중종 때 삼포왜란(1510)이 일어나자 임시기구로 비변사를 설치하였다. 비변사는 을묘왜변(1555)을 계기로 정식 관청이 되어 점차 기능이 확대·강화되었다. 비변사에는 전현직 정승을 비롯하여 공조를 제외한 5조의 판서, 각 군영대장, 대제학, 강화 유수 등 국가의 중요 관원들이 참여했다.
초기에는 군사 문제만을 다루었으나 이후 외교, 재정, 사회, 인사 문제 등 거의 모든 정무를 총괄하게 되었고, 임진왜란 이후 비변사가 최고 정치 기구로 자리를 굳힘에 따라 왕권이 약화되고 의정부와 6조 중심의 행정 체계도 유명무실해졌다. 흥선대원군은 비변사를 혁파하고 의정부와 삼군부의 기능을 부활시켰다.

오답분석
① 홍문관, 사헌부, 사간원이 3사로 불렸다.
② 정조 때 규장각을 설치하고 서얼 출신 학자들을 검서관으로 등용하였다.
④ 정조 때 서울과 수원에 국왕의 친위부대로 장용영을 설치하였다.
⑤ 성균관에 정3품의 대사성을 비롯하여 좨주, 직강 등의 관직을 두었다.

정답 ③

기출변형

(가)에 대한 설명으로 옳은 것은?

① 수원 화성에 외영을 두었다.
② 용호군과 함께 궁성을 호위하였다.
③ 후금의 침입에 대비하고자 창설되었다.
④ 포수, 사수, 살수의 삼수병으로 편제되었다.
⑤ 일본인 교관을 초빙하여 군사 훈련을 받았다.

해설
5군영 중 가장 먼저 설치된 (가)는 훈련도감이다.
훈련도감은 임진왜란 때 유성룡의 건의에 따라 설치되었다. 훈련도감은 일본군의 조총에 대항하기 위해 기존의 활과 창으로 무장한 부대 외에 조총으로 무장한 부대를 만들어 포수(화포, 조총), 사수(활), 살수(칼, 창)의 삼수병으로 편제되었다. 삼수병(군)은 1개월에 쌀 6말의 급료를 받는 직업 군인으로 모집되어 한양 인근에 주둔했다. 1635년 인조 때에는 영정법의 실시로 인해 훈련도감의 경비를 충당하기 위한 삼수미로 1결당 2.2두를 징수하여 운영 경비로 사용하였다.

오답분석
① 정조 때 장용영을 설치하고 수원 화성에 외영을 두었다.
② 고려 시대 국왕의 친위부대인 응양군이 용호군과 함께 궁성을 호위하였다.
③ 인조 때 후금의 침입에 대비하여 어영청, 총융청, 수어청 등을 창설하였다.
⑤ 고종 때 신식군대인 별기군을 창설하고 일본인 교관을 초빙하여 군사 훈련을 실시하였다.

정답 ④

049 붕당 정치의 전개

대표기출 심화 69회

(가) 시기에 있었던 사실로 옳은 것은?

① 무신 이징옥이 반란을 일으켰다.
② 송시열이 유배된 후 사사되었다.
③ 자의 대비의 복상 문제로 예송이 일어났다.
④ 정여립 모반사건을 빌미로 기축옥사가 발생하였다.
⑤ 붕당 정치의 폐해를 막기 위해 탕평비가 건립되었다.

해설

1689년에 희빈 장씨가 낳은 왕자를 원자로 책봉하였고, 1694년에 장씨를 다시 왕비에서 희빈으로 강등하였다. 따라서 (가)는 1689~1694년의 사실이 들어가야 한다.
1688년 남인과 연결되어 있는 역관 집안 출신의 소의 장씨가 왕자를 낳았다. 이듬해 숙종은 태어난 지 두 달된 왕자의 명호를 '원자(元子)' 즉 차기에 왕위를 계승할 아이로 못 박고자 했다. 이에 대해 노론계의 영수이자 산림인 송시열이 원자 정호(定號)를 비판하는 상소를 올렸고, 숙종은 송시열의 관작을 삭탈하고 문외출송하는 동시에 서인을 축출하고 남인계 인물들로 대체시키는 환국을 단행했다(기사환국, 1689). 그러나 몇 년 후 폐위된 인현왕후를 복위시키고 희빈 장씨를 강등하면서, 남인이 축출되고 서인이 다시 권력을 장악하게 되었다(갑술환국, 1694).

오답분석

① 계유정난(1453) 직후 수양대군의 집권에 반대하여 함길도 절제사 이징옥이 반란을 일으켰다.
③ 현종 때 자의대비의 복상 문제로 두 차례 예송이 일어났다.
④ 선조 때 정여립 모반사건을 계기로 기축옥사가 발생하였다.
⑤ 영조 때 성균관에 탕평비를 세웠다.

정답 ②

기출변형

(가), (나) 사이의 시기에 있었던 사실로 옳은 것은?

> (가) 양사(兩司)가 합계하기를, "영창 대군 이의(李㼁)를 왕으로 옹립하기로 했다는 설이 이미 역적의 입에서 나왔는데 이에 대해 자복(自服)한 역적만도 한두 명에 그치지 않습니다. …… 왕법은 지극히 엄한 만큼 결코 용서해주기 어려우니 유사로 하여금 법대로 적용하여 처리하게 하소서."라고 하였다.
>
> (나) 앞서 왕에게 이괄 부자가 역적의 우두머리라고 고해 바친 자가 있었다. 하지만 임금은 "필시 반역은 아닐 것이다."라고 하면서도, 이괄의 아들인 이전을 잡아 오라고 명하였다. 이전은 그때 이괄의 군영에 있었고 이괄은 결국 금부도사 등을 죽이고 여러 장수들을 위협하여 난을 일으켰다.

① 국왕의 친위 부대인 장용영이 조직되었다.
② 서인이 반정을 일으켜 정권을 장악하였다.
③ 정여립 모반 사건으로 옥사가 발생하였다.
④ 허적과 윤휴 등 남인들이 대거 축출되었다.
⑤ 자의 대비의 복상 문제로 예송이 전개되었다.

해설

(가)는 1613년(광해군 5) 이이첨 등의 대북파가 계축옥사를 일으켜 영창대군을 죽이고, 인목대비를 서궁에 유폐한 사건과 관련된 사료이다.
(나)는 1624년 인조반정 직후 일어난 이괄의 난에 대한 사료이다.
1623년 인조(능양군)는 김류, 이귀 등의 서인 세력과 함께 반정을 일으켰다. 인조반정으로 광해군은 폐위되고, 인목대비는 복위되었다.

오답분석

① 정조 때 국왕의 친위부대로 장용영이 조직되었다.
③ 선조 때 정여립 모반 사건으로 많은 동인 인사들이 처형되었다.
④ 숙종 초에 경신환국이 일어나 허적과 윤휴 등 남인 인사들이 축출되었다.
⑤ 현종 때 서인과 남인 사이에 두 차례 예송논쟁이 일어났다.

정답 ②

050 탕평 정치

 대표기출 심화 67회

(가) 왕의 재위 기간에 있었던 사실로 옳은 것은?

이 그림은 화성능행도 8폭 중 일부로, (가) 이/가 혜경궁 홍씨를 모시고 현륭원에 다녀오는 모습을 그린 것입니다. 위엄을 갖춘 행렬의 장대함과 구경꾼들의 생동감 넘치는 모습이 잘 드러나 있습니다.

① 자의 대비의 복상문제로 예송이 전개되었다.
② 명의 신종을 제사 지내는 만동묘가 설치되었다.
③ 문신을 재교육하기 위한 초계문신제가 실시되었다.
④ 붕당의 폐해를 경계하는 탕평비가 성균관에 건립되었다.
⑤ 비변사의 혁파로 의정부와 삼군부의 기능이 정상화되었다.

해설
(가)는 사도세자와 혜경궁 홍씨의 아들인 정조이다.
정조는 아버지 사도 세자의 명예 회복을 위해 수원으로 사도 세자의 묘(현륭원)를 옮기고, 팔달산 아래에 화성을 건설하여 자신의 정치적 이상을 실현하는 상징적 도시로 육성하고자 하였다.
정조는 한동안 권력에서 배제되었던 소론과 남인 계열 인사들을 중용하고 규장각을 강력한 정치 기구로 육성하였다. 그리고 자신의 권력과 정책을 뒷받침하기 위해 신진인물이나 중하급 관리 중 유능한 인사를 재교육하는 초계문신 제도를 실시하였다.

오답분석
① 현종 때 자의대비의 복상문제로 두 차례 예송이 전개되었다.
② 숙종 때 명의 신종을 제사 지내는 만동묘를 설치하였다.
④ 영조 때 성균관에 탕평비를 세웠다.
⑤ 고종 때 흥선대원군이 비변사를 혁파하였다.

정답 ③

 기출변형

다음 왕에 대한 설명으로 옳은 것은?

> 왕은 늘 양역의 폐단을 염려하여 군포 한 필을 감하고 균역청을 설치하여 각 도의 어염·은결의 세를 걷어 보충하니, 그 은택을 입은 백성들은 서로 기뻐하였다. 이런 시책으로 화기(和氣)를 끌어 올려 대명(大命)을 이을 만하였다.

① 준천사를 신설하여 홍수에 대비하였다.
② 대외 관계를 정리한 동문휘고를 간행하였다.
③ 전제상정소를 두어 전분 6등법을 제정하였다.
④ 총융청과 수어청을 창설하여 도성을 방어하였다.
⑤ 삼정의 문란을 해결하기 위해 삼정이정청을 두었다.

해설
영조는 균역법을 실시하여 백성들에게 큰 부담이 되었던 군역 부담을 줄여주었고, 형벌 제도를 개선하여 가혹한 형벌을 금지하였다. 또 신문고 제도를 부활하여 백성들의 의견을 정치에 반영하려고 노력하였다.
영조는 청계천의 범람을 막기 위해 준천사를 신설하여 청계천 준설 사업을 실시하였다.

오답분석
② 정조 때 외교문서를 정리하여 동문휘고를 간행하였다.
③ 세종 때 연분9등법과 전분6등법을 제정하였다.
④ 인조 때 총융청, 수어청 등의 군영을 창설하였다.
⑤ 철종 때 진주 민란을 계기로 삼정이정청을 설치하였다.

정답 ①

051 세도 정치와 농민 봉기

대표기출 — 심화 64회

다음 상황이 전개된 배경으로 옳은 것은?

① 이만손 등이 영남 만인소를 올렸다.
② 운요호가 강화도와 영종도를 공격하였다.
③ 동학교도가 교조 신원을 주장하며 삼례 집회를 개최하였다.
④ 황사영이 외국 군대의 출병을 요청하는 백서를 작성하였다.
⑤ 백낙신의 탐학이 발단이 되어 진주에서 농민들이 봉기하였다.

기출변형

다음 대화에 나타난 사건에 대한 설명으로 옳은 것은?

① 박규수가 안핵사로 파견되었다.
② 조병갑의 탐학이 계기가 되었다.
③ 선혜청과 일본 공사관을 공격하였다.
④ 서북인에 대한 차별에 반발하여 일어났다.
⑤ 남접과 북접이 연합하여 조직적으로 전개되었다.

해설

박규수의 건의로 삼정이정청을 설치한 것은 진주민란(1862) 직후의 상황이다.
1862년에 경상도 우병사 백낙신의 가렴주구에 견디다 못한 진주 민중은 몰락 양반인 유계춘의 주도로 관아를 부수고 한때 진주성을 점령하였다. 이를 계기로 농민의 항거는 전국적으로 퍼져 나갔다. 정부는 선무사·안핵사·암행어사 등을 파견하여 지방의 실정을 조사하고 봉기의 원인이 된 수령을 처벌하였다. 안핵사로 파견되었던 박규수의 상소를 통해 삼정이정청이 설치되고 『삼정이정절목』이 책으로 반포되었다. 이후 농민 봉기는 다소 진정되었으나 근본적인 해결이 이루어지지는 않았고, 삼정이정청도 곧 폐지되었다.

오답분석

① 1881년에 『조선책략』 유포에 반발하여 이만손 등 영남 유생들이 만인소를 올렸다.
② 1875년에 일본 군함 운요호가 강화도와 영종도를 공격하였다.
③ 1892년 동학교도들은 삼례에서 교조 신원을 요구하는 집회를 열었다.
④ 황사영은 신유박해(1801)의 실태를 전하고 서양 함대의 파견을 요청하는 글을 보내려다 사전에 발각되었다.

정답 ⑤

해설

1811년(순조 11) 평안도에서 일어난 홍경래의 난에 대한 설명이다. 몰락한 양반인 홍경래는 영세 농민, 중소 상인, 광산 노동자 등을 규합하여 지방 차별 타파를 구호로 반란을 일으켰다. 홍경래, 우군칙 등이 주도한 반란 세력은 청천강 이북의 9읍을 점령하였으나, 정주성에서 관군에게 진압되었다.

오답분석

① 진주민란이 일어나자 박규수를 안핵사로 파견하였다.
② 1894년 고부민란은 조병갑의 탐학 때문에 일어났다.
③ 임오군란 때 구식군인들이 선혜청과 일본 공사관을 공격하였다.
⑤ 1894년 9월 동학농민운동 제2차 농민봉기에 대한 설명이다.

정답 ④

052 토지 제도

대표기출   심화 63회

밑줄 그은 '이 제도'에 대한 설명으로 옳은 것은?

> #3. 궁궐 안
> 성종이 경연에서 신하들과 토지 제도 개혁을 논의하고 있다.
> 성종: 그대들의 의견을 말해 보도록 하라.
> 김유: 우리나라의 수신전, 휼양전 등은 진실로 아름다운 것이지만 오히려 일이 없는 자가 앉아서 그 이익을 누린다고 하여 세조께서 과전을 없애고 이 제도를 만드셨습니다.

① 전지와 시지를 등급에 따라 지급하였다.
② 풍흉에 관계없이 전세 부담액을 고정하였다.
③ 현직 관리에게만 토지의 수조권을 지급하였다.
④ 관리에게 녹봉을 지급하고 수조권을 폐지하였다.
⑤ 개국 공신에게 인성, 공로를 기준으로 토지를 지급하였다.

해설

세조 때 과전을 없애고 만든 '이 제도'는 직전법이다.
조선 초기에 시행된 과전법은 전·현직 관리에게 경기 지방의 토지를 과전으로 지급하였는데, 받은 사람이 죽거나 반역하면 국가에 반환하도록 규정하였다. 그러나 죽은 관료의 가족들이 생계를 유지할 수 있도록 하기 위해 수신전, 휼양전이라는 명목으로 과전 가운데 일부를 다시 지급하여 세습이 가능하도록 하였다. 국가에 공이 있는 사람에게 내린 공신전도 세습을 허용하였다.
현직 관리에게 지급할 토지가 부족하게 되자, 세조 때는 현직 관리에게만 과전을 지급하는 직전법을 시행하였다.

오답분석

① 고려 시대 전시과가 전지와 시지를 등급에 따라 지급하였다.
② 조선 인조 때 영정법을 실시하면서 풍흉에 관계없이 전세 부담액을 고정하였다.
④ 조선 명종 때 직전법을 폐지하면서 관리에게 녹봉을 지급하고 수조권을 폐지하였다.
⑤ 고려 태조 때 역분전을 실시하면서 개국 공신에게 인성, 공로를 기준으로 토지를 지급하였다.

정답 ③

기출변형

다음 제도에 대한 설명으로 옳은 것을 <보기>에서 고른 것은?

> 공양왕 3년, 도평의사사에서 왕에게 글을 올려 과전을 지급하는 법을 정하기를 청하니, 왕이 이를 따랐다. …… 1품에서 산직(散職)까지를 나누어 18과(科)로 한다. …… 대체로 경성(京城)에 살면서 왕실을 보위하는 자는 시산(時散)을 따지지 않고 각각 등급에 따라 토지를 받는다.
> 　　　　　　　　　　　　　　　 - 『고려사』 -

보기

ㄱ. 현직 관리에게 수조권을 지급하였다.
ㄴ. 지급 대상 토지를 원칙적으로 경기 지역에 한정하였다.
ㄷ. 관리가 사망하면 유가족에게 수신전, 휼양전을 지급하였다.
ㄹ. 개국 공신에게 인품, 행실, 공로를 기준으로 토지를 지급하였다.

① ㄱ, ㄴ   ② ㄱ, ㄷ   ③ ㄴ, ㄷ
④ ㄴ, ㄹ   ⑤ ㄷ, ㄹ

해설

자료는 고려 공양왕 대에 이성계와 신진사대부가 주도하여 실시한 과전법의 내용이다. 과전법에 따라 관료들은 18과로 나뉘어 경기 지방의 토지를 수조지로 지급받았다. 또한, 정부는 죽은 관료의 가족들이 생계를 유지할 수 있도록 수신전, 휼양전 등을 지급하기도 하였다.

오답분석

ㄱ. 과전법은 전현직 관리에게 수조권을 지급하였다.
ㄹ. 고려 태조 때 지급한 역분전에 대한 설명이다.

정답 ③

053 수취 제도

대표기출
심화 69회

밑줄 그은 '대책'에 대한 탐구 활동으로 가장 적절한 것은?

> 양역(良役)의 편중됨이 실로 양민의 뼈를 깎아 지탱하지 못하는 폐단이 됩니다. 전하께서 이를 불쌍하게 여겨 2필의 역을 특별히 1필로 감하였으니, 이는 천지와 같은 큰 은덕이요 죽은 사람을 살려 주는 은혜입니다. …… 그러나 이미 포를 감하였으니 마땅히 그 대신할 것을 보충해야 하나 나라의 재원은 한정이 있습니다. …… 이에 신들은 감히 눈앞의 한때 일을 다행으로 여기지 않고 좋은 대책을 찾아 반드시 오래도록 이어지게 하겠습니다.

① 공인이 등장하게 된 배경을 살펴본다.
② 당백전 발행이 끼친 영향을 파악한다.
③ 선무군관포를 징수한 목적을 찾아본다.
④ 토산물을 쌀, 동전 등으로 납부하게 한 원인을 조사한다.
⑤ 전세를 풍흉에 따라 9등급으로 차등 부과한 이유를 알아본다.

해설
양역(良役)의 폐단을 줄이기 위해 군포를 2필에서 1필로 감면한 것은 균역법이다.
17세기 들어 군포 문제를 해결하기 위한 여러 논의가 있었다. 양반 지주층의 반대로 개혁은 계속 미루어지다가, 영조 때 군포 부담을 2필에서 1필로 줄이는 균역법이 시행되었다(1750). 정부는 균역법의 시행으로 부족해진 수입을 보충하기 위해 토지 소유자에게 결작으로 1결당 쌀 2두를 부과하고, 일부 부유한 상민에게 선무군관이라는 칭호를 주고 군포를 부과하였다. 또한, 왕실이 거두던 어염세와 선세도 정부 재정 수입으로 전환하였다.

오답분석
① 대동법 실시 이후 관수품을 조달하는 공인이 등장하였다.
② 흥선대원군이 경복궁 중건을 위해 당백전을 발행하였다.
④ 대동법 실시로 토산물 대신 쌀, 동전 등으로 납부하게 하였다.
⑤ 세종 때 연분9등법이 실시되어 전세를 풍흉에 따라 9등급을 차등 부과하였다.

정답 ③

기출변형

밑줄 그은 '이 법'의 영향으로 가장 적절한 것은?

[한국사 쟁점 토론]
주제: 공납의 개혁, 어떻게 볼 것인가

(농민) 방납의 폐단으로 농민들이 고통받고 있습니다. 공물을 현물 대신 쌀, 베 등으로 납부하는 이 법이 시행되면 농민들의 부담이 크게 줄어들 것입니다.

(양반 지주) 하지만 이 법이 시행되면 토지 결수를 기준으로 공물을 납부하게 되어 토지가 많은 지주들의 부담은 크게 늘어납니다.

① 관청에 물품을 조달하는 공인이 등장하였다.
② 어염세, 선박세 등이 국가 재정으로 귀속되었다.
③ 전세를 풍흉에 따라 9등급으로 차등 과세하였다.
④ 양반에게도 군포를 징수하는 호포제가 시행되었다.
⑤ 재정을 보충하기 위해 지주에게 결작이 부과되었다.

해설
'이 법'은 방납의 폐단을 시정하기 위해 공물을 현물 대신 쌀, 베 등으로 납부하도록 한 대동법이다. 대동법에 따라 농민들은 대체로 토지 1결당 미곡 12두(처음에는 16두)를 납부하였다. 이 때문에 토지가 없거나 적은 농민에게 과중하게 부과되었던 공물 부담은 없어지거나 어느 정도 경감되었다. 대동법의 실시로 토지가 과세 기준이 되고 쌀, 동전, 무명 등이 납세 수단이 되어 공납의 전세화와 조세의 금납화가 촉진되었다.
대동법 실시 이후 정부에서 필요로 하는 물품을 전문적으로 조달하는 공인이 등장하였다. 이들은 관청에서 공가를 미리 받아 필요한 물품을 사서 납부하는 방식으로 특정 물품을 독점적으로 공급하였다.

오답분석
② 영조 때 균역법 실시 이후 어염세, 선박세 등이 국가 재정으로 귀속되었다.
③ 세종 때 공법을 제정해 전세를 풍흉에 따라 9등급으로 차등 과세하였다.
④ 고종 때 흥선대원군이 양반에게도 군포를 징수하는 호포제를 시행하였다.
⑤ 영조 때 균역법 실시 이후 재정을 보충하기 위해 지주에게 결작이 부과되었다.

정답 ①

III 한국 근세사

054 경제 활동(1)

대표기출
심화 66회

다음 일기가 작성된 시기의 경제 상황으로 적절하지 <u>않은</u> 것은?

> 5월 ○○일, 앞 밭에 담배를 파종했다.
> 5월 ○○일, 비록 비가 여러 날 내렸으나 큰비는 끝내 내리지 않았다. 가물어서 고답(高畓)은 모두 이앙을 하시 못하였다.
> 6월 ○○일, 목화 밭에 풀이 무성해서 노비 5명에게 김매기를 하도록 시켰다.

① 상평통보가 화폐로 사용되었다.
② 시장을 관리하기 위한 동시전이 설치되었다.
③ 관청에 물품을 조달하는 공인이 활동하였다.
④ 보부상이 장시를 돌아다니며 상품을 판매하였다.
⑤ 국경 지대에서 개시 무역과 후시 무역이 이루어졌다.

해설
담배는 조선 후기에 전래되어 널리 재배되었으므로, 제시된 일기는 조선 후기에 작성된 것임을 알 수 있다.
① 조선 후기에 농업 생산력이 증가하고, 이에 따라 상업이 발달하면서 교환 수단으로서 화폐 수요가 증가하였다. 이에 1678년(숙종 4) 상평통보가 법화로 발행되면서 동전이 널리 보급되었다.
③ 대동법 실시 이후 정부에서 필요로 하는 물품을 전문적으로 조달하는 공인이 등장하였다. 이들은 관청에서 공가를 미리 받아 필요한 물품을 사서 납부하는 방식으로 특정 물품을 독점적으로 공급하였다.
④ 15세기 후반 남부 지방에서 등장한 장시는 18세기 중엽에 이르러서는 전국에 1000여 개소가 개설되었다. 장시를 기반으로 활동하던 보부상은 조선 후기에는 상단(商團)을 갖춘 전문적인 상인으로 발전하였다.
⑤ 17세기 중엽부터 청과의 무역이 활발해지면서, 국경 무역인 개시와 후시가 이루어졌다. 의주, 경원, 회령에 개시가 열려 양국 관리의 입회 하에 교역이 이루어졌고, 봉황의 책문 등에서는 사신을 따라간 사상들이 전개한 사무역이 이루어졌다.

오답분석
② 신라 지증왕 때 시장을 관리하는 관청으로 동시전을 설치하였다.

정답 ②

기출변형

다음 상황이 나타난 시기에 볼 수 있는 모습으로 적절하지 <u>않은</u> 것은?

> ○ 집집마다 인삼을 심어서 돈을 물 쓰듯이 한다고 하는데, 재산을 만드는 방법으로는 이보다 나은 것이 없다고 한다.
> ○ 어제 울타리 밖의 몇 되지기 밭에 담배를 파종하였다.
> ○ 금년에는 목화가 풍년이 들었는데, 어제는 시장에서 25근에 100전이었다고 한다.
>
> - 『노상추일기』 -

① 한글 소설을 읽어주는 전기수
② 시사를 조직하여 활동하는 역관
③ 주전도감에서 해동통보를 만드는 장인
④ 왕조 교체를 예언한 정감록을 읽는 양반
⑤ 한강을 무대로 상업에 종사하는 경강상인

해설
임진왜란 무렵에 전래된 담배가 재배되고, 인삼과 목화가 상품작물로 재배되는 것은 조선 후기의 상황이다. 담배는 원산지가 남아메리카로, 우리나라에는 광해군 대에 도입된 것으로 추측된다.
① 조선 후기에는 한문 소설은 물론 한글 소설이 유행하였다. 이러한 시기에 소설을 읽어 주고 일정한 보수를 받던 직업적인 낭독가, 즉 전기수가 등장하였다.
② 조선 후기에 중인과 서얼 층의 사회적 지위가 향상됨에 따라 중인들의 문학 활동도 활발해졌다. 중인들은 인왕산·삼청동 등에 많은 시사(詩社)를 결성하고, 양반사대부 문학을 모방하여 한시를 짓고 시집을 발간하는 등 활발한 문학 활동을 전개하였다.
④ 조선 후기에 유교적 명분론이 설득력을 잃어가자, 비기, 도참 등을 이용한 예언 사상이 유행하였다. 말세의 도래, 왕조의 교체, 변란의 예고 등 근거 없는 낭설이 민심을 혼란시켰다. 왕조의 교체를 예언한 『정감록』은 이때에 널리 유행한 비기였다.
⑤ 조선 후기에 경강 상인은 한강을 근거지로 하여 대동미 등 정부 세곡과 서울 지주들의 소작료 운송을 주도하여 거상으로 성장하였다. 이들은 경기도와 충청도 일대에서 미곡·소금·어물 등을 거래하여 막대한 이득을 취하였고, 선박의 건조 등 생산 분야에까지 진출하였다.

오답분석
③ 고려 숙종 때 주전도감을 설치하고 해동통보 등의 동전을 주조하였다.

정답 ③

055 경제 활동(2)

대표기출
심화 67회

다음 가상 대화가 이루어진 시기에 볼 수 있는 모습으로 적절하지 않은 것은?

- 만상 임상옥이 인삼 무역으로 큰 수익을 거두었다고 하네.
- 그러게. 중국 상인들이 연행사를 따라오는 상인들에게 인삼을 대량으로 구매하려고 인삼국을 차렸다는군.

① 담배 농사를 짓고 있는 농민
② 관청에 종이를 납품하는 공인
③ 시사(詩社)에서 시를 낭송하는 중인
④ 장시에서 판소리 공연을 하는 소리꾼
⑤ 솔빈부의 특산품인 말을 수입하는 상인

해설
'만상'은 조선 후기에 의주를 근거지로 하여 청나라와 대외 무역을 전개하였던 상인이고, '연행사'는 조선 후기에 청에 파견된 사신을 가리키므로 제시된 자료는 조선 후기의 모습을 보여 준다.
① 담배는 원산지가 남아메리카로, 신대륙 발견 이후 유럽에 전파되었고, 우리나라에는 광해군 재위 무렵 전래된 것으로 보인다. 담배는 조선 후기에 인삼과 더불어 대표적인 상업 작물로 재배되어 농촌의 소득 증대에 크게 기여하였다.
② 대동법 실시 이후 정부에서 필요로 하는 물품을 전문적으로 조달하는 공인이 등장하였다. 이들은 관청에서 공가를 미리 받아 필요한 물품을 사서 납부하는 방식으로 특정 물품을 독점적으로 공급하였다.
③ 조선 후기 중인들은 인왕산·삼청동 등에 많은 시사(詩社)를 결성하고, 한시를 짓고 시집을 발간하는 등 활발한 문학 활동을 전개하였다.
④ 판소리는 소리꾼과 고수가 창과 사설로 이야기를 엮어 가는 전통 음악의 하나로 조선 후기 서민 문화의 중심이 되었다.

오답분석
⑤ 솔빈부는 발해 15부 중의 하나로, 이곳에서 생산되는 말은 발해의 주요 수출품이었다.

정답 ⑤

기출변형

다음 상황이 나타난 시기에 볼 수 있는 모습으로 적절하지 않은 것은?

> 가만히 살펴보니, 최근 여자들이 서로 다투어 즐겨하는 것이 오직 패설(稗說)*을 숭상하는 일이다. 패설은 날로 달로 증가하여 그 종류가 이미 엄청나게 되었다. 세책가에서는 패설을 깨끗이 필사하여, 빌려 보는 자가 있으면 그 값을 받아서 이익으로 삼는다. 부녀들은 …… [패설을] 서로 다투어 빌려다가 온종일 허비하니 음식이나 술을 어떻게 만드는지, 베를 어떻게 짜는지에 대해서도 모르게 되었다.
> – 『번암집』 –

*패설(稗說): 민간에서 떠도는 이야기를 주제로 한 소설

① 관청에 물품을 납부하는 공인
② 벽란도에서 교역하는 대식국 상인
③ 장시에서 탈춤 공연을 벌이는 광대
④ 시사(時社)를 조직하여 활동하는 중인
⑤ 물주의 자금으로 광산을 경영하는 덕대

해설
제시된 자료는 조선 후기에 민간에서 소설이 유행한 모습을 보여준다. 세책가(세책점)는 일종의 도서대여점으로, 소설책을 필사한 뒤 대여료를 받고 빌려주는 곳이었다. 정조 때 활약한 채제공(1720~1799)은 『번암집』에서 이러한 세태를 비판하였다.
조선 후기에 일부 농민들은 담배, 인삼 등 상품 작물을 재배하여 시장에 내다 팔아 농가 수입을 올렸다.
조선 후기에는 탈춤과 산대놀이 등 가면극도 서민들에게 큰 인기를 얻었다. 가면극은 황해도의 봉산탈춤, 안동의 하회탈춤, 양주의 별산대 놀이, 함경도 북청의 사자춤 등이 유명했다.
조선 후기에 중인들은 인왕산, 삼청동 등에 시 문학 모임인 시사를 결성하여 한시를 짓고 시집을 발간하는 등 활발한 문학 활동을 펼쳤다.
18세기 후반에는 정부가 민간인에게 자유롭게 채굴할 수 있도록 하면서 광산 개발이 활발하게 이루어졌다. 광산 개발은 상업 자본가인 물주가 덕대라는 광산 전문가를 고용하여 분업 형태로 이루어졌다.

오답분석
② 벽란도는 고려 시대 국제 무역항으로 송과 요, 일본 심지어 아라비아 상인들까지 내왕하였다.

정답 ②

056 신분 제도

대표기출
심화 68회

(가)에 들어갈 대답으로 적절한 것은?

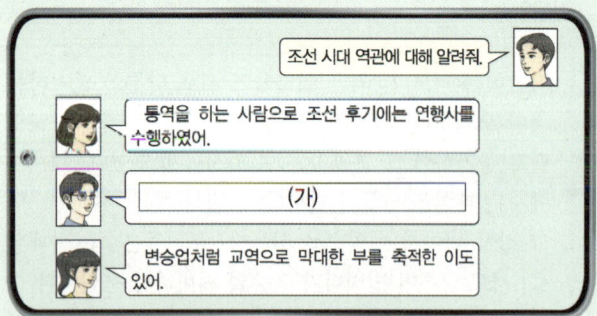

- 조선 시대 역관에 대해 알려줘.
- 통역을 하는 사람으로 조선 후기에는 연행사를 수행하였어.
- (가)
- 변승업처럼 교역으로 막대한 부를 축적한 이도 있어.

① 사간원에서 간쟁을 담당하였어.
② 매매, 상속, 증여의 대상이었어.
③ 수군, 봉수 등 천역에 종사하였어.
④ 수령을 보좌하면서 향촌 실무를 담당하였어.
⑤ 사역원에서 노걸대언해 같은 교재로 교육받았어.

해설

역관은 중국은 물론 일본, 몽골, 여진 등과의 교류에서 주로 통역의 업무를 담당하였던 계층을 가리킨다. 조선 초에는 승문원, 사역원 등의 전문 기관을 설치하고 역과를 두어 역관을 선발하였다. 『노걸대(老乞大)』는 고려시대와 조선시대에 사용된 중국어 회화 학습 교재로, 여러 차례 언해·개정되며 중국어 회화 학습을 위한 대표적 필수 학습서로 인식되었다. 역관들은 사행(使行) 업무를 진행하면서 밀무역을 통해 상당한 부를 축적하기도 했지만 신분적으로는 양반과 상민의 중간에 위치하는 중인으로 분류되었다.

오답분석
① 사간원의 관리들이 왕의 언행이나 시정에 잘못이 있을 때 이를 바로잡기 위한 간쟁을 담당하였다.
② 노비가 매매, 상속, 증여의 대상이었다.
③ 신량역천 계층이 수군, 봉수군 등의 천역을 담당하였다.
④ 향리가 수령을 보좌하면서 향촌의 실무를 담당하였다.

정답 ⑤

기출변형

(가)에 들어갈 내용으로 옳은 것은?

조선 시대 직역(職役)을 맞히는 문제. 이제 마지막 힌트가 공개됩니다.

한국사 퀴즈
- 1단계 힌트: 단안(壇案)이라는 명부에 등록되었다.
- 2단계 힌트: 연조귀감에 연혁이 수록되었다.
- 3단계 힌트: 지방 행정 실무를 담당하였다.
- 4단계 힌트: (가)

① 상피제의 적용을 받았다.
② 잡과를 통해 선발되었다.
③ 감사 또는 방백이라 불렸다.
④ 이방, 호방 등 6방에 소속되었다.
⑤ 공음전을 경제적 기반으로 삼았다.

해설

조선 시대에 지방 행정 실무를 담당하였던 직역(職役)은 향리이다. 『연조귀감』은 조선 정조 때 이진흥이 향리들의 사적을 정리한 책이다.
조선 시대의 향리는 수령의 행정 실무를 보좌하는 세습적인 아전으로 지위가 격하되고, 중앙의 6조를 본따 6방으로 나누어 실무를 맡았다. 처음에는 호방의 역할이 중시되었으나, 후기에는 이방이 수석 향리가 되어 6방 체제를 주도하였다.

오답분석
① 상피제는 친인척이 같은 관청에 근무하지 못하게 하고, 수령이 자기 출신 지역에 부임하지 못하며, 친족이 과거에 응시할 때에는 고시관이 될 수 없도록 한 제도이다.
② 역관, 의관 등 기술직 중인들이 잡과를 통해 선발되었다.
③ 8도의 관찰사가 감사 또는 방백이라 불렸다.
⑤ 고려 시대 5품 이상의 귀족들이 공음전을 지급받았다.

정답 ④

057 향촌 질서의 변화

대표기출
심화 64회

(가)에 대한 설명으로 옳은 것은?

> 1. 처음 [(가)]을/를 정할 때 약문(約文)을 동지에게 두루 보이고 그 마음을 바로잡고, 몸가짐을 단속하고, 착하게 살고, 허물을 고치기 위해 약계(約契)에 참례하기를 원하는 자 몇 사람을 가려 서원에 모아 놓고 약법(約法)을 의논하여 정한 다음 도약정(都約正), 부약정 및 직월(直月)·사화(司貨)를 선출한다. ……
> 1. 물건으로 부조할 때는 약원이 사망하였다면 초상 치를 때 사화가 약정에게 고하여 삼베 세 필을 보내고, 같은 약원들은 각각 쌀 다섯되와 빈 거적때기 세 닢씩 내어서 상을 치르는 것을 돕는다.
> ─ 『율곡전서』─

① 7재라는 전문 강좌를 두었다.
② 옥당이라고 불리며 경연을 담당하였다.
③ 중앙에서 파견된 교수나 훈도가 지도하였다.
④ 풍속 교화와 향촌 자치 등의 역할을 하였다.
⑤ 매향(埋香) 활동 등 각종 불교 행사를 주관하였다.

해설

(가)는 '도약정, 부약정 및 직월, 사화' 등을 임원으로 선출한 향약이다. 향약은 향촌의 자치 규약이자 주자학적 향촌 질서를 추구하는 실천 규범으로, 상부상조를 위해 만들어진 향촌 사회의 전통적 공동 조직과 미풍양속을 계승하면서 유교 윤리를 가미하여 구성하였다. 중종 때 조광조 일파에 의해 처음 시행되었으며, 선조 때 이황·이이 등의 노력에 힘입어 전국적으로 보급되었다. 향약은 향촌 사회의 질서 유지와 함께 치안까지 담당하였고, 성리학적 교화와 상호부조를 통해 향촌 질서를 안정화시키는데 기여하였다.

오답분석
① 고려 시대 국학에 7재라는 전문 강좌를 두었다.
② 조선 시대 홍문관이 옥당이라고 불리며 경연을 담당하였다.
③ 조선 시대 향교에 중앙에서 교수나 훈도가 파견되었다.
⑤ 고려 시대 향도가 매향(埋香) 활동 등 각종 불교 행사를 주관하였다.

정답 ④

기출변형

다음 상황이 나타난 시기에 볼 수 있는 모습으로 적절한 것을 〈보기〉에서 고른 것은?

> 경상도 영덕의 오래되고 유력한 가문은 모두 남인이고, 이른바 신향(新鄕)은 서인이라고 자칭하는 자들입니다. 요즘 서인이 향교를 장악하면서 구향(舊鄕)과 마찰을 빚고 있던 중, 주자의 초상화가 비에 젖자 신향은 자신들이 비난을 받을까 봐 책임을 전가시킬 계획을 꾸몄습니다. 그래서 주자의 초상화와 함께 송시열의 초상화도 숨기고 남인이 훔쳐 갔다는 말을 퍼뜨렸습니다.

─ 보기 ─
ㄱ. 염포의 왜관에서 교역하는 상인
ㄴ. 시사(詩社)에서 문예 활동을 하는 역관
ㄷ. 시전의 상행위를 감독하는 경시서의 관리
ㄹ. 장시에서 상평통보로 물건 값을 치르는 농민

① ㄱ, ㄴ   ② ㄱ, ㄷ   ③ ㄴ, ㄷ
④ ㄴ, ㄹ   ⑤ ㄷ, ㄹ

해설

향촌에서 신향(新鄕)과 구향(舊鄕)이 대립한 향전은 조선 후기에 나타난 모습이다.
조선 후기에 중인들은 인왕산·삼청동 등에 많은 시사(詩社)를 결성하고, 양반사대부 문학을 모방하여 한시를 짓고 시집을 발간하는 등 활발한 문학 활동을 전개하였다. 이러한 중인들의 문학을 위항 문학(委巷文學)이라고도 하였다.
조선 후기 숙종 때 상평통보를 법화로써 본격적으로 주조하고 전국에 널리 유통시켰다. 18세기 후반부터는 조세와 지대의 금납화가 진행되어 세금과 소작료도 동전으로 납부하였다. 그리하여 동전은 쌀·베 등 현물 화폐를 제치고 일차적인 유통 수단이 되었다.

오답분석
ㄱ. 1426년(세종 8)에 염포(울산)를 개항하고 왜관을 설치하였으나, 중종 때 일어난 3포왜란(1510)을 계기로 염포의 왜관은 폐쇄되었다.
ㄷ. 시전(市廛)의 관리·감독을 위해 설치되었던 경시서는 1466년(세조 12)에 평시서로 개칭되었다.

정답 ④

058 조선 전기의 편찬 사업

 대표기출 심화 67회

밑줄 그은 '이 역사서'에 대한 설명으로 옳은 것은?

> 대개 이미 지나간 나라의 흥망은 장래의 교훈이 되기 때문에 이 역사서를 편찬하여 올리는 바입니다. …… 범례는 사마천의 『사기』를 따르고, 대의(大義)는 모두 왕께 아뢰어 재가를 얻었습니다. 본기(本紀)라는 이름을 피하고 세가(世家)라고 한 것은 명분의 중요성을 나타내기 위함이며, 가짜 왕인 신씨들[신우, 신창]을 세가에 넣지 않고 열전으로 내린 것은 그들이 왕위를 도둑질한 사실을 엄히 논죄하려는 것입니다.

① 발해사를 우리 역사로 체계화하였다.
② 고구려 시조의 일대기를 서사시로 표현하였다.
③ 불교사를 중심으로 고대의 민간 설화를 수록하였다.
④ 고조선부터 고려 말까지의 역사를 연대순으로 기록하였다.
⑤ 조선 건국을 정당화하는 입장에서 고려의 역사를 정리하였다.

해설

밑줄 그은 '이 역사서'는 사마천의 『사기』의 범례를 하였고, 신우와 신창을 열전에 기록한 『고려사』이다.
조선 초기에는 조선 건국을 정당화하고 고려 시대의 역사를 자주적 입장에서 재정리하는 작업이 계속되어 문종 때 기전체의 『고려사』가 정인지 등에 의해 완성되었다. 이 책은 사마천의 『사기』를 모범으로 삼아 기전체 방식을 도입하였지만, 중국에 대한 명분을 내세워 국왕 관련 기사는 본기(本紀)가 아닌 세가(世家)편에 기록하였으며, 우왕과 창왕은 세가에서 다루지 않고 열전에서 취급하였다.

오답분석

① 조선 후기에 유득공이 편찬한 『발해고』가 발해를 우리 역사로 체계화하였다.
② 이규보가 편찬한 『동명왕편』이 고구려 건국 시조의 일대기를 서사시로 표현하였다.
③ 일연이 편찬한 『삼국유사』가 불교사를 중심으로 고대의 민간 설화를 수록하였다.
④ 서거정 등이 편찬한 『동국통감』이 단군조선부터 고려 말까지의 역사를 연대순으로 기록하였다.

정답 ⑤

 기출변형

밑줄 그은 '전하'의 재위 기간에 있었던 사실로 옳은 것은?

> 우리 주상 전하께서는 오방의 풍토가 같지 아니하여 곡식을 심고 가꾸는 데 각기 적당한 방법이 있다고 하셨다. 이에 여러 도의 감사에게 명하기를, 주현의 나이든 농부들을 방문하여 농사지은 경험을 아뢰게 하시고 또 신(臣) 정초에게 그 까닭을 덧붙이게 하셨다. 중복된 것을 버리고, 요약한 것만 뽑아 한 편의 책으로 만들고 제목을 농사직설이라고 하였다.

① 예학을 정리한 『가례집람』이 저술되었다.
② 국가의 의례를 정비한 『국조오례의』가 완성되었다.
③ 아동용 윤리·역사 교재인 『동몽선습』이 간행되었다.
④ 효자, 충신 등의 사례를 제시한 『삼강행실도』가 편찬되었다.
⑤ 군주가 수양해야 할 덕목을 제시한 『성학집요』가 집필되었다.

해설

밑줄 그은 '전하'는 정초 등에게 명하여 『농사직설』을 편찬하게 한 세종이다. 세종 때 경상·충청·전라도 관찰사에게 왕명을 내려 노농(老農)을 찾아가 각 지역의 농업 기술을 조사하고 그 내용을 기록하여 보고하게 하였다. 이를 기초로 정초와 변효문이 내용을 정리하고 체제를 갖추어 『농사직설』을 편찬하였다. 『농사직설』은 우리나라 현실과 기후 풍토에 알맞은 독자적인 농법을 처음으로 정리한 농서로서, 우리 농학 연구 및 농서 편찬의 출발점이 되었다.
1434년(세종 16) 설순 등은 조선과 중국의 서적에서 삼강(三剛)의 모범이 될만한 충신, 효자, 열녀를 모두 105명을 뽑아 그 행적을 그리고 설명을 붙여 『삼강행실도』를 편찬하였다.

오답분석

① 선조 때 이이의 제자 김장생이 예설을 정리하여 『가례집람』을 편찬하였다.
② 성종 때 국가의 의례를 정비한 『국조오례의』가 완성되었다.
③ 중종 때 박세무가 아동용 윤리·역사 교재인 『동몽선습』을 편찬하였다.
⑤ 선조 때 이이가 『성학집요』를 집필하였다.

정답 ④

059 성리학의 융성

대표기출
심화 68회

(가)의 활동으로 옳은 것은?

> 문학으로 만나는 역사 인물
>
> 請看千石鐘
> 非大扣無聲
> 爭似頭流山
> 天鳴猶不鳴
>
> 천 석 들어가는 큰 종을 보소서
> 크게 치지 않으면 소리가 없다오
> 어떻게 해야만 두류산*처럼
> 하늘이 울어도 울지 않을까
>
> *두류산: 지리산의 별칭
>
> [해설]
> [(가)]이/가 만년에 지리산 기슭 산천재에서 학문을 연구하고 제자들을 가르치며 지은 시이다. 지리산에 빗대어 자신의 높은 기상을 표현하였다. 그의 호는 남명으로, 조선 중기 경상우도의 대표적인 성리학자로 알려져 있다. 평소 경(敬)과 의(義)를 강조하며 학문의 실천성을 강조하였다.

① 곽재우, 정인홍 등의 제자를 배출하였다.
② 기기도설을 참고하여 거중기를 설계하였다.
③ 위훈 삭제를 주장하여 훈구 세력의 반발을 샀다.
④ 북학의를 저술하여 수레와 배의 이용을 권장하였다.
⑤ 양명학을 체계적으로 연구하여 강화 학파를 형성하였다.

기출변형

(가) 인물에 대한 설명으로 옳은 것은?

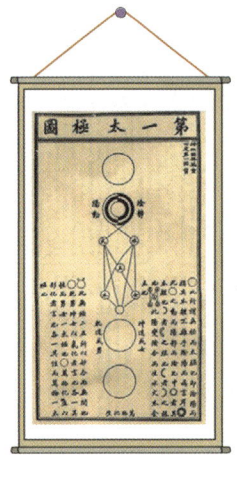

이 자료는 (가) 이/가 지어 왕에게 바친 성학십도의 일부입니다. 그는 성리학에 대한 체계적 이해를 바탕으로 군주가 스스로 인격과 학문을 수양하기 위해 노력해야 함을 강조하였습니다.

① 양명학을 연구하여 강화학파를 형성하였다.
② 일본에 다녀와서 해동제국기를 편찬하였다.
③ 예안 향약을 시행하여 향촌 교화를 위해 노력하였다.
④ 유학 경전을 주자와 달리 해석한 사변록을 저술하였다.
⑤ 가례집람을 저술하여 예학을 조선의 현실에 맞게 정리하였다.

해설
(가)는 남명이라는 호를 사용하였으며, 조선 중기 경상우도의 대표적인 성리학자였던 조식이다.
지리산 부근에서 처사로 지낸 조식은 경(敬)과 의(義)를 근본으로 하는 실천적 성리학 경향을 창도하였다. 그는 학문의 실천성을 특히 강조하여 일반 민중의 고통을 해결하고 삶을 영위하는 데 실제적인 혜택을 주어야 한다고 주장하였다. 그의 제자들로는 임진왜란 때 의병을 일으킨 곽재우, 정인홍 등이 대표적이며, 대체로 북인을 형성하였다.

오답분석
② 정약용이 『기기도설』을 참고하여 거중기를 제작하였다.
③ 조광조가 위훈삭제를 주장하다 훈구 세력의 반발로 사사되었다.
④ 박제가가 청에 다녀온 후 『북학의』를 저술하였다.
⑤ 정제두가 양명학을 연구하여 강화학파를 형성하였다.

정답 ①

해설
사진 자료는 이황이 성리학의 요체를 도해로 만들어 설명한 "성학십도"이다. 이황은 성학십도에서 왕 스스로가 수양을 통해 부단히 노력해야 한다는 점을 강조하였다.
이황과 이이는 향약을 시행하여 향촌 사회의 교화에 노력하였는데, 이황의 예안향약과 이이의 해주향약이 특히 유명하다.

오답분석
① 18세기 초 정제두는 양명학을 체계적으로 연구하여 강화학파를 형성하였다.
② 신숙주는 일본에 다녀온 후 해동제국기를 집필하였다.
④ 17세기 말 소론 학자 박세당은 사변록을 저술하여 주자 중심의 성리학을 비판하였다.
⑤ 이이의 제자 김장생은 가례집람을 저술하여 예학을 종합하였다.

정답 ③

060 실학 사상(1)

대표기출
심화 67회

(가), (나) 인물에 대한 설명으로 옳은 것은?

① (가) – 100리 척을 사용하여 동국지도를 제작하였다.
② (가) – 곽우록에서 토지 매매를 제한하는 한전론을 제시하였다.
③ (나) – 의산문답에서 중국 중심의 세계관을 비판하였다.
④ (나) – 여전론을 통해 마을 단위의 공동 경작을 주장하였다.
⑤ (가), (나) – 양명학을 연구하여 강화학파를 형성하였다.

해설
(가)는 『북학의』를 저술한 박제가, (나)는 『경세유표』를 저술한 정약용이다.
박제가(1750~1805)는 채제공을 수행하여 청에 다녀온 후 청에서 보고 들은 것을 정리해 『북학의』를 집필하였다. 그는 청과의 통상 강화, 수레와 선박의 이용 등 상공업 발전 방안을 역설하였다.
정약용(1762~1836)은 신유박해(1801)에 연루되어 전라도 강진에서 18년 동안 귀양살이를 하는 동안 『목민심서』, 『경세유표』, 『흠흠신서』 등 500여 권의 책을 저술하여 실학을 집대성하였다.
정약용은 『전론』에서 토지개혁론으로 여전론을 주장하였다. 여전론은 대략 30호 정도로 말단 행정조직인 여(閭)를 만들고 토지를 집단화하여 공동 경작하고 노동량에 따라 수확량을 분배하는 일종의 공동농장 제도였다.

오답분석
① 영조 때 정상기가 100리 척을 사용한 동국지도를 제작하였다.
② 이익이 『곽우록』에서 한전론을 제시하였다.
③ 홍대용이 『의산문답』을 저술하였다.
⑤ 정제두가 양명학을 연구하여 강화학파를 형성하였다.

정답 ④

기출변형

(가) 인물에 대한 설명으로 옳은 것은?

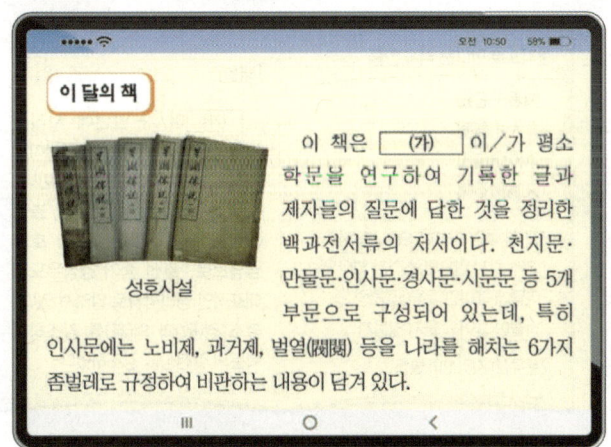

① 북경에 다녀온 후 연행록을 남겼다.
② 양명학을 연구하여 강화학파를 형성하였다.
③ 북한산비가 진흥왕 순수비임을 고증하였다.
④ 토지 매매를 제한하는 한전론을 제시하였다.
⑤ 북학의를 저술하여 절약보다 소비를 권장하였다.

해설
『성호사설』을 저술하고 나라를 해치는 6가지 좀벌레를 제시한 (가)는 이익(1681~1763)이다.
18세기 전반에 활동한 이익은 유형원의 실학 사상을 계승 발전시켜 당시의 사회 제도를 실증적으로 분석·비판하고, 『성호사설』 등의 저서를 통해 개혁안을 제시하였다. 그는 노비 제도, 과거 제도, 양반 문벌 제도, 사치와 미신, 승려, 게으름 등을 나라를 좀먹는 여섯 가지의 폐단으로 지적하였다(육두론). 그는 『곽우록』에서 농가 경제를 안정시키는 방법으로 매호마다 영업전을 갖게 하고, 나머지 토지는 매매를 허락하여 점진적으로 토지 균등을 이루도록 하자는 한전론을 주장하였다. 이익의 개혁 사상에 공감한 많은 학자들이 그의 문하로 모여들어 성호학파를 형성하였다.

오답분석
① 조선 후기에 북경을 다녀온 사신들이 연행록을 남겼다.
② 정제두가 양명학을 연구하여 강화학파를 형성하였다.
③ 김정희는 황초령비와 북한산비의 비문을 판독하고 진흥왕 순수비임을 고증하였다.
⑤ 박제가는 청에 다녀온 후 청에서 보고 들은 것을 정리해 『북학의』를 집필하였다.

정답 ④

061 실학 사상(2)

대표기출   심화 69회

(가) 인물에 대한 설명으로 옳은 것은?

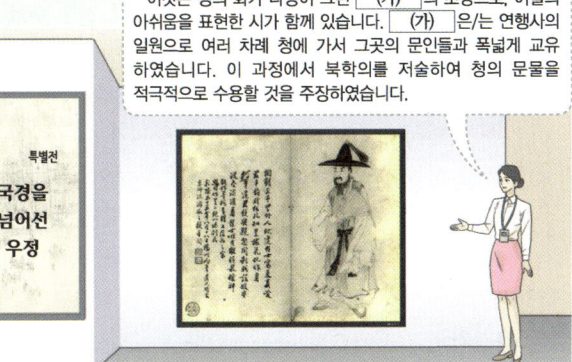

이것은 청의 화가 나빙이 그린 (가) 의 초상으로, 이별의 아쉬움을 표현한 시가 함께 있습니다. (가) 은/는 연행사의 일원으로 여러 차례 청에 가서 그곳의 문인들과 폭넓게 교유하였습니다. 이 과정에서 북학의를 저술하여 청의 문물을 적극적으로 수용할 것을 주장하였습니다.

① 세계 지리서인 지구전요를 저술하였다.
② 의산문답에서 무한 우주론을 주장하였다.
③ 기기도설을 참고하여 거중기를 설계하였다.
④ 서자 출신으로 규장각 검서관에 기용되었다.
⑤ 양반전을 지어 양반의 허례와 무능을 풍자하였다.

기출변형

밑줄 그은 '그'에 대한 설명으로 옳은 것은?

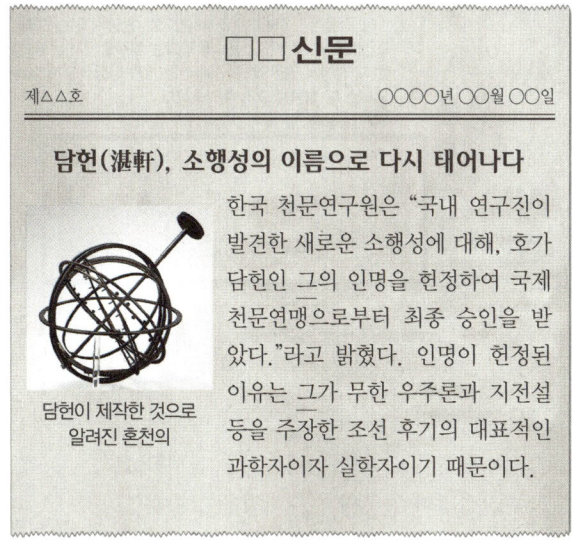

□□신문

제△△호   ○○○○년 ○○월 ○○일

담헌(湛軒), 소행성의 이름으로 다시 태어나다

한국 천문연구원은 "국내 연구진이 발견한 새로운 소행성에 대해, 호가 담헌인 그의 인명을 헌정하여 국제 천문연맹으로부터 최종 승인을 받았다."라고 밝혔다. 인명이 헌정된 이유는 그가 무한 우주론과 지전설 등을 주장한 조선 후기의 대표적인 과학자이자 실학자이기 때문이다.

담헌이 제작한 것으로 알려진 혼천의

① 기기도설을 참고하여 거중기를 설계하였다.
② 북학의에서 수레와 배의 이용을 강조하였다.
③ 양반전에서 양반의 위선과 무능을 지적하였다.
④ 임하경륜에서 기술의 혁신, 성리학 극복을 주장하였다.
⑤ 우서에서 사농공상의 직업적 평등과 전문화를 주장하였다.

해설

(가)는 청에 다녀온 후 『북학의』를 저술한 박제가이다.
서얼 출신의 박제가는 박지원의 문하에서 이덕무, 유득공 등과 교유하며 실학을 연구하였고, 이덕무, 유득공, 서이수와 함께 규장각 검서관으로 기용되었다.
박제가는 채제공을 수행하여 청에 다녀온 후 청에서 보고 들은 것을 정리해 『북학의』를 집필하였다. 그는 『북학의』를 통해 청의 문물을 적극적으로 수용할 것을 제창하였고, 청과의 통상 강화, 수레와 선박의 이용, 신분제 타파 등 상공업 발전방안을 역설하였다.

오답분석
① 최한기가 세계지리서 『지구전요』를 저술하였다.
② 홍대용이 『의산문답』을 저술하였다.
③ 정약용이 『기기도설』을 참고하여 거중기를 설계하였다.
⑤ 박지원이 한문 소설 『양반전』을 지었다.

정답 ④

해설

조선 후기의 실학자로 '담헌'이라는 호를 사용하였으며, 무한 우주론과 지전설을 주장한 인물은 홍대용이다. 홍대용은 "의산문답"에서 지구가 우주의 중심이 아니라 무수한 별 중의 하나라는 무한우주론을 주장하였고, 중국 중심의 전통적 우주관에서 벗어나 근대적 우주관을 제시하기도 하였다. 또 "임하경륜"에서 기술의 혁신, 문벌제도의 철폐, 성리학 극복을 부국강병의 근본이라고 주장하였다.

오답분석
① 정약용은 기기도설을 참고하여 거중기 등의 과학기구를 제작하였다.
② 박제가는 청을 다녀와서 북학의를 저술하였다.
③ 박지원은 '양반전', '허생전' 등의 한문소설을 통해 양반의 위선과 무능을 비판하였다.
⑤ 유수원은 우서에서 사농공상의 직업적 평등과 전문화를 주장하였다.

정답 ④

062 국학 연구

대표기출 　심화 63회

(가) 인물에 대한 설명으로 옳은 것은?

이 작품은 (가) 의 세한도로, 완당이라는 그의 호가 도인(圖印)으로 찍혀 있습니다. 그는 제주도에서 유배 생활을 할 때 청에서 귀한 책을 구해다 준 제자 이상적에게 고마움의 표시로 이 그림을 그려 주었습니다.

① 남북국이라는 용어를 처음 사용하였다.
② 기기도설을 참고하여 거중기를 설계하였다.
③ 북한산비가 진흥왕 순수비임을 고증하였다.
④ 양명학을 연구하여 강화학파를 형성하였다.
⑤ 안평 대군의 꿈을 소재로 몽유도원도를 그렸다.

해설

(가)는 완당이라는 호를 사용하였으며, 제주도 유배 중에 '세한도'라는 그림을 이상적에게 그려 준 김정희(1786~1856)이다. 김정희는 이상적이 청에서 구한 책을 제주도에 유배 중인 자신에게 보내 준 것에 대한 보답으로 '세한도'를 그려 주었다.
김정희는 1809년(순조 9) 청나라 사행에 참가하여 중국에서 금석문 감식법과 서도사(書道史) 및 서법(書法)에 대한 전반적인 가르침을 받았다. 금석문을 집중적으로 연구한 김정희는 굳센 기운과 다양한 조형성을 갖춘 추사체를 창안하여 서예의 새로운 경지를 열었다. 또한 황초령 비문을 판독하고, 무학비(無學碑) 또는 도선비(道詵碑)라고 잘못 알려진 북한산 진흥왕 순수비를 고증하였다.

오답분석

① 유득공이 『발해고』에서 남북국이라는 용어를 처음 사용하였다.
② 정약용이 『기기도설』을 참고하여 거중기를 설계하였다.
④ 정제두가 양명학을 연구하여 강화학파를 형성하였다.
⑤ 안견이 안평 대군의 꿈을 소재로 몽유도원도를 그렸다.

정답 ③

기출변형

(가) 인물에 대한 설명으로 옳은 것은?

> (가) 은/는 널리 배워 시를 잘 짓고 전고(典故)에도 밝았다. …… 『발해고』를 지어서 인물과 군현, 왕실 계보의 연혁 등을 상세하게 잘 엮어서 두루 모아놓으니 기뻐할 만하다. 그런데 그의 말에 왕씨가 고구려의 옛 강역을 회복하지 못하였음을 탄식한 부분이 있다. 왕씨가 옛 강역을 회복하지 못하니 계림과 낙랑의 옛터가 마침내 어두워져 스스로 천하와 단절되었다는 것이다.

① 규장각의 검서관으로 활동하였다.
② 양명학을 연구해 강화학파를 형성하였다.
③ 의산문답에서 중국 중심의 세계관을 비판하였다.
④ 북한산비가 진흥왕 순수비임을 처음으로 밝혀냈다.
⑤ 체질에 따라 치료를 달리하는 사상 의학을 확립하였다.

해설

(가)는 『발해고』를 지은 유득공이다.
유득공은 젊어서부터 북학파 학자인 홍대용, 박지원, 이덕무, 박제가, 이서구 등과 어울렸다. 유득공은 1779년 이덕무, 박제가, 그리고 서이수와 함께 규장각의 초대 검서관으로 등용되면서 관직생활을 시작했다. 유득공은 규장각에 소장된 많은 책을 보면서 역사에 관한 호기심을 가지게 되었고, 3차례 사신단의 일원으로 중국에 다녀오면서 한반도의 북부와 만주일대에서 일어난 고구려와 발해 등의 역사현장을 직접 목격할 수 있었다. 북방 역사에 대한 그의 관심은 발해에 대한 연구로 이어져 『발해고』가 편찬되었다. 『발해고』에서 유득공은 발해와 고구려의 관련성을 강조하였으며, 발해와 신라가 양립된 남북국시대를 한국사 체계에 도입하였다.

오답분석

② 정제두가 양명학을 연구해 강화학파를 형성하였다.
③ 홍대용이 『의산문답』에서 중국 중심의 세계관을 비판하였다.
④ 김정희가 『금석과안록』에서 북한산비가 진흥왕 순수비임을 밝혀냈다.
⑤ 이제마가 『동의수세보원』을 저술하여 사상 의학을 확립하였다.

정답 ①

063 과학기술

대표기출 · 심화 66회

다음 인물에 대한 설명으로 옳은 것은?

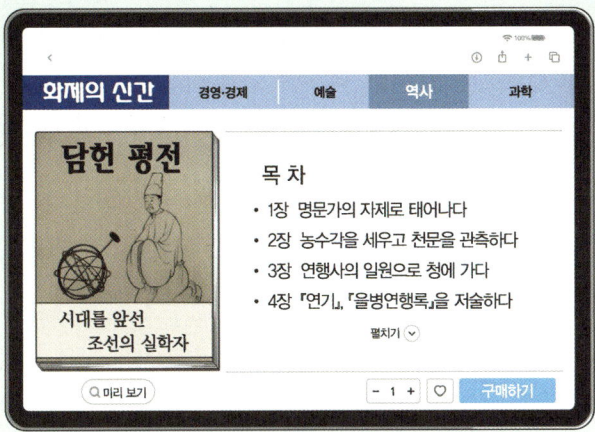

① 지봉유설에서 천주실의를 소개하였다.
② 의산문답에서 무한 우주론을 주장하였다.
③ 양반전을 지어 양반의 허례와 무능을 풍자하였다.
④ 북학의를 저술하여 청의 문물 수용을 강조하였다.
⑤ 동의수세보원을 편찬하여 사상 의학을 정립하였다.

해설

연행사의 일원으로 청에 다녀오고 『연기』, 『을병연행록』 등을 저술한 인물은 홍대용(담헌)이다.
홍대용은 『의산문답』을 저술하여 지전설과 무한우주론 등 파격적인 우주관을 제시하였고, '지구구형설'을 소개하며 중국과 서양은 경도 상 180도의 차이가 있을 뿐 절대적인 중심은 아니라고 지적하며 중국 중심의 성리학적 세계관을 비판하였다. 『의산문답』은 실옹과 허자의 문답 형식으로 구성하여 지금까지 믿어온 고정관념을 상대주의 논법으로 비판하였다.

오답분석

① 이수광이 『지봉유설』을 저술하여 우리나라와 중국의 문화 전통을 폭넓게 정리하고, 『천주실의』를 소개하였다.
③ 박지원이 한문 소설 『양반전』을 지어 양반의 허례와 무능을 풍자하였다.
④ 박제가가 청에 다녀온 후 『북학의』를 저술하여 청의 문물 수용을 강조하였다.
⑤ 이제마가 『동의수세보원』을 편찬하여 사상의학을 정립하였다.

정답 ②

기출변형

(가)에 들어갈 내용으로 옳지 않은 것은?

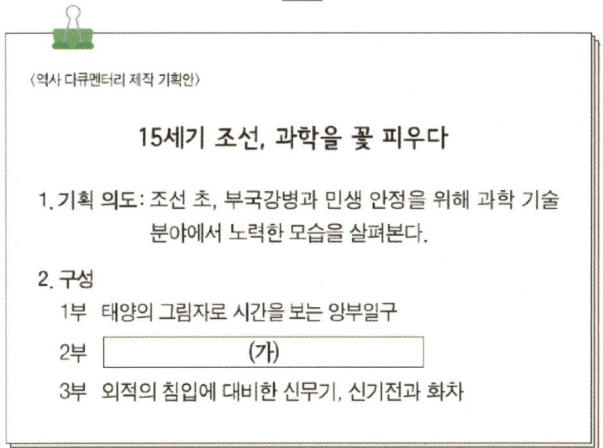

① 백리척을 이용한 동국지도 제작
② 국산 약재와 치료법을 소개한 향약집성방
③ 한양을 기준으로 한 역법서인 칠정산 내편
④ 활판 인쇄술의 발달을 가져온 계미자와 갑인자
⑤ 우리나라 실정에 맞는 농법을 소개한 농사직설

해설

세종 때에는 중국의 수시력과 아라비아의 회회력을 참고하여 『칠정산』을 만들었다. 『칠정산』은 우리나라 역사상 최초로 한양을 기준으로 천체 운동을 정확하게 계산한 역법서이다.
의학 분야에서는 세종 때 우리 고유의 약재와 치료 방법을 정리하여 『향약집성방』을 편찬하고, 중국의 역대 의서를 집대성하여 『의방유취』라는 의학 백과사전을 간행하였다.
한편, 조선 초기의 활발한 편찬 사업으로 인쇄 기술도 발달하였다. 태종 때에는 주자소를 설치하고 구리로 계미자를 주조하였으며, 세종 때에는 갑인자를 주조하였다.
세종 때 간행된 『농사직설』에는 농민의 실제 경험이 반영되어 우리나라 풍토에 맞는 씨앗의 저장법, 토질의 개량법, 모내기법 등이 소개되어 있다.

오답분석

① 영조 때 정상기는 백리척(축척)을 이용하여 동국지도를 제작하였다.

정답 ①

064 새로운 종교의 등장

대표기출 — 심화 67회

다음 상황이 나타난 시기를 연표에서 옳게 고른 것은?

> 사학(邪學) 죄인 황사영은 사족으로서 사술(邪術)에 미혹됨이 가장 심한 자였다. [그는] 의금부에서 체포하려는 것을 미리 알고 피신하였는데, 상복을 입고 성명을 바꾸거나 도굴에 숨어서 종적을 감춘 지 빈년이 지났다. 포청에서 은밀히 염탐하여 지금에야 제천 땅에서 붙잡았다. 그의 문서를 수색하던 중 백서를 찾았는데, 장차 북경의 천주당에 전하려고 한 것이었다.

(가)	(나)	(다)	(라)	(마)
1728 이인좌의 난	1746 속대전 편찬	1791 신해박해	1811 홍경래의 난	1834 헌종 즉위 · 1862 임술 농민 봉기

① (가) ② (나) ③ (다) ④ (라) ⑤ (마)

해설
천주교인 황사영이 프랑스에 무력 동원을 요청하는 편지를 보내려다 발각된 사건은 신유박해(1801) 직후에 발생하였다.
순조 즉위 직후 세력을 잡은 노론 벽파 세력이 남인 등 정치적 반대 세력을 숙청하는 과정에서 대규모의 천주교 탄압이 가해졌다(신유박해, 1801). 이 사건으로 이승훈, 이가환, 정약종, 권철신 등 300여 명의 신도와 청나라 신부(주문모)가 처형되고 정약전·정약용 형제가 유배되었다. 이때 황사영은 조선 정부의 천주교 박해 사실을 자세히 기록하고, 신앙의 자유와 교회의 재건을 위해 프랑스에 무력 동원을 요청하는 글을 썼다. 그리고 그 백서를 베이징의 주교에게 전달하려다 발각되어 능지처참에 처해졌다(황사영 백서 사건).

정답 ③

기출변형

(가) 종교에 대한 설명으로 옳은 것은?

> 경주 사람 최복술은 아이들에게 공부 가르치는 것을 직업으로 삼았다. 그런데 양학(洋學)이 갑자기 퍼지는 것을 차마 보고 앉아 있을 수 없어서, 하늘을 공경하고 순종하는 마음으로 글귀를 지어, (가) (이)라 불렀다. 양학은 음(陰)이고 (가) 은/는 양(陽)기 때문에 양을 가지고 음을 억제할 목적으로 글귀를 외우고 읽고 하였다.

① 교인들이 항일 단체인 중광단을 조직하였다.
② 박중빈을 중심으로 새생활 운동을 추진하였다.
③ 일제의 통제에 맞서 사찰령 폐지 운동을 벌였다.
④ 마음속에 한울님을 모시는 시천주를 강조하였다.
⑤ 황사영이 외국 군대의 출병을 요청하는 백서를 작성하였다.

해설
양학(洋學), 즉 천주교의 확산을 억제할 목적으로 창시한 (가)는 동학이다. 경주 출신의 몰락 양반 최제우가 창시한 동학의 교리와 사상은 '사람 속에 있는 하느님을 모시라[侍天主]', '사람이 곧 하늘[人乃天]' 그리고 '사람 섬기기를 하늘 같이 하라[事人如天]'에 집약적으로 표현되어 있다. 모든 사람이 평등하다고 강조한 동학은 양반과 상민의 차별이 사라지고, 여성과 어린이의 인격을 존중하며, 천민이 없는 사회를 추구하였다.

오답분석
① 1911년 대종교 교인들이 북간도에서 항일 단체인 중광단을 조직하였다.
② 1916년에 박중빈이 창시한 원불교는 허례 폐지·미신 타파·금주 단연 등의 새생활 운동을 전개하였다.
③ 1921년 한용운은 조선불교유신회를 조직하여 일제가 내린 사찰령을 폐지하려는 운동을 전개하였다.
⑤ 신유박해(1801)로 300여 명의 천주교 신도와 청나라 신부(주문모)가 처형되자 황사영은 프랑스에 무력 동원을 요청하는 편지를 보내려다 발각되었다.

정답 ④

065 문화 예술(그림)

대표기출 　심화 65회

(가)에 해당하는 작품으로 옳은 것은?

① 　②

③ 　④

⑤

기출변형

다음 사진전에 전시된 사진으로 적절한 것은?

> 그의 자(字)는 사능이요, 호(號)는 단원이다. …… 산수, 인물, 꽃과 나무, 새와 짐승을 그려 신묘한 경지에 이르지 않은 것이 없었는데, 신선을 그린 것이 가장 뛰어났다. …… 도화서 화원으로 있었는데 매양 한 폭씩 올릴 때마다 왕의 마음에 들었다. …… 벼슬이 연풍 현감에 이르렀다.
> – 『이향견문록』 –

① 　②

③ 　④

⑤

해설

안견이 안평대군의 꿈 이야기를 듣고 그린 그림은 몽유도원도이다. 안견은 화원 출신 화가로 역대 화가들의 기법을 체득하여 독자적인 경지를 개척하였다. 안견은 세종의 셋째 아들인 안평대군의 후원을 받아 많은 그림을 창작해냈는데, 1447년(세종 29) 안평대군이 꿈에서 본 도원의 광경을 그린 몽유도원도가 대표작이다. 몽유도원도는 왼쪽의 현실 세계와 오른쪽의 신선이 산다는 환상적인 이상 세계가 대비를 이루면서도 전체적으로 통일된 분위기를 자아내고 있다. 이 그림은 현재 일본 덴리(天理) 대학에 남아 있다.

오답분석
② 김정희가 그린 세한도이다.
③ 김홍도가 그린 옥순봉도이다.
④ 강희안이 그린 고사관수도이다.
⑤ 정선이 그린 인왕제색도이다.

정답 ①

해설

도화서 화원 출신으로 왕(정조)의 신임을 받아 당대 최고의 화가로 자리 잡은 인물은 단원 김홍도이다. 강세황의 가르침을 받았던 김홍도는 강세황의 추천으로 도화서의 화원이 되었다. 김홍도는 정조의 신임을 얻어 정조의 초상을 그리기도 했고, 정조의 화성 행차와 관련된 병풍, 행렬도, 의궤 등 궁중 풍속을 많이 남겼다. 벼슬에서 물러난 노년에는 농촌이나 전원 등 일상생활의 풍경을 그리는데 관심을 가져, 농민이나 수공업자 등 서민들의 생활상을 소재로 해학과 정감이 묻어나는 작품을 남겼다.

오답분석
② 15세기 화가 강희안의 '고사관수도'이다.
③ 16세기 여류화가 신사임당의 '화훼초충도'이다.
④ 18세기 정선의 '인왕제색도'이다.
⑤ 신윤복의 풍속화 '상춘야흥'이다.

정답 ①

066 문화 예술(건축과 공예)

대표기출
심화 68회

다음 상황이 나타난 시기에 볼 수 있는 모습으로 적절하지 않은 것은?

① 벽란도에서 인삼을 사는 송의 상인
② 호랑이를 소재로 민화를 그리는 화가
③ 광산 노동자에게 품삯을 나눠주는 덕대
④ 여러 장시를 돌며 물품을 판매하는 보부상
⑤ 저잣거리에서 영웅 소설을 읽어주는 전기수

해설
상평통보가 유통되고 산대놀이가 유행한 것은 조선 후기의 사실이다.
② 조선 후기에는 소원을 기원하고 생활 공간을 장식하기 위해 그린 민화가 널리 유행하였다. 민화는 해, 달, 나무, 꽃, 동물, 물고기 등을 소재로 삼아 파격적 구성과 화려한 색채로 민중의 미적 감각과 소박한 정서를 잘 나타내었다.
③ 조선 후기의 광산 경영은 상업 자본가인 물주가 광산 시설과 자금을 투자하고, 광산 전문가인 덕대(德大)가 경영을 전담하는 형태가 일반적이었다.
④ 조선 후기에는 전국적으로 장시가 확대되어 18세기 중엽에는 1,000여 개소를 넘어섰다. 장시는 대개 5일 장이었으며, 보부상은 이러한 장시들을 하나의 유통망으로 연결하는 역할을 하였다.
⑤ 조선 후기에는 한글 소설이 유행하였는데, 소설을 읽어 주고 일정한 보수를 받던 직업적인 낭독가, 즉 전기수가 등장하였다.

오답분석
① 고려 시대에 벽란도가 국제 무역항으로 번성하였고, 송은 물론 아라비아의 상인까지 드나들었다.

정답 ①

기출변형

(가)에 들어갈 수 있는 문화유산으로 적절한 것을 <보기>에서 고른 것은?

15세기에는 궁궐과 관아, 성곽 등이 건축의 중심을 이루었습니다. 또한 이 시기에는 불교 건축물 중에서도 (가) 와/과 같이 뛰어난 문화유산이 만들어졌습니다.

보기
ㄱ. 수덕사 대웅전
ㄴ. 해인사 장경판전
ㄷ. 법주사 팔상전
ㄹ. 원각사지 십층 석탑

① ㄱ, ㄴ   ② ㄱ, ㄷ   ③ ㄴ, ㄷ
④ ㄴ, ㄹ   ⑤ ㄷ, ㄹ

해설
15세기에는 검박하고 단정한 특징을 지닌 강진 무위사 극락보전과 팔만대장경을 보관하고 있는 합천 해인사 장경판전이 세워졌다. 장경판전은 원활한 통풍과 습도, 온도의 조절을 위해 창의 크기를 다르게 했다. 세조는 지금의 탑골 공원 자리에 원각사를 창건하고 대리석으로 10층 석탑(원각사지 10층 석탑)도 세웠다.

오답분석
ㄱ. 수덕사 대웅전은 고려 후기에 세워진 건축물이다.
ㄷ. 법주사 팔상전은 17세기의 건축물이다.

정답 ④

PART 1

대표기출 + 기출변형

IV 한국 근대사

067 흥선대원군의 개혁 정치
068 두 차례 양요
069 근대적 조약 체결
070 개화 정책의 추진
071 개화 정책에 대한 반발
072 갑신정변
073 동학 농민 운동
074 갑오·을미개혁
075 독립협회
076 대한제국
077 국권의 침탈
078 항일의병
079 애국 계몽 운동
080 개항 이후의 경제
081 경제적 구국 운동
082 근대의 사회·문화(1)
083 근대의 사회·문화(2)
084 근대의 사회·문화(3)

대단원 출제경향

IV 한국 근대사

	제70회	제71회	제72회	제73회	제74회
1. 문호 개방과 개화 정책의 추진	3문제	3문제	2문제	1문제	1문제
2. 구국 운동과 근대 국가 수립 운동	0문제	2문제	3문제	1문제	3문제
3. 일제의 침략과 국권 수호 운동	1문제	1문제	1문제	1문제	2문제
4. 개항 이후의 경제 사회문화	2문제	2문제	1문제	3문제	1문제
합계	6문제	8문제	7문제	6문제	7문제

제70회 리뷰

모두 6문제가 출제되었다. [문호 개방과 개화 정책의 추진] 단원에서는 두 차례 양요, 조미 수호 통상 조약, 갑신정변 등 3문제가 출제되었다. [구국 운동과 근대 국가 수립 운동] 단원에서는 출제되지 않았다. [일제의 침략과 국권 수호 운동] 단원에서는 정미의병 1문제가 출제되었다. [개항 이후의 경제와 사회문화] 단원에서는 경인선 철도, 대종교 등 2문제가 출제되었다.

제71회 리뷰

모두 8문제가 출제되었다. [문호 개방과 개화 정책의 추진] 단원에서는 신미양요, 근대적 조약 체결, 통리기무아문 등 3문제가 출제되었다. [구국 운동과 근대 국가 수립 운동] 단원에서는 을미개혁, 독립협회 등 2문제가 출제되었다. [일제의 침략과 국권 수호 운동] 단원에서는 안중근 1문제가 출제되었다. [개항 이후의 경제와 사회문화] 단원에서는 화폐 정리 사업, 대한매일신보 등 2문제가 출제되었다.

제72회 리뷰

모두 7문제가 출제되었다. [문호 개방과 개화 정책의 추진] 단원에서는 신미양요, 근대적 조약 체결 등 2문제가 출제되었다. [구국 운동과 근대 국가 수립 운동] 단원에서는 동학 농민 운동, 제2차 갑오개혁, 광무개혁 등 3문제가 출제되었다. [일제의 침략과 국권 수호 운동] 단원에서는 정미의병 1문제가 출제되었다. [개항 이후의 경제와 사회문화] 단원에서는 근대신문 1문제가 출제되었다.

제73회 리뷰

모두 6문제가 출제되었다. [문호 개방과 개화 정책의 추진] 단원에서는 갑신정변 1문제가 출제되었다. [구국 운동과 근대 국가 수립 운동] 단원에서는 동학 농민 운동 1문제가 출제되었다. [일제의 침략과 국권 수호 운동] 단원에서는 을사늑약 1문제가 출제되었다. [개항 이후의 경제와 사회문화] 단원에서는 상권 수호 운동, 국채 보상 운동, 전차 개통 등 3문제가 출제되었다.

제74회 리뷰

모두 7문제가 출제되었다. [문호 개방과 개화 정책의 추진] 단원에서는 조미 수호 통상 조약 1문제가 출제되었다. [구국 운동과 근대 국가 수립 운동] 단원에서는 동학 농민 운동, 근대사의 인물, 광무개혁 등 3문제가 출제되었다. [일제의 침략과 국권 수호 운동] 단원에서는 용암포 사건, 정미의병 등 2문제가 출제되었다. [개항 이후의 경제와 사회문화] 단원에서는 1905년 무렵의 모습 1문제가 출제되었다.

067 흥선대원군의 개혁 정치

대표기출 심화 65회

(가), (나) 사이의 시기에 있었던 사실로 옳은 것은?

> (가) 대왕대비전이 전교하기를, "익성군이 이제 입궁하였으니, 흥선 대원군과 부대부인의 봉작을 내리는 것을 오늘 중으로 거행하도록 하라."라고 하였다.
>
> (나) 종로에 비석을 세웠다. 그 비에서 이르기를, '서양 오랑캐가 침범하는데 싸우지 않으면 즉 화친하는 것이요, 화친을 주장함은 나라를 팔아먹는 것이다.'고 하였다.

① 영국이 거문도를 불법으로 점령하였다.
② 일본의 운요호가 영종도를 공격하였다.
③ 러시아가 용암포에 대한 조차를 요구하였다.
④ 독일 상인 오페르트가 남연군 묘 도굴을 시도하였다.
⑤ 미국이 조미 수호 통상 조약 체결 후 푸트 공사를 파견하였다.

해설

(가)는 고종의 즉위와 이하응의 대원군 책봉(1863), (나)는 척화비 건립(1871)과 관련된 기사이다.
1863년 철종이 후사 없이 죽고 흥선군 이하응의 둘째 아들인 고종이 12세의 나이로 즉위하였다. 이후 어린 고종을 대신해 흥선대원군이 10년 동안 정치를 주도하였다.
1868년 독일인 오페르트는 조선 정부와 통상조약을 체결하기 위해 충남 덕산에 있는 남연군(대원군 아버지)의 묘를 도굴하려다 실패하고 달아났다. 이 사건은 오히려 조선인에게 반감을 불러일으켰고 조선 정부의 통상 거부 정책을 강화시키는 계기가 되었다.
1871년 미국은 제너럴셔먼호 사건(1866)의 책임을 묻겠다고 하면서 신미양요를 일으켰다. 미군은 20여 일 만에 철수하고, 조선 정부는 전국 각지에 척화비를 세워 서양 세력의 침략을 물리친 자부심을 표현하였다.

오답분석

① 1885년에 영국이 러시아의 남하를 저지하기 위해 거문도를 불법으로 점령하였다.
② 1875년에 일본의 운요호가 영종도를 공격하였다.
③ 1903년에 러시아가 용암포를 점령하고 조차를 요구하였다.
⑤ 1882년에 조미 수호 통상 조약이 체결되고 푸트 공사가 조선에 파견되었다.

정답 ④

기출변형

(가) 인물에 대한 설명으로 옳지 않은 것은?

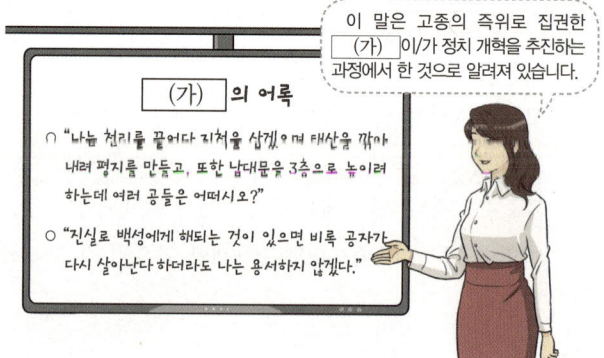

① 군국기무처의 총재를 역임하였다.
② 경복궁 중건을 위해 원납전을 징수하였다.
③ 대전회통을 편찬하여 통치 체제를 정비하였다.
④ 전국의 서원을 47개소만 남기고 모두 철폐하였다.
⑤ 환곡의 폐단을 바로잡기 위해 사창제를 실시하였다.

해설

고종의 즉위로 집권한 (가)는 흥선대원군이다.
흥선대원군의 첫 번째 어록에서 '천리를 끌어다 지척을 삼겠다'는 말은 종친을 높인다는 뜻이고, '남대문을 3층'으로 높인다는 말은 남인을 천거하겠다는 뜻이며, 태산을 평지로 만들겠다는 말은 노론을 억압하겠다는 의사이다. 두 번째 어록은 서원 철폐에 대한 강한 의지를 표명한 것이다. 흥선대원군은 많은 폐해를 일으켰던 서원을 철폐하였고, 환곡의 폐단을 없애기 위해 사창제를 실시하였다. 또한, "대전회통"이라는 법전을 만들어 통치 체제를 정비하고, 경복궁 중건 자금을 마련하기 위해 당백전을 발행하고 원납전을 징수하였다.

오답분석

① 제1차 갑오개혁 당시 김홍집이 군국기무처의 총재를 역임하였다.

정답 ①

068 두 차례 양요

대표기출 — 심화 67회

(가) 사건에 대한 설명으로 옳은 것은?

이 척화비는 자연석에 비문을 새긴 것이 특징입니다. 척화비는 제너럴 셔먼호 사건을 구실로 일어난 (가) 이후 전국 각지에 세워졌습니다. 이를 통해 서양 세력과의 통상 수교를 거부한 역사의 한 장면을 엿볼 수 있습니다.

① 청군의 개입으로 종결되었다.
② 외규장각 도서가 약탈되는 결과를 가져왔다.
③ 에도 막부에 통신사가 파견되는 계기가 되었다.
④ 사태 수습을 위해 박규수가 안핵사로 파견되었다.
⑤ 전개 과정에서 어재연 부대가 광성보에서 항전하였다.

해설

(가)는 제너럴셔먼호 사건을 구실로 일어난 신미양요(1871)이다. 1871년 미국은 제너럴셔먼호의 책임을 묻겠다고 하면서 신미양요를 일으켰다. 로저스 제독은 콜로라도호 등 군함 5척을 이끌고 강화 해협의 조선군 진지를 공격하여 초지진과 덕진진을 함락하였다. 곧이어 미국 해병대는 광성보를 수륙 양면으로 공격하였으나 조선군의 거센 저항을 받았다. 이 전투에서 어재연·어재순 형제를 비롯하여 350여 명의 조선군이 전사하면서 광성보는 결국 함락되고 말았다. 신미양요 이후 흥선대원군은 전국 각지에 척화비를 세워 서양 세력의 침략을 물리친 자부심을 표현하였다.

오답분석

① 임오군란(1882), 갑신정변(1884)이 청군의 개입으로 종결되었다.
② 병인양요(1866) 때 외규장각 도서가 약탈되었다.
③ 조선 후기에 에도 막부의 요청으로 조선통신사가 파견되었다.
④ 임술농민봉기(1862) 때 박규수가 안핵사로 파견되었다.

정답 ⑤

기출변형

(가)에 대한 설명으로 옳은 것을 〈보기〉에서 고른 것은?

□□신문
제△△호   ○○○○년 ○○월 ○○일

서울시, 양헌수 장군 문집과 일기 등 유형문화재 지정

서울시는 (가) 때 정족산성 전투를 지휘한 양헌수 장군의 문집인 하거집과 일기 등을 서울시 유형문화재로 지정하였다. (가) 은/는 로즈 제독의 함대가 강화도를 침략한 사건으로, 양헌수 장군은 정족산성에서 이를 물리치는 데 크게 기여하였다.

하거집 — 양헌수가 관직 생활을 하면서 남긴 글을 모은 책

〈보기〉
ㄱ. 조선책략에 대한 반발로 일어난 사건이었다.
ㄴ. 외규장각 도서가 약탈당하는 피해를 입었다.
ㄷ. 어재연 부대가 광성보에서 결사 항전하였다.
ㄹ. 조선 정부의 프랑스 선교사 처형이 구실이 되어 일어났다.

① ㄱ, ㄴ   ② ㄱ, ㄷ   ③ ㄴ, ㄷ
④ ㄴ, ㄹ   ⑤ ㄷ, ㄹ

해설

제시된 자료에서 '양헌수 장군', '정족산성 전투', '로즈 제독의 함대가 강화도를 침략' 등의 단서를 통해 (가)는 병인양요(1866)임을 알 수 있다. 프랑스는 자국인 선교사 처형(병인박해)을 구실로 강화도를 무력 침공을 하였다. 이에 김포의 문수산성에서 한성근 부대가 서울로 진격하는 프랑스 군을 격퇴하고 강화도 남쪽의 정족산성에서는 양헌수부대가 치열한 격전을 벌였다. 프랑스는 40여 일 만에 물러가면서 강화도 일대에서 약탈과 방화를 자행하였으며 외규장각 도서를 약탈해갔다.

오답분석

ㄱ. 조선책략에 대한 반발로 영남만인소 등의 위정척사운동이 일어났다.
ㄷ. 신미양요 때 광성보 전투에서 어재연 부대가 항전하였다.

정답 ④

069 근대적 조약 체결

대표기출 　　　　　　　　　심화 68회

다음 대화가 오갔던 회담 결과 체결된 조약에 대한 설명으로 옳은 것은?

① 천주교 포교가 허용되었다.
② 갑신정변의 영향으로 체결되었다.
③ 일본측의 해안 측량권이 인정되었다.
④ 통신사가 처음 파견되는 계기가 되었다.
⑤ 외국 상인의 내지 통상권을 최초로 규정하였다.

해설

운요호 사건(1875)을 계기로 조선과 일본 사이에 체결된 조약은 강화도 조약(조·일 수호 조규)이다. 1876년 2월 강화 연무당에서 조선의 전권대신 신헌과 일본의 전권변리대신 구로다(黑田淸隆) 사이에 12조로 된 강화도 조약이 체결되었다.
강화도 조약의 1조에서 조선은 일본과 동등한 권리를 가진 자주국임을 선언하였는데, 이는 조선에 대한 청의 영향력을 배제하려는 의도이다. 4조는 원래 왜관이 있던 부산 외에 5도(경기, 충청, 전라, 경상, 함경)의 연해 가운데 통상이 편리한 2곳의 항구를 지정하여 개항한다는 내용이다. 7조는 해안 측량권, 10조는 치외법권(영사재판권)을 규정하고 있는데, 이 두 조항은 강화도 조약의 불평등성을 잘 보여준다.

오답분석

① 조불 수호 통상조약(1886)을 계기로 천주교 포교가 허용되었다.
② 갑신정변(1884) 이후 조선과 일본 사이에는 한성조약이 체결되었다.
④ 임진왜란 이후 에도 막부의 요청으로 통신사를 파견하였다.
⑤ 조청 상민수륙무역장정(1882) 체결에서 외국 상인의 내지 통상권을 처음 규정하였다.

정답 ③

기출변형

(가), (나) 조약에 대한 설명으로 옳은 것을 〈보기〉에서 고른 것은?

> (가) 제5관 미국 상인과 상선이 조선에 와서 무역을 할 때 입출항하는 화물은 모두 세금을 바쳐야 하며, 세금을 거두는 권한은 조선이 자주적으로 행사한다.
>
> (나) 제37관 조선국에서 가뭄과 홍수, 전쟁 등의 일로 국내에 양식이 부족할 것을 우려하여 일시 쌀 수출을 금지하려고 할 때에는 1개월 전에 지방관이 일본 영사관에 통지하고, 미리 그 기간을 항구에 있는 일본 상인들에게 전달하여 일률적으로 준수하는 데 편리하게 한다.

〈보기〉

ㄱ. (가) – 최혜국 대우 내용을 포함하였다.
ㄴ. (가) – 갑신정변의 영향으로 체결되었다.
ㄷ. (나) – 방곡령 시행에 대한 규정을 명시하였다.
ㄹ. (나) – 재정 고문을 두도록 하는 조항을 담고 있다.

① ㄱ, ㄴ　　② ㄱ, ㄷ　　③ ㄴ, ㄷ
④ ㄴ, ㄹ　　⑤ ㄷ, ㄹ

해설

(가)는 1882년 5월 체결된 조미 수호 통상 조약의 내용이다. 조미 수호 통상 조약은 거중조정, 협정관세, 최혜국대우, 영사재판권 등을 주요 내용으로 하고 있다.
(나)는 1883년 체결된 조일 통상 장정(개정)이다. 1876년 조일 무역 규칙이 개정된 것으로 협정관세, 최혜국대우, 방곡령 규정 등을 주요 내용으로 하고 있다.

오답분석

ㄴ. 갑신정변의 영향으로 일본과 한성조약이 체결되었다. 그리고 일본과 청 사이에 텐진조약이 체결되었다.
ㄹ. 일본인 재정고문을 두도록 명시한 것은 1904년 8월 제1차 한일협약이다.

정답 ②

070 개화 정책의 추진

대표기출
심화 68회

(가) 사절단에 대한 설명으로 옳은 것은?

> 미국 공사의 부임에 대한 답례로 (가) 이/가 파견되었습니다. 8명의 조선 관리로 구성된 이들이 40여 일 동안 미국에 체류하면서 뉴욕의 전등 시설과 우체국, 보스턴 박람회 등을 시찰하였습니다.

(가) 일행

① 에도 막부의 요청으로 파견되었다.
② 별기군(교련병대) 창설을 건의하였다.
③ 조선책략을 들여와 국내에 소개하였다.
④ 기기국에서 무기 제조 기술을 습득하고 돌아왔다.
⑤ 전권대신 민영익과 홍영식, 서광범 등으로 구성되었다.

기출변형

(가) 기구를 통해 추진된 정책으로 옳은 것은?

> **역사 용어 해설**
>
> (가)
>
> 고종 17년(1880)에 만들어진 개화 정책 총괄 기구이다. 개항 이후의 정세 변화에 대응하기 위하여 의정부, 6조와는 별도로 신설되었다. 소속 부서에 교린사, 군무사, 통상사 등의 12사를 두었다.

① 한성 사범학교를 설립하였다.
② 서울에 친위대, 지방에 진위대를 설치하였다.
③ 개혁의 기본 방향을 제시한 홍범 14조를 반포하였다.
④ 구(舊) 백동화를 제일은행권으로 교환하는 사업을 시행하였다.
⑤ 영선사를 파견하여 근대식 무기 제조 기술을 도입하고자 하였다.

해설

(가)는 미국 공사의 부임에 대한 답례로 미국에 파견된 보빙사이다. 1882년에 조·미 수호 통상조약이 체결되고 1883년에 미국 공사 푸트가 내한하자 이에 대한 답례와 양국 간 친선을 위해 보빙사를 미국으로 파견하였다. 민비(명성황후)의 조카였던 민영익을 단장으로 하고 홍영식, 유길준, 서광범 등이 수행한 보빙사 일행은 뉴욕, 보스턴, 워싱턴 등지에서 근대 시설을 시찰하고 미국 대통령을 접견하기도 하였다. 이때 수행원으로 따라간 유길준이 보스턴에 남아서 유학하였는데, 이때의 경험을 쓴 책이 『서유견문』이다.

오답분석
① 조선 후기에 에도 막부의 요청으로 통신사가 파견되었다.
② 1881년에 별기군이 창설되었고, 1883년에 보빙사가 파견되었다.
③ 제2차 수신사로 일본에 다녀온 김홍집이 『조선책략』을 들여왔다.
④ 영선사 김윤식이 이끈 학생과 기술자들이 톈진 기기국에서 무기 제조 기술을 배웠다.

정답 ⑤

해설

교린사, 군무사, 통상사 등의 12사를 두고 개화 정책을 총괄한 (가)는 통리기무아문이다. 1880년에 설치된 통리기무아문은 1882년 임오군란 때 철폐되었다.
통리기무아문의 주재하에 1881년 9월 청나라에 김윤식을 영선사로 삼아 학생과 기술자를 보내 톈진에 있는 기기국(무기 공장)에서 무기제조 기술을 배우게 하였다. 학생과 기술자들은 재정적으로 곤란을 겪다가 임오군란 이후 조기 귀국하였다. 이들은 귀국 후 삼청동에 우리나라 최초의 근대식 무기 공장인 기기창을 설립하고 무기 제조를 담당하였다.

오답분석
① 1895년 제2차 갑오개혁 때 한성 사범학교를 설립하였다.
② 1895년 을미개혁 때 서울에 친위대, 지방에 진위대를 설치하였다.
③ 제2차 갑오개혁 당시 홍범 14조를 반포하였다.
④ 1905년 재정고문 메가타 주도 화폐 정리 사업이 추진되었다.

정답 ⑤

071 개화 정책에 대한 반발

대표기출 심화 69회

다음 자료에 나타난 사건의 영향으로 가장 적절한 것은?

> 이때 세금을 부과하는 직책의 신하들이 재물을 거두어들여 자기 배만 채우면서 각영(各營)에 소속된 군인들의 봉급은 몇 달 동안 나누어 주지 않았다. 그리하여 훈국(訓局)의 군사가 맨 먼저 난을 일으키고, 각영의 군사가 잇달아 일어났다. 이들은 이최응, 민겸호, 김보현, 민창식을 죽였고 또 중전을 시해하려 하였다. 중전은 장호원으로 피하였다.

① 강화도 조약이 체결되었다.
② 김기수가 수신사로 일본에 파견되었다.
③ 종로와 전국 각지에 척화비가 세워졌다.
④ 일본 공사관 경비 명목으로 일본군이 주둔하였다.
⑤ 통리기무아문을 설치하고 그 아래에 12사를 두었다.

해설
제시된 자료는 구식 군인에 대한 차별 대우 때문에 발생한 임오군란(1882)에 대한 기사이다.
임오군란은 1882년 6월에 구식 군인들이 일으킨 폭동으로, 구식 군인에 대한 차별 대우와 민씨 정권의 개화 정책에 대한 보수파들의 불만이 겹쳐 일어났다. 군인과 도시 빈민들이 궁궐까지 침입하자 고종은 대원군을 불러 사태 수습을 위임하였다. 흥선대원군은 통리기무아문과 별기군을 폐지하여 민씨 정권 주도의 개화 정책을 중단하고, 5군영과 삼군부를 부활시켰다. 그러나 민비 측의 요청을 받은 청군이 군란을 진압하였고, 흥선대원군은 톈진으로 압송되었다.
군란이 진압된 후 일본의 하나부사 공사가 군함을 이끌고 제물포에 나타나 무력 시위를 하자, 조선 정부는 굴복하여 제물포 조약을 맺었다. 제물포 조약은 군란의 주모자 처벌, 조선 정부의 사과와 배상금 50만 원 지급, 일본 공사관 경비 병력의 주둔을 규정하였다.

오답분석
① 운요호 사건(1875)을 계기로 강화도 조약이 체결되었다.
② 강화도 조약 체결 이후 김기수가 제1차 수신사로 파견되었다.
③ 신미양요(1871) 이후 전국 각지에 척화비가 세워졌다.
⑤ 1880년에 개화 정책을 추진하기 위해 통리기무아문을 설치하였다.

정답 ④

기출변형

(가), (나) 문서가 작성된 사이의 시기에 있었던 사실로 옳은 것은?

> (가) 저들이 비록 왜인이라고는 하나 실은 양적(洋賊)입니다. 화친이 한번 이루어지면 사학(邪學)의 서책과 천주의 초상이 교역하는 속에 섞여 들어오게 되고, 조금 지나면 전도사와 신도가 전수하여 사학이 온 나라에 두루 가득 차게 될 것입니다.
> – 지부복궐척화의소 –
>
> (나) 지금 조정에서는 어찌 백해 무익한 일을 하여 러시아가 없는 마음을 먹게 하고, 미국이 의도하지 않았던 일을 만들어 오랑캐를 끌어들이려 하십니까? 저 황준헌이라는 자는 스스로 중국에서 태어났다고 하면서도, 일본을 위해 말하고 예수를 좋은 신이라 하며, 난적의 앞잡이가 되어 스스로 짐승과 같은 무리가 되었습니다.
> – 영남 만인소 –

① 김기수가 수신사로 일본에 파견되었다.
② 영국이 거문도를 불법으로 점령하였다.
③ 평양 관민이 제너럴 셔먼호를 불태웠다.
④ 거중 조정 조항을 포함한 조약이 체결되었다.
⑤ 양헌수 부대가 정족산성에서 프랑스군을 격퇴하였다.

해설
(가)는 1876년 강화도 조약이 체결될 즈음 유생 최익현이 올린 개항반대 상소이다. 주요 내용은 '왜양일체론'이다.
(나)는 1881년 초에 조선책략에 대한 반발로 일어난 영남 만인소이다. 이 상소에서 이만손 등은 김홍집의 처벌과 미국과의 수교 반대 등을 요구하였다.
1876년 강화도 조약 체결 직후 조선 정부는 일본에 김기수를 수신사로 파견하였다.

오답분석
② 1885년 갑신정변 이후 거문도 사건이 일어났다.
③ 1866년 평양에서 제너럴 셔먼호 사건이 일어났다.
④ 1882년 체결된 조미 수호 통상 조약에 거중 조정 조항이 처음 포함되었다.
⑤ 1866년 프랑스군이 강화도를 침공하여 병인양요가 일어났다.

정답 ①

072 갑신정변

대표기출
심화 66회

다음 사건 이후에 전개된 사실로 옳은 것은?

> 홍영식이 우정국에서 개업식을 명목으로 연회를 열어 세인들이 독립당이라고 칭하는 사람들과 각국 사관(使官) 등을 초대하였다. 연회가 끝날 무렵에 우정국 옆에서 불이 일어났다. …… 마침내 어젯밤의 사변에 따라 독립당이 정권을 획득하였다. 조보(朝報)에서는 새롭게 관리를 임명하겠다는 취지를 포고하였다. 박영효, 김옥균, 서광범은 승지가 되었고, 김옥균은 혜상공국 당상을 겸하였다.
>
> — 『조난기사』 —

① 한성 조약이 체결되었다.
② 신식 군대인 별기군이 창설되었다.
③ 김윤식이 청에 영선사로 파견되었다.
④ 일본 군함 운요호가 영종도를 공격하였다.
⑤ 개화 정책을 총괄하는 통리기무아문이 설치되었다.

기출변형

(가) 사건의 결과로 옳은 것은?

1. 대원군을 가까운 시일 안에 돌아오게 하고 청에 조공하는 허례를 폐지할 것.
2. 문벌을 폐지하여 인민 평등의 권리를 제정하고 능력에 따라 관리를 등용할 것.
13. 대신과 참찬은 합문 안 의정소에서 회의하고 왕에게 보고한 후 정령을 반포해서 시행할 것.

> 이것은 개화당이 (가) 당시 발표한 개혁 정강의 일부입니다. 개화당은 새로운 정부를 구성하고 이 정강을 내세웠습니다.

① 청의 내정간섭이 강화되었다.
② 신식 군대인 별기군이 창설되었다.
③ 원산과 인천에 개항장이 설치되었다.
④ 김윤식이 청에 영선사로 파견되었다.
⑤ 개화 정책을 총괄하는 통리기무아문이 설치되었다.

해설

제시된 자료는 우정총국 개국연을 계기로 발생한 갑신정변에 대한 기사이다.
김옥균 등의 개화당 세력은 1884년 10월 우정총국 개국 축하연에서 정변을 일으켜 민씨 고관과 수구파들을 살해하고 신정부 수립을 공포하였다. 이들은 '청에 대한 조공의 허례 폐지', '문벌 폐지', '지조법 개혁' 등을 담은 14개 조 정강을 발표하였다. 그러나 정변은 청군에 의해 3일 만에 진압되었고, 일부의 인사들만 일본으로 망명하였으며 국내에 남은 개화당 세력은 숙청되었다.
갑신정변 중에 일본 공사관이 백성들의 공격을 받아 소실되었다. 조선 정부는 일본의 요구에 굴복하여 공사관 신축 비용 부담, 배상금 지불을 약속한 한성조약을 체결하였다.

오답분석
② 1881년 초에 신식 군대인 별기군이 창설되었다.
③ 1881년에 영선사 김윤식이 학생과 기술자를 이끌고 청에 파견되었다.
④ 1875년에 일본 군함 운요호가 영종도를 공격하였다.
⑤ 1880년에 정부가 개화 정책을 총괄하는 통리기무아문을 설치하였다.

정답 ①

해설

제시된 자료는 개화당이 갑신정변을 일으킨 후 발표한 개혁정강 14개조 중의 일부이다. 이 개혁 정강에서 개화당은 청에 대한 사대 관계 청산, 문벌 폐지와 인민 평등권을 주장하였다. 또 3조에서는 지조법 개혁을, 12조에서는 호조로 재정을 일원화할 것을 주장하였다. 13조에서는 군주권을 제한하고 내각의 권한을 강화하자고 주장하였다.
일본은 정변 중에 일본 공사관이 공격받은 것을 트집 잡아 책임자 처벌과 막대한 배상금 지불을 요구하였다. 조선 정부는 여기에 굴복하여 공사관 신축 비용 부담, 배상금 지불을 약속한 한성조약을 체결하였다.
갑신정변 이후 조선에 대한 청의 내정간섭은 더욱 강화되었다. 청의 내정간섭이 강화되자 조선 정부는 러시아와 비밀 교섭을 추진하기도 하였다.

오답분석
② 1881년에 조선 정부가 별기군을 창설하였다.
③ 강화도조약에 따라 1880년에 원산, 1883년에 인천이 개항되었다.
④ 1881년에 조선 정부가 청에 영선사 일행을 파견하였다.
⑤ 1880년에 조선 정부가 개화 정책을 추진하기 위해 통리기무아문을 설치하였다.

정답 ①

073 동학 농민 운동

대표기출 — 심화 67회

다음 가상 뉴스에서 보도하는 사건 이후에 전개된 사실로 옳은 것은?

① 남접과 북접이 논산에서 연합하였다.
② 농민군이 황룡촌 전투에서 관군에 승리하였다.
③ 교조 신원을 요구하는 보은 집회가 개최되었다.
④ 사태 수습을 위해 안핵사 이용태가 파견되었다.
⑤ 전봉준이 농민을 이끌고 고부 관아를 습격하였다.

해설

동학 농민군이 정부와 전주화약을 체결하고 스스로 해산한 것은 1894년 5월의 사실이다. 이후 농민군은 전라도 53개 지역에 집강소라는 농민 자치 조직을 설치하여 행정과 치안을 담당하면서 자신이 내세운 폐정개혁안을 실천하였다.
일본군이 경복궁 점령과 내정 간섭을 자행하고, 농민군을 진압하기 위해 남하한다는 소식이 전해지자 농민군은 1894년 9월에 삼례에서 제2차 봉기를 일으켰다. 그동안 봉기에 참여하지 않았던 충청도 지역의 북접도 참여하였다. 농민군은 논산에서 남접과 북접이 합세하여 북상하다 공주 우금치에서 일본군과 관군의 연합부대와 전투를 벌였으나 패배하였다.

오답분석

② 1894년 4월 23일에 동학 농민군이 장성 황룡촌에서 홍계훈이 이끄는 관군을 격파하였다.
③ 1893년에 보은에서 교조 신원을 요구하는 집회가 열렸다.
④ 1894년 1월에 전봉준 등이 고부 관아를 습격한 사건을 수습하기 위해 이용태가 안핵사로 파견되었다.
⑤ 1894년 1월에 고부 농민들이 고부 관아를 습격하였다.

정답 ①

기출변형

(가)에 들어갈 내용으로 가장 적절한 것은?

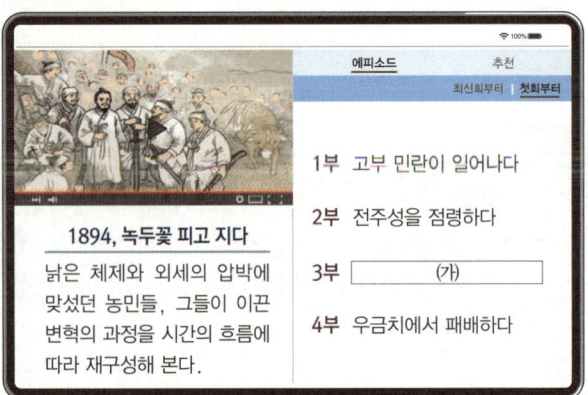

① 남북접이 논산에 집결하다
② 황토현 전투에서 승리하다
③ 백산에 모여 4대 강령을 선포하다
④ 최시형이 동학의 2대 교주가 되다
⑤ 교조 신원을 요구하는 삼례 집회가 열리다

해설

(가)는 동학농민군의 전주성 점령(1894년 4월 27일)과 우금치 전투 패배(1894년 11월) 사이에 발생한 사건이 들어가야 한다.
전주성을 점령한 농민군은 청나라 군대가 아산만에 상륙하고, 일본군도 인천에 병력을 파견하자 외세의 개입으로 사태가 악화될 것을 우려하였다. 이에 농민들은 정부에 폐정개혁안을 제시하고 관군과 전주화약을 맺고 스스로 해산하였다. 그리고 농민군은 전라도 53개 지역에 집강소라는 농민 자치 조직을 설치하여 행정과 치안을 담당하면서 자신이 내세운 폐정개혁안을 실천하였다.
일본군이 경복궁 점령과 내정 간섭을 자행하고, 농민군을 진압하기 위해 남하한다는 소식이 전해지자 농민군은 9월에 삼례에서 2차로 봉기하였다. 그 동안 봉기에 참여하지 않았던 충청도 지역의 북접도 참여하였다. 농민군은 논산에서 남북접이 합세하여 북상하다 공주 우금치에서 일본군과 관군의 연합 부대와 전투를 벌였으나 패배하였다.

오답분석

② 1894년 4월 7일에 동학농민군이 황토현에서 전라감영군을 격파하였다.
③ 1894년 3월 25일에 동학농민군이 백산에서 4대 강령을 선포하였다.
④ 1864년에 최제우가 사형당하고 최시형이 동학의 2대 교주가 되었다.
⑤ 1892년 동학교도들은 삼례에서 교조 신원을 요구하는 집회를 열었다.

정답 ①

074 갑오·을미개혁

대표기출 (심화 69회)

(가)에 들어갈 내용으로 적절한 것은?

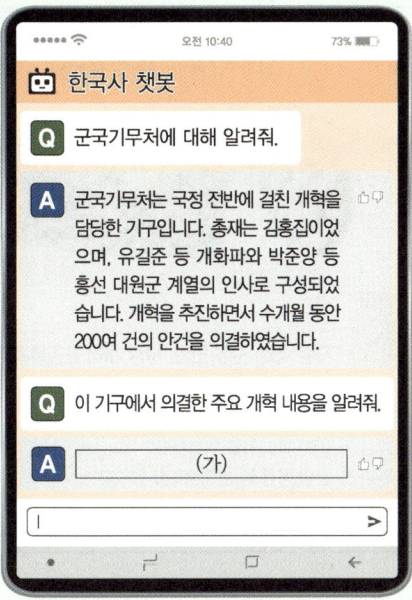

한국사 챗봇
Q 군국기무처에 대해 알려줘.
A 군국기무처는 국정 전반에 걸친 개혁을 담당한 기구입니다. 총재는 김홍집이었으며, 유길준 등 개화파와 박준양 등 흥선 대원군 계열의 인사로 구성되었습니다. 개혁을 추진하면서 수개월 동안 200여 건의 안건을 의결하였습니다.
Q 이 기구에서 의결한 주요 개혁 내용을 알려줘.
A (가)

① 공사 노비법을 혁파하였습니다.
② 5군영을 2영으로 통합하였습니다.
③ 건양이라는 연호를 제정하였습니다.
④ 한성 사범 학교 관제를 반포하였습니다.
⑤ 지계아문을 설치하여 지계를 발급하였습니다.

해설
군국기무처는 국정에 관한 개혁 안건을 의결하기 위해 만든 임시 회의 기구로, 총재관 김홍집을 비롯하여 어윤중, 김윤식, 유길준 등 모두 17명으로 구성되었다. 군국기무처는 제1차 갑오개혁을 추진하여 3개월 동안 약 210건의 개혁안을 의결하였다.
군국기무처는 신분 제도와 공사 노비 제도를 철폐하였다. 그리고 고문, 연좌제, 조혼, 청상과부의 개가 불허, 인신매매 등의 봉건적인 악습도 폐지하였다.

오답분석
② 1881년에 5군영을 2영으로 통합하고 별기군을 창설하였다.
③ 을미개혁(1895) 때 건양 연호를 제정하였다.
④ 제2차 갑오개혁 때 한성 사범 학교 관제를 반포하였다.
⑤ 대한제국이 1901년에 지계아문을 설치하였다.

정답 ①

기출변형

밑줄 그은 '사변' 이후 추진된 개혁의 내용으로 옳은 것은?

> 고등 재판소에서 심리한 피고 이희화를 교형에 처하도록 한 안건을 법부 대신이 상주하여 폐하께서 재가하셨다. 피고는 <u>사변</u> 때 대궐을 침범한 일본인들과 함께 아무런 직책도 없이 입궐하여 왕후 폐하가 시해당하시던 곤녕합에 들어갔다. 그리고 왕후 폐하가 시해당하신 뒤 얼마 안 되어 대군주 폐하 어전에 제멋대로 들어가서 대군주 폐하께서 결정하시지 않은 조칙문을 베껴 썼다. 위의 사실은 피고의 진술과 각 증거를 통해 명확히 밝혀졌다.
> – 「고종실록」 –

① 교정청이 개혁을 주도하였다.
② 지방 재판소와 고등재판소가 설치되었다.
③ 박문국을 설치하여 한성순보를 발간하였다.
④ 청과 조·청 상민 수륙 무역 장정을 체결하였다.
⑤ 태양력을 채택하고 건양이라는 연호를 제정하였다.

해설
'대궐을 침범한 일본인'에 의해 '왕후 폐하가 시해'당한 '사변'은 을미사변이다. 을미사변으로 친러 내각은 붕괴되고 친일파 중심의 김홍집 내각이 수립되면서 을미개혁이 이루어졌다. 을미개혁에서는 태양력을 채택하고 건양이라는 연호를 제정하였으며, 단발령을 공포하였다.

오답분석
① 1894년 6월 교정청이 설치되었으나, 경복궁 점령 사건 이후 폐지되었다.
② 제2차 갑오개혁 당시 지방 재판소와 고등재판소가 설치되었다.
③ 1883년 박문국에서 한성순보를 발간하였다.
④ 1882년 임오군란 직후 조청 상민 수륙 무역 장정이 체결되었다.

정답 ⑤

075 독립협회

대표기출 — 심화 69회

(가) 단체에 대한 설명으로 옳은 것은?

> 신들은 나라가 나라일 수 있는 조건은 두 가지가 있다고 생각합니다. 첫째는 자립하여 다른 나라에 의지하지 않는 것이며, 둘째는 자수(自修)하여 나라 안에 정법(政法)을 행하는 것입니다. 이 두 가지는 하늘이 우리 폐하께 부여해 준 하나의 큰 권한으로서, 이 권한이 없으면 나라가 없는 것입니다. 그래서 신 등은 (가) 을/를 설립하여 독립문을 세우고 위로는 황상의 지위를 높이며, 아래로는 인민의 뜻을 확고히 함으로써 억만년 무궁한 기초를 확립하고자 하였던 것입니다.

① 만세보를 발행하여 민중 계몽에 힘썼다.
② 일본의 황무지 개간권 요구를 저지하였다.
③ 일제가 조작한 105인 사건으로 와해되었다.
④ 중추원 개편을 통해 의회 설립을 추진하였다.
⑤ 독립운동 자금 마련을 위해 독립 공채를 발행하였다.

해설

(가)는 독립문 건립을 목표로 설립된 독립협회이다. 1895년 12월 미국에서 귀국한 서재필은 독립협회를 조직하고 독립문 건립을 발의하였다. 독립문 건립을 위해 기금을 내면 누구나 독립협회 회원이 될 수 있도록 하였다.
1898년 10월 말에 독립협회와 정부 대신들이 참석하는 관민공동회를 종로에서 개최하여 '헌의 6조'라는 건의문을 채택하였다. 고종 황제는 이 건의를 받아들여 시행할 것을 약속하고, 국왕 자문 기구인 중추원을 근대적 상원 형태로 개편하기로 하였다. 이에 따라 중추원 의원 중 25명은 황제와 정부가 임명하고, 나머지 25명은 독립협회에서 선출하는 '중추원 신관제'가 제정·공포되었다. 중추원 관제 개편은 의회 설립을 통해 근대적인 입헌군주제로 나아가려는 시도였다.

오답분석
① 천도교단에서 1906년 국한문체 신문인 만세보를 발행하였다.
② 보안회가 일본의 황무지 개간권 요구를 저지하였다.
③ 신민회가 105인 사건(1911)으로 와해되었다.
⑤ 대한민국 임시 정부가 독립공채를 발행하였다.

정답 ④

기출변형

(가) 단체의 활동으로 옳은 것은?

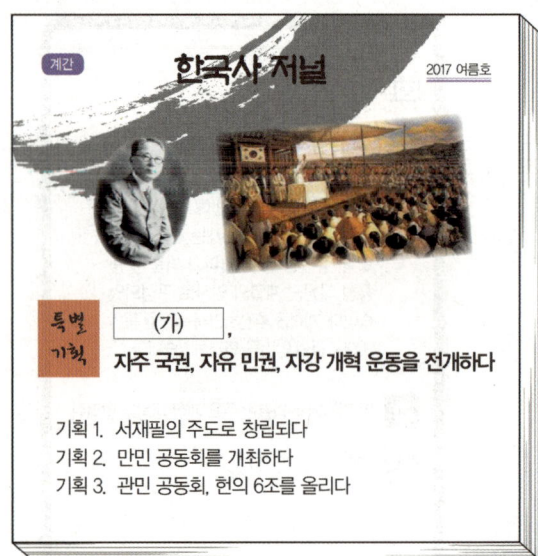

계간 한국사 저널 2017 여름호
특별기획 (가), 자주 국권, 자유 민권, 자강 개혁 운동을 전개하다
기획 1. 서재필의 주도로 창립되다
기획 2. 만민 공동회를 개최하다
기획 3. 관민 공동회, 헌의 6조를 올리다

① 일본의 황무지 개간권 요구를 저지하였다.
② 고종의 강제 퇴위 반대 운동을 전개하였다.
③ 평양에 태극서관과 자기회사를 설립하였다.
④ 러시아가 절영도 조차를 요구하자 이에 반대하였다.
⑤ 통감부가 설치된 직후 정치집회가 금지되면서 해산당했다.

해설

서재필의 주도로 창립되어 자주 국권, 자유 민권, 자강 개혁 운동을 전개한 (가)는 독립협회이다.
독립협회는 국왕 자문 기구인 중추원을 근대적 상원 형태로 개편하기로 하였는데, 이는 의회 설립을 통해 근대적 입헌군주제를 수립하려는 시도였다.
독립협회는 1898년 만민공동회를 개최하여 반러시아 이권 수호 운동을 전개하였다. 결국 러시아는 군사 교련단과 재정 고문을 철수시키고 절영도와 목포 및 증남포 조차를 포기하였다. 또 러시아는 이권 침탈의 거점 역할을 하던 한러은행도 폐쇄하였다.

오답분석
① 보안회의 활동이다.
② 대한자강회의 활동이다.
③ 신민회의 활동이다.
⑤ 1905년 11월 을사늑약 이후 통감부가 설치되고, 각종 정치집회가 금지되면서 헌정연구회 등의 단체가 해산되었다.

정답 ④

076 대한제국

대표기출

심화 67회

(가)에 들어갈 내용으로 가장 적절한 것은?

한국사 특강

우리 학회에서는 고종이 황제로 즉위한 이후 구본신참에 입각하여 추진한 정책을 주제로 강좌를 마련하였습니다. 많은 관심과 참여 바랍니다.

■ 강좌 내용 ■

제1강   (가)
제2강   대한국 국제 반포와 황제 중심 정치 구조
제3강   지계 발급과 근대적 토지 소유권

- 기간: 2023년 10월 ○○일~○○일
- 일시: 매주 토요일 14:00~16:00
- 장소: △△ 연구원

---

① 통역관 양성을 위한 동문학 설립
② 개혁 방향을 제시한 홍범 14조 반포
③ 통리기무아문 설치와 개화 정책 추진
④ 원수부 창설과 황제의 군 통수권 강화
⑤ 23부로의 지방 제도 개편과 지방관 권한 축소

해설

고종이 황제로 즉위한 이후 구본신참에 입각하여 추진한 정책은 광무개혁이다.
대한제국은 황제권의 강화를 위해 원수부를 설치하여 황제가 군대의 통수권을 장악하고, 서울의 친위대를 2개 연대로 증강하고 시위대를 다시 창설하였으며, 지방의 진위대를 확충하여 군사력을 증강하였다. 또한 궁내부를 강화하고 황실 재정을 담당하는 내장원을 확대하였다. 내장원은 전국의 광산과 철도, 홍삼 제조 등을 관할하여 광무개혁을 재정적으로 지원하였다.

오답분석

① 1883년에 동문학이 설립되었다.
② 1894년 12월에 홍범 14조가 반포되었다.
③ 1880년에 통리기무아문이 설치되었다.
⑤ 제2차 갑오개혁 때 23부로 지방 제도를 개편하였다.

정답 ④

기출변형

(가) 시기에 있었던 사실로 옳지 않은 것은?

> 고종은 이곳 환구단에서 황제 즉위식을 거행하고, 경운궁에서 국호를 (가) (으)로 선포했습니다. 환구단은 일제에 의해 헐려버렸고 지금은 황궁우가 외로이 남아 있습니다.

① 대한국 국제를 반포하였다.
② 황제 직속의 원수부를 설치하였다.
③ 이범윤을 간도 관리사로 파견하였다.
④ 지계아문을 설립하여 지계를 발급하였다.
⑤ 통역관 양성을 목적으로 동문학을 설립하였다.

해설

고종이 황제 즉위식을 거행하고 선포한 국호는 대한제국이다. 1897년 2월 경운궁으로 환궁한 고종은 8월에 연호를 '광무'로 바꾸고, 10월에 환구단(원구단)을 세워 황제 즉위식을 거행하고 대한제국을 선포하였다.
1899년에 대한제국은 황제 직속으로 법규교정소라는 특별 입법 기구를 만들어 9개조의 '대한국 국제'를 제정하고 공포하였다. 이를 통해 대한제국은 세계 만국이 공인한 자주 독립 국가임을 천명하고, 황제에게 모든 권한이 집중된 전제 군주 국가임을 표방하였다. 그리고 황제권과 국방력을 강화하기 위해 원수부를 설치하여 황제가 군대를 통솔하게 하였다.
대한제국에서는 1903년에 이범윤을 북간도 관리사로 임명하고 간도를 함경도의 행정구역에 포함시킨 후 한국 주재 청국 공사를 통해 청에 통보하였다.
대한제국은 조세 수입을 늘리고 근대적인 토지 소유권 제도를 확립하기 위해 1898년 양지아문을 설치하고 미국인 측량기사를 초빙해 양전사업을 실시하였다. 양전사업이 진행되는 동안 대한제국 정부는 토지소유관계를 명시하는 지권(地券) 발행을 위해 1901년 11월 지계아문을 설치하였다. 1902년 3월에는 양지아문이 지계아문에 흡수·통합됨에 따라 지계아문에서 양전사업과 지계 발급을 병행하게 되었다.

오답분석

⑤ 1883년에 통역관 양성을 위해 동문학을 설립하였다.

정답 ⑤

077 국권의 침탈

대표기출 심화 69회

다음 대화에 나타난 사건 이후의 사실로 옳은 것은?

며칠 전 황제 폐하께서 황태자 전하께 대리를 명하는 조칙을 내리셨다는 소식을 들었는가?

들었네. 그 다음날 일본 군대의 삼엄한 경계 속에서 양위식이 거행되어 대리가 아니라 사실상 황제께서 퇴위당하신 셈이지.

① 신식 군대인 별기군이 창설되었다.
② 묄렌도르프가 외교 고문으로 파견되었다.
③ 초대 통감으로 이토 히로부미가 부임하였다.
④ 기유각서가 체결되어 사법권을 박탈당하였다.
⑤ 관민 공동회가 개최되어 헌의 6조를 결의하였다.

해설
고종 황제가 강제로 퇴위당한 것은 1907년의 사실이다.
고종 황제는 1907년 네덜란드의 헤이그에서 열리는 만국 평화 회의에 이준, 이상설, 이위종 3인을 밀사로 파견하여 을사늑약의 무효와 부당성을 국제적으로 알리고자 하였다. 일본은 이를 빌미로 친일파 대신들을 동원하여 고종 황제를 강제로 퇴위시키고, 1907년 7월 한일신협약(정미7조약)을 체결하였다.
1909년 7월 대한제국의 사법과 감옥 업무를 일본 정부에게 위탁하는 것을 골자로 하는 기유각서가 체결되었다. 이 각서에 의해 대한제국의 법부(法部)와 재판소는 사라지고 통감부의 사법청에서 그 사무를 대신하게 되었을 뿐만 아니라 감옥 사무 역시 일본인들이 장악하게 되었다.

오답분석
① 1881년에 별기군이 창설되었다.
② 임오군란(1882)이 진압된 후 묄렌도르프가 외교 고문으로 파견되었다.
③ 1906년에 이토 히로부미가 통감으로 부임하였다.
⑤ 1898년에 관민공동회가 개최되었다.

정답 ④

기출변형

밑줄 그은 '전쟁' 기간에 있었던 사실로 옳은 것을 <보기>에서 고른 것은?

자네, 소식 들었나? 일본이 전쟁을 일으키고 나서 한성을 장악하고 한·일 의정서 체결을 강요하였다네.

나도 들었네. 결국, 우리나라의 국외 중립 선언을 일본이 무시하였군.

― 보기 ―
ㄱ. 러시아가 절영도 조차를 요구하였다.
ㄴ. 일본이 독도를 불법적으로 편입하였다.
ㄷ. 한일신협약이 체결되고 군대가 해산되었다.
ㄹ. 메가타가 대한 제국의 재정 고문으로 부임하였다.

① ㄱ, ㄴ ② ㄱ, ㄷ ③ ㄴ, ㄷ
④ ㄴ, ㄹ ⑤ ㄷ, ㄹ

해설
일본이 전쟁을 일으킨 후 한·일 의정서 체결을 강요했다는 사실을 통해 밑줄 그은 '전쟁'은 러·일 전쟁임을 알 수 있다.
일본은 대한제국의 국외 중립 선언을 무시하고 1904년 2월 러·일 전쟁을 일으킨 후 한·일 의정서의 체결을 강요하여 군사 전략상 요충지를 일본에게 제공하게 하였다. 1904년 8월에는 1차 한·일 협약을 강제로 체결하여 대한제국의 내정에 간섭하기 위해 재정 고문인 메가타와 외교 고문 스티븐스를 파견하였다. 한편, 1905년 2월에는 독도를 일본의 영토로 불법적으로 편입하였다. 러·일 전쟁은 1905년 9월 포츠머스 조약으로 종결되었다.

오답분석
ㄱ. 1897년 러시아는 석탄고 설치를 위해 절영도 조차를 요구하였다.
ㄷ. 1907년 한일신협약이 체결되고 대한제국의 군대가 해산되었다.

정답 ④

078 항일의병

대표기출 심화 71회

(가) 인물의 활동으로 옳은 것은?

신간 도서 소개

"슬프도다! 천만 뜻밖에도 일본이 승리한 이후에 가장 가깝고 친하며 어질고 약한, 같은 인종인 한국을 억눌러 강제로 조약을 맺었다."

__(가)__ 은/는 뤼순 감옥에서 사형 집행을 눈앞에 두고 온 힘을 다해 동양 평화론을 집필하였다. 안타깝게도 그는 원고를 완성하지 못하고 형장의 이슬로 사라졌지만, 국가 간의 평등과 상호 협력으로 평화를 이룩하자는 그의 주장은 오늘날에도 시사점을 준다.

① 명동성당 앞에서 이완용을 습격하였다.
② 하얼빈에서 이토 히로부미를 사살하였다.
③ 타이중에서 일본 육군 대장을 저격하였다.
④ 샌프란시스코에서 D.W. 스티븐스를 처단하였다.
⑤ 서울역에서 신임 총독의 마차에 폭탄을 투척하였다.

해설

(가)는 뤼순 감옥에서 『동양평화론』을 집필한 안중근이다.
안중근은 삼흥학교, 돈의학교 등을 설립해 실력양성에 힘썼으며, 한·일 신협약(1907) 체결 이후에는 연해주로 건너가 의병을 모집하고 대한의군 참모중장으로 활동하였다. 안중근은 1909년 10월 만주 하얼빈역에서 초대 통감 이토 히로부미를 사살하여 체포되었다.
안중근은 조사 과정에서 자신을 대한의군 참모중장이라 밝히며 이토 히로부미를 사살한 것은 한국의 독립과 동양 평화를 위한 것임을 밝혔다. 안중근은 1910년 3월 뤼순(여순) 감옥에서 『동양평화론』을 집필하던 중 형이 집행되어 순국하였다.

오답분석

① 이재명이 1909년 명동성당에서 이완용을 습격하여 부상을 입혔다.
③ 조명하가 1928년에 대만에서 일본 육군 대장인 구니노미야를 저격하였다.
④ 장인환과 전명운이 1908년에 샌프란시스코에서 D.W. 스티븐스를 처단하였다.
⑤ 강우규가 1919년 서울역에서 새로 부임하는 사이토 총독의 마차에 폭탄을 투척하였다.

정답 ②

기출변형

(가)에 대한 설명으로 옳은 것은?

이달의 역사 인물

일제의 침략에 맞서 싸운 의병장
왕산 허위(1854~1908)

경상북도 구미에서 출생하였다. 성균관 박사, 평리원 재판장 등을 역임하였다. 한·일 신협약 체결과 군대 해산에 반발하여 결성된 __(가)__ 에서 군사장을 맡았다. __(가)__ 은/는 각지의 유생 의병장이 중심이 되어 결성한 의병 부대로 총 병력이 1만 여명에 이르렀으며, 총대장에는 대한관동창의대장 이인영을 추대하였다. 군사장 허위는 경기도 양평에서 일본 헌병에게 체포되어 서대문 감옥에서 순국하였다.

① 5적 암살단을 조직하였다.
② 고종의 해산 권고 조칙에 따라 해산하였다.
③ 함경도에서 산포수를 모아 의병을 일으켰다.
④ 양주에 집결하여 서울 진공 작전을 전개하였다.
⑤ 조선 총독부에 국권 반환 요구서를 제출하려 하였다.

해설

한·일 신협약 체결과 군대 해산에 반발하여 결성되었으며, 이인영과 허위를 총대장과 군사장으로 추대한 (가)는 정미의병의 13도 창의군이다.
1907년 9월 관동 의병장 이인영은 『대한매일신보』를 통해 전국의 의병장들에게 경기도 양주로 집결할 것을 호소하였다. 11월에 유생 의병장들과 1만 여 의병은 양주에 집결하여 이인영을 총대장, 허위를 군사장으로 하는 13도 창의군을 결성하였다. 13도 창의군은 서울 진공 작전을 추진하여 1908년 1월 군사장 허위를 중심으로 한 300여 명의 선발대가 동대문 밖 30리 지점까지 진격하였다. 그러나 일본군의 우세한 전력에 밀린 데다가 후속 부대도 도착하지 못하여 결국 패퇴하였다.

오답분석

① 나철, 오기호 등이 5적 암살단을 조직하였다.
② 을미의병 당시 유인석 등은 의병을 일으켰으나 고종의 해산 권고 조칙에 따라 해산하였다.
③ 홍범도는 1907년 함경도 삼수, 갑산 등지에서 산포수를 모아 의병을 일으켰다.
⑤ 임병찬이 주도하는 독립의군부는 국권 반환 요구서를 제출하려고 시도하였다.

정답 ④

079 애국 계몽 운동

대표기출 심화 68회

(가) 단체에 대한 설명으로 옳은 것은?

이 자료에 대해 말씀해 주시겠습니까?

이 자료는 (가) 의 활동 목적이 잘 드러나 있는 통용 장정의 일부입니다. (가) 은/는 안창호와 양기탁 등이 중심이 된 비밀 결사로 태극 서관을 설립하여 회원들의 연락 장소로 사용하였습니다.

본회의 목적은 ……
쇠퇴한 교육과 산업을 개량하고
사업을 유신시켜
유신된 국민이 통일 연합해서
유신이 된 자유 문명국을 성립시킨다.

① 복벽주의를 표방하였다.
② 13도 창의군을 결성하였다.
③ 일제의 황무지 개간권 요구를 저지하였다.
④ 근대 교육을 위해 배재 학당을 설립하였다.
⑤ 일제가 조작한 105인 사건으로 해체되었다.

해설

(가)는 안창호, 양기탁 등이 중심이 된 비밀 결사로 태극 서관을 설립한 신민회이다.
신민회는 1907년 안창호, 이승훈, 양기탁 등이 주도해 비밀 결사 형태로 결성되었다. 신민회 인사들은 국권의 회복과 공화정에 기반을 둔 근대 국가를 지향하며 민족 교육을 위한 학교 설립, 회사 설립을 통한 경제적 실력 양성을 도모하였다. 계몽 서적을 출판하기 위한 태극 서관을 운영하였고, 평양에 자기 회사를 설립하여 민족 산업 육성을 위해 노력하였다. 신민회는 1911년 일제가 조작한 데라우치 총독 암살 미수 사건에 연루되어 탄압을 받아 해체되었다(105인 사건).

오답분석
① 신민회는 민주공화정을 표방하였다.
② 1907년에 봉기한 의병들이 이인영을 총대장으로 하는 13도 창의군을 결성하였다.
③ 보안회가 일제의 황무지 개간권 요구를 저지하였다.
④ 개신교 선교사 아펜젤러가 배재학당을 세웠다.

정답 ⑤

기출변형

다음 취지서를 발표한 단체의 활동으로 옳은 것은?

나라의 독립은 오직 자강(自强)의 여하에 달려 있을 뿐이다. 우리 나라가 예전부터 자강할 방법을 배우지 않아 인민이 저절로 우매해지고 국력이 쇠퇴의 길로 나아가, 마침내 오늘날의 어려운 처지에 이르러 끝내는 다른 나라의 보호를 받게 되었다. 이는 모두 자강할 방법에 뜻을 두지 않았기 때문이다. 이러함에도 불구하고 완고함과 게으름으로 말미암아 자강의 방도에 힘쓸 생각을 하지 않으면 끝내는 멸망에 다다를 뿐이니 …….

① 고종의 강제 퇴위 반대 운동을 전개하였다.
② 중추원 개편을 통한 의회 설립을 추진하였다.
③ 가갸날을 제정하고 기관지인 한글을 발행하였다.
④ 일본의 토지 약탈을 막고자 농광 회사를 설립하였다.
⑤ 대성 학교와 오산 학교를 세워 민족 교육을 실시하였다.

해설

자료는 국민 교육과 산업 증진을 통해 독립의 기초를 다지고자 조직되었던 대한자강회의 취지서이다. 1906년 설립한 대한자강회는 국권 회복을 위해 교육과 산업의 진흥을 강조하였으며 전국에 30여 개의 지회와 2,000여 명의 회원을 두고 국권 회복 운동을 펼쳤다. 대한자강회는 고종의 강제 퇴위에 반대하는 운동을 벌이다 1907년 8월에 보안법에 의해 강제로 해산되었다.

오답분석
② 독립협회는 중추원을 근대적인 의회로 개편하자고 주장하였다.
③ 1921년 조직된 조선어연구회는 가갸날을 제정하고 한글 잡지를 발행하였다.
④ 1904년 이도재 등이 농광회사를 설립하였다.
⑤ 1907년 안창호, 이승훈 등의 신민회 인사들이 대성학교, 오산학교를 설립하였다.

정답 ①

080 개항 이후의 경제

대표기출 (심화 72회)

(가), (나) 체결 사이의 시기에 있었던 사실로 옳은 것은?

> (가) 제6칙 이후 조선국 항구에 거주하는 일본 인민은 양미(糧米)와 잡곡을 수출, 수입할 수 있다.
> 제7칙 일본국 정부에 속한 모든 선박은 항세를 납부하지 않는다.
>
> (나) 제9관 입항하거나 출항하는 각 화물이 해관을 통과할 때는 응당 본 조약에 첨부된 세칙(稅則)에 따라 관세를 납부해야 한다.
> 제37관 조선국에서 가뭄과 홍수, 전쟁 등의 일로 인해 국내에 양식이 결핍할 것을 우려하여 일시 쌀 수출을 금지하려고 할 때에는 1개월 전에 지방관이 일본 영사관에게 통지하여 미리 그 기간을 항구에 있는 일본 상인들에게 전달하여 일률적으로 준수하는 데 편리하게 한다.

① 조미 수호 통상 조약이 체결되었다.
② 러시아가 용암포 조차를 요구하였다.
③ 영국이 거문도를 불법적으로 점령하였다.
④ 일본 군함 운요호가 영종도를 공격하였다.
⑤ 청과 대등한 입장에서 한청 통상 조약이 맺어졌다.

해설
(가)는 1876년 7월에 체결된 조·일무역규칙이고, (나)는 방곡령 규정이 포함된 개정 조·일 통상장정(1883)이다.
1876년 7월에 조·일 수호조규 부록과 조·일 무역규칙이 체결되었다. 조·일 무역규칙은 일본 수출입 상품에 대한 무항세(무관세)와 양곡의 무제한 유출을 허용하였다.
조·일 무역규칙은 1883년에 조·일 통상장정으로 개정되었다. 개정된 조·일 통상장정의 37조에는 방곡령 선포 시 상대국에 1개월 전에 서면 통고해야 한다는 규정이 추가되었다.
1882년 5월에 조선은 서양 나라들 중에서 최초로 미국과 통상 조약을 맺었다. 조·미 수호 통상 조약은 수출입 상품에 대해 협정 관세를 부과하기로 하였고, 양국이 어려움에 처할 경우 서로 돕자는 거중조정이 명시되었다.

오답분석
② 1903년에 러시아가 용암포 조차를 요구하였다.
③ 1885년에 영국군이 거문도를 불법적으로 점령하였다.
④ 1875년에 일본 군함 운요호가 영종도를 공격하였다.
⑤ 1899년에 청과 대등한 입장에서 한청 통상 조약이 맺어졌다.

정답 ①

기출변형

다음 자료에 해당하는 사업에 대한 설명으로 옳은 것은?

> **구(舊) 백동화(白銅貨) 교환에 관한 건**
>
> 제1조 구 백동화 교환에 관한 사무는 금고(金庫)로 처리하도록 하며 탁지부 대신이 이를 감독한다.
> 제3조 구 백동화의 백동 비율[品位]·무게[量目]·무늬모양[印像]·형체가 정식 화폐[正貨] 기준을 충족할 경우, 1개 당 금 2전 5리로 새로운 화폐와 교환한다. 이 기준에 합당하지 않은 부정(不正) 백동화는 1개 당 금 1전의 가격으로 정부에서 사들인다. …… 단, 형태나 품질이 조악하여 화폐로 인정할 수 없는 것은 사들이지 않는다.
> – 「관보」, 1905년 6월 29일 –

① 화폐 발행을 위해 전환국이 설치되었다.
② 재정 고문 메가타의 주도로 시행되었다.
③ 은화를 발행하여 본위화폐로 삼고자 하였다.
④ 한일 신협약 체결 이후 본격적으로 추진되었다.
⑤ 보안회가 중심이 되어 반대 운동을 전개하였다.

해설
제시된 자료는 화폐 정리 사업(1905) 실시를 알리는 공고문이다. 1905년 재정 고문 메가타가 주도한 화폐 정리 사업은 기존에 사용하던 구백동화의 환수 과정에서 백동화의 품질을 갑·을·병으로 구분해 갑종과 을종의 것은 매수하고, 품질이 나쁜 병종의 것은 매수하지 않았다.

오답분석
① 전환국은 1883년 설치되어 1904년 폐지되었다.
③ 화폐 정리 사업으로 금본위제가 실시되었다.
④ 한일 신협약은 1907년에 체결되었다.
⑤ 보안회가 중심이 되어 일제의 황무지 개간권 요구 반대 운동을 전개하였다.

정답 ②

081 경제적 구국 운동

대표기출
심화 69회

다음 자료에 나타난 민족 운동에 대한 설명으로 옳은 것은?

> 거액의 외채 1,300만 원을 해마다 미루다가 갚지 못할 지경에 이른다면 나라를 보존하기 어려울 것이니, 나라를 보존하지 못하면, 아! 우리 동포는 장차 무엇에 의지하겠습니까? …… 근래에 신문을 접하니, 영남에서 시작하여 서울에 이르기까지 담배를 끊어 나라의 빚을 갚자는 논의가 시작되었고, 발기한 지 며칠이 되지 않아 의연금을 내는 자들이 날마다 이른다 하니, 우리 백성들이 임금에게 충성하고 나라를 사랑하는 마음을 통쾌하게 볼 수 있습니다.

① 조선 총독부의 탄압과 방해로 실패하였다.
② 대한매일신보 등의 지원을 받아 확산되었다.
③ 대한민국 임시 정부가 수립되는 계기가 되었다.
④ 백정에 대한 사회적 차별 철폐를 목적으로 하였다.
⑤ 조선 민립 대학 기성회에서 모금 활동을 전개하였다.

해설
제시된 자료는 일본에서 도입한 차관을 갚기 위해 전개된 국채 보상 운동에 대한 기사이다.
일본은 을사늑약 이후 통감부를 설치하고 식민지 지배를 위한 시설을 마련하기 위해 대한제국 정부에 일본으로부터 막대한 차관 도입을 강요하였다. 차관 도입으로 일본에 대한 경제적 예속이 심해지자, 국민이 성금을 모아 일본에 진 빚을 갚고 국권을 회복하자는 국채 보상 운동이 전개되었다(1907). 이 운동은 대구에서 김광제, 서상돈 등의 제의로 시작되어 대한매일신보 등 각종 신문을 통해 전국으로 확산되었다. 이 운동에는 각계각층의 사람들이 참여하였는데 남자들은 담배를 끊고, 부녀자들은 비녀와 반지를 팔아 성금을 모았다.

오답분석
① 통감부가 국채 보상 운동을 탄압하였다.
③ 3·1 운동(1919)이 대한민국 임시 정부 수립의 계기가 되었다.
④ 형평 운동이 백정에 대한 사회적 차별 철폐를 목적으로 하였다.
⑤ 1923년에 조선 민립 대학 설립 운동이 전개되었다.

정답 ②

기출변형

(가)~(라)에 들어갈 내용으로 옳은 것을 〈보기〉에서 고른 것은?

경제적 구국 운동

1. **배경**: 아관 파천 이후 심화된 외세의 경제 침탈에 맞서 경제적 구국 운동이 전개되었다.
2. **주요 사례**

단체	활동 내용
독립 협회	(가)
황국 중앙 총상회	(나)
보안회	(다)
국채 보상 기성회	(라)

〈보기〉

ㄱ. (가) - 태극서관, 자기회사를 설립하였다.
ㄴ. (나) - 러시아의 절영도 조차 요구를 저지하였다.
ㄷ. (다) - 일제의 황무지 개간권 요구를 철회시켰다.
ㄹ. (라) - 금주·금연을 통한 차관 갚기 운동을 전개하였다.

① ㄱ, ㄴ ② ㄱ, ㄷ ③ ㄴ, ㄷ
④ ㄴ, ㄹ ⑤ ㄷ, ㄹ

해설
1904년 일제가 황무지 개척을 내세워 토지 약탈을 시도하자 유생과 관료 출신이 중심이 되어 보안회를 결성하고 일제의 황무지 개간권 요구를 철회시켰다.
1907년에는 일본에서 들여온 차관을 갚아 국권을 회복하자는 국채보상 운동이 대구에서 서상돈의 제의로 시작되었다. 서울에서는 김성희 등이 국채보상기성회를 설립하였으며, '황성신문', '대한매일신보', '제국신문' 등 각종 신문을 통해 전국으로 확산되었다. 이 운동에는 각계각층의 사람들이 참여하였는데, 남자들은 술과 담배를 끊고 부녀자들은 생활비를 절약하는 한편 귀금속을 팔아 성금을 모았다.

오답분석
ㄱ. 신민회가 태극서관, 자기회사를 설립하였다.
ㄴ. 1898년 독립협회가 이권수호 운동을 전개하여 러시아의 절영도 조차 요구를 저지하였다.

정답 ⑤

082 근대의 사회·문화(1)

대표기출   심화 67회

다음 검색창에 들어갈 신문에 대한 설명으로 옳은 것은?

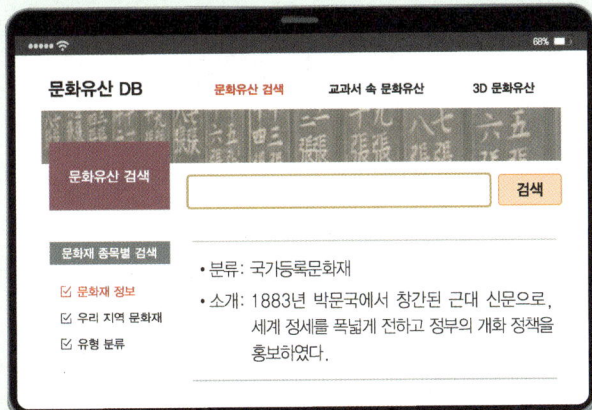

① 여권통문을 처음 보도하였다.
② 국채 보상 운동의 확산에 기여하였다.
③ 의병 투쟁에 호의적인 기사를 게재하였다.
④ 외국인이 읽을 수 있도록 영문으로도 발행되었다.
⑤ 순 한문 신문으로 열흘마다 발행하는 것이 원칙이었다.

해설
1883년에 박문국에서 창간한 신문은 한성순보(漢城旬報)이다.
1883년 박문국이 설치되어 열흘에 한 번 발간하는 한성순보를 발행하였다. 한성순보는 우리나라 최초의 신문으로 관보적 성격을 가졌으며, 국내외의 소식을 전하고 세계 각국의 정치, 법률, 재정, 과학, 기술 등 서양의 신문화를 소개하였다.

오답분석
① 여권통문은 1898년에 발표되었고, 한성순보는 1884년에 발간이 중지되었다.
② 대한매일신보, 황성신문이 국채 보상 운동의 확산에 기여하였다.
③ 대한매일신보가 의병 투쟁에 호의적이었다.
④ 독립신문, 대한매일신보가 영문으로도 발행되었다.

정답 ⑤

기출변형

(가)에 들어갈 내용으로 옳은 것은?

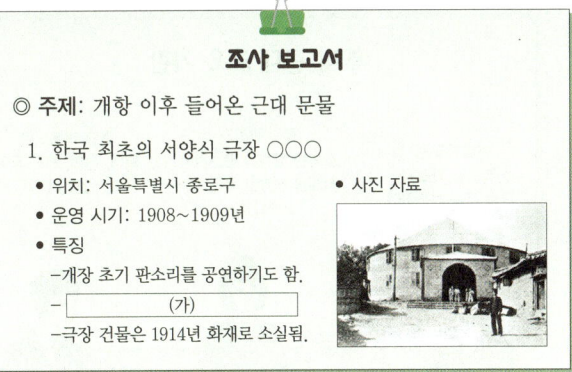

① 알렌의 건의로 만들어졌다.
② 나운규의 아리랑이 개봉되었다.
③ 러시아인 사바틴이 설계를 맡았다.
④ 고종의 황제 즉위식이 거행되었다.
⑤ 은세계, 치악산 등의 신극이 공연되었다.

해설
개항 이후 들어온 근대 문물 중 한국 최초의 서양식 극장은 1908년 서울 종로에 만들어진 '원각사'이다. 원각사에서는 당시 이인직의 신소설인 "은세계"를 처음으로 신극화 하였고, "치악산" 등을 공연하기도 하였다. 원각사는 1914년 화재로 소실되었다.

오답분석
① 1885년 근대 병원인 광혜원이 설립되고, 알렌을 초대 원장으로 초빙하였다.
② 1926년 무성영화로 나운규의 아리랑이 개봉되었다.
③ 덕수궁 중명전, 손탁호텔 등은 러시아인 건축가 사바틴이 설계를 맡았다.
④ 1897년 원구단(환구단)에서 고종의 황제 즉위식이 거행되었다.

정답 ⑤

083 근대의 사회·문화(2)

대표기출
심화 67회

다음 대화에 해당하는 교육 기관에 대한 설명으로 옳은 것은?

① 7재라는 전문 강좌가 개설되었다.
② 조선 총독부의 탄압으로 폐교되었다.
③ 교육 입국 조서에 근거하여 세워졌다.
④ 주요 건물로 대성전과 명륜당을 두었다.
⑤ 헐버트, 길모어 등이 교사로 초빙되었다.

해설

젊은 관리가 소속된 좌원과 명문가의 자제를 선발한 우원으로 구성되었던 근대 관립 교육 기관은 육영공원이다.
보빙사에서 귀국한 민영익의 건의로 1886년에 최초의 근대적 공립학교인 육영공원이 설립되었다. 육영공원은 젊은 현직 문무관과 양반 자제를 좌원과 우원으로 편성하여 영어·수학·지리학·정치학 등의 근대 학문을 교육했다. 육영공원은 미국식 교육 제도를 받아들여 헐버트, 길모어 등 외국인 교사를 초빙하고 영어 교재를 사용하였다. 이에 따라 영어 통역관 양성을 위해 설립한 동문학은 폐지되었다.

오답분석
① 고려 시대 국자감에 7재라는 전문 강좌가 개설되었다.
② 육영공원은 재정난으로 1894년에 폐교되었다.
③ 1895년에 교육 입국 조서가 발표되었다.
④ 성균관에 대성전, 명륜당 등이 있었다.

정답 ⑤

기출변형

다음 상황 이후의 사실로 옳은 것은?

① 알렌의 건의로 광혜원이 세워졌다.
② 박문국에서 한성순보가 발행되었다.
③ 무기 제조 공장인 기기창이 설립되었다.
④ 서울과 부산을 연결하는 경부선이 개통되었다.
⑤ 우편 사무를 관장하는 우정총국이 처음 설치되었다.

해설

1898년에 고종은 미국인 콜브란과 접촉하여 한성 전기 회사를 설립하였다. 한성 전기 회사는 주로 한성의 전차·전등 사업을 운영하였다. 한성 전기 회사는 1899년 서대문~청량리 사이의 전차 노선을 개통하였고, 더불어 전차 가동을 위한 발전소를 완공하였다.
1898년 일본은 경부 철도 합동 조약을 체결하고 경부 철도 부설권을 장악하였다. 일본은 1901년에 경부 철도 주식회사를 설립하고 경부선 부설에 착수하였다. 1904년에 러·일 전쟁이 발발하자 공사를 서둘러 1905년에 개통하였다.

오답분석
① 1885년에 알렌의 건의로 광혜원이 세워졌다.
② 1883년에 한성순보가 창간되어 갑신정변 때까지 발행되었다.
③ 1883년에 무기 제조 공장인 기기창이 설립되었다.
⑤ 1884년에 우정총국이 처음 설치되었으나 갑신정변 직후 폐지되었다.

정답 ④

084 근대의 사회·문화(3)

대표기출
심화 66회

(가) 종교에 대한 설명으로 옳은 것은?

> 역사 돋보기 [(가)]의 교세를 확장한 해월 최시형
>
>
> 해월 선생은 제자들에게 '최보따리'라고도 불렸다. 포교를 위해 잠행을 하면서 보따리를 자주 쌌기 때문에 붙여진 별명이다. 교조 최제우의 처형으로 위축되었던 [(가)]의 교세는 2대 교주였던 그의 노력으로 크게 확장되었다. 그는 1897년 손병희에게 도통을 전수하였고 1898년 체포되어 재판을 받고 처형되었다. 그에게 사형을 선고한 판사 중에는 고부 학정의 원흉 조병갑이 있었다.

① 동경대전을 경전으로 삼았다.
② 항일 무장 단체인 중광단을 결성하였다.
③ 박중빈을 중심으로 새생활 운동을 펼쳤다.
④ 배재 학당을 세워 신학문 보급에 앞장섰다.
⑤ 프랑스와의 조약을 통해 포교가 허용되었다.

해설
(가)는 최제우가 창시하고, 최시형이 2대 교주였던 동학이다.
동학은 1860년에 경주 출신의 몰락 양반 최제우가 창시하였다. 동학의 교리와 사상은 '사람 속에 있는 하느님을 모시라[侍天主]', '사람이 곧 하늘[人乃天]' 그리고 '사람 섬기기를 하늘같이 하라[事人如天]'에 집약적으로 표현되어 있다. 모든 사람이 평등하다고 강조한 동학은 양반과 상민의 차별이 사라지고, 여성과 어린이의 인격을 존중하며, 천민이 없는 사회를 추구하였다.
동학이 삼남 지방을 중심으로 급속히 전파되자, 정부는 교조 최제우를 '세상을 어지럽히고 백성을 현혹한다(혹세무민)'는 죄목으로 체포하여 처형하였다(1864). 2대 교주 최시형은 최제우가 지은 『동경대전』과 『용담유사』를 펴내어 교리를 정리하고, 포·접 등 교단 조직을 정비하였다.

오답분석
② 대종교 신도들이 항일 무장 단체인 중광단을 결성하였다.
③ 원불교에서 박중빈을 중심으로 새생활 운동을 펼쳤다.
④ 개신교 선교사들이 배재학당을 세워 신학문 보급에 앞장섰다.
⑤ 천주교가 프랑스와의 조약을 통해 포교가 허용되었다.

정답 ①

기출변형

(가) 인물에 대한 설명으로 옳은 것은?

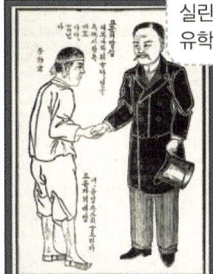 

이 그림은 [(가)]이/가 노동의 중요성을 강조하고 민중을 계몽하기 위해 쓴 노동야학독본에 실린 삽화입니다. 그는 처음으로 일본과 미국에 유학하고 서유견문을 집필하기도 하였습니다.

① 조선 중립화론을 주장하였다.
② 갑신정변 실패 직후 일본으로 망명하였다.
③ 미국에서 귀국하여 독립 협회를 창립하였다.
④ 배재 학당을 설립하여 근대 교육을 보급하였다.
⑤ 참정대신 자격으로 관민 공동회에서 연설하였다.

해설
(가)는 처음으로 일본과 미국에 유학하고, 『서유견문』을 집필한 유길준이다. 1881년에 조사시찰단의 수행원으로 따라갔던 윤치호, 유길준은 일본에 남아 최초의 근대 유학생이 되었다. 1883년에 유길준은 보빙사의 일원으로 미국에 갔다가 남아 유학하였고, 귀국 후 『서유견문』을 저술하였다.
유길준은 거문도 사건 직후 조선 중립화론을 제기하였다. 그는 조선이 중국, 영국 등 강대국이 보장하는 중립국이 되면, 조선의 주권을 지킴과 동시에 아시아의 평화를 보장할 수 있다고 보았다. 그러나 그의 의견은 조선 정부와 열강들이 관심을 보이지 않아 실현되지는 않았다.

오답분석
② 김옥균, 박영효, 서광범 등이 갑신정변 실패 직후 일본으로 망명하였다.
③ 갑신정변 때 망명한 서재필이 미국에서 귀국하여 1896년에 독립 협회를 창립하였다.
④ 1885년에 미국 감리교 선교사 아펜젤러가 배재 학당을 설립하였다.
⑤ 1898년에 박정양이 참정대신 자격으로 관민 공동회에서 연설하였다.

정답 ①

PART 1

대표기출 + 기출변형

V 독립운동사

- 085 일제의 식민 통치
- 086 식민지 경제 수탈
- 087 1910년대 민족 운동
- 088 3·1 운동
- 089 대한민국 임시 정부
- 090 의거 활동
- 091 1920년대 무장 독립 투쟁
- 092 1930년대 무장 독립 투쟁
- 093 1940년대 무장 독립 투쟁
- 094 독립운동가
- 095 사회적 민족 운동
- 096 신간회
- 097 경제적 민족 운동
- 098 국학 연구(1)
- 099 국학 연구(2)
- 100 문화 예술계의 동향

대단원 출제경향

V 독립운동사

	제70회	제71회	제72회	제73회	제74회
1. 일제의 식민 지배	2문제	3문제	1문제	3문제	1문제
2. 3·1 운동과 대한민국 임시 정부	2문제	1문제	2문제	1문제	3문제
3. 국내의 민족 운동	1문제	3문제	3문제	4문제	2문제
4. 무장 독립 전쟁	2문제	1문제	1문제	2문제	3문제
합계	7문제	8문제	7문제	10문제	9문제

제70회 리뷰

모두 7문제가 출제되었다. [일제의 식민 지배] 단원에서는 토지 조사 사업, 중일전쟁 이후의 식민 지배 등 2문제가 출제되었다. [3·1 운동과 대한민국 임시 정부] 단원에서는 신흥 무관 학교, 3·1 운동 등 2문제가 출제되었다. [국내의 민족 운동] 단원에서는 나운규의 아리랑 1문제가 출제되었다. [무장 독립 전쟁] 단원에서는 1920년대 만주 지역의 민족 운동, 조소앙 등 2문제가 출제되었다.

제71회 리뷰

모두 8문제가 출제되었다. [일제의 식민 지배] 단원에서는 조선 태형령, 1920년대의 사실, 일제 말기(지원병) 등 3문제가 출제되었다. [3·1 운동과 대한민국 임시 정부] 단원에서는 연해주 지역의 민족 운동 1문제가 출제되었다. [국내의 민족 운동] 단원에서는 민립대학설립운동, 원산 노동자 총파업, 식민지 조선의 사회와 문화 등 3문제가 출제되었다. [무장 독립 전쟁] 단원에서는 한국광복군 1문제가 출제되었다.

제72회 리뷰

모두 7문제가 출제되었다. [일제의 식민 지배] 단원에서는 중일전쟁 이후의 사회 모습 1문제가 출제되었다. [3·1 운동과 대한민국 임시 정부] 단원에서는 연해주 지역의 민족 운동, 3·1 운동 등 2문제가 출제되었다. [국내의 민족 운동] 단원에서는 심훈(상록수), 식민지 근대 도시(경성), 신채호 등 3문제가 출제되었다. [무장 독립 전쟁] 단원에서는 북로군정서군 1문제가 출제되었다.

제73회 리뷰

모두 10문제가 출제되었다. [일제의 식민 지배] 단원에서는 헌병 경찰 통치, 농촌 진흥 운동, 태평양 전쟁 시기의 사실 등 3문제가 출제되었다. [3·1 운동과 대한민국 임시 정부] 단원에서는 만주 지역의 민족 운동 1문제가 출제되었다. [국내의 민족 운동] 단원에서는 천도교 소년회, 광주 학생 항일 운동, 물산 장려 운동, 일제 강점기 대중문화 등 4문제가 출제되었다. [무장 독립 전쟁] 단원에서는 한인애국단, 조선의용대 등 2문제가 출제되었다.

제74회 리뷰

모두 9문제가 출제되었다. [일제의 식민 지배] 단원에서는 일제 말기(조선어학회 사건) 1문제가 출제되었다. [3·1 운동과 대한민국 임시 정부] 단원에서는 미주(하와이) 지역의 민족 운동, 3·1 운동, 대한민국 임시 정부 등 3문제가 출제되었다. [국내의 민족 운동] 단원에서는 백남운, 식민지 조선인의 삶 등 2문제가 출제되었다. [무장 독립 전쟁] 단원에서는 의열단, 한국독립군(지청천), 국외 이주 동포의 시련 등 3문제가 출제되었다.

085 일제의 식민 통치

대표기출 (심화 69회)

밑줄 그은 '시기'에 볼 수 있는 모습으로 가장 적절한 것은?

이곳은 전라남도 여수시 거문도에 있는 해안 동굴 진지입니다. 국가 총동원법이 시행되던 시기에 일제는 이와 같은 군사 시설물을 거문도를 비롯한 각지에 구축하였습니다.

① 태형을 집행하는 헌병 경찰
② 원산 총파업에 참여하는 노동자
③ 황국 신민 서사를 암송하는 학생
④ 경성 제국 대학 설립을 추진하는 관리
⑤ 서울 진공 작전에 참여하는 13도 창의군 의병

해설
국가총동원법은 1938년에 제정되었으므로, 밑줄 그은 '시기'는 1938년부터 1945년까지를 가리킨다.
중일전쟁 이후 일제는 '조선인과 일본인은 하나'라는 내선일체를 내세우며 조선인의 황국 신민화 정책을 추진하였다. 일제는 1937년부터 '황국 신민 서사'라는 충성 맹세문을 모든 일상생활 속에서 제창하게 하였다. 그리고 전국의 모든 읍, 면에 신사를 세워 한국인의 참배를 강요하였다(신사참배). 또한 매일 아침 일본 궁성을 향해 허리 숙여 절을 하도록 하였다(궁성요배).

오답분석
① 1910년대에 조선태형령이 시행되었다.
② 1929년에 원산 총파업이 전개되었다.
④ 1924년에 경성 제국 대학이 설립되었다.
⑤ 1907년에 13도 창의군이 결성되어 서울 진공 작전을 추진하였다.

정답 ③

기출변형

(가), (나) 발표 사이의 시기에 있었던 사실로 옳은 것은?

(가) • 조선에 조선 총독부를 설치한다.
• 조선 총독부에 조선 총독을 두고 위임 범위 내에서 육해군을 통솔하고 일체의 정무를 통할하도록 한다.
• 통감부 및 소속 관서는 당분간 그대로 두고 조선 총독의 직무는 통감이 행하도록 한다.

(나) 총독 임용의 범위를 확장하고 경찰 제도를 개정하며, 또한 일반 관리나 교원 등의 복제를 폐지함으로써 시대의 흐름에 순응하고 …… 조선인의 임용과 대우 등에 관해 더욱 고려하여 …… 정치·사회상의 대우에서도 내지인과 동일한 취급을 할 궁극의 목적을 달성하고자 하는 바이다.

① 미곡 공출제가 실시되었다.
② 조선 태형령이 시행되었다.
③ 국민 징용령이 제정되었다.
④ 학도 지원병 제도가 실시되었다.
⑤ 일본 상품에 대한 관세가 철폐되었다.

해설
(가)는 1910년에 반포된 조선총독부령이고, (나)는 3·1 운동 이후 취임한 사이토 마코토 총독이 문화통치를 표방하면서 발표한 『시정 방침에 관한 유고 및 훈시』이다.
1910년 한국을 병합한 일제는 식민 통치의 최고 기구인 조선총독부를 설치하고, 그 안에 총독 관방과 5부를 두었다. 총독은 입법, 사법, 행정 및 군사에 관한 모든 권한을 갖고 있는 식민지배의 절대 권력자였다.
총독부는 1912년 '조선태형령'을 공포하여, 헌병과 경찰은 재판 없이도 즉결 심판에 의하여 태형을 가할 수 있었다. 조선인 남성만을 대상으로 한 이 법으로 인해 3·1 운동 당시 만세 시위에 참여한 많은 남성들이 태형을 받았으며, 그 결과 불구가 되거나 사망하는 경우도 있었다.

오답분석
① 중·일 전쟁 이후 일제는 쌀의 배급 제도와 쌀·잡곡에 대한 공출제도를 실시하였다.
③ 일제는 1939년 국민 징용령을 실시하여 백만 명 이상의 한국인을 일본, 사할린, 동남아시아 각지로 끌고 갔다.
④ 1943년부터 학도 지원병이라는 이름으로 학생들을 일본군에 편입시켰다.
⑤ 1923년 일본 상품에 대한 관세가 철폐되었다.

정답 ②

086 식민지 경제 수탈

대표기출
심화 68회

밑줄 그은 '이 계획'에 대한 설명으로 옳은 것은?

① 독립 협회 결성의 계기가 되었다.
② 국채 보상 운동의 배경이 되었다.
③ 재정 고문 메가타의 주도로 시행되었다.
④ 토지 조사 사업이 시행되는 배경이 되었다.
⑤ 일본의 쌀 부족 현상을 해결하기 위해 시행되었다.

해설
수리 조합비, 개량 종자 구입비 등의 부담이 늘어난 '이 계획'은 산미 증식 계획이다.
제1차 세계 대전을 전후하여 일본은 급격한 인구 증가와 산업화에 따른 도시화로 식량이 부족해졌다. 이에 일제는 조선에서 쌀의 생산을 늘려 일본으로 가져가려는 산미 증식 계획을 시행하였다. 1920년부터 추진된 산미 증식 계획에 따라 농지개량, 종자개량, 수리 시설 개선, 화학 비료 사용 등이 시행되었고, 목표한 증산량에 미치지는 못하였지만 쌀의 생산량은 늘어났다. 일제는 증산된 양보다 더 많이 일본으로 가져갔기 때문에 조선에서 식량 문제가 발생하여 만주에서 조·수수·콩 등의 잡곡을 대량으로 수입하였다.

오답분석
① 1896년에 독립협회가 결성되었다.
② 1907년에 국채 보상 운동이 전개되었다.
③ 재정 고문 메가타는 화폐 정리 사업을 시행하였다.
④ 1910년대에 토지 조사 사업이 시행되었다.

정답 ⑤

기출변형

다음 법령의 시행 결과로 옳지 않은 것은?

> 제4조 토지의 소유자는 조선 총독이 정하는 기간 내에 그 주소, 성명 또는 명칭 및 소유지의 소재, 지목, 자번호, 사표, 등급, 지적, 결수를 임시 토지 조사 국장에게 신고하여야 한다. 다만, 국유지는 보관 관청에서 임시 토지 조사 국장에게 통지하여야 한다.
> 제5조 토지의 소유자 또는 임차인, 기타 관리인은 조선 총독이 정하는 기간 내에 그 토지의 사방 경계에 표지판을 세우되, 민유지에는 지목 및 자번호와 소유자의 성명 또는 명칭을, 국유지에는 지목 및 자번호와 보관 관청명을 기재하여야 한다.

① 조선 총독부의 재정 수입이 증대되었다.
② 조선 농민의 관습적 경작권이 인정되었다.
③ 일본에서 조선으로의 농업 이민이 증가하였다.
④ 만주와 연해주로 이주하는 농민들이 늘어났다.
⑤ 동양 척식 주식회사의 보유 토지가 확대되었다.

해설
제시된 자료는 1912년에 일제가 공포한 토지조사령으로, 일제는 이 법령에 근거하여 토지 조사 사업을 시행하였다.
1912년부터 실시된 토지 조사 사업은 소유권 조사, 지형 조사, 지가 산정, 토지대장 작성 등으로 이루어졌다. 토지 조사 사업은 명의상의 주인을 내세우기 어려운 마을 공동 토지나 문중 토지를 비롯한 상당수의 미신고 토지를 총독부 소유로 만드는 결과를 초래했다. 또한 토지 조사 사업의 결과 과세지가 52% 증가하고, 지세징수액은 약 2배나 증가했다. 조선총독부는 국유화한 농지 가운데 상당 부분을 동양척식주식회사에 헐값으로 불하하였다. 그 밖에도 일본인 지주, 농업 회사들이 대거 조선에 진출하여 농지의 매입·개간 및 고리대를 통한 약탈 등의 방법으로 조선의 대지주가 되었다. 한편 한국 농민들은 토지를 빼앗기고 기한부 계약에 의한 소작농이 되었으며, 일부 농민들은 화전민이 되거나 국외로 이주하기도 하였다.

오답분석
② 조선 총독부는 토지 조사 사업을 추진하면서 지주의 소유권을 강화하고 농민의 관습적 경작권(도지권, 입회권)은 인정하지 않았다.

정답 ②

087 1910년대 민족 운동

대표기출 (심화 66회)

(가) 단체에 대한 설명으로 옳은 것은?

> **판결문**
> 피 고 인: 박상진, 김한종
> 주   문: 피고 박상진, 김한종을 사형에 처한다.
> 이   유
> 　피고 박상진, 김한종은 한일 병합에 불평을 가지고 구한국의 국권 회복을 명분으로 　(가)　 을/를 조직하고 국권 회복을 위한 자금 조달을 위해 조선 각도의 자산가에게 공갈로 돈을 받아내기로 하고 …… 채기중 등을 교사하여 장승원의 집에 침입하여 자금을 강취하고 살해하도록 한 죄가 인정되므로 위와 같이 판결한다.

① 중일 전쟁 발발 직후에 결성되었다.
② 군대식 조직을 갖춘 비밀 결사였다.
③ 파리 강화 회의에 대표를 파견하였다.
④ 일제가 꾸며낸 105인 사건으로 와해되었다.
⑤ 만민 공동회를 열어 열강의 이권 침탈을 비판하였다.

해설

(가)는 박상진, 채기중 등이 주도하여 결성한 대한광복회이다.
대한광복회는 1915년 7월 의병 계열과 계몽운동 계열이 연합하여 결성한 단체로, 풍기에서 조직된 광복단과 대구에서 조직된 조선 국권 회복단이 중심이 되어 창립되었다.
대한광복회는 총사령에 박상진, 부사령에 김좌진을 두었고, 각 도에 지부를 두고 군대식 조직을 갖추었으며, 주권재민의 공화국 건설을 지향하였다. 대한광복회는 만주에 독립군사관학교 설립을 계획하고 군자금 모금 활동을 전개하였다. 대한광복회는 1918년 1월 박상진을 비롯한 대다수의 지도부가 사형당하여 큰 타격을 받았다.

오답분석

① 대한광복회는 1915년에 결성되었고, 중일전쟁은 1937년에 발발하였다.
③ 신한청년단이 파리 강화 회의에 김규식을 대표로 파견하였다.
④ 일제가 꾸며낸 105인 사건으로 1911년에 신민회가 와해되었다.
⑤ 독립협회가 만민공동회를 열어 열강의 이권 침탈을 비판하였다.

정답 ②

기출변형

밑줄 그은 '이곳'에서 있었던 민족 운동으로 옳은 것은?

> **우리 가족의 역사**
> 옆 사진은 우리 할머니의 젊을 때 모습이에요. 할머니는 19살 때 사진만 보고 할아버지랑 결혼하기로 한 뒤 당시 포와(布哇)라고 불리던 이곳으로 가셨대요.
> 할아버지는 이미 1903년에 갤릭호를 타고 이곳으로 가셔서 사탕수수 농장에서 일하고 계셨어요. 두 분은 고된 환경에서도 열심히 일해 호놀룰루에 터전을 잡으셨고 지금도 많은 친척이 살고 있어요.

① 대종교 계열의 중광단이 결성되었다.
② 권업회가 조직되어 권업신문을 창간하였다.
③ 사회주의 계열의 한인 사회당이 조직되었다.
④ 독립군 양성을 위한 신흥 무관 학교가 설립되었다.
⑤ 대조선 국민군단이 조직되어 무장 투쟁을 준비하였다.

해설

'갤릭호', '사탕수수 농장', '호놀룰루' 등의 단서를 통해 밑줄 그은 '이곳'은 미주 지역임을 알 수 있다. 1903년부터 미주 지역으로 한인이 이주가 시작되었다. 당시 주한 미국 공사 알렌의 주선으로 대한제국의 이민 허가를 받아 3년 동안 7,000명의 한국인이 하와이의 사탕수수 농장 노동자로 이주하였다. 미주 지역에서는 장인환과 전명운의 스티븐스 사살 의거(1908)를 계기로 한인 단체의 통합 운동이 일어나 1909년 국민회가 결성되었다.
1910년에는 국민회가 샌프란시스코의 대동보국회를 흡수하여 대한인국민회로 개칭하였다. 대한인국민회 하와이 지방총회는 1914년 대조선 국민군단으로 개편되어 교포 청장년을 대상으로 군사 훈련을 실시하였다.

오답분석

① 북간도에서 서일 등 대종교 계열 인사들이 중광단을 결성하였다.
② 연해주에서 권업회가 조직되어 권업신문을 창간하였다.
③ 연해주의 하바롭스크에서 이동휘가 사회주의 계열의 한인 사회당을 조직하였다.
④ 서간도의 삼원보에서 신민회 인사들이 신흥 무관 학교를 설립하였다.

정답 ⑤

088 3·1 운동

대표기출
심화 66회

밑줄 그은 '시위 운동'의 배경으로 가장 적절한 것은?

> 수신: 육군 대신
> 발신: 조선 헌병대 사령관
>
> 오늘 1일 새벽 경성에서 조선 독립에 관한 선언서를 발견함. 위 선언서에는 천도교, 기독교 신도들의 서명이 있었는데, 이면에는 일본 및 조선의 학생들과 비밀리에 연락했을 가능성이 있어 수사 중. 오후 2시에 이르러 중학(中學) 정도의 학생 약 1,000명이 모이자, 민중이 이에 어울려 시내를 행진하고 시위 운동을 시작함. 지금 수배 중. 위 집단은 각 장소에서 한국 독립 만세를 외치나 난폭한 행동으로 나오지는 않아 매우 불온한 형세는 없음. 주모자를 체포하고 해산시킬 예정이고 선언서에 서명한 사람 대부분은 즉시 체포함.

① 간도 참변으로 민간인이 학살되었다.
② 상하이에서 국민 대표 회의가 개최되었다.
③ 언론사의 주도로 브나로드 운동이 전개되었다.
④ 조선 노동 총동맹과 조선 농민 총동맹이 결성되었다.
⑤ 도쿄 유학생들을 중심으로 2·8 독립 선언서가 발표되었다.

해설
'1일', '경성' 등의 단서를 통해 밑줄 그은 '시위 운동'은 3·1 운동(1919) 임을 추론할 수 있다.
1919년 미국 대통령 윌슨이 제창한 '민족자결주의'가 파리 강화회의에서 채택되자 민족 운동가들은 독립을 쟁취하려는 노력을 나라 안팎에서 활발하게 전개하였다. 재일 유학생들은 조선 청년 독립단을 결성하고 1919년 2월 8일 도쿄의 조선 기독교 청년회관에서 독립선언서를 발표하였다. 2·8 독립 선언서는 일제의 침략행위를 역사적으로 설명하고, 병합이 민족의 의사를 무시한 일제의 군국주의적 야심의 사기와 폭력에 의해 이뤄졌음을 규탄하였다. 이 소식은 국내의 민족 대표들이 3·1 운동을 준비하는데 큰 자극을 주었다.

오답분석
① 1920년 청산리 전투 이후 간도 참변으로 민간인이 학살되었다.
② 1923년에 상하이에서 국민대표회의가 개최되었다.
③ 1931년부터 동아일보의 주도로 브나로드 운동이 전개되었다.
④ 1927년에 조선 노농 총동맹이 조선 노동 총동맹과 조선 농민 총동맹으로 분화되었다.

정답 ⑤

기출변형

(가) 민족 운동에 대한 설명으로 옳은 것은?

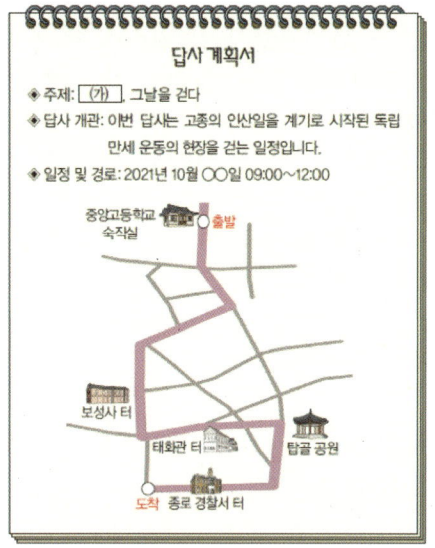

① 학생과 사회주의자들이 주도하였다.
② 통감부의 방해와 탄압으로 중단되었다.
③ 민족 대표 33인 명의의 독립 선언서가 발표되었다.
④ 대한매일신보의 후원을 받아 전국으로 확산되었다.
⑤ 한국인 학생과 일본인 학생 간의 충돌에서 비롯되었다.

해설
고종의 인산일을 계기로 시작된 독립 만세 운동은 3·1 운동(1919)이다.
1919년 1월 고종이 갑자기 서거하면서 반일 감정이 고조되었다. 이에 천도교, 기독교, 불교계 지도자들과 학생 대표들이 대대적인 만세 시위를 계획하였다.
1919년 3월 1일 민족 대표들은 태화관에 모여 독립 선언서를 낭독하고 만세 삼창한 뒤 일본 경찰에 자진 체포되었다. 그러나 탑골 공원에 모인 사람들은 학생들의 주도로 독립 선언식을 진행하고 대규모 시위를 전개하였다.

오답분석
① 1926년 6.10 만세 운동은 학생과 사회주의자들이 주도하였다.
② 국채 보상 운동이 통감부의 방해와 탄압으로 중단되었다. 1910년 이후 조선 총독부가 한반도를 통치하였다.
④ 1907년에 시작된 국채보상운동이 대한매일신보의 후원을 받아 전국으로 확산되었다.
⑤ 1929년에 일어난 광주 학생 항일 운동이 한국인 학생과 일본인 학생 간의 충돌에서 비롯되었다.

정답 ③

089 대한민국 임시 정부

대표기출 (심화 68회)

밑줄 그은 '회의'에 대한 설명으로 옳은 것은?

> 본 회의는 2천만 민중의 공의(公意)를 지키는 국민적 대회합으로서, 최고의 권위에 의해 국민의 완전한 통일을 견고하게 하며 광복 대업의 근본 방침을 수립하고, 이로써 우리 민족의 자유를 만회하고 독립을 완성하기를 기도하며 이에 선언하노라. 삼일 운동으로써 우리 민족의 정신적 통일은 이미 표명되었다. …… 본 대표들은 국민이 위탁한 사명을 받아 국민적 대단결을 힘써 도모하며, 독립 전도의 대방책을 확립하여 통일적 기관 하에서 대업을 기성(期成)하려 한다.

① 창조파와 개조파가 대립하였다.
② 대일 선전 성명서를 공표하였다.
③ 삼균주의를 기초로 하는 건국 강령을 발표하였다.
④ 파리 강화 회의에 김규식을 파견할 것을 결정하였다.
⑤ 지청천을 사령관으로 하는 한국광복군을 조직하였다.

해설

밑줄 그은 '회의'는 1923년에 상하이에서 개최된 국민대표회의이다. 1921년을 고비로 임시 정부의 활동은 침체 상태에 빠졌다. 이러한 가운데 외교 중심의 임시 정부 활동에 비판적이었던 신채호와 박용만 등이 국민대표회의 소집을 주장하였다. 1923년 1월 상하이에서 개최된 국민대표회의는 국내외 독립운동가 130여 명이 참여하여 약 4개월 정도 계속되었다. 참석자들은 임시 정부를 해산하고 새 정부를 세우자 주장하는 창조파, 임시 정부를 개편하자는 개조파 등으로 나뉘었다. 결국 이들 사이의 대립으로 회의는 성과를 거두지 못한 채 결렬되었고, 많은 독립운동가가 떠나면서 임시 정부의 세력은 크게 약화되었다.

오답분석
② 1941년에 대한민국 임시 정부가 대일 선전 성명서를 발표하였다.
③ 1941년에 대한민국 임시 정부가 건국강령을 발표하였다.
④ 1919년에 파리 강화 회의에 김규식이 파견되었다.
⑤ 1940년에 대한민국 임시 정부가 한국광복군을 조직하였다.

정답 ①

기출변형

(가)의 활동으로 옳지 않은 것은?

① 국내 비밀 행정 조직으로 연통제를 두었다.
② 독립 의식을 고취하기 위해 독립신문을 간행하였다.
③ 독립운동 자금 마련을 위해 독립 공채를 발행하였다.
④ 독립운동가 양성을 위해 조선 혁명 간부 학교를 설립하였다.
⑤ 임시 사료 편찬 위원회를 두고 한·일 관계 사료집을 발간하였다.

해설

신한 청년단 대표로 파리 강화 회의에 파견된 김규식을 외무총장 겸 주 파리 위원부 대표위원으로 선임한 (가)는 대한민국 임시 정부이다.
대한민국 임시 정부는 본국과의 연락을 위해 연통제와 교통국을 두었다. 연통제는 임시 정부의 국내 비밀 행정조직으로 서울에는 총판, 도에는 독판을 두고 그 아래 군감, 면감 등을 두었다. 임시 정부는 해외 동포들에게는 애국 공채를 발행하여 독립 운동 자금을 모았다. 그리고 기관지로 '독립신문'을 발행하여 독립 운동 소식을 전하였으며, 사료 편찬소를 두어 "한일관계 사료집"을 간행하였다.

오답분석
④ 의열단은 혁명 투사를 양성하기 위해 1932년 난징에 조선 혁명 간부 학교를 설립하였다.

정답 ④

090 의거 활동

대표기출
심화 69회

(가) 단체에 대한 설명으로 옳은 것은?

> **이달의 독립운동가**
>
> ### 황상규
>
>
>
> 경상남도 밀양 출생이다. 1918년 만주로 망명하였으며 김동삼, 김좌진, 안창호 등과 대한 독립 선언서를 발표하였다. 1919년 11월 김원봉 등과 (가) 을/를 조직하여 일제 기관의 파괴와 조선 총독 이하의 관리 및 매국노의 암살 등을 꾀하였다. 1920년에 국내로 폭탄을 들여와 의거를 준비하던 중 발각되어 7년의 징역형을 선고받았다. 1963년 건국훈장 독립장이 추서되었다.

① 조선 혁명 선언을 활동 지침으로 삼았다.
② 삼균주의를 기초로 한 건국 강령을 발표하였다.
③ 잡지 개벽 등을 발행하여 민족 의식을 고취하였다.
④ 훙커우 공원에서 일어난 윤봉길 의거를 계획하였다.
⑤ 조선 총독부에 국권 반환 요구서를 제출하려 하였다.

기출변형

밑줄 그은 '의거'를 일으킨 단체에 대한 설명으로 옳은 것은?

- 이 사진은 1945년 9월 2일 일왕을 대신하여 일본의 외무 대신이 연합군 앞에서 항복 문서에 서명하는 장면입니다.
- 서명하는 인물은 시게미쓰 마모루인데, 그는 윤봉길의 상하이 훙커우 공원 의거 당시 폭탄에 맞아 다리를 다쳤습니다.

① 신채호의 조선 혁명 선언을 활동 지침으로 삼았다.
② 김구를 단장으로 하여 활발한 의열 활동을 펼쳤다.
③ 조선 총독을 저격한 강우규가 단원으로 활동하였다.
④ 이상재 등의 주도로 민립 대학 설립 운동을 전개하였다.
⑤ 진상 조사단을 파견하여 광주 학생 항일 운동을 지원하였다.

해설

(가)는 1919년에 김원봉 등이 조직한 의열단이다.
1919년 3·1 운동 이후 만주 길림(지린)에서 김원봉, 윤세주 등이 비밀 결사로 의열단을 조직하여 조선총독부의 고위 관리나 친일파 거두 등을 처단하고, 조선총독부나 경찰서, 동양척식주식회사 등 식민지 착취 기관을 파괴하는 활동을 전개하였다.
신채호는 1922년 의열단장 김원봉의 초청으로 상해에 가서, 이듬해 초에 「조선혁명선언」을 집필, 발표하였다. 이 글에서 신채호는 일본을 타도하기 위한 혁명이 정당한 수단임을 천명하였고, 민중과의 연대와 암살·파괴·폭동 등 폭력을 중요한 방략으로 채택하여 의열단 활동에 큰 영향을 주었다.

오답분석
② 대한민국 임시 정부가 삼균주의에 기초한 건국강령을 발표하였다.
③ 천도교계에서 잡지 개벽을 발행하였다.
④ 한인애국단이 이봉창 의거, 윤봉길 의거를 계획하였다.
⑤ 독립의군부가 국권 반환 요구서를 제출하려 하였다.

정답 ①

해설

윤봉길은 1932년 4월 29일 훙커우 공원에서 폭탄을 투척해 다수의 일본인 고관을 처단하였다. 이를 계기로 중국 국민당 장제스는 임시 정부에 대한 지원을 약속하였다.
윤봉길은 1931년 김구가 조직한 한인 애국단 소속이었다. 한인 애국단 소속의 의거로 도쿄에서 일왕의 마차 행렬에 폭탄 투척을 시도한 이봉창의 의거도 있다.

오답분석
① 의열단이 조선 혁명 선언을 활동 지침으로 삼았다.
③ 강우규는 박은식이 조직한 대한노인동맹단 소속이었다.
④ 이상재 등이 민립대학기성회를 조직하여 민립 대학 설립 운동을 전개하였다.
⑤ 신간회는 광주 학생 항일 운동 당시 진상 조사단을 파견하였다.

정답 ②

091 1920년대 무장 독립 투쟁

대표기출 — 심화 68회

(가) 부대에 대한 설명으로 옳은 것은?

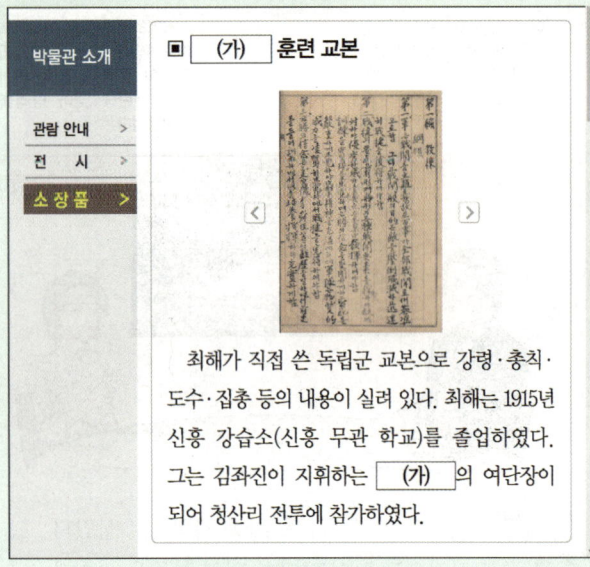

[박물관 소개 / 관람 안내 / 전시 / 소장품]

■ (가) 훈련 교본

최해가 직접 쓴 독립군 교본으로 강령·총칙·도수·집총 등의 내용이 실려 있다. 최해는 1915년 신흥 강습소(신흥 무관 학교)를 졸업하였다. 그는 김좌진이 지휘하는 (가) 의 여단장이 되어 청산리 전투에 참가하였다.

① 대전자령에서 일본군을 기습하였다.
② 영릉가에서 일본군에 승리를 거두었다.
③ 동북 항일 연군으로 개편되어 유격전을 전개하였다.
④ 중광단을 중심으로 조직되어 항일 독립 전쟁에 참여하였다.
⑤ 인도·미얀마 전선에 파견되어 영국군과 연합 작전을 펼쳤다.

해설
(가)는 김좌진의 지휘하에 청산리 전투에 참가한 북로군정서이다.
1909년 나철 등이 단군을 숭앙하는 대종교를 창시하였다. 대종교는 일제 통감부의 탄압을 받자 근거지를 간도와 연해주로 옮겨 활발한 무장 투쟁을 전개하였다. 북간도 왕청에서는 서일 등 대종교인이 중심이 되어 중광단을 조직하였다. 중광단은 3·1 운동 직후 북로군정서로 개편되어 청산리 전투의 주축 부대가 되었다.

오답분석
① 지청천의 한국독립군이 대전자령 전투에서 승리하였다.
② 양세봉의 조선혁명군이 영릉가 전투에서 승리하였다.
③ 동북 인민 혁명군이 1936년 동북 항일 연군으로 확대 개편되었다.
⑤ 한국광복군이 1943년 인도·미얀마 전선에 파견되었다.

정답 ④

기출변형

(가), (나) 사이의 시기에 있었던 사실로 옳지 않은 것은?

> (가) 북간도에 주둔한 아군 7백 명은 북로 사령부 소재지인 봉오동을 향해 행군하다가 적군 3백 명을 발견하였다. 아군을 지휘하는 홍범도, 최진동 두 장군은 즉시 적을 공격하여 120여 명을 살상하고 도주하는 적을 수격하였다.
> — 「독립신문」 —
>
> (나) 조선 혁명군 총사령 양세봉, 참모장 김학규 등은 병력을 이끌고 중국 의용군과 합세하였다. …… 아군은 승세를 몰아 적들을 30여 리 정도 추격한 끝에 영릉가성을 점령하였다.
> — 「광복」 —

① 자유시 참변 이후 3부가 조직되었다.
② 일본군의 보복으로 간도 참변이 발생하였다.
③ 독립군 연합 부대가 청산리에서 큰 승리를 거두었다.
④ 일제가 독립군을 탄압하고자 미쓰야 협정을 체결하였다.
⑤ 스탈린에 의해 많은 한인이 중앙아시아로 강제 이주되었다.

해설
(가)는 1920년 6월 일어난 봉오동 전투이다. 봉오동 전투에서 홍범도가 이끄는 대한독립군 등의 독립군 부대가 일본군 1개 대대 병력을 격파하였다.
(나)는 1932년 조선혁명군 부대와 중국 의용군이 함께 일본군을 격파한 영릉가 전투이다.
봉오동 전투 직후 일본군이 독립군 토벌을 위해 대대적으로 파병되었다. 1920년 10월 청산리 협곡 일대에서 김좌진이 이끄는 북로군정서군 등의 독립군 부대가 일본군을 격파하였다(청산리 전투). 1920년 겨울 청산리 전투에 대한 일본군의 보복으로 간도 참변이 발생하였다. 간도 참변 이후 독립군은 밀산에 집결하여 대한독립군단을 조직하고 러시아령으로 이동하였다. 1921년 여름 러시아 자유시에서 적색이 독립군의 무장을 해제하면서 많은 사상자가 발생하였다(자유시 참변).
자유시 참변 이후 이곳저곳으로 흩어졌던 독립군은 3부(참의부, 정의부, 신민부)로 정비되었다. 1925년 조선 총독부 경무국은 만주 군벌과 독립군 토벌을 위해 미쓰야 협정을 체결하였다.

오답분석
⑤ 중일전쟁 직후 소련 당국에 의해 연해주의 한인들이 중앙아시아로 강제 이주되었다.

정답 ⑤

092 1930년대 무장 독립 투쟁

대표기출
심화 67회

(가) 단체에 대한 설명으로 옳은 것은?

> 대전자령은 태평령이라고도 하는데, 일본군이 서남부의 왕청현 쪽으로 가려면 반드시 지나가야 하는 지점이었다. 대전자령의 양쪽은 험준한 절벽과 울창한 산림 지대로 되어 있어 적을 공격하기에 알맞은 곳이었다. 이 전투에 (가) 의 주력 부대 500여 명, 차이시잉(柴世榮)이 거느리는 중국 의용군인 길림구국군 2,000여 명이 참가하였다. …… 한중 연합군은 계곡 양편 산기슭에 구축되어 있는 참호 속에 미리 매복·대기하여 일본군 습격 준비를 마쳤다.
>
> - 『청천장군의 혁명투쟁사』 -

① 영국군의 요청으로 인도·미얀마 전선에 투입되었다.
② 간도 참변 이후 조직을 정비하고 자유시로 이동하였다.
③ 중국 관내(關內)에서 결성된 최초의 한인 무장 부대였다.
④ 홍범도 부대와 연합하여 청산리에서 일본군과 교전하였다.
⑤ 한국 독립당의 군사 조직으로 북만주 지역에서 활약하였다.

기출변형

(가) 부대의 활동으로 옳은 것은?

> **학술 대회 안내**
>
> 우리 학회는 1929년 조직되어 남만주에서 항일 무장 투쟁을 전개하였던 (가) 을/를 조명하는 학술 대회를 개최합니다.
>
> ◆ 발표 주제 ◆
> 1. 영릉가 전투의 전개 과정
> 2. 1930년대 한중 항일 연합 작전의 성과
> 3. 총사령 양세봉에 대한 남과 북의 평가
>
> ■ 일시: 2021년 ○○월 ○○일 13:00~17:00
> ■ 장소: □□ 기념관 강당
> ■ 주최: △△ 학회

① 흥경성에서 일본군을 격퇴하였다.
② 호가장 전투에서 크게 활약하였다.
③ 대전자령 전투에서 큰 전과를 올렸다.
④ 중국 팔로군에 편제되어 항일 전선에 참여하였다.
⑤ 연합군과 함께 인도·미얀마 전선에서 활동하였다.

해설
(가)는 대전자령 전투에서 일본군에 승리한 한국독립군이다. 1931년 9월에 일본 관동군이 만주사변을 일으킨 후, 1932년 만주국을 세웠다. 한국독립당의 한국독립군과 국민부 측의 조선혁명군은 일제의 만주 침략에 맞서 중국 항일군과 연합 작전을 전개하였다.
북만주 일대에서는 지청천(이청천)의 한국 독립군이 중국 호로군과 연합하여 쌍성보 전투, 사도하자 전투, 동경성 전투, 대전자령 전투에서 큰 승리를 거두었다. 북만주 지역의 한중연합작전은 1933년 가을을 기점으로 약화되고, 한국독립군의 간부들은 대부분 중국 본토로 들어가 임시정부에 합류하였다.

오답분석
① 한국광복군이 인도·미얀마 전선에 투입되었다.
② 간도 참변 이후 대한독립군단이 결성되어 자유시로 이동하였다.
③ 조선의용대가 중국 관내에서 결성된 최초의 한인 무장 부대였다.
④ 대한독립군(홍범도), 북로군정서(김좌진) 등이 청산리 전투에 참여하였다.

정답 ⑤

해설
1931년 만주 사변 이후 조선혁명군은 총사령관 양세봉의 지휘 아래 중국 의용군(요령 민중자위군)과 연합 작전을 전개하여 영릉가, 흥경성 등지에서 일본군을 격파하였다.

오답분석
② 1942년 조선의용대 화북지대는 호가장 전투에서 일본군을 격파하였다.
③ 1933년 북만주 지역에서 한국독립군이 일본군을 격파한 전투이다.
④ 1942년 이후 조선의용군이 중국 팔로군에 편제되어 화북 지방에서 항일 전선에 참여하였다.
⑤ 1943년 한국광복군은 인도 미얀마 전선에서 영국군을 지원하는 활동을 전개하였다.

정답 ①

093 1940년대 무장 독립 투쟁

대표기출 심화 69회

(가) 부대에 대한 설명으로 옳은 것은?

> 한국 독립운동을 촉진하고 한국 혁명 역량을 집중하기 위해 이번 달 15일 중국 국민당 군사 위원회는 조선 의용대를 개편하여 ＿(가)＿ 에 편입할 것을 특별히 명령하였다. 제1지대는 총사령에게 직속되어 이(지)청천 장군이 통할한다. …… ＿(가)＿ 의 총사령부는 중경에 설치하기로 결정하였다.

① 자유시 참변으로 세력이 약화되었다.
② 영릉가 전투에서 일본군에 승리하였다.
③ 쌍성보 전투에서 한중 연합 작전을 전개하였다.
④ 국내 정진군을 편성하여 국내 진공 작전을 추진하였다.
⑤ 홍범도 부대와 연합하여 청산리에서 일본군을 격퇴하였다.

해설

(가)는 이(지)청천을 총사령으로 하고, 조선의용대 병력을 편입한 한국광복군이다.
대한민국 임시 정부는 1940년 지청천을 총사령관, 이범석을 참모장에 임명하여 한국광복군을 창설하였다. 한국광복군은 1942년 김원봉이 이끄는 조선의용대 병력을 편입하여 군사력을 증강하였다. 1943년에는 영국군의 협조 요청으로 미얀마·인도 전선에 배치되어 포로 심문, 전단 살포 등을 담당하였다. 한국광복군은 미군 OSS(미 육군 전략처)와 협약을 맺고, 1945년 국내정진군을 조직하여 국내 침투를 추진하였으나 일본의 패망으로 실행되지 못했다.

오답분석

① 대한독립군단이 자유시 참변(1921)으로 세력이 약화되었다.
② 양세봉의 조선혁명군이 영릉가 전투에서 승리하였다.
③ 지청천의 한국독립군이 쌍성보 전투에서 한중 연합 작전을 전개하였다.
⑤ 대한독립군(홍범도), 북로군정서(김좌진) 등이 청산리 전투에 참여하였다.

정답 ④

기출변형

다음 성명서를 발표한 이후 대한민국 임시 정부의 활동으로 옳은 것은?

> 우리는 삼천만의 한국인 및 정부를 대표하여 중국, 영국, 미국, …… 기타 국가들이 일본에 대해 전쟁을 선포한 것을 삼가 축하한다. 이것은 일본을 격패(擊敗)시키고 동아시아를 재건하는 가장 유효한 수단이다. 이에 특별히 다음과 같이 성명한다.
>
> 1. 한국 전체 인민은 현재 이미 반침략 전선에 참여한 상태이며 하나의 전투 단위로서 추축국에 전쟁을 선포한다.
> 2. 1910년의 합병 조약 및 일체 불평등 조약이 무효임을 재차 선포한다. 아울러 반침략 국가가 한국에 지닌 합리적 기득 권익을 존중한다.
> 3. 왜구를 한국, 중국 및 서태평양에서 완전히 축출하기 위하여 혈전으로 최후의 승리를 거둔다.

① 충칭에서 한국 광복군을 창설하였다.
② 상해에서 국민 대표 회의를 개최하였다.
③ 파리 강화 회의에 독립 청원서를 제출하였다.
④ 의거 활동을 위해 한인 애국단을 조직하였다.
⑤ 미군과 연계하여 국내 진공 작전을 추진하였다.

해설

제시된 성명서는 1941년 12월 임시 정부가 태평양 전쟁 발발 직후 발표한 대일본 선전포고문이다.
대한민국 임시 정부는 1940년 지청천을 총사령관, 이범석을 참모장에 임명하여 한국광복군을 창설하였다. 한국광복군은 1942년 김원봉이 이끄는 조선의용대 병력을 편입하여 군사력을 증강하였다. 1943년에는 영국군의 협조 요청으로 미얀마·인도 전선에 배치되어 포로 심문, 전단 살포 등을 담당하였다. 한국광복군은 미군 OSS(미 육군 전략처)와 협약을 맺고, 1945년 국내 정진군을 조직하여 국내 진공 작전을 추진하였으나 일본의 패망으로 실행되지 못했다.

오답분석

① 1940년에 한국광복군이 창설되었다.
② 1923년 상해에서 민족 운동가들이 모여 국민 대표 회의를 개최하였다.
③ 1919년에 김규식을 파견하여 파리 강화 회의에 독립 청원서를 제출하였다.
④ 1931년에 김구가 한인애국단을 조직하여 이봉창 의거, 윤봉길 의거를 감행하였다.

정답 ⑤

094 독립운동가

대표기출
심화 72회

㉠~㉤에 대한 설명으로 옳지 <u>않은</u> 것은?

단재 신채호 연보

1880년 충청도 회덕에서 출생
1907년 ㉠ 신민회 활동에 참여하고 대한매일신보 필진으로 근무
1919년 상하이로 가서 ㉡ 대한민국 임시 정부 수립에 참여
1923년 ㉢「조선 혁명 선언」 작성
1927년 무정부주의 동방 연맹 창립 대회에 참가
1928년 타이완 지룽에서 체포됨
1931년 ㉣「조선상고사」가 조선일보에 연재됨
1936년 ㉤ 뤼순 감옥에서 사망

① ㉠ - 광주 학생 항일 운동에 진상 조사단을 파견하였다.
② ㉡ - 이륭양행에 교통국을 설치하여 국내와 연락을 취하였다.
③ ㉢ - 의열단이 활동 지침으로 삼았다.
④ ㉣ - 역사를 아와 비아의 투쟁으로 정의하였다.
⑤ ㉤ - 안중근 의사가 순국한 곳이다.

해설
② 아일랜드 사람인 죠지 루이스 쇼(1880~1943)가 만주 안동(단둥)에서 무역 선박회사인 이륭양행을 운영하였다. 대한민국 임시 정부는 이륭양행에 교통국을 설치하여 무기의 수송, 독립 자금의 모집, 독립지사의 방명 등의 임무를 수행하게 하였다.
③ 신채호는 김원봉의 초청으로 상해에 가서, 「조선혁명선언」을 집필, 발표하였다. 이 글에서 신채호는 일본을 타도하기 위한 혁명이 정당한 수단임을 천명하였고, 민중과의 연대와 암살·파괴·폭동 등 폭력을 중요한 방략으로 채택하여 의열단 활동에 큰 영향을 주었다.
④ 신채호는 「조선사연구초」, 「조선상고사」 등을 저술하여 고대사 연구에 큰 자취를 남겼다. 그는 '아(我)와 비아(非我)의 투쟁 속에서 역사가 전개된다'고 설명하여 항일 독립운동의 이론적 근거를 제공하였다.
⑤ 신채호는 1928년 대만에서 체포되어 뤼순(여순)감옥에서 복역하던 중 1936년 순국하였다. 이 뤼순감옥은 이토 히로부미를 사살한 안중근이 1910년 3월 순국한 곳이기도 하다.

오답분석
① 신민회는 1911년에 105인 사건으로 와해되었고, 신간회가 광주 학생 항일 운동에 진상 조사단을 파견하였다.

정답 ①

기출변형

(가), (나) 인물에 대한 설명으로 옳은 것은?

국외 독립 전쟁을 이끈 독립운동가

(가)
· 생몰: 1896년 ~ 1934년
· 대한 통의부 의군으로 활동
· 조선 혁명군 총사령관으로 항일 투쟁 전개
· 일제의 밀정에 의해 사망
· 1962년 건국훈장 독립장 추서

(나)
· 생몰: 1888년 ~ 1957년
· 신흥 무관 학교 교성 대장으로 독립군 양성
· 한국 독립군 총사령관으로 항일 투쟁 전개
· 한국광복군 총사령관에 취임
· 1962년 건국훈장 대통령장 추서

① (가) - 조선 혁명 간부 학교를 설립하였다.
② (가) - 대한 광복회를 조직하여 친일파를 처단하였다.
③ (나) - 대전자령 전투에서 일본군에 대승을 거두었다.
④ (나) - 중광단을 중심으로 북로 군정서를 조직하였다.
⑤ (가), (나) - 황푸 군관 학교에 입학하여 군사 훈련을 받았다.

해설
(가)는 조선 혁명군을 이끈 양세봉, (나)는 한국광복군을 이끈 지청천이다. 1931년 기후 시부이 늘어나 일세가 민족을 탕압하자, 조신 혁명군은 총사령관 양세봉의 지휘 아래 단독으로 혹은 중국의용군(요녕 민중자위군)과 연합 작전을 전개하여 영릉가, 흥경성 전투 등에서 일본군을 물리쳤다.
지청천은 1919년 만주로 망명하여 신흥무관학교 교성대장이 되어 독립군 간부양성에 진력하였다. 1930년 한국독립당 창당에 참여하여 한국독립군 총사령관이 되고, 중국의 항일 무장 세력과 연합하여 쌍성보 전투, 사도하자 전투, 대전자령 전투 등에서 일본군을 격파하는 큰 전과를 올렸다. 1940년 충칭 임시 정부의 광복군 총사령관에 임명되어 항일전을 수행하였다.

오답분석
① 의열단장 김원봉이 조선 혁명 간부 학교를 설립하였다.
② 박상진, 김좌진 등이 대한 광복회를 조직하여 친일파를 처단하였다.
④ 김좌진이 중광단을 중심으로 북로 군정서를 조직하였다.
⑤ 김원봉 등 의열단의 단원들이 황푸 군관 학교에 입학하여 군사 훈련을 받았다.

정답 ③

095 사회적 민족 운동

대표기출   심화 68회

다음 가상 일기의 밑줄 그은 '운동'에 대한 설명으로 옳은 것은?

> 1925년 ○○월 ○○일
> 우리 백정들은 신분제가 폐지되었음에도 끊임없이 차별받았다. 다 같은 조선 민족인데 왜 우리를 핍박하는 걸까? 우리는 저울처럼 평등한 세상을 만들기 위해 몇 해 전부터 운동을 벌이고 있지만 사람들의 인식을 바꾸기는 쉽지 않은 것 같다. 얼마 전 예천에서는 '백정을 핍박하는 것은 죄가 아니다.'라고 말하는 사람도 있다고 하니 우리는 언제쯤 평등한 대우를 받을 수 있을까?

① 조선 형평사의 주도로 전개되었다.
② 대한매일신보의 지원을 받아 확대되었다.
③ 평양에서 시작하여 전국적으로 확산되었다.
④ 순종의 인산일을 기한 대규모 시위를 계획하였다.
⑤ 라이징 선 석유 회사의 한국인 구타 사건을 계기로 시작되었다.

해설

1920년대에 백정들이 평등한 세상을 만들기 위해 전개한 운동은 형평 운동이다.
1894년 갑오개혁으로 백정은 법적으로 해방되었지만, 사회적 편견이나 차별은 여전하였다. 특히 일제는 호적에 백정임을 표시하도록 하여 차별의 빌미를 제공하였다. 이에 백정들은 신분 차별과 멸시를 타파하기 위해 1923년 경남 진주에서 조선 형평사를 조직하여 형평 운동을 전개하였다.

오답분석

② 국채 보상 운동이 대한매일신보의 지원을 받아 확대되었다.
③ 물산 장려 운동이 평양에서 시작되어 전국적으로 확산되었다.
④ 6·10 만세 운동(1926)이 순종의 인산일을 계기로 추진되었다.
⑤ 1929년에 라이징 선 석유 회사에서 벌어진 조선인 구타 사건을 계기로 원산 총파업이 전개되었다.

정답 ①

기출변형

밑줄 그은 '이 운동'에 대한 설명으로 옳은 것은?

> 이것은 '학생의 날' 기념우표이다. 학생의 날은 1929년 한일 학생 간 충돌을 계기로 광주에서 일어나 전국으로 확산된 이 운동을 기리기 위해 1953년에 제정되었다. 우표는 이 운동의 기념탑과 당시 학생들의 울분을 함께 형상화하여 도안되었다. 학생의 날은 2006년부터 '학생 독립운동 기념일'로 명칭이 변경되었다.

① 정인보, 문일평, 안재홍이 주도하였다.
② 동아일보가 주도한 농촌 계몽 운동이었다.
③ 대한민국 임시 정부 수립에 영향을 주었다.
④ 국내에서 민족 유일당 운동이 시작되는 계기가 되었다.
⑤ 신간회 중앙 본부가 진상 조사단을 파견하여 지원하였다.

해설

1929년 한일 학생 간 충돌을 계기로 광주에서 일어난 '이 운동'은 광주 학생 항일 운동이다.
광주 지역 학생들은 각 학교 독서회 조직을 중심으로 이를 항일 시위로 확대시켜, 11월 3일 대규모 시위를 전개하였다. 이 운동은 3·1 운동 이후 일어난 최대 규모의 항일 민족 운동이었으며, 전국적으로 194개 교에서 5만 4,000여 명이 참여하였다.
1929년 광주 학생 항일 운동이 일어나자 신간회는 현지에 조사단을 파견하고 진상보고를 위한 민중 대회를 열어, 3·1 운동과 같은 전국적인 항일 운동으로 확산시킬 계획을 세웠다. 그러나 사전에 일본 경찰에 발각되어 신간회 간부들이 체포되었고, 민중대회는 열리지 못하였다.

오답분석

① 1933년 정인보, 문일평, 안재홍이 주도하여 조선학 운동을 전개하였다.
② 1931년 동아일보가 문맹퇴치와 미신 타파를 내세우며 브나로드 운동을 전개하였다.
③ 3·1 운동(1919)이 대한민국 임시 정부 수립에 영향을 주었다.
④ 6·10 만세 운동(1926)이 국내에서 민족 유일당 운동이 시작되는 계기가 되었다.

정답 ⑤

096 신간회

대표기출 (심화 64회)

(가) 단체에 대한 설명으로 옳은 것은?

> **역사 신문**
> 제△△호. ○○○○년 ○○월 ○○일
>
> **민중 대회 개최 모의로 지도부 대거 체포**
>
> 허헌, 홍명희 등 (가) 의 지도부는 광주 학생 항일 운동을 전국적 시위 운동으로 확산시키기 위한 민중 대회 개최를 추진하다가 경찰에 체포되었다. 이 단체는 사건 진상 조사 보고를 위한 유인물 배포 및 연설회 개최를 계획하고, 각 지회에 행동 지침을 내리는 등 시위 확산을 도모하였다.

① 암태도 소작 쟁의를 지원하였다.
② 민족 협동 전선으로 결성되었다.
③ 부민관 폭파 사건을 주도하였다.
④ 조선 혁명 선언을 활동 지침으로 하였다.
⑤ 어린이날을 제정하고 잡지 어린이를 간행하였다.

해설

(가)는 광주 학생 항일 운동(1929) 때 현지에 조사단을 파견하고 진상 보고를 위한 민중대회 개최를 추진한 단체는 신간회이다.
이광수, 최린 등이 주도한 자치 운동론에 반발하여 민족해방운동의 단결과 통일적 대응을 모색하던 사회주의 진영과 비타협적 민족주의 진영은 민족유일당 운동을 전개하였다. 신무회는 1926년 11월에 신무회 선언을 발표하여 민족주의 세력과의 제휴를 주장하였다. 한편 1926년 7월 조선물산장려회를 주축으로 한 비타협적 민족주의자들(민족주의 좌파)은 서울청년회 등의 일부 사회주의자들과 함께 조선 민흥회를 결성하였다. 이런 국내외의 민족유일당 운동의 영향을 받아 비타협적 민족주의자들과 사회주의자들은 1927년 2월에 신간회를 창립하였다.

오답분석

① 신간회는 1927년에 결성되었고, 암태도 소작 쟁의는 1923년에 전개되었다.
③ 신간회는 1931년에 해소되었고, 부민관 폭파 사건은 1945년에 일어났다.
④ 의열단이 신채호가 작성한 조선 혁명 선언을 활동 지침으로 하였다.
⑤ 방정환이 이끈 천도교 소년회가 어린이날을 제정하고 잡지 어린이를 간행하였다.

정답 ②

기출변형

다음 강령을 발표한 단체에 대한 설명으로 옳은 것은?

> **행동 강령**
> 1. 여성에 대한 사회적·법률적 일체 차별 철폐
> 2. 일체 봉건적 인습과 미신 타파
> 3. 조혼 폐지 및 결혼의 자유
> 4. 인신매매 및 공창 폐지
> 5. 농민 부인의 경제적 이익 옹호
> 6. 부인 노동의 임금 차별 철폐 및 산전 산후 임금 지불
> 7. 부인 및 소년공의 위험 노동 및 야업 폐지

① 3·1 운동에 주도적으로 참여하였다.
② 상하이에서 대동 단결 선언을 발표하였다.
③ 여성 교육을 위해 이화 학당을 설립하였다.
④ 최초의 여성 권리 선언문인 여권통문을 공표하였다.
⑤ 민족주의 계열과 사회주의 계열의 여성들이 연합하였다.

해설

자료는 신간회 자매단체인 근우회의 행동 강령이다. 1927년 조직된 근우회는 여성계 민족 협동 전선으로 국내와 도쿄, 간도 등에 수십 개의 지회를 두고 순회강연, 부인 강좌, 야학 등을 통해 노동 여성의 조직화와 여성 계몽에 노력하였다.

오답분석

① 3·1운동은 종교계와 학생 주도로 전개되었다.
② 1917년 상하이에서 신규식, 신채호, 조소앙 등의 인사들이 대동단결 선언을 발표하였다.
③ 1886년 조선의 여성 교육을 위해 미국인 선교사가 이화 학당을 설립하였다.
④ 1898년 찬양회가 여권통문을 발표하고 순성여학교를 설립하였다.

정답 ⑤

V 독립운동사

097 경제적 민족 운동

대표기출 — 심화 64회

밑줄 그은 '이 운동'에 대한 설명으로 옳은 것은?

- 이것은 평양에서 조만식 등의 주도로 시작된 이 운동의 선전 행렬을 보여주는 사진이야.
- 이 운동은 '조선 사람 조선 것' 등의 구호를 내세웠지만, 자본가의 이익만을 추구하는 이기적인 운동이라고 비판받기도 했어.

① 통감부의 탄압과 방해로 중단되었다.
② 조선 관세령 폐지를 계기로 확산되었다.
③ 황국 중앙 총상회가 설립되는 결과를 가져왔다.
④ 한성 은행, 대한 천일 은행 설립에 영향을 끼쳤다.
⑤ 일본, 프랑스 등의 노동단체로부터 격려 전문을 받았다.

해설

평양에서 조만식 등의 주도로 시작되었으며, '조선 사람 조선 것' 등의 구호를 내세운 '이 운동'은 물산 장려 운동이다.
1920년 회사령이 폐지된 후 한국인이 설립한 기업은 증가하였지만, 자본과 기술력이 우수한 일본 기업과의 경쟁에서 어려움이 많았다. 이에 더해 일본과 조선 사이의 관세를 철폐한다는 소식이 전해지자 1920년 8월 평양에서 조만식 등이 주도하여 물산 장려 운동을 시작하였다. 이후 서울 등 다른 지역에서도 자작회, 금주·단연회 등의 이름으로 많은 단체들이 만들어졌고, 각 단체의 대표들이 모여 조선 물산 장려회를 조직하고 운동을 전국적으로 확산시켰다.

오답분석

① 국채 보상 운동(1907)이 통감부의 탄압과 방해로 중단되었고, 물산 장려 운동은 총독부 통치 시기에 추진되었다.
③ 1898년에 서울의 시전 상인들이 황국 중앙 총상회를 설립하였다.
④ 1897년에 한성 은행, 1899년에 대한 천일 은행이 설립되었다.
⑤ 원산 노동자 총파업 때 일본, 프랑스 등의 노동 단체가 격려 전문을 보냈다.

정답 ②

기출변형

(가), (나) 사건에 대한 설명으로 옳은 것은?

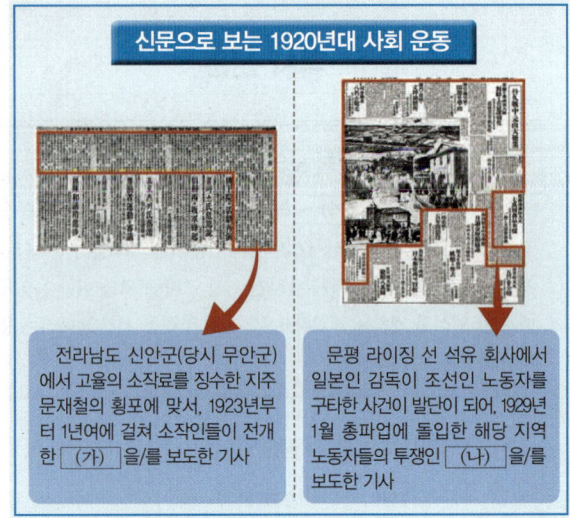

신문으로 보는 1920년대 사회 운동

- 전라남도 신안군(당시 무안군)에서 고율의 소작료를 징수한 지주 문재철의 횡포에 맞서, 1923년부터 1년여에 걸쳐 소작인들이 전개한 (가) 을/를 보도한 기사
- 문평 라이징 선 석유 회사에서 일본인 감독이 조선인 노동자를 구타한 사건이 발단이 되어, 1929년 1월 총파업에 돌입한 해당 지역 노동자들의 투쟁인 (나) 을/를 보도한 기사

① (가) - 중국의 5·4 운동에 영향을 주었다.
② (가) - 혁명적 농민 조합을 중심으로 펼쳐졌다.
③ (나) - 대한민국 임시 정부 수립의 계기가 되었다.
④ (나) - 일본, 프랑스 등지의 노동 단체로부터 격려 전문을 받았다.
⑤ (가), (나) - 일제가 이른바 문화 통치를 실시하는 배경이 되었다.

해설

(가)는 전라남도 신안군의 암태도에서 벌어졌던 암태도 소작쟁의(1923)이고, (나)는 문평 석유공장 노동자의 파업을 기점으로 일어난 원산 노동자 총파업(1929)이다.
1923년 9월부터 1년 가까이 계속된 암태도 소작쟁의는 지주와 그들을 두둔하는 일본 경찰에 맞서 끈질기게 투쟁하여 소작료를 낮추는 성과를 거두었다.
문평 석유회사의 일본인 감독이 한국인 노동자를 구타한 사건을 계기로 3천여 명이 참가한 원산 노동자 총파업은 일제 강점기 가장 규모가 큰 파업 투쟁이었다. 특히 장기화 된 파업 속에서 전국 각지의 노동조합·청년단체·농민단체 등이 물심양면으로 후원하였으며, 일본·중국·프랑스·소련의 노동단체들의 격려와 후원이 뒤따랐다.

오답분석

①, ③, ⑤는 모두 3·1운동에 대한 설명이다.
② 1930년대에 적색 농민 조합(혁명적 농민 조합)을 중심으로 농민운동이 전개되었다.

정답 ④

098 국학 연구(1)

대표기출 (심화 67회)

(가)에 들어갈 내용으로 가장 적절한 것은?

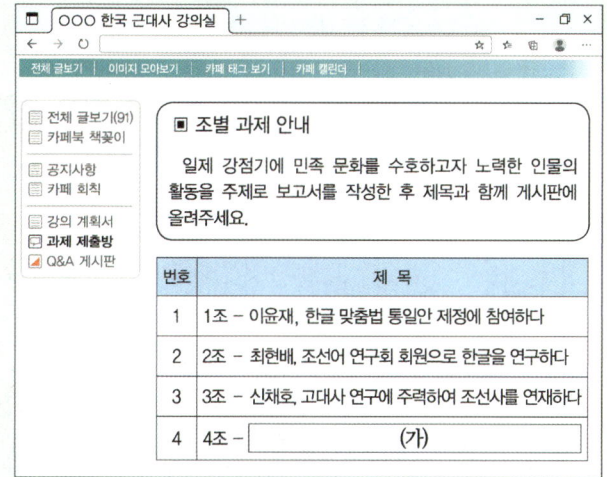

조별 과제 안내
일제 강점기에 민족 문화를 수호하고자 노력한 인물의 활동을 주제로 보고서를 작성한 후 제목과 함께 게시판에 올려주세요.

번호	제 목
1	1조 - 이윤재, 한글 맞춤법 통일안 제정에 참여하다
2	2조 - 최현배, 조선어 연구회 회원으로 한글을 연구하다
3	3조 - 신채호, 고대사 연구에 주력하여 조선사를 연재하다
4	4조 - (가)

① 정인보, 민족의 얼을 강조하고 조선학 운동을 전개하다
② 장지연, 황성신문에 시일야방성대곡이라는 논설을 싣다
③ 유길준, 서유견문을 집필하여 서양 근대 문명을 소개하다
④ 최익현, 지부복궐척화의소를 올려 왜양일체론을 주장하다
⑤ 신헌, 강화도 조약 체결의 전말을 기록한 심행일기를 남기다

기출변형

(가) 단체에 대한 설명으로 옳은 것은?

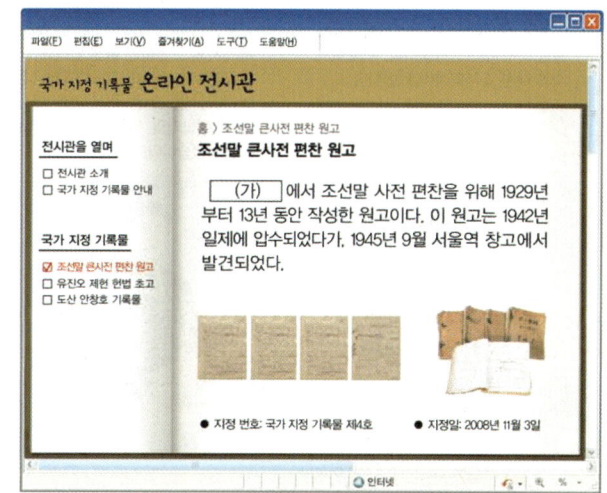

조선말 큰사전 편찬 원고
(가) 에서 조선말 사전 편찬을 위해 1929년부터 13년 동안 작성한 원고이다. 이 원고는 1942년 일제에 압수되었다가, 1945년 9월 서울역 창고에서 발견되었다.

● 지정 번호: 국가 지정 기록물 제4호 ● 지정일: 2008년 11월 3일

① 국어 문법서인 대한문전을 편찬하였다.
② 한글 맞춤법 통일안과 표준어를 제정하였다.
③ 우리말 음운 연구서인 언문지를 저술하였다.
④ 한글 연구를 목적으로 학부 아래에 설립되었다.
⑤ 주시경을 중심으로 국문을 정리하고 철자법을 연구하였다.

해설

일제 강점기에 정인보는 동아일보에 '오천년간 조선의 얼'을 연재하여 한국사에 대한 관심을 환기시켰다. 그는 민족 정신을 '조선얼'로 표현하였으며, 역사 연구의 최대 목표를 '얼'과 같은 민족 정신의 유지에 두었다. 정인보는 『조선사연구』, 『양명학연론』과 같은 저서를 남겼다.
한편, 문일평·정인보·안재홍 등은 1933년 다산 정약용 연구를 중심으로 한 '조선학 운동'을 전개하였다. 이들은 1934년에 정약용의 저서를 모은 『여유당전서』를 발간하여 조선 후기 실학 사상을 재평가하였다.

오답분석
② 1905년에 장지연이 황성신문에 시일야방성대곡을 게재하였다.
③ 1880년대에 유길준이 『서유견문』을 집필하였다.
④ 1876년에 최익현이 지부복궐척화의소를 올렸다.
⑤ 1876년에 신헌이 강화도 조약을 체결하고 『심행일기』를 작성하였다.

정답 ①

해설

(가)는 조선말 큰사전 편찬을 시도한 조선어 학회이다.
1931년 조선어 연구회가 조선어 학회로 확대·개편하고, 기관지로 '한글'을 발행하였다. 조선어 학회 회원들은 전국 각지를 순회하면서 한글 강습회를 개최하고, 문맹 퇴치 운동 때는 우리말 강습 교재를 편찬·발간하고 많은 회원을 강사로 보내어 참여하였다. 조선어 학회는 '한글 맞춤법 통일안'(1933)과 '조선어 표준말 모음'(1936) 및 '외래어 표기법 통일안'(1940)을 만들었다. 이를 바탕으로 조선어 학회는 조선말 큰사전의 편찬을 시도하였으나, 1942년에 조선어 학회 사건이 일어나 중단되었다.

오답분석
① 유길준이 『조선문전』(1895)을 보완하여 『대한문전』(1909)을 편찬하였다.
③ 순조 때 유희가 훈민정음에 관한 연구서로 『언문지』를 편찬하였다.
④ 대한제국은 한글 연구를 위해 학부 아래 국문연구소를 설립하였다.
⑤ 국문연구소에서 주시경, 지석영 등이 국문을 정리하였다.

정답 ②

099 국학 연구(2)

대표기출
심화 69회

다음 가상 인터뷰의 주인공에 대한 설명으로 옳은 것은?

- 며칠 전 경성에서 조선사회경제사 출판 축하회가 있었습니다. 저자로서 책에 대한 소개를 부탁드립니다.
- 저는 우리 역사의 전개 과정을 세계사의 보편적인 발전 법칙에 따라 네 단계로 나누어 파악하였습니다. 이 책에서는 그 중 원시 씨족 사회와 삼국 정립기의 노예제 사회에 대해 서술하였습니다.

① 진단 학회를 조직하였다.
② 한국독립운동지혈사를 저술하였다.
③ 식민사학의 정체성론을 반박하였다.
④ 우리말 큰 사전 편찬 사업을 추진하였다.
⑤ 민족의 얼을 강조하고 조선학 운동을 주도하였다.

해설
『조선사회경제사』를 저술한 인물은 백남운이다. 백남운은 사회주의의 영향을 받아 사적 유물론(유물사관)의 입장에서 한국사를 연구하였고, 『조선사회경제사』를 저술하여 우리나라의 역사가 원시 공산사회 – 고대 노예사회 – 중세 봉건사회 – 자본주의사회라는 세계사의 보편적 역사 발전 단계에 입각하여 발전하였음을 강조하였다. 그는 한국사가 세계사적 발전 과정을 따라 발전해왔음을 주장하며 민족주의 역사학의 정신주의적 경향과 식민사학의 정체성론을 비판하였다.

오답분석
① 이병도, 손진태 등이 진단학회를 조직하였다.
② 박은식이 『한국독립운동지혈사』를 저술하였다.
④ 조선어학회에서 우리말 큰 사전 편찬을 시도하였다.
⑤ 정인보가 민족의 얼을 강조하고 조선학 운동을 주도하였다.

정답 ③

기출변형

밑줄 그은 '나'의 활동으로 옳은 것은?

나는 일제 침략에 맞서 민족의식을 고취하기 위해, 국난을 극복한 영웅의 전기인 이순신전과 을지문덕전을 집필하였습니다. 또 조선상고사에서는 역사를 아(我)와 비아(非我)의 투쟁으로 정의하였습니다.

① 『여유당전서』를 간행하고 조선학 운동을 주도하였다.
② 유교의 개혁을 주장하는 유교구신론을 제창하였다.
③ 조선사 편수회에 들어가 조선사 편찬에 참여하였다.
④ 『조선사회경제사』에서 식민 사학의 정체성론을 반박하였다.
⑤ 민중의 직접 혁명을 주장한 조선 혁명 선언을 작성하였다.

해설
이순신, 을지문덕 등의 전기를 집필하고, 역사를 아(我)와 비아(非我)의 투쟁으로 정의한 인물은 신채호이다. 애국계몽운동기에 신채호는 『을지문덕』, 『이순신전』, 『동국거걸최도통전』과 『이태리건국삼걸전』을 펴내고, 대한매일신보에 「독사신론」(1908)을 발표하여 민족주의 사학의 연구방향을 제시하였다.
신채호는 해외 독립 운동에 몸 바쳐 활동하면서 『조선사연구초』, 『조선상고문화사』, 『조선상고사』 등을 저술하여 고대사 연구에 큰 자취를 남겼다. 신채호는 1922년 의열단장 김원봉의 초청으로 상해에 가서, 이듬해 초에 『조선혁명선언』을 집필, 발표하였다.

오답분석
① 문일평, 정인보, 안재홍 등이 『여유당전서』를 간행하고 조선학 운동을 주도하였다.
② 박은식이 유교의 개혁을 주장하는 유교구신론을 제창하였다.
③ 조선총독부가 어용학자들을 동원해 조선사 편수회를 설치하고 조선사를 편찬하였다.
④ 백남운이 『조선사회경제사』에서 식민 사학의 정체성론을 반박하였다.

정답 ⑤

100 문화 예술계의 동향

대표기출   심화 67회

(가) 종교에 대한 설명으로 옳은 것은?

> **기획 전시**
>
> ### 방정환이 꿈꾼 어린이를 위한 나라
>
> 우리 박물관에서는 『어린이』 창간 100주년을 기념하는 특별전을 준비하였습니다. 동학을 계승한 종교인 (가) 계열의 방정환 등이 어린이들에게 다양한 읽을거리를 제공하기 위해 발간한 잡지 『어린이』의 전시와 함께 여러 체험 행사를 준비하였으니 많은 관심 바랍니다.
>
> • 장소: △△ 박물관 특별 전시실
> • 전시 자료 소개
>
>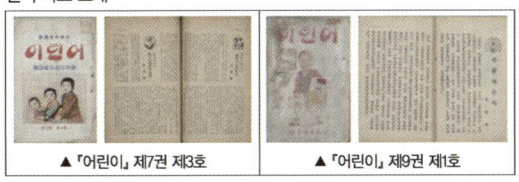
> ▲ 『어린이』 제7권 제3호   ▲ 『어린이』 제9권 제1호

① 한용운 등이 사찰령 폐지를 주장하였다.
② 만세보를 발행하여 민중 계몽에 앞장섰다.
③ 박중빈을 중심으로 새생활 운동을 펼쳤다.
④ 배재 학당을 세워 신학문을 보급하고자 힘썼다.
⑤ 의민단을 조직하여 항일 무장 투쟁을 전개하였다.

해설

(가)는 동학을 계승한 천도교이다.
19세기 말 동학은 농민층을 중심으로 크게 세력을 확대하면서 반봉건, 반침략 민족 운동에 앞장섰다. 그러나 이용구 등이 일진회에 참여하고 친일적인 사대를 행하자, 손병희는 1905년 동학을 천도교로 개칭하고 민족 종교의 정통성을 지키려 하였다.
1906년에 천도교는 기관지로 국한문 혼용체의 만세보를 창간하여 일진회 등의 매국행위를 주로 비판하였다. 일제 강점기에 천도교는 『개벽』, 『신여성』, 『어린이』 등의 잡지를 발행하면서 여성운동과 소년 운동, 문예 운동에 앞장섰다.

오답분석

① 한용운은 조선 불교 유신회를 조직하여 사찰령 철폐 운동을 전개하였다.
③ 박중빈은 원불교를 개창하고 새생활 운동을 추진하였다.
④ 개신교 선교사 아펜젤러가 배재학당을 세워 신학문 보급에 기여하였다.
⑤ 천주교 신자 일부가 만주에서 무장 항일 운동 단체인 의민단을 조직하여 활동하였다.

정답 ②

기출변형

(가)에 들어갈 내용으로 옳은 것은?

브나로드 운동을 소재로 소설 상록수를 쓴 사진 속 인물에 대해 말씀해 주세요.   (가)

① 저항시 그날이 오면을 발표하였습니다.
② 근대극 형식을 도입한 토월회를 조직하였습니다.
③ 단성사에서 개봉된 영화 아리랑을 제작하였습니다.
④ 을지문덕, 이순신 등의 전기를 써 애국심을 고취하였습니다.
⑤ '5천 년간 조선의 얼'이라는 글을 동아일보에 연재하여 민족정신을 고취하였습니다.

해설

브나로드 운동을 소재로 한 소설 『상록수』을 쓴 인물은 심훈(1901~1936)이다. 심훈은 제일고보학교 4학년 재학중에 3·1 만세 운동에 가담했다가 검거되어 집행유예로 풀려 나왔다. 이어 중국 망명길에 올랐고, 귀국 후에는 동아일보와 조선일보에서 활동하였다. 1930년에 심훈은 『독백』, 『그날이 오면』 등의 시를 발표했다. 1935년에는 소설 『상록수』가 동아일보 현상모집에 당선되어 명성을 떨치게 되었다. 『상록수』는 농촌 계몽 운동을 일으킨 큰조카 심재영과 최용신을 모델로 쓰여졌는데, 애향심과 민족의식을 고취시키는 계몽주의 문학의 전형을 이루고 있다.

오답분석

② 1923년에 박승희, 김복진, 김기진 등 동경 유학생들이 토월회를 조직하였다.
③ 1926년에 나운규가 제작·주연한 영화 아리랑이 단성사에서 개봉하였다.
④ 신채호가 을지문덕, 이순신 등의 전기를 써 애국심을 고취하였다.
⑤ 정인보는 '5천 년간 조선의 얼'이라는 글을 연재하였으며, 『조선사연구』를 집필하였다.

정답 ①

PART 1

대표기출 + 기출변형

VI 한국 현대사 / 기타

- 101 8·15 광복
- 102 대한민국 정부의 수립(1)
- 103 대한민국 정부의 수립(2)
- 104 6·25 전쟁
- 105 이승만 정부
- 106 박정희 정부
- 107 민주주의의 시련과 발전(1)
- 108 민주주의의 시련과 발전(2)
- 109 현대의 경제 발전
- 110 현대의 사회 문화
- 111 통일을 위한 노력

기타
- 112 역사 속의 지역(1)
- 113 역사 속의 지역(2)
- 114 문화유산(1)
- 115 문화유산(2)

대단원 출제경향

VI 한국 현대사 / 기타

	제70회	제71회	제72회	제73회	제74회
1. 대한민국 정부의 수립	2문제	2문제	1문제	2문제	2문제
2. 민주주의의 시련과 발전	4문제	2문제	4문제	2문제	2문제
3. 경제 발전과 사회문화의 변화, 통일을 위한 노력	2문제	1문제	0문제	1문제	2문제
합계	8문제	5문제	5문제	5문제	6문제
기타 주제	3문제	3문제	3문제	1문제	2문제

제70회 리뷰

모두 8문제가 출제되었다. [대한민국 정부의 수립] 단원에서는 남북협상, 한미상호방위조약 등 2문제가 출제되었다. [민주주의의 시련과 발전] 단원에서는 헌법 개정, 민주화 운동(대구, 광주), 김대중 정부, 노무현 정부 등 4문제가 출제되었다. [경제발전과 사회문화의 변화, 통일을 위한 노력] 단원에서는 금융실명제, 노태우 정부의 통일 노력 등 2문제가 출제되었다.
기타 주제(지역, 문화유산, 통사)에서는 3문제가 출제되었다. 유네스코 세계유산(한국의 산사), 경운궁(덕수궁), 시대통합(사회 보장 제도) 그 중 22번(한국의 산사) 문제는 어려웠다.

제71회 리뷰

모두 5문제가 출제되었다. [대한민국 정부의 수립] 단원에서는 5·10 총선거, 6·25 전쟁 등 2문제가 출제되었다. [민주주의의 시련과 발전] 단원에서는 부마 민주화 운동, 노태우 정부 등 등 4문제가 출제되었다. [경제발전과 사회문화의 변화, 통일을 위한 노력] 단원에서는 김대중 정부의 통일 노력 1문제가 출제되었다.
기타 주제(지역, 문화유산, 통사)에서는 3문제가 출제되었다. 역사 속의 지역(안동), 유네스코 무형문화유산(처용무), 역사 속의 지역(공주) 그 중 30번(처용무) 문제는 평소 나오지 않았던 주제라 생소하였을 것이다.

제72회 리뷰

모두 5문제가 출제되었다. [대한민국 정부의 수립] 단원에서는 제주 4·3 사건 1문제가 출제되었다. [민주주의의 시련과 발전] 단원에서는 이승만 정부, 유신헌법, 전두환 정부, 6·10 민주화 운동 등 4문제가 출제되었다. [경제발전과 사회문화의 변화, 통일을 위한 노력] 단원에서는 출제되지 않았다.
기타 주제(지역, 문화유산, 통사)에서는 3문제가 출제되었다. 역사 속의 지역(창녕), 시대통합(토지 제도) 그 중 50번(창녕) 문제는 평소 나오지 않았던 주제라 생소하였을 것이다.

제73회 리뷰

모두 5문제가 출제되었다. [대한민국 정부의 수립] 단원에서는 좌우 합작 운동, 제헌헌법 등 2문제가 출제되었다. [민주주의의 시련과 발전] 단원에서는 유신 시대의 모습, 5·18 민주화 운동 등 2문제가 출제되었다. [경제발전과 사회문화의 변화, 통일을 위한 노력] 단원에서는 남북 정상 선언(노무현, 문재인) 1문제가 출제되었다.
기타 주제(지역, 문화유산, 통사)에서는 1문제가 출제되었다. 유네스코 등재 세계기록유산 문제는 다소 어려운 문제로 볼 수 있다.

제74회 리뷰

모두 6문제가 출제되었다. [대한민국 정부의 수립] 단원에서는 제주 4·3 사건, 6·25 전쟁 등 2문제가 출제되었다. [민주주의의 시련과 발전] 단원에서는 4·19 혁명, 3·1 민주 구국 선언 등 2문제가 출제되었다. [경제발전과 사회문화의 변화, 통일을 위한 노력] 단원에서는 김대중 정부의 경제 상황, 김대중 정부의 통일 노력 등 2문제가 출제되었다.
기타 주제(지역, 문화유산, 통사)에서는 2문제가 출제되었다. 종묘(유네스코 세계유산), 시대통합(관리 등용 제도) 그 중 50번 문제(시대통합)는 어려운 문제로 볼 수 있다.

101. 8·15 광복

 대표기출 심화 68회

(가)에 들어갈 내용으로 옳은 것은?

> **한국사 대화형 인공지능**
>
> Q 이 사진 속 인물에 대해 알려줘.
>
> A 사진 속 인물의 호는 몽양이며, 독립 운동가입니다. 1910년에 상하이에서 신한 청년당을 조직하였으며, 대한민국 임시 정부에 참여하였습니다. 1945년 8월 조선 건국 준비 위원회를 결성하였습니다.
>
> Q 그 이후의 행적에 대해 알려줘.
>
> A (가)

① 한국 민주당을 창당하였습니다.
② 5·10 총선거에 출마하였습니다.
③ 단독 정부 수립을 주장하였습니다.
④ 조선 혁명 선언을 작성하였습니다.
⑤ 좌우 합작 위원회를 조직하였습니다.

해설

(가)는 호가 몽양이며, 조선 건국 준비 위원회를 결성한 여운형이다.
1944년 8월에 여운형은 일제의 패망에 대비하여 비밀 결사인 건국동맹을 조직하였다. 광복 직후 여운형은 조선총독부로부터 치안권을 인수하여 조선 건국 준비 위원회를 결성하였다.
1946년 5월 제1차 미소 공동위원회가 무기한 휴회되자 각 정치 세력들은 독자적인 모색을 시도하였다. 이승만은 남쪽만이라도 먼저 임시 정부를 먼저 수립하자고 제의하였다(정읍발언, 1946. 6). 이에 여운형과 김규식 등은 미·소 공동 위원회의 재개와 임시 민주 정부 수립을 위해 좌우 합작위원회를 조직하였다.

오답분석

① 김성수, 송진우 등이 한국 민주당을 창당하였다.
② 여운형은 1947년에 암살당했고, 1948년에 5·10 총선거가 실시되었다.
③ 이승만이 남한 단독 정부 수립을 주장하였다.
④ 신채호가 조선 혁명 선언을 작성하였다.

정답 ⑤

 기출변형

(가), (나) 사이의 시기에 있었던 사실로 옳은 것은?

> (가) 본관(本官)은 본관에게 부여된 태평양 미국 육군 최고 지휘관의 권한을 가지고 조선 북위 38도 이남의 지역과 주민에 대하여 군정을 설립함. 따라서 점령에 관한 조건을 다음과 같이 포고함.
>   제1조 조선 북위 38도 이남의 지역과 동 주민에 대한 모든 행정권은 당분간 본관의 권한하에서 시행함.
>
> (나) 대한민국 임시 정부는 28일 김구와 김규식의 명의로 '4개국 원수에게 보내는 결의문'을 채택하고, 각계 대표 70여 명으로 신탁통치 반대 국민 총동원 위원회를 결성하였다. 여기서 강력한 반대 투쟁을 결의하고 김구·김규식 등 9인을 위원회의 '장정위원'으로 선정하였다.

① 카이로 선언이 발표되었다.
② 조선 건국 동맹이 결성되었다.
③ 모스크바 삼국 외상 회의가 개최되었다.
④ 좌우 합작 위원회에서 좌우 합작 7원칙을 합의하였다.
⑤ 유엔 총회에서 인구 비례에 따른 남북한 총선거를 결의하였다.

해설

(가)는 1945년 9월에 맥아더가 미군정 실시를 밝힌 포고문이고, (나)는 1945년 12월 28일에 김구, 김규식 등이 신탁통치 반대 국민 총동원 위원회를 결성한 사실을 보여준다.
1945년 12월 모스크바 3상 회의에서 한국 문제에 대한 중대한 결정이 내려졌다. 회의의 결정사항은 민주적인 임시 정부 수립, 미·소 공동위원회 설치, 최고 5년 기한의 신탁통치 실시 등이었다. 즉각적인 독립 국가 수립을 원했던 우리 국민과 지도자들은 이 결정에 실망하였으며, 김구 등이 주도하여 대대적인 신탁통치 반대 운동을 전개하였다.

오답분석

① 1943년에 미·영·중 3국의 대표들이 카이로에서 한국을 적당한 시기에 독립시킬 것을 처음으로 논의하였다.
② 1944년에 여운형이 주도하여 조선 건국 동맹을 결성하였다.
④ 1946년에 좌우 합작 위원회에서 좌우 합작 7원칙을 합의하였다.
⑤ 1947년에 유엔 총회에서 인구 비례에 따른 남북한 총선거를 결의하였다.

정답 ③

102 대한민국 정부의 수립(1)

대표기출
심화 64회

(가) 시기에 있었던 사실로 옳은 것은?

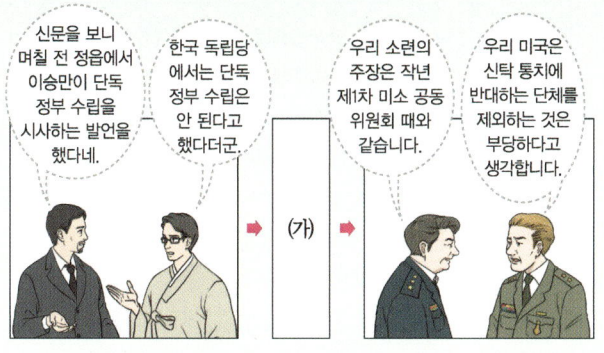

① 여수·순천 10·19 사건이 발생하였다.
② 유엔 한국 임시 위원단이 서울에 도착하였다.
③ 송진우, 김성수 등이 한국 민주당을 창당하였다.
④ 여운형 등의 주도로 좌우 합작 위원회가 발족되었다.
⑤ 조선 건국 준비 위원회에서 조선 인민 공화국을 선포하였다.

해설

1946년 6월에 이승만은 정읍에서 남한만의 단독 정부 수립을 주장하였고, 1947년 5월에 열린 제2차 미·소 공동 위원회는 미국과 소련의 이견 차이로 결렬되었다. 따라서 (가)는 1946년 6월부터 1947년 5월 사이에 발생한 사건이 들어가야 한다.
1946년 제1차 미·소 공동 위원회가 결렬된 후, 이승만은 통일 정부 수립이 여의치 않으므로 남쪽만이라도 먼저 임시 정부를 수립하자고 제의하였다. 이에 여운형과 김규식 등은 미·소 공동 위원회의 재개와 임시 민주 정부 수립을 위해 좌우합작을 모색하였다. 이에 1946년 7월에 중도파 세력을 중심으로 좌우합작위원회가 결성되었다. 좌우합작위원회는 좌익이 제안한 5원칙과 우익이 제안한 8원칙을 절충하여 좌우합작 7원칙을 발표하였다(1946. 10.).

오답분석

① 1948년 10월에 여수·순천 10·19 사건이 발생하였다.
② 1948년 1월에 유엔 한국 임시 위원단이 서울에 도착하였다.
③ 1945년 9월에 송진우, 김성수 등이 한국 민주당을 창당하였다.
⑤ 1945년 9월에 조선 건국 준비 위원회에서 조선 인민 공화국을 선포하였다.

정답 ④

기출변형

밑줄 그은 '위원회'에 대한 설명으로 옳은 것은?

> 본 <u>위원회</u>는 합작 원칙에 합의하여 다음 사항을 알립니다.
>
> 첫째, 모스크바 3국 외상 회의 결정에 의하여 좌우 합작으로 민주주의 임시 정부를 수립할 것
> ……
> 셋째, 토지 개혁에 있어 몰수, 유조건 몰수, 체감 매상 등으로 토지를 농민에게 무상으로 분여할 것
> ……

① 통일 정부 구성을 위한 남북 협상을 추진하였다.
② 유엔 감시하에 치러진 남북한 총선거에 참여하였다.
③ 여운형, 김규식 등 중도 세력을 중심으로 결성되었다.
④ 반민족 행위 처벌을 위한 특별 조사 위원회의 활동을 방해하였다.
⑤ 귀속 재산 처리법을 제정하여 일본인들이 남기고 간 재산을 처리하였다.

해설

'좌우 합작으로 민주주의 임시정부 수립', '토지개혁에 있어 몰수, 유조건 몰수 등으로 농민에게 무상 분여'를 통해 밑줄 그은 '위원회'는 좌우합작위원회임을 알 수 있다.
1946년 제1차 미소 공동 위원회가 결렬되고 이승만 중심의 단독정부 수립론이 제기되자 여운형과 김규식 등 중도파는 좌우합작에 의한 통일정부 수립을 위해 좌우합작위원회를 조직하였다. 좌우합작위원회는 토지 문제와 친일파 처리 문제 등을 중도적 입장에서 조정하여 절충안인 7원칙을 발표하였다.

오답분석

① 김구, 김규식 등이 남북 협상을 추진하였다.
② 좌우합작위원회는 1947년 10월에 해체되었고, 5·10 총선거는 1948년에 시행되었다.
④ 반민특위는 1948년 정부 수립 이후 설치되어 활동하였다.
⑤ 제헌국회에서 1949년 귀속재산처리법을 제정하였다.

정답 ③

103 대한민국 정부의 수립(2)

대표기출

심화 65회

다음 총선거에 대한 설명으로 옳은 것을 <보기>에서 고른 것은?

사진으로 보는 우리나라 첫 번째 총선거
- 회의 중인 유엔 한국 임시 위원단
- 투표하는 사람들
- 투표 용지를 세는 개표 종사원

― 보기 ―
ㄱ. 좌우 합작 위원회가 주도하였다.
ㄴ. 장면 정부가 수립되는 계기가 되었다.
ㄷ. 제주도에서 무효 처리된 선거구가 있었다.
ㄹ. 제헌 국회의원을 선출하기 위해 실시되었다.

① ㄱ, ㄴ ② ㄱ, ㄷ ③ ㄴ, ㄷ
④ ㄴ, ㄹ ⑤ ㄷ, ㄹ

해설

우리나라 첫 번째 총선거는 1948년 5월 10일에 유엔 한국 임시 위원단의 감시 아래 치러진 5·10 총선거를 가리킨다.
1948년 5월 10일, 38도선 이남 지역에서 유엔 한국 임시 위원단의 감시 아래, 최초의 민주적인 총선거가 실시되었다. 김구와 김규식 등 남북협상파와 좌익 세력은 선거에 참여하지 않았다. 제주도에서는 남한 단독 정부 수립에 대한 반발로 좌익 세력이 주도하는 무장봉기가 일어나 5·10 총선거가 제대로 치러지지 못하였다. 선거 결과 제주도 2곳을 제외한 선거구에서 198명의 국회의원이 선출되었다. 임기 2년의 제헌국회는 국호를 대한민국으로 정하고, 헌법을 제정·공포하였다.

오답분석

ㄱ. 좌우 합작 위원회는 1946년 결성되어 1947년까지 활동하였다.
ㄴ. 4·19 혁명(1960) 이후 헌법이 개정되고 장면 정부가 수립되었다.

정답 ⑤

기출변형

다음 자료의 상황이 나타나게 된 배경으로 적절한 것은?

> 우리는 조국 흥망의 관두(關頭)에서 이 위기를 극복하기 위해 오직 민족 자결 원칙에 의하여 조국의 남북통일과 민주 독립을 촉진해야겠다. 우리 민족자주연맹 중앙집행위원회는 김구 선생과 김규식 박사의 제안에 의하여 실현되는 남북 정치 협상을 전적으로 지지하며, 아울러 그 성공을 위하여 적극적으로 협력할 것을 결의한다.
>
> *관두: 가장 중요한 지점

① 허정 과도 정부에서 헌법이 개정되었다.
② 통일 주체 국민 회의에서 대통령이 선출되었다.
③ 유엔 소총회에서 남한만의 단독 총선거가 결의되었다.
④ 유상 매수, 유상 분배 원칙의 농지 개혁법이 제정되었다.
⑤ 국가 보안법 개정안을 통과시킨 보안법 파동이 일어났다.

해설

제시된 자료는 민족 자주 연맹이 김구, 김규식의 제안으로 실현된 남북 정치 협상을 지지하며 발표한 결의문이다.
1947년 11월 소련이 불참한 UN 총회에서 한국 문제를 논의한 끝에 인구 비례에 의한 자유 총선거 실시와 UN 한국임시위원단의 구성을 주요 내용으로 하는 결의안이 채택되었다. 이에 따라 1948년 1월 UN 한국임시위원단이 한반도에 들어와 활동하였다. 그러나 소련 측은 인구 비례에 의한 자유 총선거가 자신들에게 불리하다고 판단하여 UN 한국임시위원단의 입북을 거부하였다. 결국 1948년 2월 UN 소총회는 38도선 이남 지역만의 단독 총선거를 결정하였다.
이 무렵 김구, 김규식은 북측 지도자들에게 남북 정치 협상을 제안하였다. 그 결과 1948년 4월 평양에서 남북 협상 회의가 개최되었다.

오답분석

① 1960년 4·19 혁명 이후 허정 과도 정부는 내각책임제와 양원제를 뼈대로 하는 헌법을 제정하였다(제3차 개헌).
② 1972년 제정된 유신헌법에 따라 통일 주체 국민 회의에서 대통령이 선출되었다.
④ 1949년에 제헌국회에서 유상 매수, 유상 분배 원칙의 농지 개혁법이 제정되었다.
⑤ 1958년 12월에 국회에서 야당의원들을 폭력으로 몰아내고 자유당 단독으로 국가 보안법 개정안을 통과시킨 보안법 파동이 일어났다.

정답 ③

104 6·25 전쟁

대표기출   심화 69회

밑줄 그은 '전쟁' 중에 있었던 사실로 옳은 것은?

> 이 비석은 북한군의 남침으로 시작된 전쟁 중 벌어진 장진호 전투를 기념하기 위해 미국 버지니아주에 세워진 것입니다. 장진호 전투는 북한을 돕기 위해 참전한 중국군을 상대로 유엔군 등이 벌인 주요 전투 중 하나였습니다.

① 애치슨 라인이 발표되었다.
② 가쓰라·태프트 밀약이 체결되었다.
③ 모스크바 3국 외상 회의가 개최되었다.
④ 흥남에서 대규모 철수 작전이 전개되었다.
⑤ 김구, 김규식 등이 남북 협상에 참여하였다.

해설

북한군의 남침으로 시작된 전쟁은 6·25 전쟁이다.
1950년 6월 25일 새벽 4시에 남침을 감행한 북한군은 남침 개시 3일 만에 서울을 함락하였다. 북한군은 남하를 계속하여, 9월 무렵에는 경상도 일부 지역을 제외한 대부분의 지역을 점령하였다.
국군과 유엔군은 1950년 9월 15일 인천 상륙 작전에 성공하여 전세를 역전시켰고, 9월 28일 서울을 탈환하였다. 국군과 유엔군은 10월 1일 38도선을 돌파하여 10월 하순에 압록강변까지 진격하였다. 그러나 유엔군의 만주 진격을 우려한 중국군이 1950년 10월에 참전하면서 전황이 바뀌었다. 1950년 12월 동부 전선의 국군 12만 명과 피난민 10만 명이 흥남 부두에서 해상으로 철수하였고, 1951년 1월 4일에는 서울을 다시 내주었다(1·4 후퇴).

오답분석

① 1950년 1월에 미국의 국무장관 애치슨은 미국의 태평양 방위선에서 한국과 타이완 등을 제외한다고 발표하였다.
② 1905년에 가쓰라·태프트 밀약이 체결되었다.
③ 1945년 12월에 모스크바 3국 외상 회의가 개최되었다.
⑤ 1948년 4월에 남북협상이 개최되었다.

정답 ④

기출변형

(가), (나) 사이의 시기에 있었던 사실로 옳은 것은?

> (가) 북한군의 공격에 밀려 낙동강 방어선으로 후퇴한 제1사단은 다부동 일대에서 북한군 제2군단의 공세에 맞서 8월 3일부터 9월 2일까지 치열한 전투를 벌였다. 이 전투에서 제1사단 12연대는 특공대를 편성, 적 전차 4대를 파괴하는 등 중요한 역할을 수행하며 전투를 승리로 이끌었다.
> (나) 개성에서 열린 첫 정전 회담에서 UN군 대표단은 어떠한 정치적 또는 경제적 문제의 논의를 단호히 거부하는 동시에 침략 재발의 방지를 보장하는 화평만이 전쟁을 종식시킬 수 있다고 공산군 대표단에게 경고하였다.

① 애치슨 선언이 발표되었다.
② 흥남 철수 작전이 전개되었다.
③ 여수·순천 10·19 사건이 일어났다.
④ 한미 상호 방위 조약이 체결되었다.
⑤ 부산에서 발췌 개헌안이 통과되었다.

해설

(가)는 1950년 6.25 전쟁 발발 초기 북한군의 공격에 밀려 낙동강 방어선으로 후퇴할 상황을 보여준다.
(나)는 1951년 7월 개성에서 열린 첫 정전 회담에 대한 자료이다.
1950년 9월 인천 상륙 작전이 성공하며 국군과 UN군은 서울을 수복하고 38도선 이북으로 북진하였다. 10월 하순에는 개마고원과 압록강 지역까지 진출하였다. 그러나 중국군의 개입으로 후퇴하였으며 1951년 1월 4일 다시 서울을 공산군에게 빼앗기게 되었다(1·4 후퇴). 1950년 12월 함경도 방면으로 진출한 국군과 UN군이 흥남항에서 철수 작전을 펼쳤는데 많은 민간인들도 함께 철수하였다.

오답분석

① 1950년 1월 애치슨 선언이 발표되었다.
③ 1948년 10월 19일 여수, 순천 지역에서 군내 좌익 장교들이 일으킨 반란사건이 일어났다.
④ 1953년 정전협정 체결 직후 그해 10월 한미상호방위조약이 체결되었다.
⑤ 1952년 부산에서 발췌 개헌안이 통과되었다.

정답 ②

105 이승만 정부

대표기출
심화 69회

밑줄 그은 '개헌' 이후에 있었던 사실로 옳은 것은?

> **대한 변호사 협회장의 성명**
>
> 이번 개헌 안건의 의결에 있어서 찬성표 수가 135이고 재적의원 수가 203인 것은 변하지 않는 수이다. 그러면 재적인 수의 3분의 2는 135.333이니 이 선에 도달하려면 동일한 표수가 있어야 될 것이다. …… 찬성표가 재적인 수에 도달하거나 또는 정족수 이상 되어야 하거늘 0.333에 도달하지 못하니 그것을 사사오입이라는 구실로 떼어버리고 정족수인 3분의 2와 동일한 수라고 하는 것은 헌법 위반이 되는 것이므로 법조인으로서 이를 이해하기 곤란하다.

① 여수·순천 10·19 사건이 일어났다.
② 진보당의 당수였던 조봉암이 처형되었다.
③ 반민족 행위 특별 조사 위원회가 설치되었다.
④ 국회 프락치 사건으로 일부 국회의원이 체포되었다.
⑤ 여운형 등의 주도로 좌우 합작 위원회가 구성되었다.

해설
밑줄 그은 '개헌'은 사사오입의 논리로 통과된 제2차 개정 헌법을 가리킨다.
1954년 총선에서 압승을 거둔 자유당은 당시 재임 중인 대통령에 한하여 중임 제한 규정을 두지 않는다는 내용을 골자로 하는 개헌을 추진하였다. 1954년 11월 개헌안이 의결 정족수에 1명이 부족하여 부결되었는데, 사사오입의 논리를 내세워 개헌안이 다시 통과된 것으로 번복하였다. 1958년 1월 이승만 정부는 북한 간첩에게 조종을 받아 평화 통일 방안을 추진했다는 이유로 진보당의 당수 조봉암과 간부들을 체포하고, 정당 등록을 취소하였다(진보당 사건). 재판 결과 대부분의 사실이 조작임이 밝혀졌으나 조봉암은 끝내 사형당하고 말았다.

오답분석
① 1948년에 여수·순천 10·19 사건이 일어났다.
③ 1948년에 반민족 행위 특별 조사 위원회가 설치되었다.
④ 1949년에 국회 프락치 사건이 일어났다.
⑤ 1946년에 좌우 합작 위원회가 구성되었다.

정답 ②

기출변형

(가) 민주화 운동에 대한 설명으로 옳은 것은?

> 이것은 1959년 이승만의 84세 생일을 기념하는 '대통령 탄신 경축식' 사진입니다. 이러한 행사는 1949년부터 진행되었습니다. 이승만 대통령의 장기 독재는 3·15 부정 선거에 항거하며 일어난 (가) (으)로 결국 종말을 고했습니다.

① 긴급 조치 철폐를 요구하였다.
② 장면 내각이 출범하는 배경이 되었다.
③ 전남 도청에서 시민군이 계엄군에 맞서 싸웠다.
④ 민주화를 위한 개헌 청원 100만인 서명 운동이 전개되었다.
⑤ 5년 단임의 대통령 직선제 개헌이 이루어지는 계기가 되었다.

해설
3·15 부정 선거는 이승만 장기 독재를 붕괴시킨 4·19 혁명의 발단이 되었다. (가)는 4·19 혁명이다.
4·19 혁명은 학생들이 주도하고 시민들이 적극 참여하여 독재 정권을 타도한 민주주의 혁명으로, 우리나라 민주주의 발전에 중요한 토대가 되었다. 이승만 정권이 붕괴된 후 장면 과도 정부가 수립되었다. 과도 정부는 야당의 주장을 받아들여 우리 헌정 사상 최초로 내각책임제와 양원제를 뼈대로 하는 헌법을 제정하였다(제3차 개헌). 새 헌법에 따라 7·29 총선이 치러졌고, 민주당이 압승을 거두었다. 마침내 1960년 8월 윤보선을 대통령, 장면을 국무총리로 하는 제2공화국이 수립되었다.

오답분석
① 유신 시대에 재야 종교계 인사들이 긴급 조치 철폐를 요구하였다.
③ 1980년 5·18 민주화 운동에 대한 설명이다.
④ 1973년 장준하 주도로 개헌 청원 100만인 서명 운동이 전개되었다.
⑤ 1987년 6·10 민주화 운동에 대한 설명이다.

정답 ②

106 박정희 정부

대표기출 (심화 69회)

(가) 헌법이 시행된 시기의 사실로 옳은 것은?

사진은 인민혁명당 재건위 사건 재판 당시의 모습입니다. 이 사건은 (가) 헌법에 의거하여 발동한 긴급조치 제4호 등으로 정부에 비판적인 인물들을 반국가 세력으로 몰아 처벌한 것입니다. 당시 사형을 당한 8명은 2007년에 열린 재심 공판에서 무죄를 선고 받았습니다.

① 김주열이 최루탄을 맞고 사망하였다.
② 부천 경찰서 성 고문 사건이 발생하였다.
③ 개헌 청원 백만인 서명 운동이 전개되었다.
④ 국민 보도 연맹원에 대한 학살이 자행되었다.
⑤ 민주화 시위 도중 대학생 강경대가 희생되었다.

해설

(가)는 대통령의 긴급조치권을 규정한 유신 헌법이다.
1972년 제정된 유신 헌법은 대통령의 임기를 6년으로 늘리고, 연임에 제한을 두지 않았다. 또 대통령이 의장으로 있는 통일주체국민회의에서 간선제로 뽑게 대통령을 선출하였고, 이 밖에 대통령이 국회의원의 3분의 1을 임명할 수 있도록 하였다(유신정우회). 유신헌법은 대통령에게 긴급조치권이라는 초헌법적인 권한은 물론 국회해산권, 비상조치권, 헌법개정제안권도 부여하였다.
1973년 일본에서 김대중 납치 사건이 일어나자 장준하 등이 주도하는 '개헌 청원 백만인 서명 운동' 등 유신 반대 운동이 일어났다. 박정희 정부는 1974년 1월부터 긴급조치를 잇달아 발동하고, '전국민주청년학생연합(민청학련) 사건', '인민혁명당 재건위원회 사건'을 조작하여 수많은 사람들을 구속하고 사형시켰다.

오답분석

① 1960년에 김주열이 사망하였다.
② 1986년에 부천 경찰서 성 고문 사건이 발생하였다.
④ 6·25 전쟁(1950) 발발 직후 국민 보도 연맹원이 학살되었다.
⑤ 1991년에 대학생 강경대가 시위 도중 희생되었다.

정답 ③

기출변형

밑줄 그은 '선거' 이후의 사실로 옳은 것은?

김대중 후보는 이번 선거에서 정권 교체를 못하면 박정희 후보가 영구 집권하는 총통 시대가 온다고 말했다네.

장충단 유세에서 박정희 후보는 자신을 한 번 더 뽑아달라는 정치 연설은 이번이 마지막이라며 지지를 호소했다더군.

① 베트남 파병이 시작되었다.
② 경제개발 5개년 계획이 처음 시작되었다.
③ 대통령의 3선 연임을 허용하는 개헌안이 통과되었다.
④ 한일 국교 정상화에 반대하는 6·3 시위가 전개되었다.
⑤ 국회 해산과 헌법의 일부 효력 정지를 담은 유신이 선포되었다.

해설

김대중과 박정희가 대통령 선거에서 맞붙은 것은 1971년에 치러진 제7대 대통령 선거이다. 김대중이 신민당 후보로 나서 야당 바람을 일으켰으나, 결국 박정희가 힘겹게 당선되어 7대 대통령이 되었다.
1972년 박정희 정부는 북한과 평화 통일 원칙에 합의한 '7·4 남북공동성명'을 발표한 후 경제 난국 극복과 평화 통일 대비를 명분으로 10월 유신을 단행하였다. 10월 17일 박정희 대통령은 비상계엄을 선포하여 국회를 해산시키고 정치 활동을 금지하였다. 비상 국무회의가 입법권까지 장악한 최고 권력 기관이 되었고, 곧이어 헌법이 개정되었다(제7차 개헌).

오답분석

① 1964년 베트남 파병이 처음 시작되었다.
② 1962년 제1차 경제개발 5개년 계획이 시작되었다.
③ 1969년에 대통령의 3선 연임을 허용하는 개헌안이 통과되었다.
④ 1964년에 한일 국교 정상화에 반대하는 6·3 시위가 전개되었다.

정답 ⑤

107 민주주의의 시련과 발전(1)

대표기출
심화 69회

(가) 민주화 운동에 대한 설명으로 옳은 것은?

이곳은 옛 전남도청 본관으로 (가) 당시 시민군이 계엄군에 항쟁한 장소입니다. 정부는 본관을 포함한 옛 전남도청을 복원하여 (가) 의 의미를 기억하고 추모하는 공간으로 되살리겠다고 하였습니다. 건물 내부에는 당시 상황을 알 수 있는 실물 또는 가상 콘텐츠 공간 등이 조성될 예정입니다.

① 3·1 민주 구국 선언을 발표하였다.
② 시위 도중 대학생 이한열이 희생되었다.
③ 호헌 철폐, 독재 타도 등의 구호를 외쳤다.
④ 허정 과도 정부가 출범하는 계기가 되었다.
⑤ 관련 기록물이 유네스코 세계 기록 유산으로 등재되었다.

해설

(가)는 광주에서 시민군이 계엄군에 항쟁한 5·18 민주화 운동이다.
12·12 사태로 권력을 장악한 신군부는 1980년 5월 17일 비상계엄을 전국으로 확대하고 국회폐쇄, 정치 활동 금지, 대학 휴교, 언론 검열 강화 등의 조치를 내렸다. 또 김대중 등의 정치인, 학생 운동 지도부 등을 체포·구속하였다. 5월 18일부터 27일까지 광주에서는 계엄령 해제와 신군부 퇴진을 외치며 신군부의 권력 장악에 가장 격렬하게 저항하였다.
5·18 민주화 운동은 한국의 민주화에 중추적인 역할을 하였을 뿐만 아니라 필리핀, 타이, 중국, 베트남 등 동아시아의 다른 국가들에도 영향을 미쳤기 때문에 관련 기록물이 유네스코 세계 기록 유산으로 등재되었다

오답분석

① 1976년에 3·1 민주 구국 선언이 발표되었다.
② 1987년 6.10 민주화 운동 때 대학생 이한열이 희생되었다.
③ 6.10 민주화 운동 때 호헌 철폐와 독재 타도 등의 구호를 내세웠다.
④ 4·19 혁명(1960)으로 허정 과도 정부가 출범하였다.

정답 ⑤

기출변형

(가) 민주화 운동에 대한 설명으로 적절한 것은?

그때 고등학생이었던 저는 호헌 철폐가 무슨 뜻인지 잘 몰랐어요. 다만 1980년 5월의 경험과 전두환이라는 인물을 통해 당시 우리나라가 독재 국가라고 인식하고 있었습니다. 그래서 시위에 참여했어요.

당시 민주 헌법 쟁취 국민 운동 본부가 지정했던 국민 평화 대행진 구호가 '동장에서 대통령까지 내 손으로'였어요. 이 구호가 담긴 현수막을 만들면 감옥에 갈 수도 있었지만, 스프레이와 천을 사다가 밤에 건물 옥상에서 이 글귀를 현수막에다가 적었어요.

① 굴욕적인 한일 국교 정상화에 반대하였다.
② 5년 단임의 대통령 직선제 개헌을 이끌어냈다.
③ 시위 과정에서 시민군이 자발적으로 조직되었다.
④ 3선 개헌 반대 범국민 투쟁 위원회를 결성하였다.
⑤ 대통령 중심제에서 의원 내각제로 바뀌는 계기가 되었다.

해설

'호헌철폐', '민주 헌법 쟁취 국민 운동 본부' 등의 단서를 통해 (가)는 6월 민주 항쟁(1987)임을 알 수 있다.
1987년 4월 13일 전두환은 모든 개헌 논의를 중단하고 간선제 헌법을 유지하겠다고 발표하였다(4·13 호헌조치). 이에 맞서 6월 10일부터 민주헌법쟁취 국민운동본부의 주도로 '호헌철폐, 독재 타도'를 외치는 야당과 학생, 시민들의 시위가 전국적으로 20여 일간 계속되었다(6월 민주항쟁).
6월 29일, 민정당의 대통령 후보인 노태우는 대통령 직선제 수용, 김대중 사면복권 단행, 양심수 석방과 언론자유 보장 등을 내용으로 하는 시국 수습 방안을 발표하였다(6·29 선언). 그 직후 정치인의 사면복권이 이루어지고, 10월에는 여야 합의로 5년 단임의 직선제 개헌안이 통과되었다(제9차 개헌).

오답분석

① 굴욕적인 한일 국교 정상화에 반대하여 6·3 시위(1964)가 전개되었다.
③ 5·18 민주화 운동 과정에서 시민군이 자발적으로 조직되었다.
④ 1969년에 3선 개헌 반대 범국민 투쟁 위원회가 결성되었다.
⑤ 4·19 혁명을 계기로 대통령 중심제에서 의원 내각제로 바뀌었다.

정답 ②

108 민주주의의 시련과 발전(2)

대표기출 — 심화 64회

(가), (나) 민주화 운동에 대한 설명으로 옳은 것은?

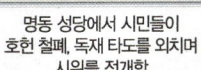

사진으로 보는 민주화 운동

(가) 대학 교수들이 3·15 부정선거를 규탄하고 대통령의 퇴진을 요구하며 시위에 나섬

(나) 명동 성당에서 시민들이 호헌 철폐, 독재 타도를 외치며 시위를 전개함

① (가) – 굴욕적인 한일 국교 정상화에 반대하였다.
② (가) – 군부 독재를 타도하려 한 민주화 운동이었다.
③ (나) – 대통령 직선제 개헌을 이끌어냈다.
④ (나) – 전개 과정에서 시민군이 자발적으로 조직되었다.
⑤ (가), (나) – 대통령이 하야하는 결과를 가져왔다.

해설

(가)는 3·15 부정 선거가 계기가 된 4·19 혁명(1960), (나)는 6·10 민주화 운동(1987) 때의 사진이다.
1960년 정·부통령 선거가 자유당의 치밀한 사전 계획 아래 심한 부정 선거로 시달리자 이에 격분한 학생들이 들고 일어나 부정 선거를 규탄하는 4·19 혁명을 일으켰다. 이승만은 4월 26일 하야 성명을 발표하고 미국으로 망명하였다.
1987년 6월 10일부터 '호헌 철폐, 독재 타도'를 외치는 시위가 전국적으로 20여 일간 계속되었다(6월 민주항쟁). 6월 29일, 민정당의 대통령 후보인 노태우는 대통령 직선제 수용 등을 내용으로 하는 시국 수습 방안을 발표하였다(6·29 선언). 그 직후 정치인의 사면복권이 이루어지고, 10월에는 여야 합의로 5년 단임의 직선제 개헌안이 통과되었다(제9차 개헌).

오답분석

① 1964년에 굴욕적인 한일 국교 정상화에 반대하는 6·3 시위가 전개되었다.
② 6·10 민주화 운동이 군부 독재를 타도하려 한 민주화 운동이었다.
④ 5·18 민주화 운동의 전개 과정에서 시민군이 자발적으로 조직되었다.
⑤ 4·19 혁명의 결과로 이승만 대통령이 하야하였다.

정답 ③

기출변형

다음 뉴스가 보도된 정부 시기에 있었던 사실로 옳은 것은?

오늘 옛 조선 총독부 건물의 철거가 시작되었습니다. 대통령은 50주년 광복절 경축사에서 옛 조선 총독부 건물의 철거는 식민지 잔재를 청산하고 민족정기를 회복하는 역사적 작업의 시작이라고 밝혔습니다.

오욕의 첨탑 철거

① 경제 협력 개발 기구(OECD)에 가입하였다.
② 칠레와 자유 무역 협정(FTA)을 체결하였다.
③ 중화인민공화국과 국교를 수립하였다.
④ 서울 올림픽 대회가 개최되었다.
⑤ 한일회담 반대 시위가 일어났다.

해설

김영삼 정부가 50주년 광복절인 1995년 8월 15일에 옛 조선 총독부 건물을 철거하였다.
1993년 출범한 김영삼 정부는 사회 정의 실현과 경제 활성화를 위해 금융 실명제를 도입하였다. 그리고 지방 자치 단체장 선거를 실시하여 전면적인 지방 자치 시대를 열었으며, 1996년에는 경제 협력 개발 기구(OECD)에 가입하였다. 그러나 1997년 말 국제 경제의 여건 악화와 외환 관리 실패로 외환위기를 맞아 국제 통화 기금(IMF)의 지원을 받아야 하였다.

오답분석

② 노무현 정부 시기인 2004년에 칠레와 자유 무역 협정(FTA)을 체결하였다.
③ 1992년 노태우 정부 때 중화인민공화국과 국교를 수립하였다.
④ 1988년 노태우 정부 때 서울 올림픽 대회가 개최되었다.
⑤ 박정희 정부 시기인 1964년에 굴욕적인 대일 외교에 반대하는 6·3 시위가 일어났다.

정답 ①

109 현대의 경제 발전

대표기출
심화 69회

(가) 정부 시기의 경제 상황으로 옳은 것은?

① 제3차 경제 개발 5개년 계획을 추진하였다.
② 미국과 자유 무역 협정(FTA)을 체결하였다.
③ 대통령 긴급 명령으로 금융 실명제를 실시하였다.
④ 국제 통화 기금(IMF)의 구제 금융 지원금을 조기 상환하였다.
⑤ 저임금 노동자의 생활 안정을 위해 최저 임금법을 제정하였다.

해설
경부 고속 도로 개통(1970), 포항 제철소 1기 준공(1973)은 박정희 정부 시기의 사실이다.
박정희 정부는 3·4차 경제개발 5개년 계획(1972~1981)을 실시하면서 중화학 공업화 정책으로 방향을 전환하여, 조선·자동차·정유·철강·전자산업을 집중적으로 육성하였다. 한편, 1973년부터 이듬해까지 국제 유가가 4배 이상 급등하는 오일쇼크가 있었지만, 중동의 건설 붐이 일어나 한국 기업이 대거 참여하면서 전화위복의 계기가 되었다(1차 석유파동). 1977년 말에는 100억 달러 수출 목표를 달성하였다.

오답분석
② 노무현 정부 시기에 미국과 자유 무역 협정(FTA)을 체결하였다.
③ 김영삼 정부 시기에 금융실명제를 실시하였다.
④ 김대중 정부 시기에 국제 통화 기금(IMF)의 채무를 조기 상환하였다.
⑤ 전두환 정부 시기에 최저임금법을 제정하였다.

정답 ①

기출변형

밑줄 그은 '정부' 시기에 있었던 사실로 옳은 것은?

이것은 당시 정부가 100억 달러 수출 달성을 축하하고자 광화문 사거리에 설치한 조형물입니다. 10억 달러 수출을 달성한 지 7년 만에 100억 달러 수출을 이룬 눈부신 경제 성장을 상징합니다.

① 경제 협력 개발 기구(OECD)에 가입하였다.
② 미국과 자유 무역 협정(FTA)을 체결하였다.
③ YH 무역 노동자들의 농성을 강경 진압하였다.
④ 대통령 긴급 명령으로 금융 실명제가 실시되었다.
⑤ 미국이 제공하는 원조 물자를 가공하는 삼백산업이 발달하였다.

해설
박정희 정부 시기인 1977년에 100억 달러 수출을 달성하였다.
1979년 8월 경찰이 신민당 당사에서 농성하던 YH무역 여성 노동자들을 강제 진압하는 과정에서 노동자 한명이 추락사하였다(YH무역 사건). 야당 총재였던 김영삼은 YH무역 사건과 관련된 외신 회견에서 강하게 항의하였고, 이 때문에 국가를 모독했다는 이유로 의원직에서 제명되었다. 이 사건은 부산 지역에서 유신 체제에 반대하는 대규모 반정부 시위를 촉발시켰다. 시위가 마산과 창원 지역으로 확산되자, 박정희 정부는 부산 지역에 비상계엄령을 선포하고 마산과 창원에는 위수령을 발동하여 사태를 진정시켰다(부·마 항쟁).

오답분석
① 김영삼 정부 시기에 경제 협력 개발 기구(OECD)에 가입하였다.
② 노무현 정부 시기에 한미 FTA 협상이 타결되었다.
④ 김영삼 정부 시기에 대통령 긴급 명령으로 금융 실명제가 실시되었다.
⑤ 1950년대 이승만 정부 시기에 삼백산업이 발달하였다.

정답 ③

110 현대의 사회 문화

대표기출 (심화 68회)

밑줄 그은 '정부' 시기의 사회 모습으로 옳은 것은?

① 금강산 관광이 시작되었다.
② 서울 올림픽 대회가 개최되었다.
③ 삼풍 백화점 붕괴 사고가 발생하였다.
④ 보도 지침을 통해 언론을 통제하였다.
⑤ 양성 평등 실현을 위해 호주제가 폐지되었다.

기출변형

다음 기념사를 발표한 정부 시기에 있었던 사실로 옳은 것은?

> 오늘 국민 교육 헌장 선포 1주년에 즈음하여 나는 온 국민과 더불어 뜻깊은 이날을 경축하면서 헌장 이념의 구현을 위한 우리들의 결의를 새로이 하게 된 것을 매우 기쁘게 생각하는 바입니다. 국민 교육 헌장은 우리 민족이 지녀야 할 시대적 사명감과 윤리관을 정립한 역사적 장전이며, 조국 근대화의 물량적 성장을 보완, 촉진시켜 나갈 정신적 지표이며, 국가의 백년대계를 기약하는 국민 교육의 실천지침인 것입니다.

① 국민학교라는 명칭을 초등학교로 변경하였다.
② 과외 전면 금지와 대학 졸업 정원제를 시행하였다.
③ 초등학교(국민학교) 의무 교육 제도가 시행되었다.
④ 미국에서 시행되고 있던 6-3-3 학제를 처음 도입하였다.
⑤ 중학교 입시 제도를 폐지하고 무시험 추첨제를 실시하였다.

해설

야간 통행금지 해제, 프로 야구와 프로 축구 출범, 삼청 교육대 설치는 전두환 정부 시기의 사실이다.
1980년 신군부 세력은 언론기본법을 제정하여 방송과 신문 등 언론 기관을 통폐합하고, 수백 종의 정기 간행물을 폐간하였으며, 출판사 허가제를 도입하였다. 이 과정에서 정부에 비판적인 기자, 방송인들이 대거 해직되었다. 이후 전두환 정부는 보도 지침을 통해 신문과 방송 기사에 대한 검열을 강화하였다.

오답분석
① 김대중 정부 시기인 1998년에 금강산 관광이 시작되었다.
② 노태우 정부 시기인 1988년에 서울 올림픽이 개최되었다.
③ 김영삼 정부 시기인 1995년에 삼풍 백화점이 붕괴되었다.
⑤ 노무현 정부 시기인 2008년에 호주제가 폐지되었다.

정답 ④

해설

국민 교육 헌장은 박정희 정부 시기인 1968년에 제정되었다.
국가주의 교육을 강요한 박정희 정부는 '국민 교육 헌장'과 '국기에 대한 맹세'를 제정하여 학생들에게 암기하게 하였다. 또한 1975년에는 고등학교와 대학교에 학도 호국단이 다시 만들어져 교련수업과 군사 훈련이 실시되었다. 한편 입시 과열을 막기 위해 1968년부터 중학교 무시험 추첨제(중고교 평준화)를 도입하였다.

오답분석
① 김영삼 정부 시기에 국민학교라는 명칭을 초등학교로 변경하였다.
② 전두환 정부 시기에 과외를 전면 금지하고, 대학 졸업 정원제를 시행하였다.
③ 이승만 정부 시기에 초등학교(국민학교) 의무 교육 제도가 시행되었다.
④ 미 군정기에 6-3-3 학제를 처음 도입하였다.

정답 ⑤

111 통일을 위한 노력

대표기출 — 심화 62회

(가), (나) 사이의 시기에 있었던 사실로 옳은 것은?

> (가)
> 2. 남과 북은 나라의 통일을 위한 남측의 연합제 안과 북측의 낮은 단계의 연방제 안이 서로 공통성이 있다고 인정하고, 앞으로 이 방향에서 통일을 지향시켜 나가기로 하였다.
> — 「6·15 남북 공동 선언」 —
>
> (나)
> 4. 남과 북은 현 정전 체제를 종식시키고 항구적인 평화 체제를 구축해 나가야 한다는 데 인식을 같이하고 직접 관련된 3자 또는 4자 정상들이 한반도 지역에서 만나 종전을 선언하는 문제를 추진하기 위해 협력해 나가기로 하였다.
> — 「10·4 남북 정상 선언」 —

① 남북 조절 위원회가 구성되었다.
② 7·4 남북 공동 성명이 발표되었다.
③ 개성 공업 지구 건설이 착공되었다.
④ 남북한 비핵화 공동 선언이 채택되었다.
⑤ 남북 이산가족 고향 방문이 최초로 성사되었다.

해설

(가)는 2000년에 발표된 6·15 남북 공동 선언이고, (나)는 2007년에 발표된 10·4 남북 정상 선언이다.
2000년 6월 김대중 대통령이 평양을 방문하여 김정일 국방위원장과 남북 정상 회담을 개최하고 6·15 남북 공동 선언을 채택하였다. 6·15 남북 공동 선언 이후 동해선과 경의선 철도 연결 복원공사 착수, 이산가족 정례 상봉, 개성 공단 설치 등 남북 교류가 크게 확대되었다.
2007년 노무현 대통령과 김정일 국방위원장이 평양에서 2차 남북 정상 회담을 한 후 10·4 남북 공동 선언을 발표하였다. 10·4 선언을 통해 남북한 정부는 남북 공동 어로 수역과 서해평화 수역 설정, 이산가족의 상시 상봉 추진 등에 합의하였다.

오답분석

① 1972년에 7·4 남북 공동 성명을 계기로 남북 조절 위원회가 구성되었다.
② 1972년에 7·4 남북 공동 성명이 발표되었다.
④ 1992년에 남북한 비핵화 공동 선언이 채택되었다.
⑤ 1985년에 남북 이산가족 고향 방문단의 교환 방문이 최초로 성사되었다.

정답 ③

기출변형

다음 선언을 발표한 정부의 통일 노력으로 옳은 것은?

> 1. 남과 북은 나라의 통일 문제를 그 주인인 우리 민족끼리 서로 힘을 합쳐 자주적으로 해결해 나가기로 하였다.
> 2. 남과 북은 나라의 통일을 위한 남측의 연합제 안과 북측의 낮은 단계의 연방제 안이 서로 공통성이 있다고 인정하고 앞으로 이 방향에서 통일을 지향시켜 나가기로 하였다.
> :

① 남북 조절 위원회를 구성하였다.
② 금강산 관광 사업을 실시하였다.
③ 남북 기본 합의서를 채택하였다.
④ 제2차 남북 정상 회담을 개최하였다.
⑤ 이산가족 고향 방문을 최초로 성사시켰다.

해설

제시된 자료는 2000년 6월 김대중 대통령이 평양을 방문하여 김정일 국방위원장과 남북 정상 회담을 개최하고 발표한 6·15 남북 공동 선언이다. 6·15 공동 선언 이후 남북 동해선과 경의선 철도 연결 복원, 이산가족 정례 상봉, 개성 공단 설치 등 경제·사회·문화에 걸쳐 남북 교류가 크게 확대되었다. 1998년 출범한 김대중 정부는 적극적인 대북 포용 정책을 펴면서 남북 관계는 새로운 국면을 맞게 되었고, 1998년 11월 18일에 해로를 통한 금강산 관광 사업이 시작되었다.

오답분석

① 1972년 박정희 정부 시기에 7·4 남북 공동 성명의 결과 남북 조절 위원회가 설치되었다.
③ 1991년 12월 노태우 정부 시기에 남북 기본 합의서를 채택하였다.
④ 2007년 노무현 정부에서 제2차 남북 정상회담을 열고 10·4 남북 공동선언을 발표하였다.
⑤ 1985년 전두환 정부 시기에 최초의 이산가족 고향 방문이 성사되었다.

정답 ②

112 역사 속의 지역(1)

대표기출 심화 66회

(가)에 들어갈 내용으로 가장 적절한 것은?

> 저는 지금 ○○시에 있는 경포대에 와 있습니다. 관동팔경 중 하나인 경포대 안에는 숙종이 직접 지은 시를 비롯하여 많은 명사의 글이 걸려있습니다. 이 지역에서 가 볼 만한 곳을 대화창에 올려 주세요.
>
> - 양반의 주거 생활을 볼 수 있는 선교장을 추천해요.
> - 보물로 지정된 승탑과 당간지주가 있는 굴산사지는 어때요?
> - (가)

① 율곡 이이가 태어난 오죽헌을 추천해요.
② 무령왕릉이 있는 송산리 고분군을 추천해요.
③ 어재연 부대가 항전했던 광성보에 가 보세요.
④ 팔만대장경판이 보관된 해인사를 방문해 보세요.
⑤ 삼별초가 활동한 항파두리 항몽 유적에 가 보세요.

해설
경포대가 위치한 지역은 강원도 강릉이다.
조선 중기까지는 혼인 후에 남자가 여자집에서 생활하는 경우가 많았으며, 신사임당이 계속 친정에 머물렀기 때문에 율곡 이이는 강릉 오죽헌(烏竹軒)에서 태어났다.

오답분석
② 충남 공주에 무령왕릉이 있는 송산리 고분군이 위치하고 있다.
③ 강화도에 어재연 부대가 항전했던 광성보가 위치하고 있다.
④ 경남 합천에 팔만대장경판이 보관된 해인사가 위치하고 있다.
⑤ 제주도에 삼별초가 활동한 항파두리 항몽 유적지가 있다.

정답 ①

기출변형

(가)~(마)에서 일어난 사실로 옳지 않은 것은?

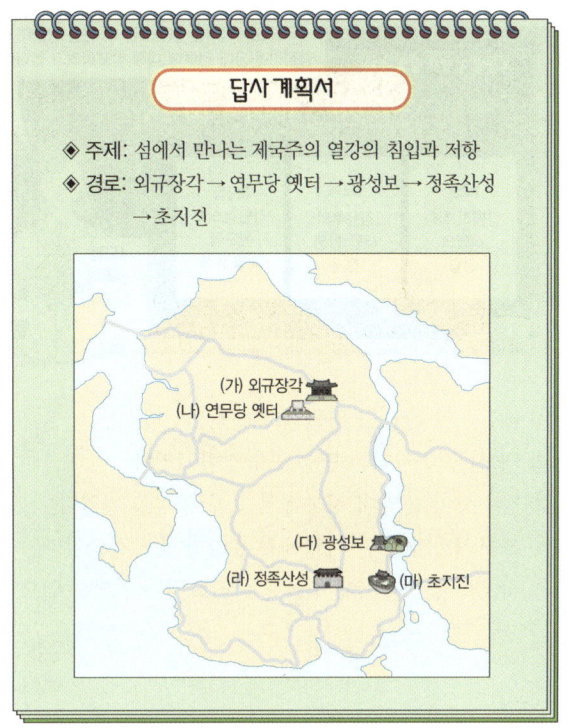

답사 계획서
◆ 주제: 섬에서 만나는 제국주의 열강의 침입과 저항
◆ 경로: 외규장각 → 연무당 옛터 → 광성보 → 정족산성 → 초지진

(가) 외규장각
(나) 연무당 옛터
(다) 광성보
(라) 정족산성
(마) 초지진

① (가) - 프랑스군이 의궤를 약탈하였다.
② (나) - 조일 수호 조규가 체결되었다.
③ (다) - 어재연 부대가 결사 항전하였다.
④ (라) - 양헌수 부대가 적군을 물리쳤다.
⑤ (마) - 제너럴 셔먼호 사건이 일어났다.

해설
강화도는 근대 시기에 제국주의 열강의 침략을 여러 차례 겪은 곳이다.
(가) 외규장각은 1866년 병인양요 당시 프랑스군에 의해 많은 도서가 약탈된 장소이다. 이때 의궤를 약탈당했으나 현재 영구 임대 형식으로 반환받았다.
(나) 연무당에서 1876년 2월 조선측 대표 신헌과 일본측 대표 구로다 사이에 조일 수호 조규(강화도 조약)이 체결되었다.
(다) 광성보는 신미양요 당시 어재연 부대가 끝까지 항전한 곳이다.
(라) 정족산성은 병인양요 당시 양헌수 부대가 프랑스군을 격퇴한 곳이다.

오답분석
⑤ 제너럴 셔먼호 사건이 일어난 곳은 평양이다.

정답 ⑤

113 역사 속의 지역(2)

대표기출
심화 69회

(가) 지역에서 있었던 사실로 옳은 것은?

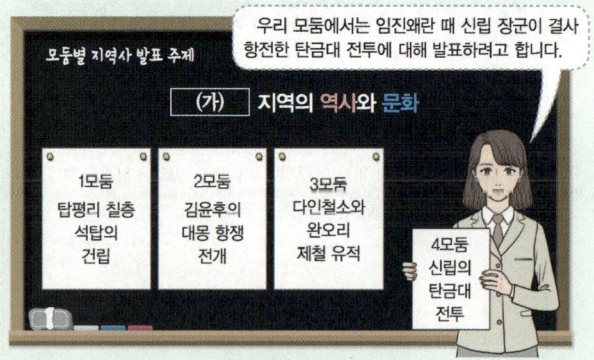

① 제1차 미소 공동 위원회가 개최되었다.
② 명 신종을 기리는 만동묘가 건립되었다.
③ 강주룡이 을밀대 지붕에서 고공 농성을 벌였다.
④ 고구려비가 남한 지역에서 유일하게 발견되었다.
⑤ 박재혁이 경찰서에서 폭탄을 터뜨리는 의거를 일으켰다.

해설
탄금대는 충청북도 충주에 있는 고적지로 우륵이 가야금을 타던 곳이라는 데에서 유래한다. 임진왜란 때 신립은 충청도의 병력을 집결시켜 탄금대에서 배수진을 치고 일본군을 막으려고 하였으나 실패하였다.
몽골의 5차 침입 때 김윤후는 충주산성 방호별감으로 있으면서 충주민을 독려하여 끝내 몽골군을 물리쳤다.
충주(중원) 고구려비는 고구려 장수왕이 남한강 지역을 점령하고 나서 세운 것으로 추정하고 있다. 이 금석문에는 고구려왕이 신라의 왕과 신하들에게 의복을 하사한 사실을 기록하였다. 고구려왕을 '고려대왕'이라 표현하고, 신라를 '동이', 신라왕을 '매금'이라 칭하는 것을 통해 당시 고구려 국력의 강대함과 독자적 천하관을 엿볼 수 있다.

오답분석
① 서울 덕수궁(경운궁)에서 제1차 미소 공동 위원회가 개최되었다.
② 충북 괴산군 화양서원 안에 명나라 신종을 제사하는 만동묘가 건립되었다.
③ 평양의 을밀대 지붕에서 강주룡이 고공농성을 벌였다.
⑤ 박재혁은 부산경찰서에 폭탄을 투척하는 의거를 일으켰다.

정답 ④

기출변형

다음 지역에서 있었던 사실로 옳은 것은?

① 2·28 민주 운동이 시작되었다.
② 제2차 미소 공동 위원회가 개최되었다.
③ 강주룡이 을밀대 지붕에서 고공 농성을 전개하였다.
④ 박재혁이 경찰서에서 폭탄을 투척하는 의거를 일으켰다.
⑤ 지주 문재철의 횡포에 맞서 농민들이 소작 쟁의를 벌였다.

해설
동삼동 패총, 정발의 항전, 백산상회, 임시 수도 모두 부산과 관련된 역사적 사실이다.
1920년 의열단원 박재혁이 부산경찰서에 폭탄을 던지는 의거를 감행하였다.

오답분석
① 1960년 대구에서 4·19 혁명의 발단이 된 2·28 의거가 일어났다.
② 서울 덕수궁에서 1947년 제2차 미소공동위원회가 개최되었다.
③ 평양의 을밀대에서 1931년 강주룡이 지붕 농성을 벌였다.
⑤ 전라남도 신안군 암태도에서 1923년 암태도 소작 쟁의가 일어났다.

정답 ④

114 문화유산(1)

대표기출 (심화 68회)

(가) 문화유산에 대한 설명으로 옳은 것은?

① 신미양요 때 미군이 탈취하였다.
② 현존하는 최고(最古)의 금속 활자본이다.
③ 거란의 침입을 물리치기 위해 제작하였다.
④ 장영실, 이천 등이 제작한 활자로 인쇄하였다.
⑤ 불국사 삼층 석탑을 보수하는 과정에서 발견되었다.

해설

(가)는 고려 우왕 때인 1377년에 청주 흥덕사에서 인쇄된 『직지심체요절』이다. 『직지심체요절』은 1886년 조불수호통상조약 이후 초대 공사를 지낸 콜랭 드 플랑시가 국내에서 구매해 프랑스로 가져갔으며, 프랑스 국립도서관에 소장되어 있다.
『직지심체요절』은 독일의 구텐베르크보다 70여 년 앞선 것으로, 현존하는 세계 최고의 금속 활자본으로 공인되었다.

오답분석

① 신미양요 때 미군은 어재연의 수자기를 탈취하였다.
③ 초조대장경이 거란의 침입을 물리치기 위해 제작되었다.
④ 장영실, 이천 등은 조선 세종 때 경자자, 갑인자 등을 주조하였다.
⑤ 무구정광대다라니경이 불국사 삼층 석탑에서 발견되었다.

정답 ②

기출변형

(가) 궁궐에 대한 설명으로 옳은 것은?

> 대왕대비가 전교하였다. "   (가)   은/는 우리 왕조에서 수도를 세울 때 맨 처음 지은 정궁이다. …… 그러나 불행하게도 전란에 의해 불타버린 후 미처 다시 짓지 못하여 오랫동안 뜻있는 선비들의 개탄을 자아내었다. …… 이 궁궐을 다시 지어 중흥의 큰 업적을 이루려면 여러 대신과 함께 의논해보지 않을 수 없다."
> – 『고종실록』 –

① 근정전을 정전으로 하였다.
② 일제에 의해 동물원 등이 설치되었다.
③ 후원에 왕실 도서관인 규장각이 있었다.
④ 도성 내 서쪽에 있어 서궐이라고 불렸다.
⑤ 인목 대비가 광해군에 의해 유폐된 장소이다.

해설

(가)는 조선 건국 후 처음 지은 궁궐로, 임진왜란 때 불타버린 경복궁이다. 조선은 건국 후 한양을 수도로 정하고 정도전의 주도하에 도성을 건설하였다. 백악산 아래에 정궁인 경복궁을 짓고, 경복궁의 동쪽에는 역대왕의 신주를 모신 종묘를 건립하고, 서쪽에는 토지신에 제사하는 사직단을 배치하였다. 정도전은 새로 건설한 궁궐을 경복궁, 정전을 근정전으로 하는 등 여러 전각의 이름을 지어 바쳤고 도성 4대문과 4소문의 이름, 방리의 명칭까지도 지어 올렸다. 태종 4년에는 이궁(離宮: 재난에 대비하여 만든 제2의 궁궐)으로 창덕궁이 건축되어 법궁과 이궁의 두 개의 궁궐을 동시에 운영하는 양궐체제가 성립하게 되었다.

오답분석

② 일제강점기에 창경궁에 동물원 등이 설치되었다.
③ 정조 때 창덕궁 후원에 왕실 도서관인 규장각을 설치하였다.
④ 경희궁이 도성 내 서쪽에 있어 서궐이라고 불렸다.
⑤ 인목 대비는 광해군에 의해 경운궁(덕수궁)에 유폐되었다.

정답 ①

115 문화유산(2)

대표기출
심화 68회

(가) 문화유산에 대한 설명으로 옳은 것은?

이 건물은 (가) 의 정전입니다. (가) 은/는 태조 이성계가 개경에 처음 세웠는데, 도읍을 한양으로 옮긴 후 지금의 위치에 건립하였습니다. 사직과 더불어 왕조 국가를 표현하는 상징이었습니다.

① 경내에 조선 총독부 청사가 세워졌다.
② 역대 국왕과 왕비의 신주가 모셔져 있다.
③ 대성전과 명륜당을 중심으로 구성되어 있다.
④ 일제 강점기에 창경원으로 격하되기도 하였다.
⑤ 토지와 곡식의 신에게 제사를 지내는 공간이다.

해설
(가)는 사직과 더불어 왕조 국가를 표현하는 상징인 종묘이다.
조선은 건국 후 한양을 수도로 정하고 정도전의 주도하에 도성을 건설하였다. 백악산 아래에 정궁인 경복궁을 짓고, 경복궁의 동쪽에는 역대 왕의 신주를 모신 종묘를 건립하고, 서쪽에는 토지신에 제사하는 사직단을 배치하였다.
종묘는 조선 왕조의 역대 왕과 왕비의 신주를 모신 사당이다. 정전에서 매년 각 계절과 섣달에 대제를 지냈고, 영녕전에서는 봄, 가을과 섣달에 날을 정해 제례를 지냈다.

오답분석
① 경복궁 내에 조선총독부 청사가 세워졌다.
③ 성균관이 대성전과 명륜당을 중심으로 구성되었다.
④ 창경궁이 일제 강점기에 창경원으로 격하되었다.
⑤ 사직에서 토지와 곡식의 신에게 제사를 지냈다.

정답 ②

기출변형

(가)~(마) 문화유산에 대한 설명으로 옳은 것은?

① (가) - 백제 금동 대향로가 출토되었다.
② (나) - 온조왕이 왕성으로 삼았다.
③ (다) - 재상을 선출하던 천정대가 있었다.
④ (라) - 무령왕과 왕비의 무덤이 발굴되었다.
⑤ (마) - 석탑 해체 과정에서 금제 사리봉영기가 발견되었다.

해설
익산의 미륵사는 백제 무왕 때 건립된 사찰이다. 중앙에 목탑을 세우고 동서에 거대한 석탑을 세운 3금당 3탑 양식인데, 지금은 서탑의 일부만이 남아 있다.
미륵사지 석탑의 보수 정비를 위한 해체 조사 과정에서 사리 장엄구 일체가 발견되었다. 사리 장엄구는 사리를 넣은 금동제 용기와 공양물, 그리고 금제 사리봉영기 등을 포함한다. 금제 사리봉영기에는 미륵사의 창건 배경과 발원자, 석탑 건립 연대를 알 수 있는 내용이 담겨있다.

오답분석
① 부여 능산리 고분군 인근의 절터에서 백제 금동 대향로가 출토되었다.
② 온조왕은 하남 위례성을 왕성으로 삼았다.
③ 부여 호암사에 재상을 선출하던 천정대가 있었다.
④ 공주 송산리 고분군에서 무령왕과 왕비의 무덤이 발굴되었다.

정답 ⑤

PART 2
단원별 기출문제

- Ⅰ 한국 고대사
- Ⅱ 한국 중세사
- Ⅲ 한국 근세사
- Ⅳ 한국 근대사
- Ⅴ 독립운동사
- Ⅵ 한국 현대사/기타

 한국 고대사

01 　　　　　　　　　　　　　　　　　심화 64회
밑줄 그은 '이 시대'의 생활 모습으로 옳은 것은?

화면 속 갈돌과 갈판, 빗살무늬 토기는 이 시대의 대표적인 유물로 알려져 있습니다.

농경과 정착 생활이 시작된 이 시대의 사람들은 토기를 만들어 곡식을 저장하고 음식을 조리하기도 하였습니다.

① 소를 이용하여 깊이갈이를 하였다.
② 반량전, 명도전 등의 화폐를 사용하였다.
③ 청동 방울 등을 의례 도구로 이용하였다.
④ 거푸집을 이용하여 세형 동검을 제작하였다.
⑤ 가락바퀴와 뼈바늘을 이용하여 옷을 만들었다.

02 　　　　　　　　　　　　　　　　　심화 72회
(가) 시대의 생활 모습으로 옳은 것은?

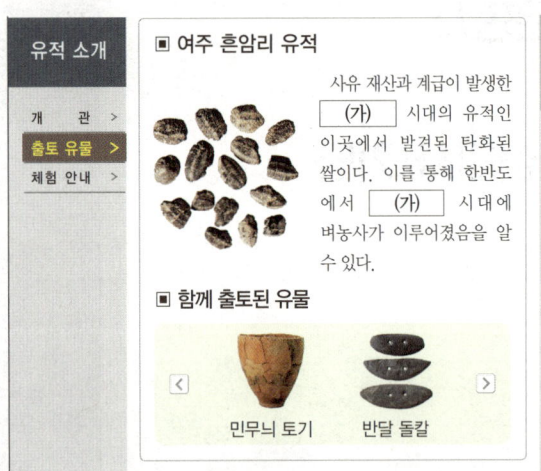

■ 여주 흔암리 유적
사유 재산과 계급이 발생한 (가) 시대의 유적인 이곳에서 발견된 탄화된 쌀이다. 이를 통해 한반도에서 (가) 시대에 벼농사가 이루어졌음을 알 수 있다.

■ 함께 출토된 유물
민무늬 토기　반달 돌칼

① 주로 동굴이나 강가의 막집에서 살았다.
② 지배층의 무덤으로 고인돌을 축조하였다.
③ 농경과 목축을 시작하여 식량을 생산하였다.
④ 호미, 쇠스랑 등의 철제 농기구를 제작하였다.
⑤ 주먹도끼, 찍개 등의 뗀석기를 처음 제작하였다.

03 　　　　　　　　　　　　　　　　　심화 65회
(가) 국가에 대한 설명으로 옳은 것은?

> 니계상 참이 사람을 시켜 (가) 의 왕 우거를 죽이고 와서 항복하였다. 그러나 왕검성은 끝내 함락되지 않았기에 우거왕의 대신(大臣) 성기가 한(漢)에 반기를 들고 공격하였다. 좌장군은 우거왕의 아들 장과 항복한 상 노인의 아들 최로 하여금 그 백성을 달래고 성기를 주살하도록 하였다. 드디어 (가) 을/를 평정하고 진번·임둔·낙랑·현도군을 설치하였다.
> 　　　　　　　　　　　　　　　　　　－『한서』－

① 동맹이라는 제천 행사를 열었다.
② 신성 지역인 소도가 존재하였다.
③ 읍락 간의 경계를 중시하는 책화가 있었다.
④ 여러 가(加)들이 별도로 사출도를 다스렸다.
⑤ 사회 질서를 유지하기 위해 범금 8조를 두었다.

04 　　　　　　　　　　　　　　　　　심화 61회
다음 검색창에 들어갈 왕에 대한 설명으로 옳은 것은?

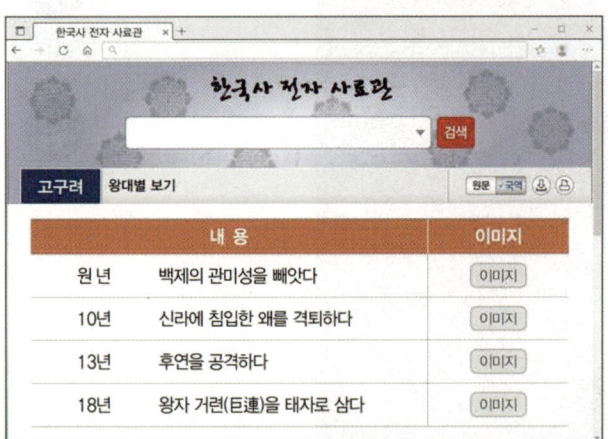

	내 용	이미지
원년	백제의 관미성을 빼앗다	이미지
10년	신라에 침입한 왜를 격퇴하다	이미지
13년	후연을 공격하다	이미지
18년	왕자 거련(巨連)을 태자로 삼다	이미지

① 영락이라는 연호를 사용하였다.
② 태학을 설립하여 인재를 양성하였다.
③ 낙랑군을 축출하여 영토를 확장하였다.
④ 을파소를 등용하고 진대법을 시행하였다.
⑤ 당의 침입에 대비하여 천리장성을 축조하였다.

05

(가)~(라)에 들어갈 내용으로 옳은 것을 <보기>에서 고른 것은?

< 여러 나라의 제천 행사 >

나라	내용
부여	(가)
고구려	(나)
동예	(다)
삼한	(라)

― 보기 ―

ㄱ. (가) - 무천이라는 제천 행사에서 밤낮으로 음주가무를 즐겼다.
ㄴ. (나) - 10월에 지내는 제천 행사는 국중대회로 동맹이라 하였다.
ㄷ. (다) - 영고라는 제천 행사를 열고 죄수를 풀어주기도 하였다.
ㄹ. (라) - 씨뿌리기가 끝난 5월과 농사를 마친 10월에 제사를 지냈다.

① ㄱ, ㄴ ② ㄱ, ㄷ ③ ㄴ, ㄷ
④ ㄴ, ㄹ ⑤ ㄷ, ㄹ

06

밑줄 그은 '왕'의 업적으로 옳은 것은?

○ 왕은 이름이 구부이고, 고국원왕의 아들이다. 신체가 장대하고, 웅대한 지략이 있었다.
○ 진(秦) 왕 부견이 사신과 승려 순도를 보내 불상과 경문을 주었다. 왕이 사신을 보내 답례로 방물(方物)을 바쳤다.

① 태학을 설립하여 인재를 양성하였다.
② 도읍을 국내성에서 평양으로 옮겼다.
③ 서안평을 점령하여 영토를 확장하였다.
④ 영락이라는 독자적인 연호를 사용하였다.
⑤ 을파소를 등용하고 진대법을 시행하였다.

07

밑줄 그은 '왕'에 대한 설명으로 옳은 것은?

○ 고구려가 군사를 일으켜 쳐들어왔다. 왕이 듣고 군사를 패하(浿河)가에 매복시켜 그들이 이르기를 기다렸다가 급히 치니 고구려 군사가 패배하였다.
○ 옛 기록에 이르기를, "백제는 나라를 연 이래 문자로 일을 기록한 적이 없는데 이 왕 때에 이르러 박사 고흥을 얻어 처음으로 『서기』가 있게 되었다."라고 하였다.

① 금마저에 미륵사를 창건하였다.
② 윤충을 보내 대야성을 함락하였다.
③ 사비로 천도하고 국호를 남부여로 고쳤다.
④ 평양성을 공격하여 고국원왕을 전사시켰다.
⑤ 동진에서 온 마라난타를 통해 불교를 수용하였다.

08

밑줄 그은 '왕'의 활동으로 옳은 것은?

여러 신하들이 국호를 신라로 확정하고 임금의 호칭을 신라 국왕으로 하자고 건의하니, 왕께서 이를 따르셨다고 하네.

나도 들었네. 작년에는 순장을 금지한다는 명을 내리셨지. 앞으로 우리나라의 발전이 기대되는구먼.

① 병부와 상대등을 설치하였다.
② 백제 비유왕과 동맹을 체결하였다.
③ 이사부를 보내 우산국을 복속시켰다.
④ 매소성 전투에서 당의 군대를 격파하였다.
⑤ 김흠돌의 난을 진압하고 귀족들을 숙청하였다.

09

(가) 나라에 대한 설명으로 옳은 것은?

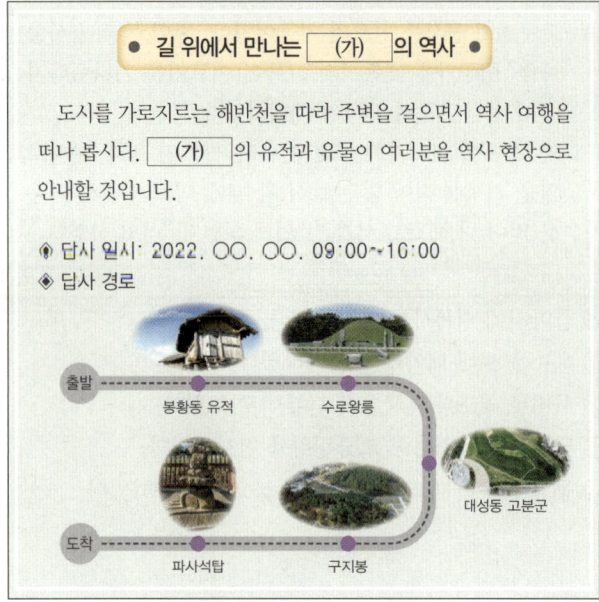

① 덩이쇠를 화폐처럼 사용하였다.
② 한 무제의 공격으로 멸망하였다.
③ 혼인 풍속으로 민며느리제가 있었다.
④ 골품에 따라 관등 승진에 제한이 있었다.
⑤ 빈민을 구제하기 위해 진대법을 시행하였다.

10

(가), (나) 사이의 시기에 있었던 사실로 옳은 것은?

(가) 겨울에 백제왕이 태자와 함께 정병 3만 명을 거느리고 고구려를 침입하여 평양성을 공격하였다. 고구려 왕 사유가 힘껏 싸우며 막다가 날아오는 화살을 맞고 죽었다.

(나) 정월에 백제는 고구려의 도살성을 쳐서 빼앗았다. 3월에는 고구려가 백제의 금현성을 함락시켰다. 신라 왕이 양국의 병사가 지친 틈을 타 이찬 이사부에게 명하여 병사를 내어 쳐서 두 성을 빼앗아 증축하고 갑사 1천 명을 두어 지키게 하였다.

① 신라가 기벌포에서 당군을 격파하였다.
② 고구려가 국내성에서 평양으로 천도하였다.
③ 계백이 이끈 결사대가 황산벌에서 패배하였다.
④ 연개소문이 정변을 일으켜 권력을 장악하였다.
⑤ 김춘추가 당으로 건너가 군사 동맹을 체결하였다.

11

다음 자료에 해당하는 국가에 대한 설명으로 옳은 것은?

○ 벼슬은 16품계가 있다. 좌평은 5명으로 1품, 달솔은 30명으로 2품, 은솔은 3품, 덕솔은 4품, 한솔은 5품, 나솔은 6품이다. 6품 이상은 관(冠)을 은으로 만든 꽃으로 장식하였다.
○ 그 나라의 지방에는 5방이 있다. 중방은 고사성, 동방은 득안성, 남방은 구지하성, 서방은 도선성, 북방은 웅진성이라 한다.

– 「주서」 –

① 골품에 따라 관등 승진에 제한을 두었다.
② 제가 회의에서 국가 중대사를 결정하였다.
③ 지방 장관으로 욕살, 처려근지 등이 있었다.
④ 위화부, 영객부 등의 중앙 관서를 설치하였다.
⑤ 왕족인 부여씨와 8성 귀족이 지배층을 이루었다.

12

다음 상황이 나타난 배경으로 옳은 것은?

연흥 2년에 여경[개로왕]이 처음으로 사신을 보내 표를 올렸다. "신의 나라는 고구려와 함께 부여에서 나왔으므로 우호가 돈독하였는데, 고구려의 선조인 쇠[고국원왕]가 우호를 가벼이 깨트리고 직접 군사를 지휘하여 우리의 국경을 짓밟았습니다. 신의 선조인 수[근구수왕]는 군대를 정비하고 공격하여 쇠의 머리를 베어 높이 매다니, 이후 감히 남쪽을 엿보지 못하였습니다. 그런데 고구려가 점점 강성해져 침략하고 위협하니 원한이 쌓였고 전쟁의 참화가 30여 년 이어졌습니다. 속히 장수를 보내 구원하여 주십시오."

① 을지문덕이 살수에서 승리하였다.
② 동성왕이 나제 동맹을 강화하였다.
③ 성왕이 관산성 전투에서 전사하였다.
④ 계백의 결사대가 황산벌에서 패배하였다.
⑤ 장수왕이 평양으로 천도하고 남진을 추진하였다.

13 심화 67회

(가)에 들어갈 내용으로 가장 적절한 것은?

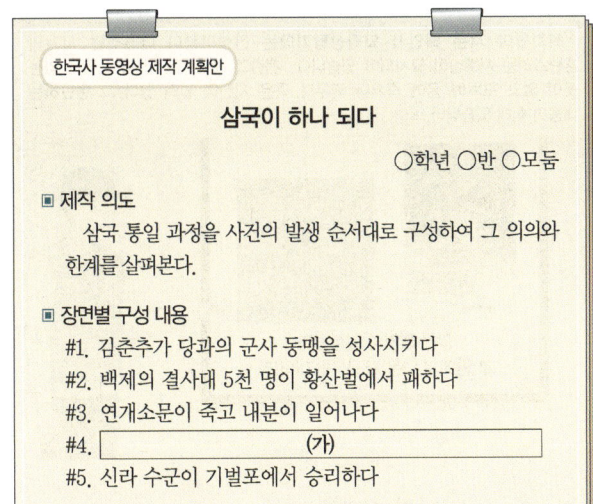

① 흑치상지가 당의 유인궤에게 항복하다
② 문무왕이 안승을 보덕국왕으로 책봉하다
③ 을지문덕이 살수에서 수의 군대를 물리치다
④ 부여풍이 백강에서 왜군과 함께 당군에 맞서 싸우다
⑤ 개로왕이 북위에 사신을 보내 고구려 공격을 요청하다

14 심화 74회

(가), (나) 사이의 시기에 있었던 사실로 옳은 것은?

(가) 백제왕 명농이 가야와 함께 와서 관산성을 공격하였다. [신라의] 군주(軍主)인 각간 우덕과 이찬 탐지 등이 맞서 싸웠으나 불리하였다. …… 고간 도도가 급히 쳐서 백제왕을 죽였다.

(나) 8월에 [백제왕이] 장군 윤충을 보내 군사 1만을 거느리고 신라 대야성을 공격하였다. 성주 품석이 처자와 함께 나와 항복하자 윤충이 모두 죽이고 그 머리를 베어 왕도로 보냈다.

① 백제가 국호를 남부여로 고쳤다.
② 진흥왕이 대가야를 공격하여 복속시켰다.
③ 계백이 이끈 결사대가 황산벌에서 패배하였다.
④ 김춘추가 당으로 건너가 군사 동맹을 체결하였다.
⑤ 신라가 한강 하류를 차지하여 신주를 설치하였다.

15 심화 71회

다음 상황 이후에 전개된 사실로 옳은 것은?

12월에 황제가 함원전에서 포로를 받아들였다. [황제가] 왕은 정사를 자기가 한 것이 아니라 하였기에 용서하여 사평태상백 원외동정으로 삼았다. 천남산은 사재소경으로, 승려 신성은 은청광록대부로, 천남생은 우위대장군으로 삼았다. …… 천남건은 검주(黔州)로 유배를 보냈다. 5부, 176성, 69만여 호를 나누어 9도독부, 42주, 100현으로 만들고, 평양에 안동도호부를 두어 이를 통치하게 하였다.

– 『삼국사기』 –

① 안승이 보덕국왕으로 임명되었다.
② 을지문덕이 살수에서 대승을 거두었다.
③ 김춘추가 당과의 군사 동맹을 성사시켰다.
④ 의자왕이 윤충을 보내 대야성을 함락하였다.
⑤ 연개소문이 정변을 일으켜 영류왕을 시해하였다.

16 심화 62회

(가), (나) 사이의 시기에 있었던 사실로 옳은 것은?

(가) 왕은 당과 신라 군사들이 이미 백강과 탄현을 지났다는 소식을 듣고 장군 계백을 시켜 결사대 5천 명을 거느리고 황산으로 가서 신라 군사와 싸우게 하였다. 네 번 싸워서 모두 이겼으나 군사가 적고 힘이 모자라서 마침내 패하고 계백이 사망하였다.

(나) 검모잠이 국가를 부흥하려고 하여 당을 배반하고 왕의 외손 안승을 세워 왕으로 삼았다. 당 고종이 대장군 고간을 보내 동주도 행군총관으로 삼고 병력을 내어 그들을 토벌하게 하니 안승이 검모잠을 죽이고 신라로 달아났다.

① 당이 안동도호부를 요동으로 옮겼다.
② 성왕이 관산성 전투에서 전사하였다.
③ 신라군이 기벌포에서 당군을 격파하였다.
④ 김춘추가 당과의 군사 동맹을 성사시켰다.
⑤ 복신과 도침이 부여풍을 왕으로 추대하였다.

17

(가) 왕의 업적으로 옳은 것은?

대왕암이 내려다 보이는 이곳은 경주 이견대입니다. 선왕을 기리며 감은사를 완공한 (가) 은/는 이곳에서 용을 만나는 신묘한 일을 겪었고, 이를 통해 검은 옥대와 만파식적의 재료가 된 대나무를 얻었다고 합니다.

① 향가 모음집인 삼대목을 편찬하였다.
② 관료전을 지급하고 녹읍을 폐지하였다.
③ 인사를 담당하는 위화부를 창설하였다.
④ 건원이라는 독자적인 연호를 사용하였다.
⑤ 시장을 감독하기 위해 동시전을 설치하였다.

19

밑줄 그은 '시기'에 있었던 사실로 옳은 것은?

최치원이 지은 해인사 묘길상탑기에는 진성여왕이 다스리던 시기의 혼란스러운 사회상이 묘사되어 있습니다. '전란과 흉년으로 악 중의 악이 없는 곳이 없고 도처에 굶어 죽거나 싸우다 죽은 시신이 널려 있다.'고 한탄하는 내용이 적혀 있습니다.

합천 해인사 길상탑과 그 안에서 나온 묘길상탑기(탁본)

① 원광이 세속 5계를 제시하였다.
② 이차돈의 순교로 불교가 공인되었다.
③ 원종과 애노가 사벌주에서 봉기하였다.
④ 거칠부가 왕명에 의해 국사를 편찬하였다.
⑤ 자장의 건의로 황룡사 구층 목탑이 건립되었다.

18

밑줄 그은 '이 인물'에 대한 설명으로 옳은 것은?

적산 법화원은 산둥반도에 있었던 신라인 집단 거주지에 세워진 절이다. 이 절을 창건한 이 인물은 당에 건너가 무령군 소장이 되었다가 흥덕왕 때 귀국하여 활발히 활동하였다. 그러나 왕위 쟁탈전에 휘말려 암살당했다.

① 구법 순례기인 왕오천축국전을 지었다.
② 진성 여왕에게 시무책 10여 조를 올렸다.
③ 청해진을 중심으로 해상 무역을 전개하였다.
④ 9산 선문 중의 하나인 가지산문을 개창하였다.
⑤ 한자의 음과 훈을 차용한 이두를 체계적으로 정리하였다.

20

다음 시나리오에 등장하는 왕의 업적으로 옳은 것은?

#36. 궁궐 안
왕이 분노에 찬 표정으로 대문예에게 말하고 있다.

왕: 흑수 말갈이 몰래 당에 조공하였으니, 이는 당과 공모하여 앞뒤로 우리를 치려는 것이다. 군대를 이끌고 가서 흑수 말갈을 정벌하라.

대문예: 당에 조공하였다 하여 그들을 바로 공격한다면 이는 당에 맞서는 것입니다. 하루아침에 당과 원수를 지면 멸망을 자초할 수 있습니다.

① 장문휴를 보내 등주를 공격하였다.
② 9서당 10정의 군사 조직을 갖추었다.
③ 사비로 천도하고 국호를 남부여로 고쳤다.
④ 지방관을 감찰하고자 외사정을 파견하였다.
⑤ 고구려 유민을 모아 동모산에서 나라를 세웠다.

21

(가) 국가의 경제 상황으로 옳은 것은?

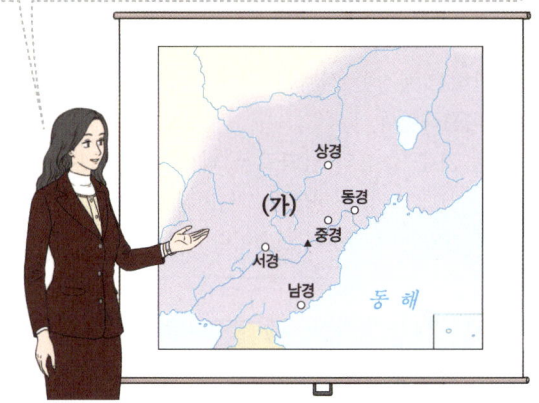

이 지도는 (가) 의 전성기 영역을 나타낸 것입니다. 이 국가에서는 각지에서 말이 사육되었는데, 그중에서도 솔빈부의 말은 당에 수출될 정도로 유명하였습니다. 특히, 고구려 유민 출신으로 산동 반도 지역을 장악하였던 이정기 세력에게 많은 말을 수출하였습니다.

① 벽란도를 통해 아라비아 상인과 무역하였다.
② 구황 작물로 감자, 고구마를 널리 재배하였다.
③ 해동통보를 발행하여 화폐 유통을 추진하였다.
④ 시장을 관리하는 관청인 동시전을 설치하였다.
⑤ 거란도, 영주도 등을 통해 주변국과 교역하였다.

22

(가)에 들어갈 내용으로 가장 적절한 것은?

◈ 강좌 주제 ◈
한국사 교양 강좌 — 통일 신라의 경제
제1강: 촌락 문서에 나타난 수취 체제의 특징
제2강: 서시와 남시 설치를 통해 본 상업 발달
제3강: (가)
■ 일시: 2024년 10월 △△일 △△시 ~ △△시
■ 장소: ○○대학교 대강당

① 상평창과 물가 조절
② 은병이 화폐 유통에 미친 영향
③ 진대법으로 알아보는 빈민 구제
④ 덩이쇠 수출을 통해 본 낙랑과의 교역
⑤ 울산항을 통한 아라비아 상인들과의 교류

23

(가) 인물의 활동으로 옳은 것은?

이곳은 (가) 의 생애와 활동을 주제로 한 전시실입니다. 그는 금강삼매경론, 대승기신론소 등을 저술하여 불교 교리 연구에 힘썼으며, 무애가를 짓고 정토 신앙을 전파하여 불교 대중화에 앞장섰습니다.

① 일심 사상과 화쟁 사상을 주장하였다.
② 구법 순례기인 『왕오천축국전』을 남겼다.
③ 황룡사 구층 목탑의 건립을 건의하였다.
④ 왕명으로 수에 군사를 청하는 걸사표를 지었다.
⑤ 승려들의 전기를 정리한 『해동고승전』을 편찬하였다.

24

밑줄 그은 '이 승려'에 대한 설명으로 옳은 것은?

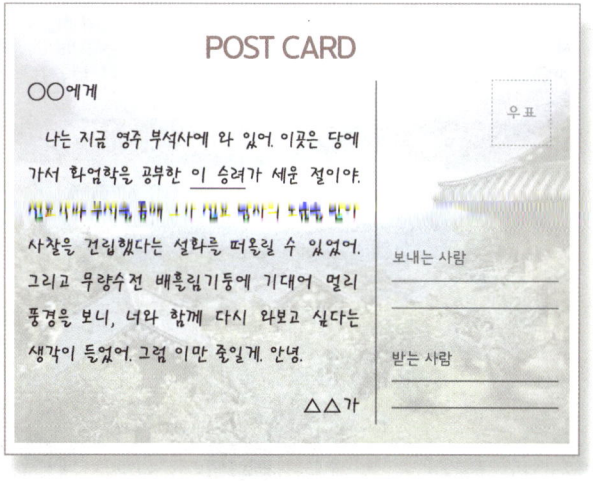

POST CARD

○○에게

나는 지금 영주 부석사에 와 있어. 이곳은 당에 가서 화엄학을 공부한 이 승려가 세운 절이야. 선묘 아가씨가 용이 되어 그의 일을 방해한 무리를 쫓아 사찰을 건립했다는 설화를 떠올릴 수 있었어. 그리고 무량수전 배흘림기둥에 기대어 멀리 풍경을 보니, 너와 함께 다시 와보고 싶다는 생각이 들었어. 그럼 이만 줄일게. 안녕.

△△가

① 황룡사 구층 목탑의 건립을 건의하였다.
② 무애가를 지어 불교 대중화에 노력하였다.
③ 유식의 교의를 담은 해심밀경소를 저술하였다.
④ 승려들의 전기를 정리한 해동고승전을 편찬하였다.
⑤ 현세의 고난에서 구제받고자 하는 관음 신앙을 강조하였다.

25

(가) 인물에 대한 설명으로 옳은 것은?

> 왕이 고구려가 자주 국경을 침략하는 것을 걱정하여 수에 군사를 요청해 고구려를 치고자 하였다. 이에 (가) 에게 명하여 걸사표를 짓도록 하였다. (가) 이/가 말하기를, "자기가 살고자 남을 멸하는 것은 출가한 승려로서 적합한 행동은 아니지만, 제가 대왕의 땅에서 살고 대왕의 물과 풀을 먹고 있으니 어찌 감히 명을 따르지 않겠습니까."라고 하면서 글을 써서 올렸다.

① 구법 순례기인 왕오천축국전을 남겼다.
② 황룡사 구층 목탑의 건립을 건의하였다.
③ 무애가를 지어 불교 대중화에 기여하였다.
④ 사군이충 등을 포함한 세속 5계를 제시하였다.
⑤ 풍수지리 사상이 반영된 송악명당기를 저술하였다.

26

(가) 국가에 대한 설명으로 옳은 것은?

> 여러분이 계신 곳은 (가) 의 능산리 고분군 중 동하총 증강 현실 전시실입니다. 동하총 무덤방의 벽에는 사신도가, 천장에는 연꽃과 구름무늬가 그려져 있습니다. 이는 송산리 6호분과 함께 (가) 의 고분 벽화 연구에 중요한 자료로 평가됩니다.

① 일길찬, 사찬 등의 관등이 있었다.
② 지방 장관으로 욕살, 처려근지 등이 있었다.
③ 특산물로 단궁, 과하마, 반어피가 유명하였다.
④ 사회 질서를 유지하기 위해 범금 8조를 두었다.
⑤ 왕족인 부여씨와 8성 귀족이 지배층을 이루었다.

27

(가) 제도를 시행한 국가에 대한 설명으로 옳은 것은?

> ○ 풍월주(風月主), 원화(源花)의 법이 폐하여진 지 이미 여러 해였다. 왕은 나라를 일으키려면 풍월도를 먼저 하여야 한다고 생각하여 다시금 영(令)을 내려 귀인과 양가의 자제 중에서 얼굴이 아름답고 덕행이 있는 자를 선발해서 분장을 시켜 (가) 또는 국선(國仙)이라 이름하였다.
> ○ 좋은 가문 출신의 남자로서 덕행이 있는 자를 뽑아 (가) (이)라 하였다. 처음 설원랑을 받들어 국선으로 삼았는데 이것이 시초이다.

① 태학과 경당을 두어 인재를 양성하였다.
② 유랑민을 구휼하는 활인서를 설치하였다.
③ 정사암 회의에서 국가 중대사를 결정하였다.
④ 도병마사에서 변경의 군사 문제 등을 논의하였다.
⑤ 골품에 따라 관등 승진, 일상생활 등을 엄격히 제한하였다.

28

(가) 인물에 대한 설명으로 옳은 것은?

> [역사 다큐멘터리 기획안]
>
> 도당 유학생, 서로 다른 길을 걷다
>
> ■ 기획 의도
>
> 당에 건너가 유학했던 6두품들이 신라로 돌아온 이후의 행보를 알아본다.
>
> ■ 구성 내용
>
> 1. (가) , 진성 여왕에게 시무책 10여 조를 올리다
> 2. 최승우, 견훤의 신하로 왕건에게 보내는 격문을 짓다
> 3. 최언위, 고려에 투항하여 문한관으로 문명을 떨치다

① 향가 모음집인 삼대목을 편찬하였다.
② 외교 문서인 청방인문표를 작성하였다.
③ 격황소서를 지어 문장가로서 이름을 떨쳤다.
④ 유식의 교의를 담은 해심밀경소를 저술하였다.
⑤ 국왕에게 조언하는 내용의 화왕계를 저술하였다.

29

(가)~(마) 문화유산에 대한 설명으로 적절하지 않은 것은?

① (가) – 웅진성이라 불리기도 하였다.
② (나) – 중국 남조의 영향을 받았다.
③ (다) – 성왕이 전사한 곳이다.
④ (라) – 사신도 벽화가 남아 있는 무덤이 발견되었다.
⑤ (마) – 수부(首府)라는 글자가 새겨진 기와가 출토되었다.

30

(가) 국가에 대한 설명으로 옳은 것은?

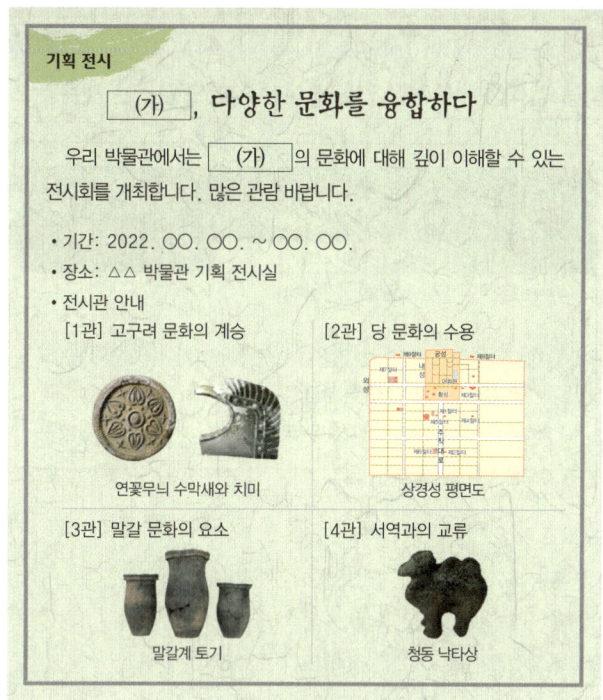

① 후당과 오월에 사신을 파견하였다.
② 주자감을 설치하여 인재를 양성하였다.
③ 9서당과 10정의 군사 조직을 운영하였다.
④ 화백 회의에서 국가의 중대사를 논의하였다.
⑤ 내신좌평, 위사좌평 등 6좌평의 관제를 마련하였다.

Ⅱ 한국 중세사

01 [심화 64회]
다음 검색창에 들어갈 인물에 대한 설명으로 옳은 것은?

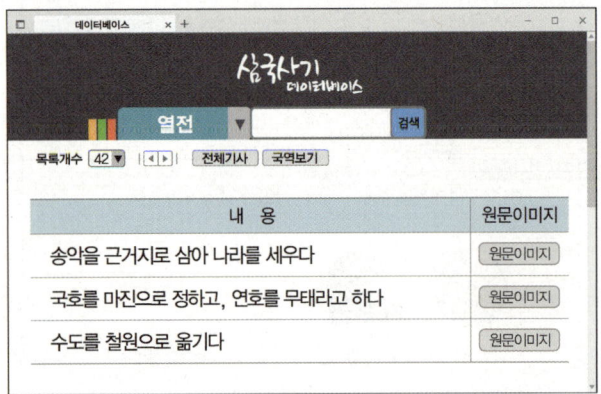

① 후당, 오월에 사신을 파견하였다.
② 이사부를 보내 우산국을 복속하였다.
③ 폐정 개혁을 목표로 정치도감을 설치하였다.
④ 광평성을 비롯한 각종 정치 기구를 마련하였다.
⑤ 정계와 계백료서를 지어 관리가 지켜야 할 규범을 제시하였다.

02 [심화 62회]
밑줄 그은 '왕'의 정책으로 옳은 것은?

> 왕이 천덕전에 거둥하여 백관을 모아놓고 말하기를, "내가 신라와 굳게 동맹을 맺은 것은 두 나라가 길이 우호를 유지하고 각자의 사직(社稷)을 보전하기 위해서였다. 지금 신라왕이 굳이 신하로 있겠다고 요청하고 그대들도 그것이 옳다고 하니, 나의 마음이 매우 부끄러우나 여러 사람의 뜻을 거스르기가 어렵다."라고 하였다. 이에 신라왕이 뜰에서 예를 올리니 여러 신하가 하례하여 함성이 궁궐을 진동하였다. …… 신라국을 없애 경주라 하고, 그 지역을 김부의 식읍으로 하사하였다.

① 빈민 구제 기관인 흑창을 설치하였다.
② 12목을 설치하고 지방관을 파견하였다.
③ 국자감에 7재라는 전문 강좌를 운영하였다.
④ 광덕, 준풍 등의 독자적 연호를 사용하였다.
⑤ 전시과 제도를 마련하여 관리에게 토지를 지급하였다.

03 [심화 74회]
밑줄 그은 '이 왕'이 추진한 정책으로 옳은 것은?

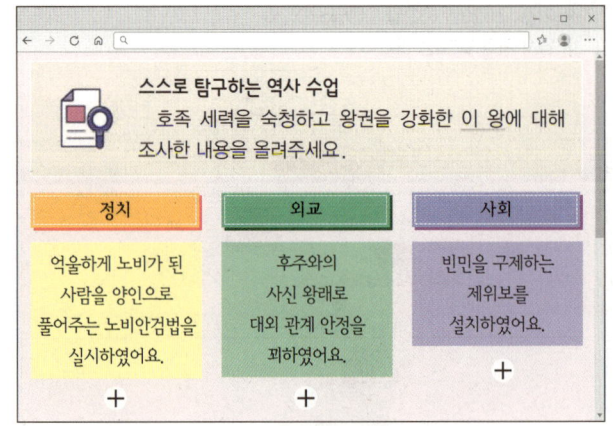

① 폐정개혁을 목표로 정치도감을 설치하였다.
② 광덕, 준풍이라는 독자적 연호를 사용하였다.
③ 예의상정소에서 상정고금예문을 편찬하였다.
④ 전국에 12목을 설치하고 지방관을 파견하였다.
⑤ 관리에게 등급에 따라 전지와 시지를 지급하였다.

04 [심화 74회]
㉠~㉣에 대한 설명으로 옳은 것을 <보기>에서 고른 것은?

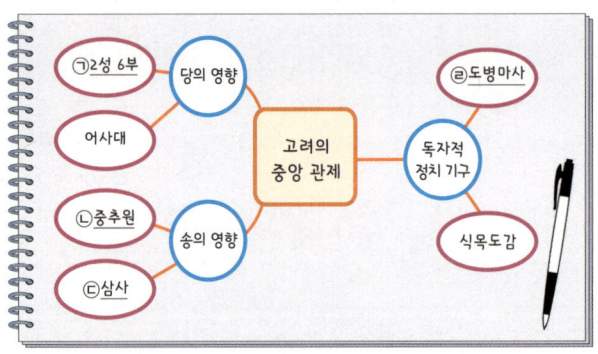

<보기>
ㄱ. ㉠ - 좌·우사정이 6부를 나누어 관할하였다.
ㄴ. ㉡ - 군사 기밀과 왕명 출납을 담당하였다.
ㄷ. ㉢ - 5품 이하의 관원에 대한 서경권을 행사하였다.
ㄹ. ㉣ - 재추를 중심으로 국방, 군사 문제를 논의하였다.

① ㄱ, ㄴ ② ㄱ, ㄷ ③ ㄴ, ㄷ
④ ㄴ, ㄹ ⑤ ㄷ, ㄹ

05

다음 검색창에 들어갈 왕의 재위 시기에 있었던 사실로 옳은 것은?

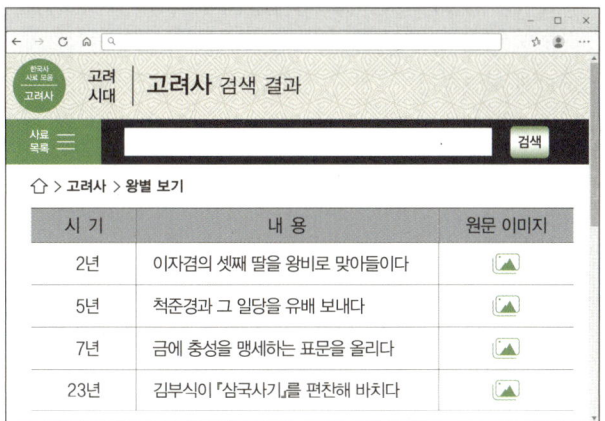

① 최충헌이 봉사 10조를 올렸다.
② 동북 9성이 여진에 반환되었다.
③ 국자감이 성균관으로 개칭되었다.
④ 묘청 등이 서경에서 난을 일으켰다.
⑤ 광덕, 준풍 등의 독자적 연호가 사용되었다.

06

(가)~(다)를 일어난 순서대로 옳게 나열한 것은?

(가) 왕이 보현원 문에 들어서자 …… 이고 등이 왕을 모시던 문관 및 대소 신료, 환관들을 모두 살해하였다. …… 정중부 등이 왕을 모시고 환궁하였다.
(나) 이자겸과 척준경이 왕을 위협하여 남궁(南宮)으로 거처를 옮기게 하고 안보린, 최탁 등 17인을 죽였다. 이 외에도 죽인 군사가 헤아릴 수 없을 정도였다.
(다) 묘청이 서경을 근거지로 삼고 반란을 일으켰다. …… 국호를 대위, 연호를 천개, 그 군대를 천견충의 군이라 불렀다.

① (가) - (나) - (다)
② (가) - (다) - (나)
③ (나) - (가) - (다)
④ (나) - (다) - (가)
⑤ (다) - (가) - (나)

07

(가)~(다) 학생이 발표한 내용을 일어난 순서대로 옳게 나열한 것은?

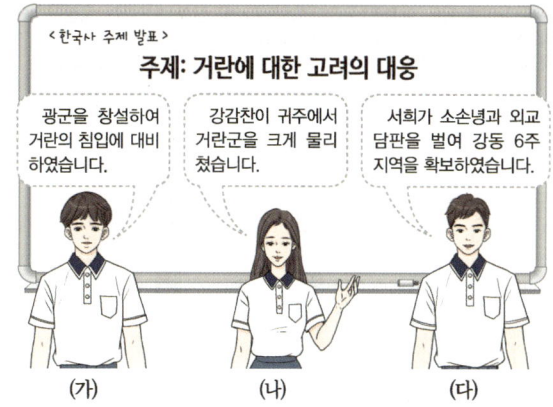

① (가) - (나) - (다)
② (가) - (다) - (나)
③ (나) - (가) - (다)
④ (나) - (다) - (가)
⑤ (다) - (나) - (가)

08

(가) 인물의 활동으로 옳은 것은?

① 인사 행정을 담당하던 정방을 폐지하였다.
② 교정도감을 두어 국가의 중요한 사무를 처리하였다.
③ 삼별초를 이끌고 진도로 이동하여 대몽 항쟁을 펼쳤다.
④ 화약과 화포 제작을 위한 화통도감 설치를 건의하였다.
⑤ 후세의 정책 방향을 제시하기 위해 훈요 10조를 남겼다.

09

(가) 군사 조직에 대한 설명으로 옳은 것은?

이것은 태안 마도 3호선에서 발굴된 죽찰입니다. 적외선 촬영 기법을 통해 상어를 담은 상자를 우□□별초도령시랑 집에 보낸다는 문장이 확인되었습니다. 우□□별초는 우별초로 해석되는데, 우별초는 최씨 무신 정권이 조직한 (가) 의 하나로 시랑은 장군 격인 정 4품이었습니다.

① 후금의 침입에 대비하고자 창설되었다.
② 원의 요청으로 일본 원정에 참여하였다.
③ 신기군, 신보군, 항마군으로 편성되었다.
④ 진도에서 용장성을 쌓고 몽골에 대항하였다.
⑤ 응양군과 용호군으로 구성된 국왕의 친위 부대였다.

10

다음 자료를 활용한 탐구 활동으로 가장 적절한 것은?

시중 김방경과 대장군 인공수를 [상국(上國)에] 파견하여 표문을 올렸다. "우리나라는 근래 역적을 소탕하는 대군에 군량을 공급하는 일로 이미 해마다 백성에게서 양식을 거두어들였습니다. 게다가 일본 정벌에 필요한 전함을 건조하는 데 장정들이 모두 징발되었고 노약자들만 겨우 밭 갈고 씨 뿌리는 일을 하고 있습니다."

① 삼전도비가 건립된 계기를 찾아본다.
② 정동행성이 설치되는 배경을 살펴본다.
③ 사심관 제도가 시행된 원인을 조사한다.
④ 조위총의 난이 전개되는 과정을 알아본다.
⑤ 권수정혜결사문이 작성된 목적을 파악한다.

11

(가)에 대한 고려의 대응으로 옳은 것은?

○ 박서는 김중온의 군사로 성의 동서쪽을, 김경손의 군사로는 성의 남쪽을, 별초 250여 인은 나누어 3면을 지키게 하였다. (가) 의 군사들이 성을 여러 겹으로 포위하고 공격하자 성안의 군사들이 갑자기 나가 싸워 그들을 패주시켰다.
○ 송문주는 귀주에서 종군하였던 사람인데 그 공으로 낭장(郎將)으로 초수(超授)되었다. 이후 죽주 방호별감이 되었을 때, (가) 이/가 죽주성에 이르러 보름 동안이나 다방면으로 공격하였으나 성을 빼앗지 못하고 물러갔다.

① 강화도로 도읍을 옮겨 항전하였다.
② 광군을 창설하여 침입에 대비하였다.
③ 화통도감을 설치하여 군사력을 증강하였다.
④ 철령위 설치에 반발하여 요동 정벌을 추진하였다.
⑤ 신기군, 신보군, 항마군으로 구성된 별무반을 창설하였다.

12

밑줄 그은 '왕'의 재위 기간에 볼 수 있는 모습으로 가장 적절한 것은?

이자춘이 쌍성 등지의 천호들을 거느리고 내조하니 왕이 맞이하며 말하기를, "어리석은 민(民)을 보살펴 편안하게 하느라 얼마나 노고가 많았는가?"라고 하였다. 그때 어떤 사람이 '기철이 쌍성의 반민(叛民)들과 몰래 내통하여 한 패로 삼아 역모를 도모하려 한다'고 밀고하였다. 왕이 이자춘에게 이르기를, "경은 마땅히 돌아가서 우리 민을 전정시키고, 만일 변란이 일어나면 마땅히 내 명령대로 하라."라고 하였다. …… 이자춘이 명령을 듣고 곧 행군하여 유인우와 합세한 후 쌍성총관부를 공격하여 격파하였다.

① 초량 왜관에서 교역하는 상인
② 내의원에서 동의보감을 읽는 의원
③ 주자감에서 유학을 공부하는 학생
④ 전민변정도감에 억울함을 호소하는 농민
⑤ 황룡사 구층 목탑의 건립에 참여하는 장인

13

(가)에 대한 고려의 대응으로 옳은 것은?

특별 기획
최무선과 화포 이야기
우리 박물관은 화약과 화기를 제조한 최무선 탄생 700주년 기념 특별전을 개최합니다. 특히 진포 대첩에서 나세, 심덕부 등과 함께 화포를 이용해 (가) 을/를 물리친 장면을 실감 영상으로 만나보실 수 있습니다. 많은 관람 바랍니다.
- 기간: 2025년 ○○월 ○○일 ~ ○○월 ○○일
- 장소: △△ 박물관 특별 전시실

① 광군을 조직하여 침입에 대비하였다.
② 경성과 경원에 무역소를 설치하였다.
③ 박위를 파견하여 근거지를 토벌하였다.
④ 어영청을 중심으로 북벌을 추진하였다.
⑤ 대장도감을 설치하여 팔만대장경을 간행하였다.

14

(가) 국가의 경제 상황으로 옳은 것은?

이 작품은 이규보가 예성강 하구의 정경을 묘사한 시입니다. 이곳에 있던 벽란도는 (가) 의 국제 무역항으로 송과 아라비아 상인들이 왕래할 정도로 번성했습니다.

조수가 돌고 나니
오고 가는 배의 꼬리가 이어졌구나
아침에 이 누각 밑을 떠나면
한낮이 되지 않아
돛대는 남만(南蠻)에 이르도다
사람들은 배를 보고
물 위의 역마라고 하지만
바람처럼 달리는 준마도
이보다 빠르지는 못하리

① 송상이 전국 각지에 송방을 두었다.
② 활구라고 불리는 은병을 주조하였다.
③ 동시전을 설치하여 시장을 감독하였다.
④ 담배, 면화, 생강 등 상품 작물을 널리 재배하였다.
⑤ 일본과 교역을 위해 부산포, 염포, 제포를 개항하였다.

15

다음 사건에 대한 탐구 활동으로 가장 적절한 것은?

> 망이 등이 홍경원에 불을 지르고 절에 있던 승려 10여 인을 죽였으며, 주지승을 위협하여 개경으로 서신을 가져가게 하였다. 그 서신에 대략 이르기를, "이미 우리 고을을 현으로 승격시키고 또 수령을 두어 안무하더니, 돌이켜 다시 군대를 내어 토벌하러 와서 우리 어머니와 아내를 옥에 가두었으니 그 뜻은 어디에 있는가? 차라리 칼날 아래 죽을지언정 끝내 항복하여 포로가 되지 않을 것이며, 반드시 개경까지 가고야 말겠다."라고 하였다.

① 안동도호부가 설치된 경위를 알아본다.
② 특수 행정 구역인 소에 대한 차별을 조사한다.
③ 신라 말 호족 세력이 성장하게 된 계기를 살펴본다.
④ 통청 운동을 통해 청요직으로 진출한 인물을 검색한다.
⑤ 경기에 한하여 설치된 과전이 농민에게 미친 영향을 파악한다.

16

밑줄 그은 '이 시기'에 볼 수 있는 모습으로 적절한 것은?

① 농상집요를 소개하는 관리
② 흑창에서 곡식을 빌리는 농민
③ 사섬서에서 저화를 발행하는 장인
④ 선혜청에서 공가(貢價)를 받는 상인
⑤ 상평통보로 물건을 거래하는 보부상

17

(가)에 들어갈 내용으로 옳은 것은?

① 독서삼품과를 통해 인재를 등용하였어요.
② 사액 서원에 서적과 노비를 지급하였어요.
③ 중등 교육 기관으로 4부 학당을 설립하였어요.
④ 양현고를 설치하여 장학 기금을 마련하였어요.
⑤ 초계문신제를 시행하여 문신을 재교육하였어요.

18

밑줄 그은 '그'에 대한 설명으로 옳은 것은?

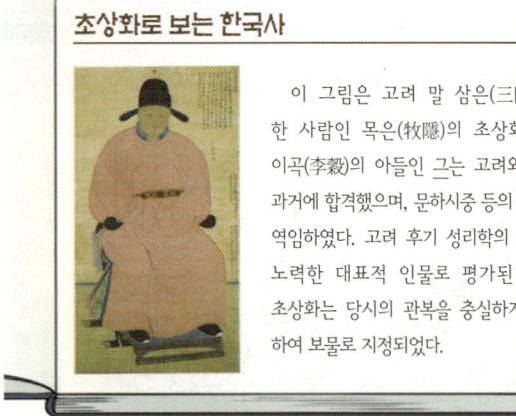

① 『역옹패설』과 『사략』을 저술하였다.
② 왕명에 의해 『삼국사기』를 편찬하였다.
③ 문헌공도를 설립하여 유학 교육에 힘썼다.
④ 불교 개혁을 주장하며 수선사 결사를 제창하였다.
⑤ 성균관의 대사성이 되어 정몽주 등을 학관으로 천거하였다.

19

다음 검색창에 들어갈 역사서에 대한 설명으로 옳은 것은?

① 남북국이라는 용어가 처음 사용되었다.
② 불교사를 중심으로 민간 설화를 담았다.
③ 단군의 고조선 건국 이야기가 수록되었다.
④ 왕명에 의해 고승들의 전기가 기록되었다.
⑤ 본기, 열전 등으로 구성된 기전체 형식으로 서술되었다.

20

(가) 인물에 대한 설명으로 옳은 것은?

이것은 '불일보조국사'라는 시호를 받은 (가) 의 행적을 담고 있는 송광사 보조국사비입니다. 비문에는 그가 정혜결사를 조직하고, 「권수정혜결사문」을 지었다는 내용이 들어있습니다. 또한 당시 국왕이 그의 뜻을 흠모하여 그가 머물렀던 송광산 길상사(吉祥寺)를 조계산 수선사(修禪社)로 이름을 바꿔주며 직접 글씨를 써서 보냈다는 등의 내용이 기록되어 있습니다.

① 법화 신앙에 중점을 둔 백련 결사를 이끌었다.
② 돈오점수를 바탕으로 꾸준한 수행을 강조하였다.
③ 승려들의 전기를 기록한 해동고승전을 저술하였다.
④ 선문염송집을 편찬하고 유불 일치설을 주장하였다.
⑤ 성상융회를 제창하여 교종 내 대립을 해소하고자 하였다.

21

(가)~(라) 승려에 대한 설명으로 옳은 것은?

○ (가) 은/는 화엄 사상의 요지를 정리한 「화엄일승법계도」를 저술하였다. 또한 부석사를 비롯한 여러 사원을 건립하였고, 현세의 고난에서 구제받고자 하는 관음 신앙을 강조하였다.

○ (나) 은/는 귀법사의 주지로서, 왕명에 따라 민중을 교화하고 불법을 널리 펴기 위해 노력하였다. 또한 향가인 「보현십원가」 11수를 지어 화엄 사상을 대중에게 전파하였다.

○ (다) 은/는 문종의 아들로 태어나 11세에 출가하였다. 31세에 송으로 건너가 고승들과 불법을 토론하고 불교 서적을 수집하여 귀국하였다. 국청사를 중심으로 천태종을 창시하였으며, 교선 통합을 사상적으로 뒷받침하기 위해 교관겸수를 제창하였다.

○ (라) 은/는 12세에 출가하였다. 수행상의 제약을 넘어서기 위해서는 천태의 교리에 의지해야 한다는 깨달음을 얻었다. 법화 신앙을 바탕으로 강진 만덕사에서 백련 결사를 결성하였다.

① (가) – 심성의 도야를 강조한 유불 일치설을 주장하였다.
② (나) – 정혜쌍수와 돈오점수를 수행 방법으로 제시하였다.
③ (다) – 불교 경전에 대한 주석서를 모아 교장을 편찬하였다.
④ (라) – 9산 선문 중 하나인 가지산문을 개창하였다.
⑤ (가)~(라) – 승과에 합격하고 왕사에 임명되었다.

22

(가)에 들어갈 문화유산으로 적절하지 <u>않은</u> 것은?

특별 사진전
사진으로 보는 고려의 불교 문화
우리 박물관에서는 고려 시대의 다양한 불교 문화유산을 보여주는 특별 사진전을 마련하였으니 많은 관심과 참여 바랍니다.

예산 수덕사 대웅전 / 수월관음도 / (가)

• 기간: 2023년 ○○월 ○○일~○○월 ○○일
• 장소: △△박물관

①
평창 월정사
팔각 구층 석탑

②
논산 관촉사
석조 미륵보살 입상

③
원주 법천사지
지광국사 탑비

④
보은 법주사 팔상전

⑤
영주 부석사 무량수전

23

(가)에 들어갈 불상으로 옳은 것은?

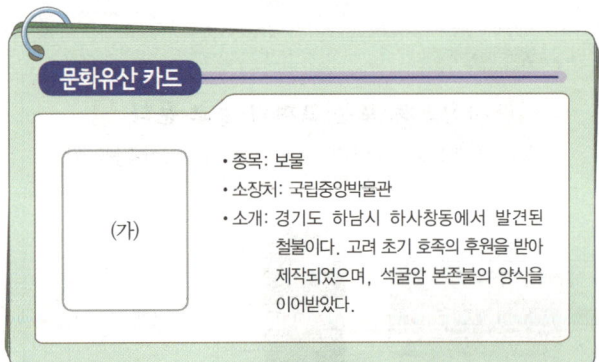

- 종목: 보물
- 소장치: 국립중앙박물관
- 소개: 경기도 하남시 하사창동에서 발견된 철불이다. 고려 초기 호족의 후원을 받아 제작되었으며, 석굴암 본존불의 양식을 이어받았다.

①  ②  ③

④  ⑤

24

(가) 국가의 탑으로 옳은 것은?

이 탑은 원래 개성에 있었는데 지금은 국립 중앙 박물관에 옮겨져 새로운 영상 기법으로 전시되고 있습니다. (가) 시대에 만들어진 이 탑은 이후 원각사지 십층 석탑에 영향을 주기도 하였습니다.

①  ②  ③

④  ⑤

25

심화 61회

밑줄 그은 '문화유산'으로 옳지 않은 것은?

이것은 고려 시대에 만들어진 나전 합입니다. 고려에 온 송의 사신 서긍이 솜씨가 세밀하여 귀하다고 평가할 정도로 고려의 나전 칠기 기술은 매우 뛰어났습니다. 이 나전 합을 비롯해 고려 시대에는 다양한 문화유산이 만들어졌습니다.

나전 국화 넝쿨무늬 합

①  청동 은입사 포류수금문 정병

②  부석사 소조여래좌상

③  청자 상감운학문 매병

④  월정사 팔각 구층 석탑

⑤  법주사 팔상전

26

심화 62회

(가) 국가의 문화유산으로 옳은 것을 〈보기〉에서 고른 것은?

미(美)·색(色)
벨기에 소장 우리 문화유산 특별전

초대의 글

우리 박물관에서는 국내에 들여와 보존 처리를 마친 벨기에 왕립 예술역사박물관 소장 (가) 의 공예품 8점을 공개하는 특별전을 개최합니다.

이번 전시에서는 (가) 의 대표적 문화유산인 상감청자 6점을 비롯하여 청동 정병, 금동 침통 등을 자세히 감상할 수 있도록 전시 공간을 연출하였으니 많은 관심 바랍니다.

■ 기간: 2022. ○○. ○○. ~ ○○. ○○.
■ 장소: △△ 박물관 기획 전시실

〈보기〉

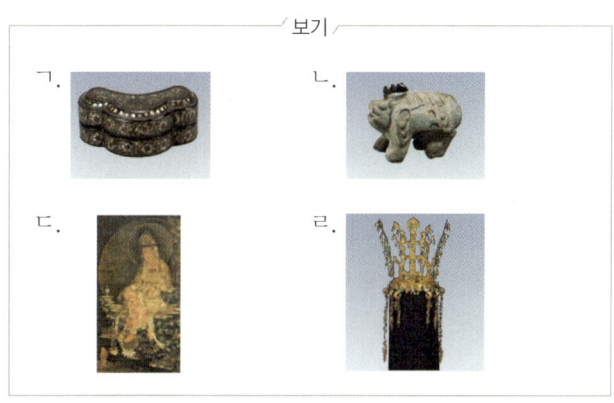

① ㄱ, ㄴ　② ㄱ, ㄷ　③ ㄴ, ㄷ
④ ㄴ, ㄹ　⑤ ㄷ, ㄹ

Ⅲ 한국 근세사

01
밑줄 그은 '인물'에 대한 설명으로 옳은 것은?

- 불씨잡변을 지어 불교를 비판하였던 인물에 대해 말해 보자.
- 도성의 축조 계획을 세우고 새 궁궐의 이름을 경복궁이라고 지었어.
- 제1차 왕자의 난 때 이방원에게 죽임을 당하였지.

① 최초의 서원인 백운동 서원을 건립하였다.
② 일본에 다녀와서 해동제국기를 편찬하였다.
③ 성학십도를 지어 군주의 도를 도식으로 설명하였다.
④ 조선경국전을 저술하여 통치 제도 정비에 기여하였다.
⑤ 경세유표를 집필하여 국가 제도의 개혁 방향을 제시하였다.

02
밑줄 그은 '임금'에 대한 설명으로 옳은 것은?

- 자네 들었는가? 임금께서 민무구, 민무질에게 자결을 명하셨다더군. 몇 해 전 어린 세자를 이용해 권세를 잡으려 했다는 죄로 귀양을 보내셨었지.
- 나도 들었네. 중전마마의 동생으로 임금께서 정도전을 숙청할 때 공을 세웠던 사람들이었지.

① 공신들에게 역분전을 지급하였다.
② 주자소를 두어 계미자를 주조하였다.
③ 정치도감을 설치하여 개혁을 추진하였다.
④ 구황촬요를 간행하여 기근에 대비하였다.
⑤ 유자광의 고변을 계기로 남이를 처형하였다.

03
다음 상황이 전개된 배경으로 옳은 것은?

> 교지를 내려 이르기를, "전날 성삼문 등이 상왕(上王)도 그 모의에 참여하였다고 인정하자, 백관들이 상왕도 종사(宗社)에 죄를 지었으니 편안히 도성에 거주하는 것은 마땅치 않다고 하였다. …… 상왕을 노산군(魯山君)으로 낮추고, 궁에서 내보내 영월에 거주시키도록 하라."라고 하였다.

① 인조반정으로 북인 세력이 몰락하였다.
② 인현왕후가 폐위되고 남인이 권력을 차지하였다.
③ 계유정난을 통해 수양대군이 정권을 장악하였다.
④ 이인좌를 중심으로 한 소론 세력이 난을 일으켰다.
⑤ 폐비 윤씨 사사 사건으로 인해 김굉필 등이 처형되었다.

04
밑줄 그은 '전하'의 재위 시기에 있었던 사실로 옳은 것은?

- 며칠 전 전하께서 예문관에서 옛 집현전의 직제를 분리하여 홍문관으로 이관하는 것을 명하셨다고 하네. 이제 홍문관이 옛 집현전의 기능을 대신한다는 것이지.
- 홍문관원들이 경연관을 겸한다고 하니 앞으로 경연이 더욱 활성화되겠군.

① 국왕의 친위 부대인 장용영이 설치되었다.
② 백운동 서원이 사액을 받아 소수 서원이 되었다.
③ 국가의 의례를 정비한 국조오례의가 완성되었다.
④ 통치 체제를 정비하기 위해 속대전이 편찬되었다.
⑤ 수조권이 세습되던 수신전과 휼양전이 폐지되었다.

05

다음 검색창에 들어갈 인물의 활동으로 옳은 것은?

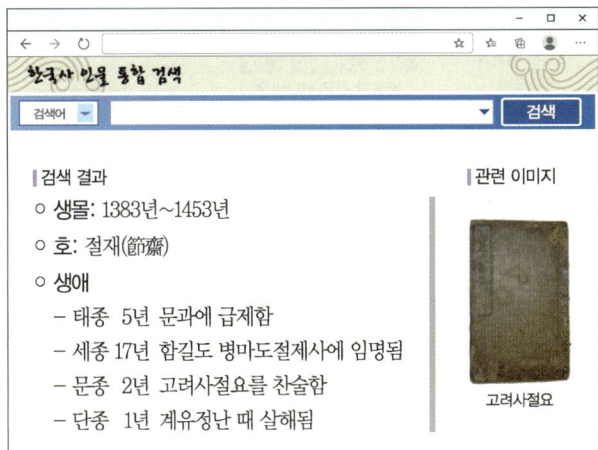

① 여진을 정벌하고 6진을 개척하였다.
② 불씨잡변을 지어 불교를 비판하였다.
③ 반정 공신의 위훈 삭제를 주장하였다.
④ 왜구의 근거지인 쓰시마섬을 정벌하였다.
⑤ 충청도 지역까지 대동법의 확대 실시를 건의하였다.

07

(가)에 들어갈 내용으로 가장 적절한 것은?

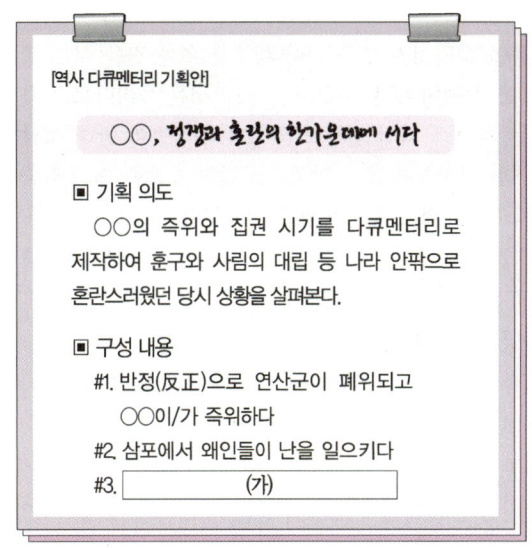

① 이괄이 난을 일으켜 도성을 점령하다
② 허적과 윤휴 등 남인이 대거 축출되다
③ 정여립 모반사건으로 기축옥사가 일어나다
④ 위훈 삭제를 주장한 조광조 일파가 제거되다
⑤ 조의제문이 발단이 되어 김일손 등이 화를 입다

06

(가) 기구에 대한 설명으로 옳은 것은?

이 도로명은 만리재에서 유래한 것이다. 만리재는 조선의 문신 최만리가 살았다고 하여 붙여진 지명이다. 세자의 스승이기도 하였던 최만리는 세종이 학문 연구, 편찬 사업 등을 수행하도록 설치한 ___(가)___ 의 부제학으로 활약하였다. 그러나 훈민정음 창제를 반대하는 상소를 올려 세종과 갈등을 빚기도 하였다.

① 은대(銀臺)라고도 불렸다.
② 전문 강좌인 7재를 운영하였다.
③ 고려의 삼사와 같은 기능을 수행하였다.
④ 단종 복위 운동을 계기로 세조에 의해 폐지되었다.
⑤ 대사성을 수장으로 좨주, 직강 등의 관직을 두었다.

08

다음 상황이 나타난 시기를 연표에서 옳게 고른 것은?

> 4월 누르하치의 군대가 무순을 함락하고 7월에는 청하를 함락하였다. 이에 명에서 정벌을 결정하고 우리나라에 군사 징발을 요구하였다. 명의 총독 왕가수의 군문(軍門)에서 약 4만의 병사를 요구하였으나, 경략(經略) 양호가 조선의 병사와 군마가 적다고 하여 마침내 그 수를 줄여서 총수(銃手) 1만 명만 징발하였다. 7월 조정에서 강홍립을 도원수로, 김경서를 부원수로 삼았다.
>
> - 『책중일록』 -

1453		1510		1597		1627		1728		1811
	(가)		(나)		(다)		(라)		(마)	
계유정난		삼포왜란		정유재란		정묘호란		이인좌의 난		홍경래의 난

① (가) ② (나) ③ (다) ④ (라) ⑤ (마)

09

다음 전투 이후에 전개된 사실로 옳은 것은?

> 권율이 정병 4천 명을 뽑아 행주산 위에 진을 치고는 책(柵)을 설치하여 방비하였다. …… 적은 올려다보고 공격하는 처지가 되어 탄환도 맞히지 못하는데 반해 호남의 씩씩한 군사들은 모두 활쏘기를 잘하여 쏘는 대로 적중시켰다. …… 적이 결국 패해 후퇴하였다.
> - 「선조수정실록」 -

① 최영이 홍산에서 대승을 거두었다.
② 이순신이 한산도 대첩에서 승리하였다.
③ 휴전 회담의 결렬로 정유재란이 시작되었다.
④ 이종무가 왜구의 근거지인 쓰시마를 정벌하였다.
⑤ 신립이 탄금대에서 배수의 진을 치고 왜군에 항전하였다.

10

밑줄 그은 '전란' 중에 있었던 사실로 옳은 것은?

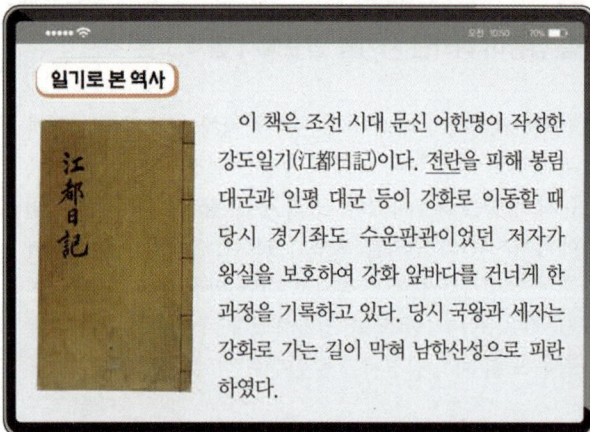

① 정문부가 길주에서 의병을 이끌었다.
② 강홍립이 사르후 전투에 참전하였다.
③ 김시민이 진주성에서 적군을 크게 물리쳤다.
④ 임경업이 백마산성에서 적의 침입에 대비하였다.
⑤ 최윤덕이 올라산성에서 이만주 부대를 정벌하였다.

11

밑줄 그은 '이 왕'이 추진한 정책으로 옳은 것은?

① 6조 직계제를 처음으로 실시하였다.
② 학문 연구 기관으로 집현전을 두었다.
③ 전란의 피해를 복구하고 동의보감을 간행하였다.
④ 역대 문물 제도를 정리한 동국문헌비고를 편찬하였다.
⑤ 시전 상인의 특권을 축소하는 신해통공을 단행하였다.

12

(가)~(다)를 일어난 순서대로 옳게 나열한 것은?

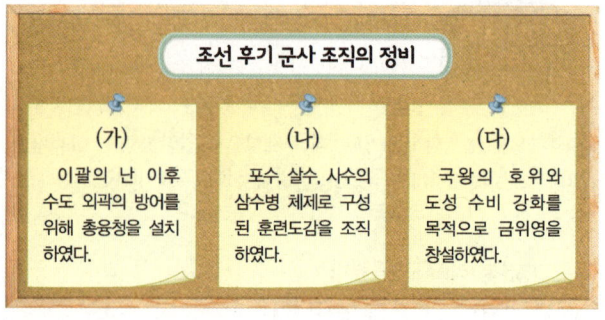

① (가) - (나) - (다)   ② (가) - (다) - (나)
③ (나) - (가) - (다)   ④ (나) - (다) - (가)
⑤ (다) - (나) - (가)

13

(가)에 들어갈 내용으로 가장 적절한 것은?

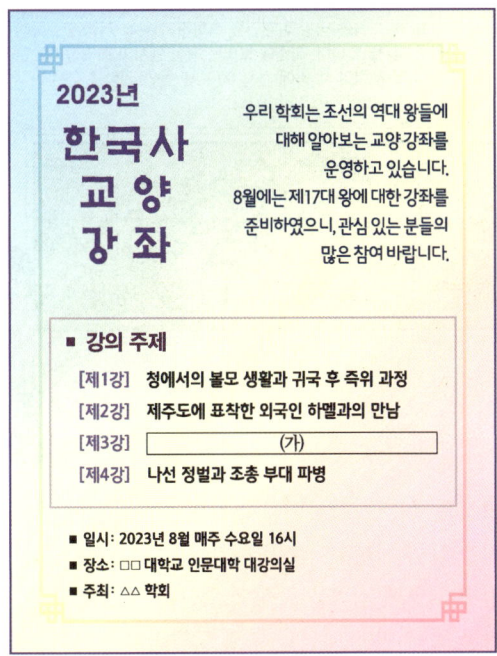

① 어영청의 개편과 북벌 추진
② 위화도 회군과 과전법의 시행
③ 문신 재교육을 위한 초계문신제의 운영
④ 백두산정계비 건립과 청과의 국경 획정
⑤ 기유약조 체결을 통한 일본과의 무역 재개

14

다음 상황이 나타난 시기를 연표에서 옳게 고른 것은?

○송준길이 아뢰었다. "적처(嫡妻) 소생이라도 둘째부터는 서자입니다. …… 둘째 아들은 비록 왕통을 계승하였더라도 (그를 위해서는) 3년 복을 입어서는 안 됩니다."
○허목이 상소하였다. "장자를 위해 3년 복을 입는다는 것은 위로 쳐서 정체(正體)이기 때문입니다. …… 첫째 아들이 죽어서 적처 소생의 둘째를 세우는 것도 역시 장자라고 부릅니다."

(가)	(나)	(다)	(라)	(마)
계유정난	중종반정	을사사화	인조반정	경신환국	이인좌의 난

① (가) ② (나) ③ (다) ④ (라) ⑤ (마)

15

(가)~(다)를 일어난 순서대로 옳게 나열한 것은?

(가) 임금이 궐내에 있던 기름 먹인 장막을 허적이 벌써 가져갔음을 듣고 노하여 이르기를, "궐내에서 쓰는 것을 마음대로 가져가는 것은 한명회도 못하던 짓이다."라고 하였다. 임금이 허적의 당파가 많아 기세가 당당하다는 말을 듣고 그들을 제거하고자 결심하였다.

(나) 비망기를 내려, "국운이 안정되어 왕비가 복위하였으니, 백성에게 두 임금이 없는 것은 고금을 통한 의리이다. 장씨의 왕후 지위를 거두고 옛 작호인 희빈을 내려 주되, 세자가 조석으로 문안하는 예는 폐하지 않도록 하라."라고 하였다.

(다) 임금이 말하기를, "송시열은 산림의 영수로서 나라의 형세가 험난한 때에 감히 원자(元子)의 명호를 정한 것이 너무 이르다고 하였으니 삭탈 관작하고 성문 밖으로 내쳐라. 반드시 송시열을 구하려는 자가 있겠지만, 그런 자는 비록 대신이라 하더라도 용서하지 않을 것이다."라고 하였다.

① (가) - (나) - (다)
② (가) - (다) - (나)
③ (나) - (가) - (다)
④ (나) - (다) - (가)
⑤ (다) - (나) - (가)

16

(가) 시기에 있었던 사실로 옳은 것은?

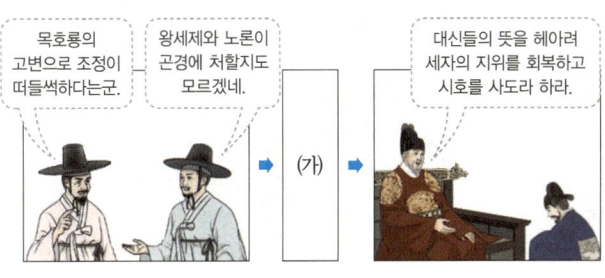

① 이괄이 반란을 일으켜 도성을 장악하였다.
② 자의 대비의 복상 문제로 예송이 전개되었다.
③ 왕위 계승을 둘러싸고 왕자의 난이 발생하였다.
④ 이인좌를 중심으로 소론 세력 등이 난을 일으켰다.
⑤ 희빈 장씨 소생의 원자 책봉 문제로 환국이 발생하였다.

17

밑줄 그은 '왕'의 재위 시기에 있었던 사실로 옳은 것은?

> 대전통편이 완성되었는데, 나라의 제도 및 법식에 관한 책이다. …… 왕이 말하기를, "속전(續典)은 갑자년에 이루어졌는데, 선왕의 명령으로서 갑자년 이후에 이루어진 것도 많으니 어찌 감히 지금과 가까운 것만을 내세우고 먼 것은 소홀히 할 수 있겠는가?"라고 하였다. 이에 김치인 등에게 명하여 원전(原典)과 속전 및 지금까지의 왕명을 모아 한 책으로 편찬한 것이었다.

① 인재 양성을 위해 초계문신제를 시행하였다.
② 홍경래 등이 봉기하여 정주성을 점령하였다.
③ 자의 대비의 복상문제로 예송이 전개되었다.
④ 이인좌를 중심으로 소론 세력 등이 난을 일으켰다.
⑤ 신류가 조총 부대를 이끌고 흑룡강에서 전투를 벌였다.

18

(가) 왕에 대한 설명으로 옳은 것은?

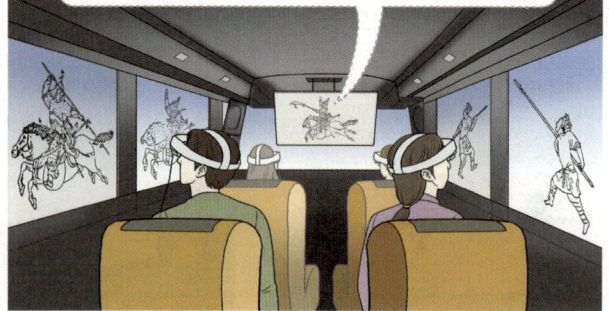

① 백두산정계비를 세워 청과의 국경을 정하였다.
② 삼군부를 부활시켜 군사 업무를 담당하게 하였다.
③ 통치 체제를 정비하기 위해 속대전을 편찬하였다.
④ 규장각에 검서관을 두어 서얼 출신 학자들을 기용하였다.
⑤ 한양을 기준으로 역법을 정리한 칠정산 내편을 제작하였다.

19

밑줄 그은 '이 시기'에 있었던 사실로 옳은 것은?

이 우표 속 그림은 국왕의 혼인을 축하하기 위해 거행된 진하례 모습을 그린 궁중 행사도입니다. 그림에 보이는 왕실 행사의 화려함과는 달리 안동 김씨 등 외척 세력이 세 왕에 걸쳐 60여 년 동안 권력을 잡은 이 시기에는 국왕의 실권이 많이 위축되었습니다.

① 어영청을 중심으로 북벌이 추진되었다.
② 윤지충 등이 처형된 신해박해가 일어났다.
③ 이필제가 영해 지역을 중심으로 난을 일으켰다.
④ 경복궁 중건 비용 마련을 위해 당백전이 발행되었다.
⑤ 삼정의 문란을 해결하기 위해 삼정이정청이 설치되었다.

20

다음 자료에 나타난 사건에 대한 설명으로 옳은 것은?

> 진주 안핵사 박규수에게 하교하기를, "얼마 전에 있었던 진주의 일은 전에 없던 변괴였다. 관원은 백성을 달래지 못하였고, 백성은 패악한 습관을 버리지 못하였다. 누가 그 허물을 책임져야 하겠는가. 신중을 기하여 혹시 한 사람이라도 억울하게 처벌 받는 일이 없게 하라. 그리고 포리(逋吏)를 법에 따라 처벌할 경우 죄인을 심리하여 처단할 방법을 상세히 구별하라."라고 하였다.
>
> *포리(逋吏): 관아의 물건을 사사로이 써버린 아전

① 홍경래, 우군칙 등이 주도하였다.
② 남접과 북접이 연합하여 전개되었다.
③ 삼정이정청이 설치되는 계기가 되었다.
④ 우정총국 개국 축하연을 이용하여 일어났다.
⑤ 윤원형 일파가 정국을 주도한 시기에 발생하였다.

21

(가) 제도에 대한 설명으로 옳은 것은?

> 광해군 때 이원익이 방납의 폐단을 혁파하고자 선혜청을 두고 (가) 을/를 실시할 것을 청하였다. …… 맨 먼저 경기도 내에 시범적으로 실시하니 백성들은 대부분 편리하게 여겼다. 다만 권세가와 부호들은 방납의 이익을 잃기 때문에 온갖 방법으로 반대하였다.
> – 「국조보감」 –

① 양반에게도 군포를 부과하였다.
② 수신전과 휼양전을 폐지하였다.
③ 양전 사업을 실시하여 지계를 발급하였다.
④ 전세를 풍흉에 따라 9등급으로 차등 과세하였다.
⑤ 관청에 물품을 조달하는 공인이 등장하는 배경이 되었다.

22

다음 자료를 활용한 탐구 주제로 가장 적절한 것은?

> 선무군관 직책을 특별히 설치하고 서북을 제외한 6도에서 벼슬이 없는 자들 중 선정한다. 사족이 아니거나 음서를 받지 않은 자들, 군보(軍保) 역할에 그치기에는 아까운 자들을 대상으로 한다. 평시에는 입번(入番)과 훈련을 면해 주고 다만 베 1필을 받는데, 유사시에는 관할 수령이 지도하여 방비에 임하도록 한다.

① 토산물을 쌀, 동전 등으로 납부하게 한 원인
② 균역법 실시로 인한 세입 감소분의 보충 방안
③ 시전상인의 특권을 축소한 신해통공 단행 배경
④ 전세를 풍흉에 따라 9등급으로 차등 부과한 이유
⑤ 설점수세제를 시행하여 민간의 광산 개발을 허용한 목적

23

다음 자료에 나타난 시기에 볼 수 있는 모습으로 적절한 것은?

> 비변사에서 아뢰기를 "…… 우리나라는 물력(物力)이 부족하여 요역이 매우 무겁습니다. 매번 나라의 힘으로 채굴한다면, 노동과 비용이 많이 들어갑니다. 채은관(採銀官)에게 명해 광산을 개발한 이후 백성을 모집하여 [채굴할 것을] 허락하고 그로 하여금 세를 거두도록 하되 그 세금의 많고 적음은 [채은관이] 적당히 헤아려 정하게 한다면 관에서 힘을 들이지 않아도 세입이 저절로 많아질 것입니다. ……"라고 하니, 왕이 아뢴 대로 하라고 답하였다.

① 주자감에서 공부하는 학생
② 초조대장경 조판을 지켜보는 승려
③ 빈공과를 준비하는 6두품 출신 유학생
④ 과전법에 따라 수조권을 지급받는 관리
⑤ 고추, 담배 등을 상품 작물로 재배하는 농민

24

다음 기사에 나타난 시기의 경제 상황으로 옳은 것은?

> **역사 신문**
>
> **거상(巨商) 임상옥, 북경에서 인삼 무역으로 큰 수익**
>
> 연행사의 수행원으로 북경에 간 만상(灣商) 임상옥이 인삼 무역으로 큰 수익을 거두었다. 북경 상인들이 불매 동맹을 통해 인삼을 헐값에 사려 하자, 그는 가져간 인삼 보따리를 태우는 기지를 발휘해 북경 상인에게 인삼을 높은 가격에 매각하여 막대한 이익을 얻은 것이다.

① 삼한통보, 해동통보가 발행되었다.
② 솔빈부의 말이 특산물로 수출되었다.
③ 초량 왜관을 통해 일본과 교역하였다.
④ 당항성, 영암이 국제 무역항으로 번성하였다.
⑤ 경시서의 관리들이 수도의 시전을 감독하였다.

25

(가) 사건에 대한 설명으로 옳은 것은?

① 한성조약이 체결되는 결과를 가져왔다.
② 정부의 요청으로 출병한 청군이 진압하였다.
③ 사태의 수습을 위해 박규수가 안핵사로 파견되었다.
④ 이필제가 영해 지역에서 난을 일으키는 계기가 되었다.
⑤ 전개 과정에서 이승훈, 정약용 등이 연루되어 처벌되었다.

26

밑줄 그은 '왕'의 재위 시기에 있었던 사실로 옳은 것은?

① 금속 활자인 갑인자가 제작되었다.
② 수도 방어를 위해 금위영이 설치되었다.
③ 훈련 교범인 무예도보통지가 편찬되었다.
④ 국가의 기본 법전인 경국대전이 완성되었다.
⑤ 신진 인사를 등용하기 위해 현량과가 시행되었다.

27

다음 대화에 등장하는 왕의 재위 시기에 있었던 사실로 옳은 것은?

① 주자소가 설치되어 계미자가 주조되었다.
② 전통 한의학을 집대성한 『동의보감』이 완성되었다.
③ 통치 체제를 정비하기 위해 『속대전』이 간행되었다.
④ 한양을 기준으로 역법을 정리한 『칠정산』이 제작되었다.
⑤ 전국의 지리, 풍속 등이 수록된 『동국여지승람』이 편찬되었다.

28

(가) 기구에 대한 설명으로 옳은 것은?

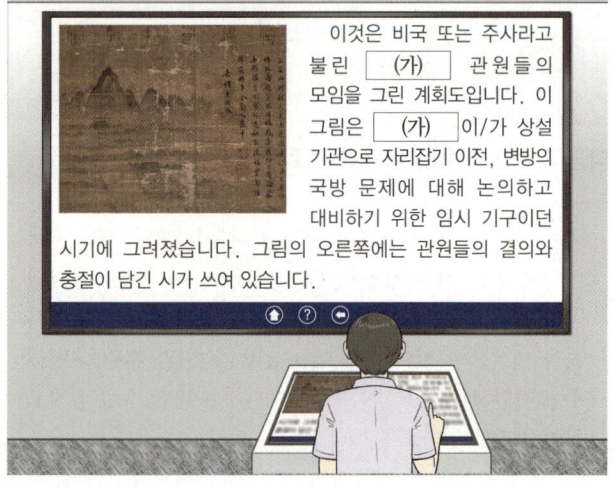

① 수도의 행정과 치안을 담당하였다.
② 흥선대원군이 집권한 시기에 혁파되었다.
③ 국왕 직속 사법 기구로 반역죄 등을 다루었다.
④ 5품 이하의 관리 임명에 대한 서경권을 행사하였다.
⑤ 도승지를 수장으로 좌승지, 우승지 등의 관직을 두었다.

29 심화 74회

(가) 인물에 대한 설명으로 옳은 것은?

이 그림은 강세황이 그린 도산서원도입니다. 여기에는 서원의 배치와 건물 크기, 방향 등이 실제와 부합하게 묘사되어 있으며 건물 이름도 표기되어 있어 당시의 모습을 잘 보여줍니다. 도산 서원은 성학십도를 지어 군주의 수양을 강조하고, 기대승과 사단칠정 논쟁을 전개한 (가) 의 학문과 덕을 기리는 곳입니다.

① 최초의 서원인 백운동 서원을 건립하였다.
② 명에 대한 의리를 내세운 기축봉사를 올렸다.
③ 동호문답을 통해 다양한 개혁 방안을 제시하였다.
④ 예안향약을 시행하여 향촌의 교화를 위해 노력하였다.
⑤ 예학을 조선의 현실에 맞게 정리한 가례집람을 저술하였다.

30 심화 63회

밑줄 그은 '이 인물'에 대한 설명으로 옳은 것은?

- 해주향약을 시행하여 향촌 교화에 힘썼던 이 인물에 대해 말해 보자.
- 동호문답에서 수취 제도 개편 등 다양한 개혁 방안을 제시하였어.
- 격몽요결을 저술하여 체계적인 성리학 교육에 힘썼어.

① 명에 대한 의리를 내세운 기축봉사를 올렸다.
② 청으로부터 시헌력을 도입하자고 건의하였다.
③ 양반의 허례와 무능을 풍자한 양반전을 저술하였다.
④ 예학을 조선의 현실에 맞게 정리한 가례집람을 지었다.
⑤ 군주가 수양해야 할 덕목과 지식을 담은 성학집요를 집필하였다.

31 심화 65회

다음 가상 인터뷰의 주인공에 대한 설명으로 옳은 것은?

- 성호사설에서 6가지 좀의 하나로 과업을 말씀하셨는데요, 어떤 점이 문제인가요?
- 요즈음 과거를 준비하는 유생들은 부모 형제와 생업도 팽개치고 종일토록 글공부만 하고 있으니, 이는 인간의 본성을 망치는 재주일 뿐입니다. 다행히 급제라도 하면 교만하고 사치스러워져, 끝없이 백성의 것을 빼앗아 그 욕심을 채웁니다. 때문에 나라를 좀먹는 존재로 표현했습니다.

① 마과회통에서 홍역에 대한 지식을 정리하였다.
② 의산문답에서 중국 중심의 세계관을 비판하였다.
③ 발해고에서 남북국이라는 용어를 처음 사용하였다.
④ 곽우록에서 토지 매매를 제한하는 한전론을 제시하였다.
⑤ 금석과안록에서 북한산비가 진흥왕 순수비임을 고증하였다.

32 심화 60회

다음 검색창에 들어갈 인물의 활동으로 옳은 것은?

검색 결과 3건
- 마진으로 죽을 뻔한 아이, 마과회통을 편찬하다 – 조선 시대 홍역과 친인두 시료법
- 강진 유배지에서 편지를 보내다 – 가족에 대한 각별한 사랑
- 목민심서를 저술하여 목민관의 자세를 논하다 – 지방관의 청렴과 근검, 애민 정신

① 『지봉유설』에서 천주실의를 조선에 소개하였다.
② 『의산문답』에서 중국 중심의 세계관을 비판하였다.
③ 『양반전』을 지어 양반의 허례와 무능을 풍자하였다.
④ 『경세유표』를 집필하여 국가 제도의 개혁 방향을 제시하였다.
⑤ 『금석과안록』에서 북한산비가 진흥왕 순수비임을 고증하였다.

33

(가), (나)를 쓴 인물의 공통점으로 옳은 것은?

> (가) 실옹이 웃으며 말하기를, "…… 대저 땅덩이는 하루 동안에 한 바퀴를 도는데, 땅 둘레는 9만 리이고 하루는 12시이다. 9만 리 넓은 둘레를 12시간에 도니 번개나 포탄보다도 더 빠른 셈이다."라고 하였다.
>
> (나) 허생이 말하기를, "우리 조선은 배가 외국과 통하지 못하고, 수레가 국내에 두루 다니지 못하는 까닭에 온갖 물건이 나라 안에서 생산되어 소비되곤 하지 않나. …… 어떤 물건 하나를 슬그머니 독점한다면, 그 물건은 한 곳에 갇혀서 유통되지 못하니 이는 백성을 못살게 하는 방법이야."라고 하였다.

① 갑술환국으로 정계에서 축출되었다.
② 양명학을 연구하여 강화학파를 형성하였다.
③ 서얼 출신으로 규장각 검서관에 기용되었다.
④ 연행사의 일원으로 청에 다녀와 연행록을 남겼다.
⑤ 농민 생활의 안정을 위하여 화폐 사용을 반대하였다.

35

(가) 문화유산에 대한 설명으로 옳은 것을 〈보기〉에서 고른 것은?

〈보기〉
ㄱ. 고종이 아관파천 이후 환궁한 곳이다.
ㄴ. 포루, 공심돈 등 방어 시설을 갖추었다.
ㄷ. 당백전을 발행하여 건설 비용에 충당하였다.
ㄹ. 정약용이 고안한 거중기 등을 이용하여 축조되었다.

① ㄱ, ㄴ ② ㄱ, ㄷ ③ ㄴ, ㄷ
④ ㄴ, ㄹ ⑤ ㄷ, ㄹ

34

밑줄 그은 '이 인물'에 대한 설명으로 옳은 것은?

① 기대승과 사단칠정 논쟁을 전개하였다.
② 북한산비가 진흥왕 순수비임을 고증하였다.
③ 양명학을 연구하여 강화학파를 형성하였다.
④ 청으로부터 시헌력을 도입하자고 건의하였다.
⑤ 열하일기에서 수레와 선박의 사용을 강조하였다.

36

밑줄 그은 '이 시기'에 볼 수 있는 모습으로 적절하지 않은 것은?

① 판소리 흥보가를 구경하는 농민
② 주자소에서 계미자를 만드는 장인
③ 옥계 시사에서 시를 낭송하는 중인
④ 세책가에서 춘향전을 빌리는 부녀자
⑤ 호랑이를 소재로 민화를 그리는 화가

37

밑줄 그은 '시기'의 문화에 대한 설명으로 옳지 않은 것은?

이 그림은 조영석과 김홍도의 풍속화입니다. 인부들이 말발굽에 징을 박는 모습과 기와를 이어나가는 모습을 묘사하고 있습니다. 이를 통해 이 그림이 그려진 시기 서민들의 일상생활을 생생하게 살펴볼 수 있습니다.

① 금강전도 등 진경 산수화가 그려졌다.
② 새로운 역법으로 수시력이 도입되었다.
③ 양반 사회를 풍자한 탈춤이 성행하였다.
④ 춘향가, 흥보가 등의 판소리가 유행하였다.
⑤ 홍길동전, 박씨전 등의 한글 소설이 널리 읽혔다.

38

(가) 인물의 작품으로 옳은 것은?

이 작품은 단원 (가) 이/가 그린 추성부도(秋聲賦圖)로, 인생의 허망함과 쓸쓸함을 묘사한 글인 추성부를 그림으로 표현했습니다. 죽음을 앞둔 노년에 자신의 심정을 나타낸 것으로 보입니다. 도화서 화원 출신인 그는 풍속화, 산수화, 인물화 등 다양한 분야에서 뛰어난 작품을 남겼습니다.

①  ②

③  ④

⑤

Ⅳ 한국 근대사

01 심화 61회
(가) 사건 이후에 전개된 사실로 옳은 것은?

이곳은 어재연 장군과 그의 군사를 기리기 위해 조성된 충장사입니다. 어재연 장군의 부대는 [(가)] 때 광성보에서 로저스 제독이 이끄는 미군에 맞서 결사 항전하였지만 끝내 함락을 막지 못하였습니다.

① 종로와 전국 각지에 척화비가 세워졌다.
② 평양 관민이 제너럴 셔먼호를 불태웠다.
③ 한성근 부대가 문수산성에서 항전하였다.
④ 신유박해로 많은 천주교도가 처형되었다.
⑤ 오페르트가 남연군 묘 도굴을 시도하였다.

02 심화 62회
밑줄 그은 '조약'의 영향으로 가장 적절한 것은?

청의 알선으로 서양과 맺은 최초의 조약이 체결된 장소에 새로운 표석이 설치되었습니다. 기존 한글 안내판에 영어와 중국어 안내문을 추가한 이번 표석 설치는 개항기 대외 관계와 관련한 중요한 장소를 외국인에게도 널리 알리는 기회가 될 것으로 보입니다.

영어, 중국어 안내문을 추가한 표석 설치

① 부산, 원산, 인천 항구가 개항되었다.
② 김홍집이 국내에 조선책략을 소개하였다.
③ 민영익을 대표로 한 보빙사가 파견되었다.
④ 일본 군함 운요호가 영종도를 공격하였다.
⑤ 개화 정책을 총괄하는 통리기무아문이 설치되었다.

03 심화 61회
(가), (나) 조약 체결 사이의 시기에 있었던 사실로 옳은 것은?

(가) 제1관 조선국은 자주 국가로서 일본국과 평등한 권리를 보유한다. ……
제10관 일본국 인민이 조선국 지정의 각 항구에 머무르는 동안 죄를 범한 것이 조선국 인민에게 관계되는 사건은 모두 일본국 관원이 심리하여 판결한다. ……

(나) 제1관 앞으로 대조선국 군주와 대미국 대통령 및 그 인민은 각각 모두 영원히 화평하고 우애 있게 지낸다. ……
제5관 …… 미국 상인과 상선이 조선에 와서 무역을 할 때 입출항하는 화물은 모두 세금을 바쳐야 하며, 세금을 거두는 권한은 조선이 자주적으로 행사한다. ……

① 공사 노비법이 혁파되었다.
② 통리기무아문이 설치되었다.
③ 한성 전기 회사가 설립되었다.
④ 건양이라는 독자적인 연호가 채택되었다.
⑤ 지방 행정 구역이 8도에서 23부로 개편되었다.

04 심화 71회
(가) 기구를 통해 추진된 정책으로 옳은 것은?

이곳은 기기창 건물 중 하나인 번사창입니다. 강화도 조약 체결 이후 정부는 국내외 정세에 대응하고 개화 정책을 총괄하기 위한 기구로 [(가)]을/를 설치하였습니다. 이 기구의 건의로 청에 파견한 영선사 일행에 유학생을 포함시켜 근대 문물을 배워 오도록 하였습니다. 이러한 노력의 영향으로 설치된 근대적 무기 공장이 바로 기기창이었습니다.

① 별기군을 창설하였다.
② 원수부를 설치하였다.
③ 대전통편을 편찬하였다.
④ 신문지법을 공포하였다.
⑤ 서당 규칙을 제정하였다.

05

다음 자료에 나타난 사건에 대한 설명으로 옳은 것은?

> 발신: 조선 주재 공사 하나부사 요시모토(花房義質)
> 수신: 외무경 이노우에 가오루(井上馨)
>
> 이달 23일 오후 5시 성난 군중 수백 명이 갑자기 공사관을 습격하여 돌을 던지고 총을 쏘며 방화함. 전력으로 방어한 지 7시간이 지났지만 원병이 오지 않았음. 한쪽을 돌파하여 왕궁으로 가려 해도 성문이 열리지 않았음. …… 성난 군중이 왕궁 및 민태호와 민겸호의 집도 습격했다고 들었음. …… 교관 호리모토 외 8명의 생사는 알 수 없음.

① 전주 화약이 체결되는 계기가 되었다.
② 입헌 군주제 수립을 목표로 전개되었다.
③ 김기수가 수신사로 파견되는 결과를 가져왔다.
④ 구식 군인에 대한 차별 대우가 발단이 되어 일어났다.
⑤ 3일 만에 실패로 끝나 주동자들이 해외로 망명하였다.

06

다음 자료에 나타난 사건에 대한 설명으로 옳은 것은?

> 아, 고금 천하에 김옥균, 홍영식 등의 역직들처럼 극악하고 무도한 자들이 있었습니까? …… 처음에는 연회를 베풀어 사람들을 찔러 죽이고 끝에는 변고가 일어났다고 선언하고는 전하를 강박하여 처소를 옮기게 하였습니다. 일본 사람들을 끼고 병기를 휘둘러 재상들을 모두 죽여 궁궐에 피를 뿌리고 장상(將相)의 중직을 잠깐 동안에 차지하여 종묘사직을 위태롭게 하였습니다.

① 청군의 개입으로 3일 만에 실패하였다.
② 전개 과정에서 홍범 14조가 반포되었다.
③ 통리기무아문이 설치되는 계기가 되었다.
④ 조일 통상 장정이 체결되는 결과를 초래하였다.
⑤ 구식 군인에 대한 차별 대우가 발단이 되어 일어났다.

07

(가) 인물에 대한 설명으로 옳은 것은?

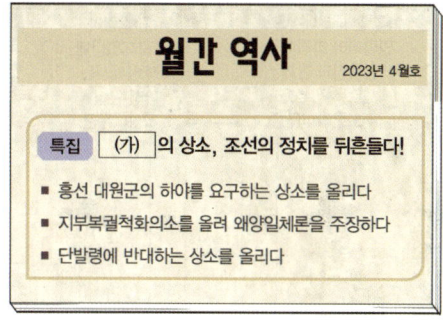

월간 역사 2023년 4월호
특집 (가) 의 상소, 조선의 정치를 뒤흔들다!
- 흥선 대원군의 하야를 요구하는 상소를 올리다
- 지부복궐척화의소를 올려 왜양일체론을 주장하다
- 단발령에 반대하는 상소를 올리다

① 대한 광복회를 조직하여 친일파를 처단하였다.
② 국권 피탈 과정을 정리한 한국통사를 집필하였다.
③ 을사늑약 체결에 반대하여 태인에서 의병을 일으켰다.
④ 13도 창의군을 지휘하여 서울 진공 작전을 전개하였다.
⑤ 보국안민을 기치로 우금치에서 일본군 및 관군에 맞서 싸웠다.

08

(가), (나) 사이의 시기에 있었던 사실로 옳은 것은?

> (가) 통문으로 장터에 모이라는 기별이 왔다. 저녁 먹은 후 여러 마을에서 징 소리며 나팔 소리, 고함 소리가 천지에 뒤끓더니 수천 명 군중들이 우리 마을 앞길로 몰려와 군수 조병갑을 죽인다며 소요를 일으켰다. 관청이 비어있고 파수하던 포교 세 명은 서울로 도망갔다.
>
> (나) 우두머리는 선화당을 점거하고 다른 동학 도당들은 나누어 사대문을 막으니 성 안의 백성과 아전, 군교 등이 미처 나오지 못하고 화염 속에 빠진 자가 많아 그 수를 알지 못하였습니다. 전주성이 삽시간에 함락된 것은 감영이나 전주부의 관속 무리 중 내응하는 자가 많았기 때문입니다.

① 남접과 북접이 논산에서 연합하였다.
② 최제우가 혹세무민의 죄로 처형되었다.
③ 일본이 군대를 동원하여 경복궁을 점령하였다.
④ 농민군이 황룡촌 전투에서 관군에 승리하였다.
⑤ 우금치에서 농민군이 관군과 일본군에 맞서 싸웠다.

09

(가) 시기에 있었던 사실로 옳은 것은?

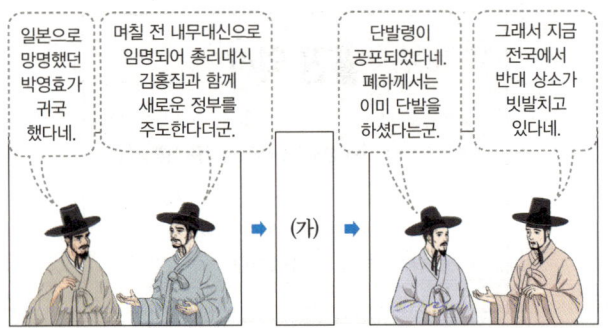

① 과거제가 폐지되었다.
② 호포제가 실시되었다.
③ 교정청이 설치되었다.
④ 5군영이 2영으로 통합되었다.
⑤ 교육 입국 조서가 반포되었다.

11

(가) 단체의 활동으로 옳은 것은?

① 일제의 황무지 개간권 요구를 저지하였다.
② 중추원 개편을 통한 의회 설립을 추진하였다.
③ 농촌 계몽을 위한 브나로드 운동을 전개하였다.
④ 외교 활동을 펼치기 위해 구미 위원부를 설치하였다.
⑤ 여성의 평등한 권리를 주장하는 여권통문을 발표하였다.

10

밑줄 그은 '개혁'의 내용으로 옳은 것은?

① 양전 사업을 실시하여 지계를 발급하였다.
② 지방 행정 구역을 8도에서 23부로 개편하였다.
③ 군제를 개편하여 친위대와 진위대를 설치하였다.
④ 공사 노비법을 혁파하고 과부의 재가를 허용하였다.
⑤ 교육의 기본 방향을 제시한 교육입국조서를 반포하였다.

12

밑줄 그은 '개혁'에 해당하는 내용으로 옳은 것은?

① 건양이라는 연호를 사용하였다.
② 신식 군대인 별기군을 창설하였다.
③ 관립 의학교와 광제원을 설립하였다.
④ 박문국을 설치하여 한성순보를 발간하였다.
⑤ 한일 관계 사료집을 편찬하고 독립 공채를 발행하였다.

13

심화 72회

밑줄 그은 '개혁'의 내용으로 옳은 것은?

> 덕수궁 내에 있는 정관헌은 전통 건축 양식에 근대적 요소를 결합한 것으로 평가받고 있습니다. 고종이 황제로 즉위한 후 구본신참을 바탕으로 개혁을 추진할 때 건립되었습니다.

① 홍범 14조를 반포하였다.
② 공사 노비법을 혁파하였다.
③ 신식 군대인 별기군을 창설하였다.
④ 근대 교육 기관인 육영 공원을 설립하였다.
⑤ 지계아문을 설치하여 토지 소유자에게 지계를 발급하였다.

15

심화 65회

다음 의병 부대에 대한 설명으로 옳은 것은?

> 이인영을 총대장으로 추대하고, 허위를 군사장으로 삼아 …… 각 도에 격문을 전하니 전국에서 불철주야 달려온 지원자들이 만여 명이더라. 이에 서울로 진군하여 국권을 회복하고자 …… 먼저 이인영은 심복을 보내 각국 영사에게 진군의 이유를 상세히 알리며 도움을 요청하고, 각 도의 의병으로 하여금 일제히 진군하게 하였다.

① 조선 혁명 선언을 지침으로 삼았다.
② 이만손이 주도하여 영남 만인소를 올렸다.
③ 상덕태상회를 통하여 군자금을 모집하였다.
④ 일본에 국권 반환 요구서를 제출하고자 하였다.
⑤ 고종의 강제 퇴위와 군대 해산에 반발하여 결성되었다.

14

심화 67회

(가), (나) 사이의 시기에 있었던 사실로 옳은 것은?

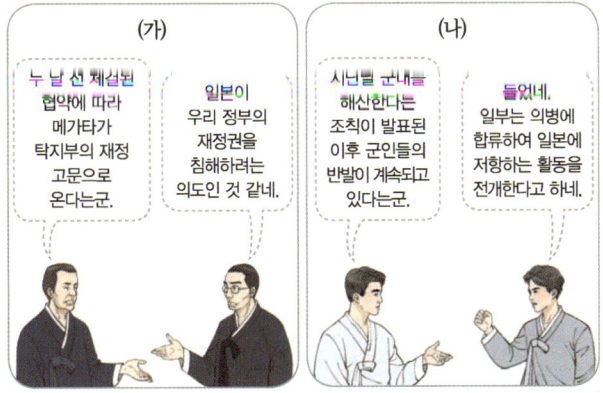

① 데라우치가 초대 총독으로 부임하였다.
② 13도 창의군이 서울 진공 작전을 전개하였다.
③ 기유각서를 통해 일제에 사법권을 박탈당하였다.
④ 상권 수호를 위해 황국 중앙 총상회가 조직되었다.
⑤ 헤이그에서 열린 만국 평화 회의에 특사가 파견되었다.

16

심화 62회

교사의 질문에 대한 학생의 답변으로 옳은 것은?

① 민립 대학 설립 운동을 전개하였어요.
② 러시아의 절영도 조차 요구를 저지하였어요.
③ 파리 강화 회의에 독립 청원서를 제출하였어요.
④ 안창호, 양기탁 등이 비밀 결사로 조직하였어요.
⑤ 국문 연구소를 세워 한글의 문자 체계를 정리하였어요.

17

다음 자료를 활용한 탐구 활동으로 가장 적절한 것은?

> **각국 공관에 보내는 호소문**
>
> 지금 일본 공사가 우리 외부(外部)에 공문을 보내어 산림, 천택(川澤), 들판, 황무지에 대한 권리를 청구하였습니다. 우리나라 사람들은 이를 이용해 2~3년 걸러 윤작을 해야만 먹고살 수 있습니다. 그런데 만일 이를 외국인에게 주어버린다면 전국의 강토를 모두 빼앗기게 되며 수많은 사람이 참혹한 빈곤에 빠져 구제할 수 없게 될 것입니다. 일본인들의 침략을 막고 우리 강토를 보전하도록 힘써 주십시오.
>
> 1904년 ○○월 ○○일

① 독립문의 건립 과정을 알아본다.
② 보안회의 활동 내용을 파악한다.
③ 조일 통상 장정의 조항을 검토한다.
④ 화폐 정리 사업이 끼친 영향을 살펴본다.
⑤ 황국 중앙 총상회가 조직된 목적을 분석한다.

18

밑줄 그은 '사업'에 대한 탐구 활동으로 가장 적절한 것은?

> **화폐로 보는 한국사**
>
>  백동화(白銅貨)는 전환국에서 발행한 액면가 2전 5푼의 동전이다. 당시 재정 궁핍으로 본위 화폐인 은화는 거의 주조되지 않았고, 보조 화폐인 백동화가 주로 제조되어 사용되었다. 러일 전쟁 중에 재정 고문으로 임명된 메가타 다네타로의 주도하에 전환국을 폐지하고 백동화와 엽전을 일본 제일은행권으로 교환하는 <u>사업</u>을 추진하면서, 백동화의 발행이 중단되었다.

① 군국기무처의 활동을 조사한다.
② 당오전이 발행된 배경을 파악한다.
③ 삼국 간섭이 발생한 원인을 분석한다.
④ 대한광복회가 결성된 목적을 살펴본다.
⑤ 제1차 한일 협약 체결의 영향을 알아본다.

19

다음 자료에 나타난 민족 운동에 대한 설명으로 옳은 것은?

> 우리나라가 채무를 지고 우리 백성이 채노(債奴)가 된 것이 여러 해가 되었습니다. …… 대황제 폐하께서 진 외채가 1,300만 원이지만 채무를 청산할 방법이 없어 밤낮으로 걱정하시니, 백성된 자로서 있는 힘을 다하여 보상하려고 해도 겨를이 없습니다. …… 우리 동포는 빨리 단체를 결성하여 열성적으로 의연금을 내어 채무를 상환하고 채노에서 벗어나, 머리는 대한의 하늘을 이고, 발은 대한의 땅을 밟도록 해 주시기를 눈물을 머금고 간절히 요구합니다.
>
> *채노(債奴): 빚을 갚지 못해 노비가 된 사람

① 일제가 치안유지법을 적용하여 탄압하였다.
② 백정에 대한 사회적 차별 철폐를 요구하였다.
③ 독립문 건립을 위한 모금 활동을 전개하였다.
④ 자작회, 토산 애용 부인회 등의 단체가 활동하였다.
⑤ 대한매일신보 등 당시 언론이 적극적으로 참여하였다.

20

다음 가상 대화가 이루어진 시기 이후에 볼 수 있는 모습으로 가장 적절한 것은?

> 자네 들었는가? 며칠 전 한성 전기 회사에서 개통한 전차에 어린아이가 깔려 죽었다고 하네.
>
> 나도 들었네. 사고를 보고 격분한 사람들이 전차를 전복시키고 불태웠다더군.

① 척화비를 세우기 위해 돌을 다듬는 석공
② 거문도를 불법 점령하고 있는 영국 군인
③ 연무당에서 일본과 조약을 체결하는 관리
④ 보빙사의 일원으로 미국에 파견되는 역관
⑤ 경부선 철도 개통식을 취재하는 신문 기자

21

㉠ 시기에 볼 수 있는 모습으로 가장 적절한 것은?

이것은 경인선 철도의 노선 계획도입니다. 경인선은 미국인 모스로부터 부설권을 사들인 일본에 의해 서울에서 인천을 잇는 철도로 개통되었습니다. 완공 후 ㉠서대문 정거장에서 철도 개통식이 열렸습니다. 이후 경부선, 경의선 철도가 차례로 개통되었습니다. 그 과정에서 많은 토지가 철도 부지로 수용되고 농민들이 공사에 강제로 동원되면서 많은 저항이 있었습니다.

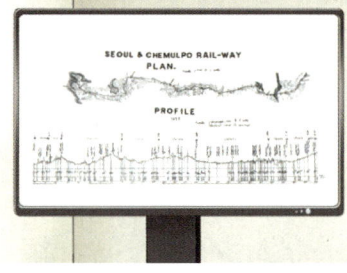

① 학도 지원병을 독려하는 지식인
② 금난전권 폐지에 반대하는 시전상인
③ 근우회가 주최하는 강연에 참여하는 여성
④ 두모포에서 무력 시위를 벌이는 일본 군인
⑤ 근대 학문을 가르치는 한성 사범 학교 교사

22

(가) 신문에 대한 설명으로 옳은 것은?

경천사지 십층 석탑에 대한 일본인의 약탈 행위에 관해 보도한 (가) 기사를 읽어 보았는가? 보도 내용을 접한 헐버트가 사건 현장을 방문하여 사진을 촬영하고 목격자 의견을 청취했다더군.

일본인의 이런 행위가 알려진 것은 양기탁과 베델이 창간한 (가) 의 노력 덕분이라고 하네.

① 상업 광고를 처음으로 실었다.
② 천도교의 기관지로 발행되었다.
③ 국채 보상 운동의 확산에 기여하였다.
④ 일장기를 삭제한 손기정 사진을 게재하였다.
⑤ 순 한문 신문으로 열흘마다 발행하는 것이 원칙이었다.

23

(가) 인물에 대한 설명으로 옳은 것은?

국어 연구에 앞장선 (가) 에 대해 알려 주세요.

호는 한힌샘으로, 독립신문사의 교보원으로 활동하였습니다. 큰 보자기에 책을 넣고 다니며 학생들에게 국어를 가르쳐 '주보따리'라는 별명을 얻었습니다.

① 국문 연구소의 연구위원으로 활동하였다.
② 조선어 학회 사건으로 구속되어 옥고를 치렀다.
③ 국권 피탈 과정을 정리한 『한국통사』를 집필하였다.
④ 세계지리 교과서인 『사민필지』를 한글로 저술하였다.
⑤ 『여유당전서』를 간행하고 조선학 운동을 전개하였다.

24

(가) 종교에 대한 설명으로 옳은 것은?

지난 개천절을 기회로 하여 독립운동을 계획했다는 이유로 (가) 간부 7명이 동대문 경찰서에 체포되었다는 기사가 실렸구나.

(가) 은/는 나철이 만주에서 단군 신앙을 기반으로 창시한 종교인데, 민족의식을 고취할 뿐만 아니라 독립운동도 전개하고 있네요.

① 개벽, 신여성 등의 잡지를 발간하였다.
② 한용운 등이 사찰령 폐지를 주장하였다.
③ 박중빈을 중심으로 새생활 운동을 펼쳤다.
④ 김창숙의 주도로 파리 장서 운동을 전개하였다.
⑤ 무장 투쟁을 전개하기 위해 중광단을 조직하였다.

V 독립운동사

01 _{심화 61회}

밑줄 그은 '시기'에 볼 수 있는 모습으로 옳은 것은?

 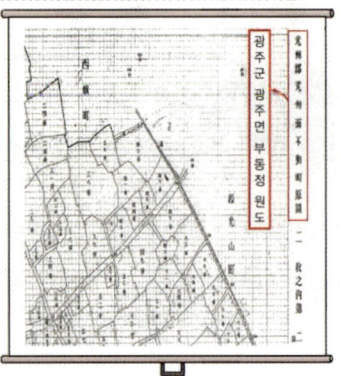

이것은 일제가 임시 토지 조사국을 설치하고 토지 조사 사업을 진행하던 시기에 작성한 지적 원도의 일부입니다. 토지를 측량해 그 위치와 경계 및 지번 등을 표시하였습니다.

① 경성 제국 대학에서 공부하는 학생
② 근우회의 창립 기사를 작성하는 기자
③ 보빙사 일행으로 미국에 파견되는 관리
④ 조선인에게 태형을 집행하는 헌병 경찰
⑤ 거문도를 불법 점령하고 있는 영국 해군

02 _{심화 65회}

다음 법령이 발표된 이후에 있었던 사실로 옳은 것은?

> 제1조 조선에서의 교육은 본령에 의한다.
> 제2조 국어[일본어]를 상용(常用)하는 자의 보통 교육은 소학교령, 중학교령 및 고등 여학교령에 의한다.
> 제3조 국어[일본어]를 상용하지 않는 자에게 보통 교육을 하는 학교는 보통학교, 고등 보통학교 및 여자 고등 보통학교로 한다.
> 제5조 보통학교의 수업 연한은 6년으로 한다. …… 보통학교에 입학할 수 있는 자는 연령 6세 이상으로 한다.

① 서당 규칙이 제정되었다.
② 2·8 독립 선언이 발표되었다.
③ 조선어 연구회가 결성되었다.
④ 조선 여자 교육회가 조직되었다.
⑤ 조선 민립 대학 설립 기성회가 창립되었다.

03 _{심화 73회}

밑줄 그은 '시기'에 볼 수 있는 모습으로 가장 적절한 것은?

이 영상은 면양 장려 사업을 선전하기 위해 제작한 영화의 일부분으로, 대공황 이후 일제가 농촌 진흥 운동을 추진하던 시기의 모습을 담고 있습니다. 면양 장려 사업은 일본 기업 등에 공업 원료를 공급하기 위한 목적으로 실시되었습니다. 이 사업은 한반도 남부 지방에 면화 재배를 확대하는 면작 증식 계획과 함께 남면북양 정책으로 불렸습니다.

① 근우회 창립 총회에 참여하는 학생
② 경성 제국 대학 설립을 추진하는 관리
③ 원각사에서 연극 은세계를 공연하는 배우
④ 서울 진공 작전에 참여하는 13도 창의군 의병
⑤ 혁명적 농민 조합을 결성하여 일제에 저항하는 농민

04 _{심화 73회}

교사의 질문에 대한 학생의 답변으로 가장 적절한 것은?

지도는 목포와 여수 일대의 일본군 방어 시설을 표시한 것입니다. 일본군은 아시아·태평양 전쟁 말기 연합군의 상륙을 저지하기 위해 한반도 남서 해안 지역에 대규모 군사 방어 시설을 구축했습니다. 이 시기에 있었던 사실에 대해 말해볼까요?

① 고종의 밀지를 받아 독립의군부가 결성되었어요.
② 만주 군벌과 일제가 미쓰야 협정을 체결하였어요.
③ 여자 정신 근로령으로 여성들이 강제 동원되었어요.
④ 상하이에서 신규식 등이 대동단결선언을 발표했어요.
⑤ 독립운동의 방략을 논의하고자 국민대표회의가 개최되었어요.

05

(가)에 들어갈 내용으로 가장 적절한 것은?

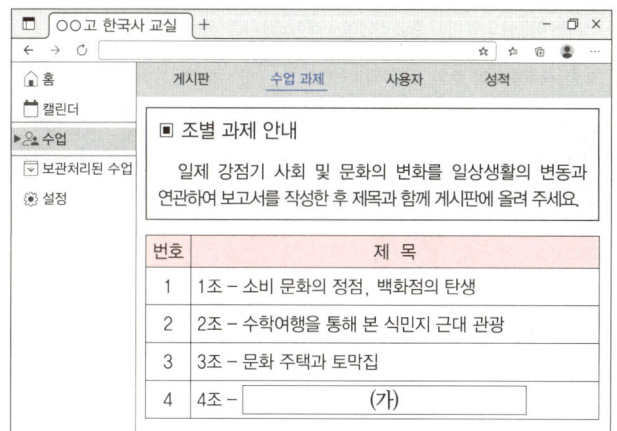

① 서양식 의료의 수용, 광혜원
② 근대적 우편 제도의 시작, 우정총국
③ 전시 통제 체제 속에서 강요된 여성복, 몸뻬
④ 근면, 자조, 협동을 기치로 내세운 새마을 운동
⑤ 상품 광고의 새로운 장을 연 컬러텔레비전 방송

06

밑줄 그은 '이 지역'에서 있었던 민족 운동으로 옳은 것은?

□□신문
제△△호   ○○○○년 ○○월 ○○일

『원병상 회고록』으로 본 국외 민족 운동

한국 독립운동사의 일면을 살펴볼 수 있는 책이 발간되었다. 이 책은 신흥 무관 학교 졸업생이자 교관으로 독립군 양성에 헌신한 원병상의 회고록이다. 책에는 이 지역에 세워진 신흥 무관 학교의 변화 과정과 학생들의 생활상이 구체적으로 담겨 있을 뿐만 아니라, 국권 피탈 이후 망명해 온 독립지사들이 힘겹게 정착해 나가는 과정이 생생하게 기록되어 있어 독립운동사와 생활사 자료로서 가치가 크다.

① 한인 자치 기구인 경학사가 설립되었다.
② 권업회가 조직되어 기관지를 발행하였다.
③ 유학생들을 중심으로 2·8 독립 선언서가 발표되었다.
④ 대조선국민군단이 결성되어 군사 훈련을 실시하였다.
⑤ 흥사단이 창립되어 교민들에게 민족의식을 심어주고자 하였다.

07

다음 자료에 나타난 민족 운동에 대한 설명으로 옳지 않은 것은?

한국인들이 독립 선언을 하다
- 집회에 참가한 수천 명 체포 -

일본 당국은 고종의 장례식을 계기로 문제가 발생할 것으로 예상하고 많은 헌병을 서울로 집결시켰다. …… 전국의 모든 도시와 마을에서 독립을 위한 행진과 시위가 일어났다. 일본 측은 당황했지만 곧 재정비하여 강력하고 신속한 진압에 나섰다. 그 결과 수천 명의 시위대가 체포되었지만 일본 측 보고서에는 수백 명으로 기록되어 있다.

① 중국의 5·4 운동에 영향을 주었다.
② 대한민국 임시 정부 수립의 계기가 되었다.
③ 신간회에서 진상 조사단을 파견하여 지원하였다.
④ 국외로도 확산되어 필라델피아에서 한인 자유 대회가 열렸다.
⑤ 평화적 만세 운동에서 무력 투쟁 사례가 늘어나기 시작하였다.

08

밑줄 그은 '시기'에 볼 수 있는 모습으로 적절한 것은?

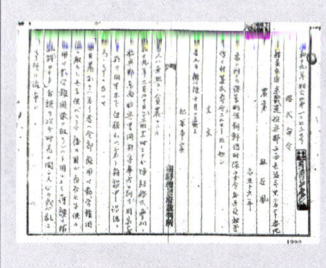

이 자료는 태평양 전쟁 발발 후 일제의 전시 동원 체제가 강화된 시기의 판결문이다. 판결문에는 피고인 임○○이 이웃 주민과의 잡담에서 "자식이 징용되거나 근로 보국대에 가지 않도록 취직시킨다." 등의 발언을 하여 민심을 어지럽혔다는 이유로 징역형을 선고한다는 내용이 담겨 있다.

① 국가 보안법 철폐를 요구하는 학생
② 몸뻬 착용을 권장하는 애국반 반장
③ 경부선 철도 개통식을 구경하는 청년
④ 형평사 창립 대회 개최를 취재하는 기자
⑤ 헌병 경찰에게 끌려가 태형을 당하는 농민

09

(가) 단체에 대한 설명으로 옳은 것은?

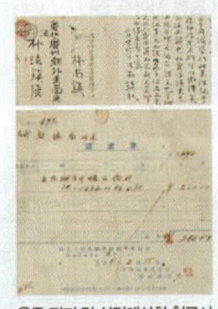

박상진 의사 유물, 국가등록문화재 등록

군자금 모집과 친일파 처단 등의 활동을 전개한 (가) 의 총사령 박상진 의사의 유물이 국가등록문화재로 등록되었다. 이 유물은 친일 부호 처단 사건으로 체포된 박상진의 옥중 상황과 (가) 의 비밀 연락 거점이었던 상덕태상회의 규모 등을 보여준다는 점에서 귀중한 가치를 지니고 있다.

옥중 편지 및 상덕태상회 청구서

① 고종 강제 퇴위 반대 운동을 전개하였다.
② 공화정체의 국민 국가 수립을 목표로 삼았다.
③ 파리 강화 회의에 독립 청원서를 제출하였다.
④ 미군과 연합하여 국내 진공 작전을 계획하였다.
⑤ 만민 공동회를 개최하여 민권 신장을 추구하였다.

10

밑줄 그은 '이 지역'에서 있었던 민족 운동으로 옳은 것은?

이것은 1923년 이 지역에서 발생한 지진 당시 희생된 조선인을 위로하기 위해 세운 추도비입니다. 지진이 일어나자 "조선인이 불을 질렀다", "조선인이 공격해 온다" 등의 유언비어가 퍼졌고, 이에 현혹된 사람들이 조직한 자경단 등에 의해 수많은 조선인이 학살되었습니다.

① 한인 자치 기구인 경학사를 설립하였다.
② 민족 교육을 위해 서전서숙을 건립하였다.
③ 유학생을 중심으로 2·8 독립 선언서를 발표하였다.
④ 대조선 국민 군단을 결성하여 군사 훈련을 실시하였다.
⑤ 대한 광복군 정부를 세워 무장 독립 투쟁을 준비하였다.

11

(가)에 대한 설명으로 옳은 것을 〈보기〉에서 고른 것은?

저는 이동녕으로 이곳 충남 천안에서 태어났습니다. 저는 임시 의정원 초대 의장으로 삼권 분립에 기초한 (가) 의 헌법 제정에 기여하였습니다. 또한 국무총리와 주석 등을 역임하였고, (가) 이/가 상하이를 떠나 이동하는 과정을 함께하며 독립운동에 전념하였습니다.

〈보기〉

ㄱ. 만세보를 발행하여 민중 계몽에 힘썼다.
ㄴ. 신흥강습소를 세워 독립군을 양성하였다.
ㄷ. 구미 위원부를 조직하여 외교 활동을 전개하였다.
ㄹ. 이륭양행에 교통국을 설치하여 국내와 연락을 취하였다.

① ㄱ, ㄴ ② ㄱ, ㄷ ③ ㄴ, ㄷ
④ ㄴ, ㄹ ⑤ ㄷ, ㄹ

12

(가) 단체에 대한 설명으로 옳은 것은?

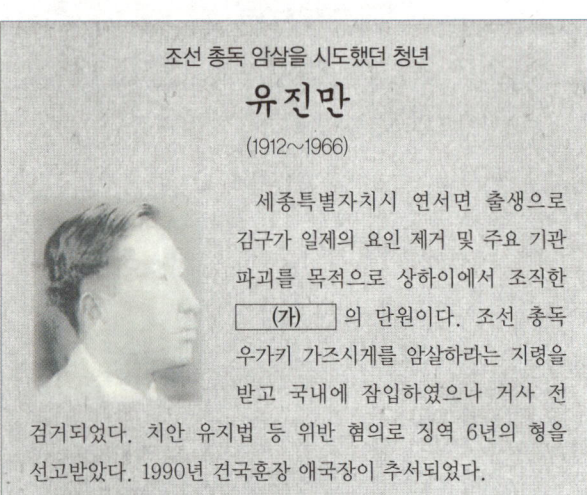

조선 총독 암살을 시도했던 청년
유진만 (1912~1966)

세종특별자치시 연서면 출생으로 김구가 일제의 요인 제거 및 주요 기관 파괴를 목적으로 상하이에서 조직한 (가) 의 단원이다. 조선 총독 우가키 가즈시게를 암살하라는 지령을 받고 국내에 잠입하였으나 거사 전 검거되었다. 치안 유지법 등 위반 혐의로 징역 6년의 형을 선고받았다. 1990년 건국훈장 애국장이 추서되었다.

① 일제가 조작한 105인 사건으로 와해되었다.
② 파리 강화 회의에 독립 청원서를 제출하였다.
③ 단원인 윤봉길이 훙커우 공원 의거를 실행하였다.
④ 신채호가 작성한 조선 혁명 선언을 지침으로 삼았다.
⑤ 군사 훈련을 위해 조선 혁명 간부 학교를 설립하였다.

13
(가)~(다)를 일어난 순서대로 옳게 나열한 것은?

주제: 1920년대 국외 민족 운동의 시련

(가) 일본군이 독립군에 대한 보복으로 간도 지역의 한인을 학살한 간도 참변이 발생하였어요.

(나) 독립군의 통합 과정에서 많은 희생자가 발생한 자유시 참변이 일어났어요.

(다) 만주에서 활동하는 독립군 색출을 위해 조선 총독부가 만주 군벌과 미쓰야 협정을 체결하였어요.

① (가) - (나) - (다)
② (가) - (다) - (나)
③ (나) - (가) - (다)
④ (나) - (다) - (가)
⑤ (다) - (가) - (나)

15
(가) 부대에 대한 설명으로 옳은 것은?

사진으로 보는 독립운동사

[해설] 이 사진은 충칭에서 열린 대한민국 임시 정부의 '(가) 총사령부 성립 전례식' 기념 사진 중 하나이다. 사진에는 대한민국 임시 정부 주석 김구와 함께 이 부대의 총사령관인 지청천이 '광복 조국'이 쓰인 기를 들고 있는 모습이 보인다. (가) 은/는 영국군의 요청으로 인도, 미얀마 전선에서 작전을 펼치는 등 활발한 활동을 전개하였다.

① 자유시 참변으로 세력이 약화되었다.
② 영릉가에서 일본군에 승리를 거두었다.
③ 봉오동 전투에서 일본군을 크게 물리쳤다.
④ 미군과 연계하여 국내 진공 작전을 준비하였다.
⑤ 쌍성보 전투에서 한중 연합 작전을 전개하였다.

14
(가) 부대에 대한 설명으로 옳은 것은?

조선 민족 혁명당 창립 제8주년 기념 선언

우리는 함께 난징에서 5개 당을 통합시켜 전체 민족을 대표하는 유일한 정당인 조선 민족 혁명당을 창립하였나. …… 아울러 중국과 한국의 연합 항일 진영을 건립하여야 했다. …… 이 때문에 우리는 1938년 (가) 을/를 조직하고 조선의 혁명 청년들을 단결시켜 장제스 위원장의 영도 아래 직접 중국의 항전에 참가하였고, 각 전쟁터에서 찬란한 전투 성과를 만들어냈다. …… 지난해 가을 (가) 와/과 한국 광복군의 통합 편성을 기반으로 전 민족의 통일을 성공적으로 구현하였다.

① 자유시 참변으로 큰 타격을 입었다.
② 대전자령 전투에서 일본군을 격퇴하였다.
③ 동북 항일 연군으로 개편되어 유격전을 펼쳤다.
④ 김원봉, 윤세주 등이 중국 관내(關內)에서 창설하였다.
⑤ 홍범도 부대와 연합하여 청산리에서 일본군과 교전하였다.

16
밑줄 그은 '나'에 대한 설명으로 옳은 것은?

나는 1913년 상하이 망명 후 동제사에 참여하였소. 1917년에는 대동단결 선언을 작성했다오. 여기에서 나는 주권이 국민에게 있음을 밝혔는데, 이것이 공화정을 지향하는 정치사상으로 평가받고 있다오. 1930년에는 안창호 등과 함께 한국 독립당을 창당하였소. 이후 대한민국 임시 정부 건국 강령 초안도 작성하였다오.

대동단결의 선언

① 조선혁명선언을 작성하였다.
② 한국독립운동지혈사를 저술하였다.
③ 극동 인민 대표 대회에서 의장단으로 선출되었다.
④ 헤이그에서 열린 만국 평화 회의에 특사로 파견되었다.
⑤ 새로운 국가 건설을 위한 이념으로 삼균주의를 주장하였다.

17

(가) 정부에 대한 설명으로 옳은 것은?

이것은 ⬜(가)⬜ 요인들의 가족이 중심이 되어 조직한 한국 혁명 여성 동맹의 창립 기념 사진입니다. 이 단체는 충칭에서 대일 선전 성명서를 발표한 ⬜(가)⬜ 의 독립운동을 지원하고 교육 활동 등에 주력하였습니다.

① 좌우 합작 7원칙을 발표하였다.
② 한인 자치 기관인 경학사를 조직하였다.
③ 조선 혁명 선언을 활동 지침으로 삼았다.
④ 한글 맞춤법 통일안과 표준어를 제정하였다.
⑤ 삼균주의를 기초로 한 건국 강령을 선포하였다.

18

(가) 인물에 대한 설명으로 옳은 것은?

> 문학으로 보는 한국사
>
> 내 고장 칠월은
> 청포도가 익어가는 시절
>
> 이 마을 전설이 주저리주저리 열리고
> 먼 데 하늘이 꿈꾸며 알알이 들어와 박혀
>
> 하늘 밑 푸른 바다가 가슴을 열고
> 흰 돛단배가 곱게 밀려서 오면
>
> 내가 바라는 손님은 고달픈 몸으로
> 청포(靑袍)를 입고 찾아온다고 했으니
>
> 내 그를 맞아 이 포도를 따 먹으면
> 두 손은 함뿍 적셔도 좋으련
>
> 아이야, 우리 식탁엔 은쟁반에
> 하이얀 모시 수건을 마련해 두렴
>
> [해설]
> 이 시는 독립 운동가이자 문학가인 ⬜(가)⬜ 의 '청포도'이다. 그는 이 시를 비롯한 다양한 작품에서 식민지 현실에 맞서 꺼지지 않는 민족의식을 표현하였다.
> 그의 본명은 이원록으로 안동에서 태어났고, 1927년 장진홍의 조선은행 대구 지점 폭탄 의거에 연루되어 투옥되었다. 이후에도 그는 중국을 오가며 독립운동에 힘쓰다가 1943년 체포되어 이듬해 베이징의 일본 감옥에서 생을 마감하였다.

① 소설 상록수를 신문에 연재하였다.
② 광야, 절정 등의 저항시를 발표하였다.
③ 타이완에서 일본 육군 대장을 저격하였다.
④ 삼균주의를 바탕으로 한 건국 강령을 만들었다.
⑤ 여유당전서를 간행하고 조선학 운동을 전개하였다.

19

다음 자료가 발표된 시기를 연표에서 옳게 고른 것은?

> 대학을 세운다는 일은 극히 거창하여 여간 몇 사람의 힘으로는 도저히 성취할 바가 아니므로 금일까지 실지의 운동이 일어나지 못하였던 것이라. 그러나 일이 거창하고 어렵다고 시작을 아니하면 언제까지든지 조선 사람의 대학이라는 것은 생겨볼 수가 없다. 그러므로 이번에 조선 전도의 다수한 유지를 망라하여 민중적 운동으로 될 수 있는 대로 많은 사람의 힘을 합하여 민립 대학 한 곳을 세워 보고자 이상재, 이승훈 등의 주창으로 수일 전에 민립 대학 기성 준비회를 조직하고 집행위원을 선정하였는데, 장차 각 부·군에서 다수한 발기인의 참가를 구하여 경성에서 발기회를 열고 실행 방법을 결정할 터이다.

1895	1911	1919	1924	1938	1942
	(가)	(나)	(다)	(라)	(마)
한성 사범 학교 설립	제1차 조선교육령	3·1 운동	경성 제국 대학 개교	제3차 조선교육령	조선어학회 사건

① (가) ② (나) ③ (다) ④ (라) ⑤ (마)

20

다음 자료에 나타난 민족 운동에 대한 설명으로 옳은 것은?

> **2천만 피압박 민중 제군이여!**
>
> 우리 2천만 생령(生靈)을 사랑하고 조국을 사랑하는 광주 학생 남녀 수십 명이 빈사(瀕死)의 중상을 입었다. 고뇌하는 청년 학생 2백 명이 불법으로 철창 속에 갇혀 있다. 그들은 정의를 위하여 거리로 나가 시위를 했다. 그러나 지배 계급의 미친개의 이빨에 물리고 말았다. 우리들은 광주 학생의 석방을 요구하는 동시에 참을 수 없는 피눈물로 시위 대열에 나가는 것이다.
>
> - 감금된 학생을 탈환하자
> - 총독 폭압 정치 절대 반대
> - 교육에 경찰 간섭 반대
> - 치안 유지법을 철폐하라

① 순종의 장례일을 맞아 가두시위를 벌였다.
② 대한민국 임시 정부 수립에 영향을 주었다.
③ 조선 사람 조선 것이라는 구호를 내세웠다.
④ 신간회의 지원을 받으며 전국적으로 확산되었다.
⑤ 일본, 프랑스 등의 노동 단체로부터 격려 전문을 받았다.

21

(가), (나) 사이의 시기에 있었던 사실로 옳은 것은?

> (가) 조선 사회 운동 단체인 정우회는 며칠 전 선언서를 발표하였다. 선언서에서 민족주의적 세력과 과도기적 동맹자적 관계를 구축해야 한다고 밝히고 타협과 항쟁을 분리시켜 사회 운동 본래의 사명을 잊지 말자는 것을 말하였다.
>
> (나) 조선 민족 운동의 중추 기관이 되려는 사명을 띠고 창립되었던 신간회가 비로소 첫 번째 전체 대회를 개최하였다. 그러나 간신히 열리는 전체 대회에서 해소 문제 토의를 최대 의제로 하게 된 것은 조선의 현 상황이 아니고서는 보기 어려운 기현상이다.

① 광주 학생 항일 운동이 일어났다.
② 임병찬이 독립 의군부를 조직하였다.
③ 독립군이 봉오동에서 큰 승리를 거두었다.
④ 도쿄 유학생들이 2·8 독립 선언서를 발표하였다.
⑤ 조선 민족 전선 연맹 산하에 조선 의용대가 창설되었다.

22

밑줄 그은 '운동'에 대한 설명으로 옳은 것은?

선생님께서 참여하신 운동은 '조선 사람 조선 것'이라는 구호를 내세웠다는 점에서 사실상 독립 운동이 아니냐고 일제 경찰이 심문할 때 어떻게 대응하셨나요?

조선 물산의 생산과 소비를 장려하는 운동에 조선인이 참여하는 것은 당연한 일이 아닌가. 오사카 사람이 오사카의 물산을 장려하는 것도 문제 삼을 것이냐고 반문하니 주의만 주고 가더군요.

① 조선 노동 총동맹을 중심으로 전개되었다.
② 보국안민, 제폭구민 등이 구호로 사용되었다.
③ 조선 관세령 폐지 등을 배경으로 확산하였다.
④ 황국 중앙 총상회가 설립되는 결과를 가져왔다.
⑤ 일본 제일은행권 화폐가 유통되는 계기가 되었다.

23

(가) 인물에 대한 설명으로 옳은 것은?

> **사료로 보는 한국사**
>
> 조선사 연구는 과거 역사적, 사회적 발전의 변동 과정을 구체적이고 현실적으로 구명함과 동시에 실천적 동향을 이론화하는 것을 임무로 삼아야 한다. 그것을 위해서는 인류 사회의 일반적 운동 법칙인 사적 변증법으로 그 민족 생활의 계급적 제관계와 더불어 사회 체제의 역사적 변동을 구체적으로 분석하고 다시 그 법칙성을 일반적으로 추상화하는 것에 의해서만 가능하다.
>
> [해설] 이 사료는 (가) 이/가 저술한 조선사회경제사의 일부입니다. 그는 이 책에서 한국사가 세계사의 보편적인 발전 법칙에 따라 발전하였다는 주장을 펼치며 한국 고대 경제사를 원시 씨족 사회, 원시 부족 국가의 제형태, 노예 국가 시대로 체계화하여 서술하였습니다.

① 조선불교유신론을 주장하였다.
② 식민 사학의 정체성론을 반박하였다.
③ 조선사 편수회에 들어가 조선사 편찬에 참여하였다.
④ 진단 학회를 설립하여 실증주의 사학을 발전시켰다.
⑤ 민족을 역사 서술의 중심에 둔 독사신론을 집필하였다.

24

(가)에 들어갈 내용으로 적절한 것은?

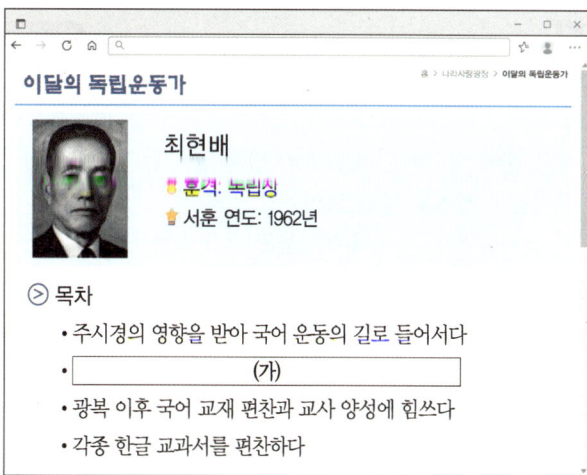

① 조선어 학회 사건으로 옥고를 치르다
② 파리 강화 회의에 독립 청원서를 제출하다
③ 복벽주의를 내세우며 독립 의군부를 조직하다
④ 국권 피탈 과정을 정리한 한국통사를 저술하다
⑤ 일제에 의해 조작된 105인 사건으로 재판을 받다

VI 한국 현대사

01 심화 61회
밑줄 그은 '군정청'이 있었던 시기의 사실로 옳은 것은?

□□ 신문
서윤복 선수 환영회, 중앙청 광장에서 개최

제51회 보스턴 세계 마라톤 대회에서 세계 신기록을 세우며 우승한 서윤복 선수의 환영회가 중앙청 광장에서 열렸다. 하지 중장, 헬믹 준장 등 군정청의 주요 인사와 김규식, 여운형, 안재홍 등 정계 인사를 비롯한 수많은 군중이 참석하여, 우리 민족의 의기를 세계에 과시한 서윤복 선수의 우승을 함께 기뻐하였다.

① 한미 상호 방위 조약이 체결되었다.
② 제1차 경제 개발 5개년 계획이 추진되었다.
③ 반민족 행위 특별 조사 위원회가 설치되었다.
④ 신한 공사가 설립되어 귀속 재산을 관리하였다.
⑤ 국가 보안법 개정안을 통과시킨 보안법 파동이 일어났다.

02 심화 66회
(가) 인물에 대한 설명으로 옳은 것은?

항복 전에 정무총감 엔도 등이 법과 질서를 유지하고 일본인들의 생명과 재산을 지키기 위하여 (가) 와/과 논의하였다. …… 일본인들은 그가 유혈 사태를 막아 줄 수 있다고 믿었던 것 같다. …… 그런데 (가) 은/는 조선 총독부가 생각했던 바를 따르지 않았다. 일본이 원했던 것은 연합군이 올 때까지 질서를 유지하기 위한 평화 유지 위원회 정도였다. 그러나 그는 실질적인 정부로 여겨질 수 있는 조선 건국준비 위원회를 만들었다.

① 샌프란시스코에서 흥사단을 결성하였다.
② 조선어 학회 사건으로 구속되어 옥고를 치렀다.
③ 김규식과 함께 좌우 합작 위원회를 조직하였다.
④ 반민족 행위 특별 조사 위원회에서 활동하였다.
⑤ 미국에서 귀국하여 독립 촉성 중앙 협의회를 이끌었다.

03 심화 73회
다음 상황이 나타난 시기를 연표에서 옳게 고른 것은?

미소 공동 위원회를 속개시킴으로써 국제적으로 약속된 조선 민주주의 임시 정부 수립을 촉진하려는 좌우 합작 운동은 김규식의 입원과 여운형의 피습 사건으로 말미암아 합작의 앞날이 우려되는 상황이었다. 그러나 최근 김규식이 퇴원하고 여운형의 치료도 순조로워, 22일 오후 7시 시내 모처에서 김규식, 여운형 두 사람을 비롯한 좌우 대표가 참석한 가운데 정식으로 예비회담이 개최되었다.

(가)	(나)	(다)	(라)	(마)
8·15 광복	모스크바 3국 외상회의	5·10 총선거 실시	대한민국 정부 수립	6·25 전쟁 발발	한미상호 방위조약 체결

① (가) ② (나) ③ (다) ④ (라) ⑤ (마)

04 심화 71회
밑줄 그은 '총선거'에 대한 설명으로 옳은 것은?

[해설] 이것은 유엔 한국 임시 위원단의 감시하에 우리나라 최초로 실시된 총선거에 출마한 장면 후보자의 선거 공보이다. 후보자의 사진, 약력, 선거 구호 등이 보이고, 특히 자세한 투표 안내가 눈에 띈다.

① 5·16 군사 정변 이후에 실시되었다.
② 제헌 국회의원을 선출하기 위해 시행되었다.
③ 통일 주체 국민 회의 대의원이 투표에 참여하였다.
④ 민의원, 참의원으로 구성된 양원제 국회가 탄생하였다.
⑤ 신한 민주당이 창당 한 달 만에 제1야당이 되는 결과를 가져왔다.

05

다음 상황 이후에 일어난 사실로 옳은 것은?

> 유엔군과 국군은 서울에서 퇴각하고 한강 이북의 부대를 철수시키기로 결정하였다. 이들은 한강에 설치된 임시 교량을 이용해 철수하였고, 오후 1시경에 마지막 부대가 통과한 후 임시 교량을 폭파시켰다. 이에 앞서 정부는 서울 시민들에게 피란을 지시하였고, 많은 서울 시민들이 보따리를 싸서 피란길에 나섰다.

① 한미 상호 방위 조약이 체결되었다.
② 장진호 전투에서 중국군이 유엔군을 포위하였다.
③ 경찰이 반민족 행위 특별 조사 위원회를 습격하였다.
④ 미국의 극동 방위선이 조정된 애치슨 라인이 발표되었다.
⑤ 우리나라 최초의 보통 선거인 5·10 총선거가 실시되었다.

06

밑줄 그은 '개헌안'의 시행 결과로 옳은 것은?

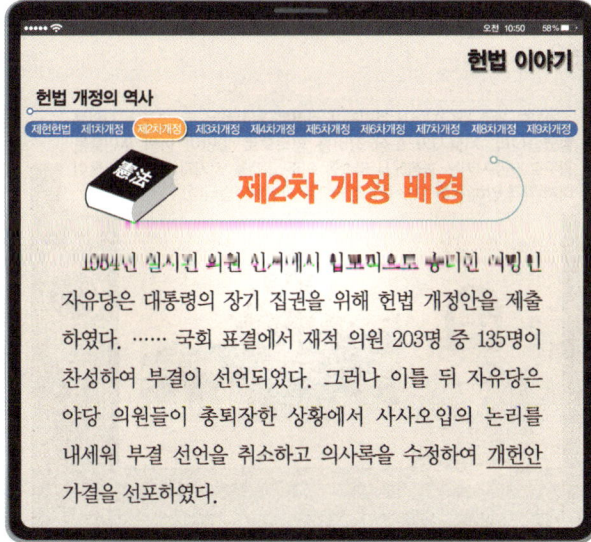

① 통일 주체 국민 회의에서 대통령이 선출되었다.
② 5년 단임의 대통령이 직선제에 의해 선출되었다.
③ 대통령이 국회의원의 3분의 1을 추천하게 되었다.
④ 국회에서 간접 선거 방식으로 대통령이 선출되었다.
⑤ 개헌 당시의 대통령에 한하여 중임 제한이 철폐되었다.

07

(가)에 들어갈 민주화 운동에 대한 설명으로 옳은 것은?

이것은 2·28 민주 운동을 기념하는 탑입니다. 이 운동은 이승만 독재 정권이 선거를 앞두고 야당 부통령 후보 연설에 참석하는 것을 막기 위해 일요일 등교 조치를 내리자, 이에 반발한 대구 지역의 고등학생들이 시위에 나서며 시작되었습니다. 2·28 민주 운동은 이후 대전의 3·8 민주 의거, 마산의 3·15 의거와 함께 (가) 의 도화선이 되었습니다.

① 시위 도중 대학생 이한열이 희생되었다.
② 시민군이 조직되어 계엄군에 저항하였다.
③ 허정 과도 정부가 출범하는 계기가 되었다.
④ 5년 단임의 대통령 직선제 개헌을 이끌어냈다.
⑤ 야당 총재의 국회의원직 제명으로 촉발되었다.

08

(가) 정부 시기에 있었던 사실로 옳은 것은?

(가) 정부의 민주화 운동 탄압 사례 중의 하나로 알려진 전국 민주 청년 학생 총연맹 사건의 관련 기록물이 세상에 나왔습니다. 국가기록원은 사건이 발생한 지 40여 년 만에 관련 인물 180명의 재판 기록과 수사 기록을 공개했습니다.

① 정부에 비판적인 경향신문이 폐간되었다.
② 국민의 요구에 굴복하여 대통령이 하야하였다.
③ 민주화 시위 도중 대학생 강경대가 희생되었다.
④ 장기 독재에 저항한 3·1 민주 구국 선언이 발표되었다.
⑤ 기존의 헌법을 유지하는 4·13 호헌 조치가 선언되었다.

09

(가), (나) 헌법에 대한 설명으로 옳은 것은?

(가)	제39조 ① 대통령은 통일 주체 국민 회의에서 토론 없이 무기명 투표로 선거한다. 제47조 대통령의 임기는 6년으로 한다. 제59조 ① 대통령은 국회를 해산할 수 있다.
(나)	제39조 ① 대통령은 대통령 선거인단에서 무기명 투표로 선거한다. ③ 대통령 선거인단에서 재적 대통령 선거인 과반수의 찬성을 얻은 자를 대통령 당선자로 한다. 제45조 대통령의 임기는 7년으로 하며, 중임할 수 없다.

① (가) - 6·25 전쟁 중 부산에서 공포되었다.
② (가) - 대통령의 국회의원 1/3 추천 조항을 담고 있다.
③ (나) - 호헌 동지회 결성의 배경이 되었다.
④ (나) - 3·1 민주 구국 선언에 영향을 주었다.
⑤ (가), (나) - 6월 민주 항쟁 이후에 제정되었다.

10

다음 자료에 나타난 민주화 운동에 대한 설명으로 옳은 것은?

> 우리는 왜 총을 들 수밖에 없었는가? 그 대답은 너무나 간단합니다. 너무나 무지비한 만행을 더 이상 보고 있을 수만 없어서 너도나도 총을 들고 나섰던 것입니다. …… 계엄 당국은 공수부대를 대량으로 투입하여 시내 곳곳에서 학생, 젊은이들에게 무차별 살상을 자행하였으니 …… 너무나 경악스러운 또 하나의 사실은 20일 밤부터 계엄 당국은 발포 명령을 내려 무차별 발포를 시작했다는 것입니다. 이 고장을 지키고자 이 자리에 모이신 민주 시민 여러분! 그런 상황에 우리가 할 수 있는 일은 무엇이겠습니까?

① 4·13 호헌 조치 철폐를 요구하였다.
② 시민군을 조직하여 계엄군에 대항하였다.
③ 시위 도중 김주열이 최루탄을 맞고 사망하였다.
④ 직선제 개헌을 약속한 6·29 민주화 선언을 이끌어 냈다.
⑤ 국민의 요구에 굴복하여 대통령이 하야하는 결과를 가져왔다.

11

다음 뉴스가 보도된 정부 시기의 사실로 옳은 것은?

문교부가 중고등학생의 교복과 두발을 자율화하겠다고 발표한 데 이어, 오늘부터 야간 통행 금지 해제가 본격 적용되었습니다. 시민들은 새벽 거리를 활보하며 37년 만에 되찾은 24시간의 자유를 만끽하게 되었습니다.

① 서울 올림픽 대회가 개최되었다.
② 보도 지침으로 언론이 통제되었다.
③ 삼풍 백화점 붕괴 사고가 일어났다.
④ 양성평등의 실현을 위해 호주제가 폐지되었다.
⑤ 사회 통합을 위한 다문화 가족 지원법이 시행되었다.

12

다음 뉴스의 사건이 일어난 정부 시기의 경제 상황으로 옳은 것은?

경기도 광주 대단지에서 주민들이 차량을 탈취하는 등 대규모 시위를 벌였습니다. 서울시가 도심 정비를 명목으로 10만여 명의 주민들을 광주로 이주시키는 과정에서 약속한 이주 조건을 지키지 않자 주민들이 대지 가격 인하 등을 요구하며 집단으로 반발하였습니다.

① 경부 고속 도로가 개통되었다.
② 경제 협력 개발 기구(OECD)에 가입하였다.
③ 원조 물자를 가공한 삼백 산업이 발달하였다.
④ 저유가, 저금리, 저달러의 3저 호황이 있었다.
⑤ 대통령 직속 자문 기구인 노사정 위원회가 구성되었다.

13

다음 사건의 영향을 받아 발생한 사실로 옳은 것은?

① 신한 공사가 설립되어 귀속 재산을 관리하였다.
② 부산에서 조선 방직의 총파업 사건이 발생하였다.
③ 경제 자립을 목표로 제1차 경제 개발 5개년 계획이 추진되었다.
④ 미국에서 들여온 원조 물자를 기반으로 삼백 산업이 발달하였다.
⑤ 평화 시장 노동자들을 중심으로 한 청계 피복 노동 조합이 결성되었다.

14

다음 정부 시기에 볼 수 있는 모습으로 가장 적절한 것은?

① 최저 임금법 제정으로 최저 임금을 심의하는 위원
② 금융 실명제에 따라 신분증 제시를 요구하는 은행원
③ 한·칠레 자유 무역 협정(FTA)의 비준을 보도하는 기자
④ 전국 민주 노동조합 총연맹 창립 대회에 참가하는 노동자
⑤ 정부의 도시 정책에 반발해 시위를 하는 광주 대단지 이주민

15

밑줄 그은 '정부' 시기에 있었던 사실로 옳은 것은?

① 평창 동계 올림픽이 개최되었다.
② 전국 민주 노동조합 총연맹이 창립되었다.
③ 헝가리와 상주 대표부 설치 협정을 체결하였다.
④ 진실·화해를 위한 과거사 정리 기본법이 제정되었다.
⑤ 중학교 입시 제도가 폐지되고 무시험 추첨제가 실시되었다.

16

(가)~(다) 학생이 발표한 내용을 일어난 순서대로 옳게 나열한 것은?

① (가) - (나) - (다)
② (가) - (다) - (나)
③ (나) - (가) - (다)
④ (나) - (다) - (가)
⑤ (다) - (가) - (나)

Ⅵ 기타(문화유산, 기록유산, 역사 속의 지역, 시대 통합)

• 정답 및 해설 p.42~45

01
심화 70회

(가) 궁궐에 대한 설명으로 옳은 것은?

돈덕전으로의 초대

돈덕전이 재건되어 전시관으로 개관합니다. 많은 관람 부탁드립니다.

● 소개
돈덕전은 (가) 안에 지어진 유럽풍 외관의 건물로, 고종 즉위 40주년 기념행사를 열기 위해 건립되었다. 1층에는 폐하를 알현하는 폐현실, 2층에는 침실이 자리하여 각국 외교 사절의 폐현 및 연회장, 국빈급 외국인의 숙소로 사용되었다.
러시아 공사관에서 (가) 으로 거처를 옮긴 뒤부터 고종은 중명전을 비롯한 서구식 건축물을 지어 근대 국가로서의 면모를 보여주고자 하였다. 돈덕전 역시 이러한 의도가 투영된 건축물이다.

■ 주소: 서울특별시 중구 세종대로 99
■ 개관일: 2023년 ○○월 ○○일

① 제1차 미소 공동 위원회가 개최되었다.
② 도성 내 서쪽에 있어 서궐이라고 불렸다.
③ 일제에 의해 창경원으로 격하되기도 하였다.
④ 정도전이 궁궐과 주요 전각의 명칭을 정하였다.
⑤ 태종이 도읍을 한양으로 다시 옮기며 건립하였다.

02
심화 58회

(가) 섬에 대한 설명으로 옳지 <u>않은</u> 것은?

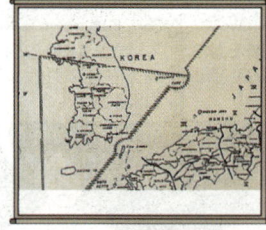

1946년 1월에 작성된 연합국 최고 사령부 문서에는 제주도, 울릉도, (가) 이/가 우리 영토로 표시되어 있습니다. (가) 은/는 우리나라 동쪽 끝에 있는 섬입니다.

① 안용복이 일본에 건너가 우리 영토임을 주장하였다.
② 영국군이 러시아를 견제하기 위해 불법 점령하였다.
③ 러일 전쟁 때 일본이 불법으로 자국 영토로 편입하였다.
④ 대한 제국이 칙령을 통해 울릉 군수가 관할하도록 하였다.
⑤ 1877년 태정관 문서에 일본과는 무관한 지역임이 명시되 있다.

03
심화 62회

(가) 문화유산에 대한 설명으로 옳은 것을 <보기>에서 고른 것은?

저는 지금 파리에서 열린 한지 공예 특별전에 나와 있습니다. 이 작품은 영조와 정순 왕후의 혼례식 행렬을 1,100여 점의 닥종이 인형으로 재현한 것입니다. 조선 시대 왕실이나 국가의 큰 행사가 있을 때 일체의 관련 사실을 글과 그림으로 기록한 책인 (가) 을/를 바탕으로 제작되었습니다.

〈보기〉
ㄱ. 사초와 시정기를 바탕으로 편찬되었다.
ㄴ. 연대순으로 기록하는 편년체로 구성되었다.
ㄷ. 왕의 열람을 위한 어람용이 따로 제작되었다.
ㄹ. 병인양요 당시 일부가 프랑스군에게 약탈되었다.

① ㄱ, ㄴ ② ㄱ, ㄷ ③ ㄴ, ㄷ
④ ㄴ, ㄹ ⑤ ㄷ, ㄹ

04
심화 65회

다음 지역에 대한 탐구 활동으로 적절한 것은?

지도로 보는 우리 지역의 역사

1872년에 제작된 우리 지역 지도의 일부입니다. 조선 시대 전라도 일대를 총괄하는 전라 감영, 조선 왕실의 발상지라는 의미로 한(漢) 고조의 고사에서 이름을 딴 객사 풍패지관, 태조 이성계의 어진을 봉안하고 제사하는 경기전, 후백제의 왕성으로 알려진 동고산성 안에 있는 성황사 등이 표시되어 있습니다.

① 유형원이 반계수록을 저술한 장소를 답사한다.
② 견훤이 아들 신검에 의해 유폐된 장소를 알아본다.
③ 동학 농민군이 정부와 화약을 맺은 장소를 조사한다.
④ 기묘사화로 유배된 조광조가 사사된 장소를 검색한다.
⑤ 임병찬이 의병을 일으킨 무성 서원이 있는 장소를 찾아본다.

05

(가)~(마)에 대한 설명으로 옳은 것은?

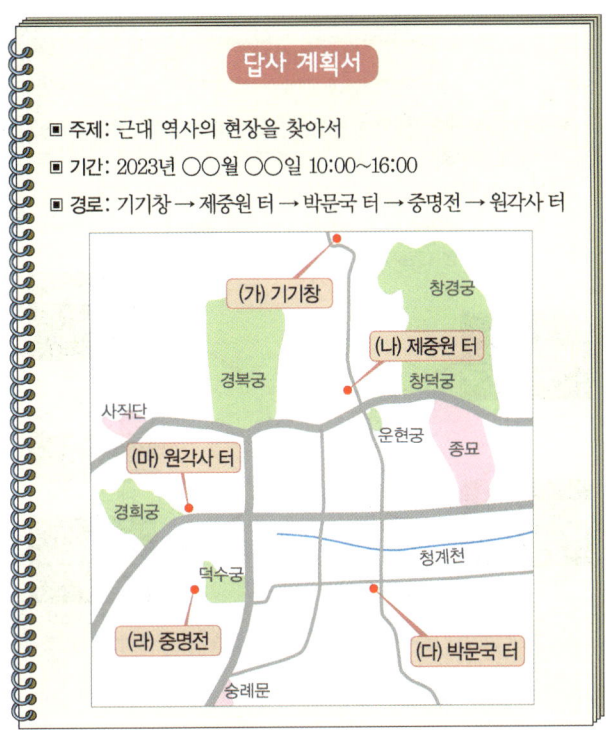

① (가) - 우리나라 최초의 근대 신문이 간행되었다.
② (나) - 고종의 황제 즉위식이 거행된 장소이다.
③ (다) - 백동화가 주조되었다.
④ (라) - 을사늑약이 체결되었다.
⑤ (마) - 나운규의 아리랑이 처음 상영된 곳이다.

06

(가)~(다) 지역에 대한 설명으로 옳지 않은 것은?

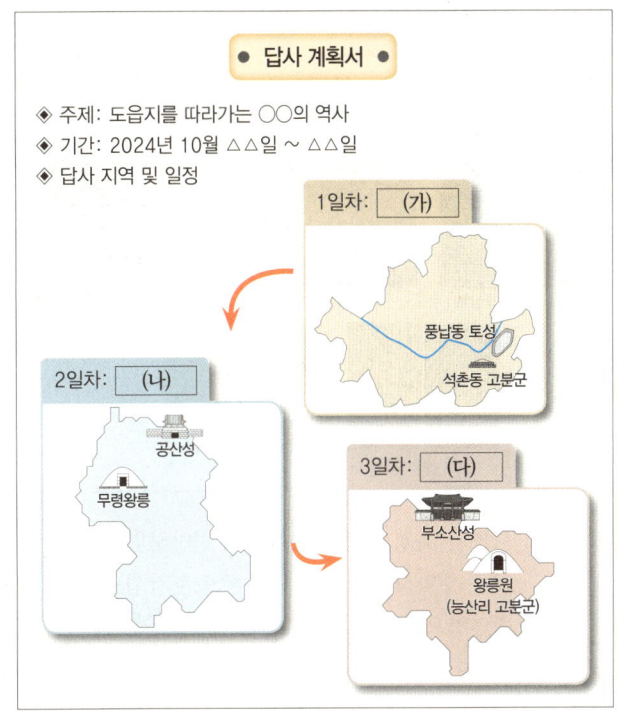

① (가) - 고구려에서 남하한 온조가 도읍으로 삼았다.
② (나) - 문주왕 때 천도한 곳이다.
③ (나) - 중국 남조의 영향을 받은 벽돌무덤이 있다.
④ (다) - 왕궁리 오층 석탑이 있다.
⑤ (다) - 백제 금동 대향로가 출토되었다.

07

(가)~(마)에 대한 설명으로 옳지 않은 것은?

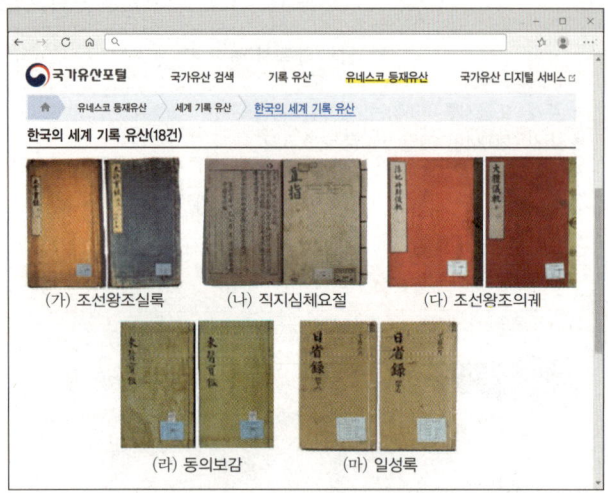

① (가) - 사초와 시정기 등을 종합하여 편찬하였다.
② (나) - 청주 흥덕사에서 금속 활자본으로 간행되었다.
③ (다) - 병인양요 당시 일부가 프랑스군에게 약탈되었다.
④ (라) - 허준이 우리나라와 중국의 의서를 망라하여 집대성하였다.
⑤ (마) - 국왕의 비서 기관에서 발행한 관보이다.

08

(가)~(마)에 대한 설명으로 적절하지 않은 것은?

① (가) - 오층 목조탑 내부에 부처의 일생을 그린 팔상도가 있다.
② (나) - 배흘림기둥에 주심포 양식으로 축조된 무량수전이 있다.
③ (다) - 현존하는 우리나라 최고(最古)의 목조 건물인 극락전이 있다.
④ (라) - 팔만대장경판을 보관하고 있는 장경판전이 있다.
⑤ (마) - 무구정광대다라니경이 발견된 삼층 석탑이 있다.

09

(가) 지역에서 있었던 사실로 옳은 것은?

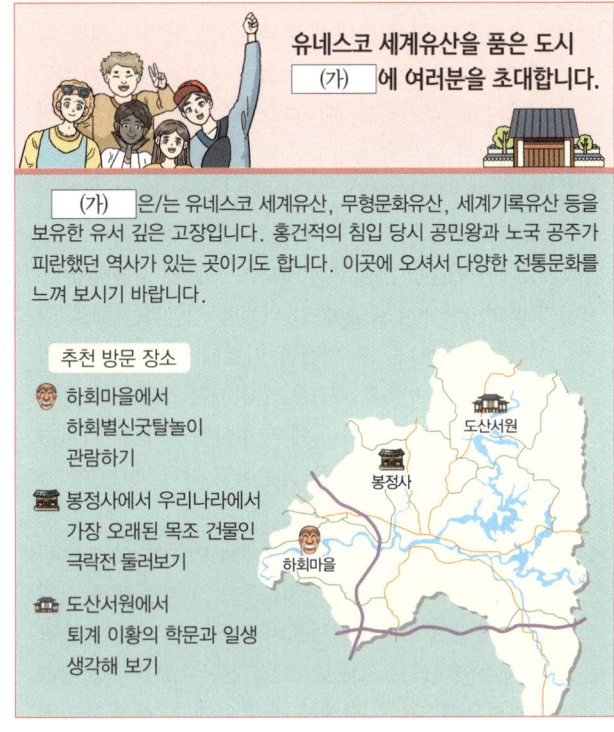

유네스코 세계유산을 품은 도시 (가) 에 여러분을 초대합니다.

(가) 은/는 유네스코 세계유산, 무형문화유산, 세계기록유산 등을 보유한 유서 깊은 고장입니다. 홍건적의 침입 당시 공민왕과 노국 공주가 피란했던 역사가 있는 곳이기도 합니다. 이곳에 오셔서 다양한 전통문화를 느껴 보시기 바랍니다.

추천 방문 장소
- 하회마을에서 하회별신굿탈놀이 관람하기
- 봉정사에서 우리나라에서 가장 오래된 목조 건물인 극락전 둘러보기
- 도산서원에서 퇴계 이황의 학문과 일생 생각해 보기

① 왕건이 고창 전투에서 견훤에게 승리하였다.
② 묘청이 반란을 일으키고 국호를 대위라 하였다.
③ 흥덕사에서 금속 활자본인 직지심체요절이 간행되었다.
④ 정중부를 비롯한 무신들이 보현원에서 정변을 일으켰다.
⑤ 이성계를 중심으로 한 고려군이 황산에서 왜구를 격퇴하였다.

10

(가)~(라) 지방 통치 체제에 대한 설명으로 옳은 것을 〈보기〉에서 고른 것은?

(가) 완산주를 다시 설치하고 용원을 총관으로 삼았다. 거열주를 빼서 청주(菁州)를 두니 처음으로 9주가 되었다. 대아찬 복세를 총관으로 삼았다.

(나) 현종 초에 절도사를 폐지하고, 5도호와 75도 안무사를 두었으나, 얼마 후 안무사를 폐지하고, 4도호와 8목을 두었다. 그 이후로 5도·양계를 정하니, 양광·경상·전라·교주·서해·동계·북계가 그것이다.

(다) 각 도 각 고을의 이름을 고쳤다. …… 드디어 완산을 다시 '전주'라고 칭하고, 계림을 다시 '경주'라고 칭하고, 서북면을 '평안도'로 하고, 동북면을 '영길도'로 하였으니, 평양·안주·영흥·길주가 계수관이기 때문이다.

(라) 전국을 23부의 행정 구역으로 나누어 아래에 열거하는 각 부를 둔다. …… 앞 조항 외에는 종래의 목, 부, 군, 현의 명칭과 부윤, 목사, 부사, 군수, 서윤, 판관, 현령, 현감의 관명을 다 없애고 읍의 명칭을 군이라고 하며 읍 장관의 관명을 군수라고 한다.

〈보기〉

ㄱ. (가) - 신문왕 재위 시기에 정비되었다.
ㄴ. (나) - 지방 장관으로 욕살, 처려근지 등이 있었다.
ㄷ. (다) - 도에는 관찰사가 임명되어 수령을 감독하였다.
ㄹ. (라) - 광무 개혁의 일환으로 실시되었다.

① ㄱ, ㄴ
② ㄱ, ㄷ
③ ㄴ, ㄷ
④ ㄴ, ㄹ
⑤ ㄷ, ㄹ

11

⊙~⑩에 대한 설명으로 적절하지 <u>않은</u> 것은?

> **史 한국사 톺아보기** 역사 속 관리 선발 방식
>
> 신라는 국학 학생 등을 대상으로 유교 경전에 대한 이해 정도를 평가하여 관리로 선발하는 ⊙독서삼품과를 마련하였다. 하지만 골품제 때문에 관료제 운영에 큰 기능을 발휘하지 못하였다.
> 고려 시대에는 시험을 통해 인재를 등용하는 ⓒ과거가 도입되어 운영되면서 제술과, 명경과, 잡과가 승과와 함께 시행되었다. 그러나 반드시 과거로만 관직에 진출하는 것이 아니라, 음서 등으로 관직에 진출하기도 하였다.
> 조선 시대의 관리는 과거, 취재, 음서, 천거 등을 통해 선발되었다. 과거는 ⓒ문과, 무과, 잡과로 구성되었는데 문과와 무과를 중심으로 하여 양반 관료 체제가 갖추어졌다. 한편 조선 중기에는 ⓔ현량과를 통해서 조정에 진출한 신진 세력들이 훈구 세력의 부정과 비리를 비판하기도 하였다.
> 개항기에는 군국기무처의 주도로 과거를 폐지하고 별도의 ⓜ선거조례를 제정하여 과거 시험에서 평가하였던 유교 경전에 대한 지식이나 문장력보다는 실무에 적합한 재능과 능력을 갖춘 인재를 관리로 등용하고자 하였다.

① ⊙ – 원성왕 재위 시기에 시행되었다.
② ⓒ – 쌍기의 건의를 수용하여 실시하였다.
③ ⓒ – 식년시, 알성시, 증광시 등으로 운영되었다.
④ ⓔ – 중종 때 조광조를 비롯한 사림들이 실시를 주장하였다.
⑤ ⓜ – 대한제국 수립 이후 개혁의 일환으로 처음 단행되었다.

12

(가)~(라)를 일어난 순서대로 옳게 나열한 것은?

> (가) 왕은 5월에 교서를 내려 문무 관료들에게 토지를 차등 있게 주었다. …… 봄 정월에 중앙과 지방 관리들의 녹읍을 폐지하고 해마다 조를 차등 있게 주고 이를 일정한 법으로 삼았다.
> (나) 처음으로 직관(職官)·산관(散官)의 각 품의 전시과를 제정하였는데, 관품의 높고 낮은 것은 논하지 않고 다만 인품만 가지고 전시과의 등급을 결정하였다.
> (다) 도평의사사에서 글을 올려 과전을 지급하는 법을 정할 것을 청하니, 그 의견을 따랐다. 경기는 사방의 근본이므로 마땅히 과전을 설치하여 사대부를 우대하여야 한다. 무릇 수도에 거주하며 왕실을 지키는 자는 현직, 산직(散職)을 불문하고 각각 과(科)에 따라 받게 한다.
> (라) 만약 그 자신이 죽고 그 아내에게 미치게 되면 수신전이라 일컬었고, 부부가 다 죽고 그 아들에게 전해지면 휼양전이라 일컬었으며, 만약 그 아들이 관직에 제수되더라도 그대로 그 전지를 주고는 과전이라 일컬었는데, …… 왕께서 이를 없애고, 현직 관리에게 주어 직전(職田)이라 하였던 것입니다.

① (가) – (나) – (다) – (라)
② (가) – (나) – (라) – (다)
③ (나) – (가) – (라) – (다)
④ (나) – (다) – (가) – (라)
⑤ (다) – (라) – (나) – (가)

09

(가) 지역에서 있었던 사실로 옳은 것은?

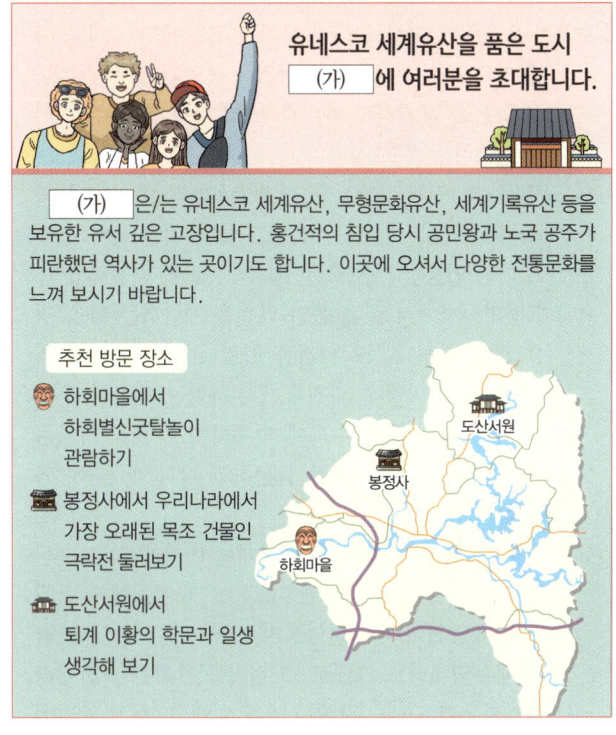

① 왕건이 고창 전투에서 견훤에게 승리하였다.
② 묘청이 반란을 일으키고 국호를 대위라 하였다.
③ 흥덕사에서 금속 활자본인 직지심체요절이 간행되었다.
④ 정중부를 비롯한 무신들이 보현원에서 정변을 일으켰다.
⑤ 이성계를 중심으로 한 고려군이 황산에서 왜구를 격퇴하였다.

10

(가)~(라) 지방 통치 체제에 대한 설명으로 옳은 것을 〈보기〉에서 고른 것은?

(가) 완산주를 다시 설치하고 용원을 총관으로 삼았다. 거열주를 빼서 청주(菁州)를 두니 처음으로 9주가 되었다. 대아찬 복세를 총관으로 삼았다.

(나) 현종 초에 절도사를 폐지하고, 5도호와 75도 안무사를 두었으나, 얼마 후 안무사를 폐지하고, 4도호와 8목을 두었다. 그 이후로 5도·양계를 정하니, 양광·경상·전라·교주·서해·동계·북계가 그것이다.

(다) 각 도 각 고을의 이름을 고쳤다. …… 드디어 완산을 다시 '전주'라고 칭하고, 계림을 다시 '경주'라고 칭하고, 서북면을 '평안도'로 하고, 동북면을 '영길도'로 하였으니, 평양·안주·영흥·길주가 계수관이기 때문이다.

(라) 전국을 23부의 행정 구역으로 나누어 아래에 열거하는 각 부를 둔다. …… 앞 조항 외에는 종래의 목, 부, 군, 현의 명칭과 부윤, 목사, 부사, 군수, 서윤, 판관, 현령, 현감의 관명을 다 없애고 읍의 명칭을 군이라고 하며 읍 장관의 관명을 군수라고 한다.

〈보기〉

ㄱ. (가) – 신문왕 재위 시기에 정비되었다.
ㄴ. (나) – 지방 장관으로 욕살, 처려근지 등이 있었다.
ㄷ. (다) – 도에는 관찰사가 임명되어 수령을 감독하였다.
ㄹ. (라) – 광무 개혁의 일환으로 실시되었다.

① ㄱ, ㄴ　② ㄱ, ㄷ　③ ㄴ, ㄷ
④ ㄴ, ㄹ　⑤ ㄷ, ㄹ

11

⊙~⑩에 대한 설명으로 적절하지 않은 것은?

> **한국사 톺아보기** 역사 속 관리 선발 방식
>
> 신라는 국학 학생 등을 대상으로 유교 경전에 대한 이해 정도를 평가하여 관리로 선발하는 ⊙독서삼품과를 마련하였다. 하지만 골품제 때문에 관료제 운영에 큰 기능을 발휘하지 못하였다.
> 고려 시대에는 시험을 통해 인재를 등용하는 ⓒ과거가 도입되어 운영되면서 제술과, 명경과, 잡과가 승과와 함께 시행되었다. 그러나 반드시 과거로만 관직에 진출하는 것이 아니라, 음서 등으로 관직에 진출하기도 하였다.
> 조선 시대의 관리는 과거, 취재, 음서, 천거 등을 통해 선발되었다. 과거는 ⓒ문과, 무과, 잡과로 구성되었는데 문과와 무과를 중심으로 하여 양반 관료 체제가 갖추어졌다. 한편 조선 중기에는 ⓔ현량과를 통해서 조정에 진출한 신진 세력들이 훈구 세력의 부정과 비리를 비판하기도 하였다.
> 개항기에는 군국기무처의 주도로 과거를 폐지하고 별도의 ⓜ선거조례를 제정하여 과거 시험에서 평가하였던 유교 경전에 대한 지식이나 문장력보다는 실무에 적합한 재능과 능력을 갖춘 인재를 관리로 등용하고자 하였다.

① ⊙ - 원성왕 재위 시기에 시행되었다.
② ⓒ - 쌍기의 건의를 수용하여 실시하였다.
③ ⓒ - 식년시, 알성시, 증광시 등으로 운영되었다.
④ ⓔ - 중종 때 조광조를 비롯한 사림들이 실시를 주장하였다.
⑤ ⓜ - 대한제국 수립 이후 개혁의 일환으로 처음 단행되었다.

12

(가)~(라)를 일어난 순서대로 옳게 나열한 것은?

> (가) 왕은 5월에 교서를 내려 문무 관료들에게 토지를 차등 있게 주었다. …… 봄 정월에 중앙과 지방 관리들의 녹읍을 폐지하고 해마다 조를 차등 있게 주고 이를 일정한 법으로 삼았다.
> (나) 처음으로 직관(職官)·산관(散官)의 각 품의 전시과를 제정하였는데, 관품의 높고 낮은 것은 논하지 않고 다만 인품만 가지고 전시과의 등급을 결정하였다.
> (다) 도평의사사에서 글을 올려 과전을 지급하는 법을 정할 것을 청하니, 그 의견을 따랐다. 경기는 사방의 근본이므로 마땅히 과전을 설치하여 사대부를 우대하여야 한다. 무릇 수도에 거주하며 왕실을 지키는 자는 현직, 산직(散職)을 불문하고 각각 과(科)에 따라 받게 한다.
> (라) 만약 그 자신이 죽고 그 아내에게 미치게 되면 수신전이라 일컬었고, 부부가 다 죽고 그 아들에게 전해지면 휼양전이라 일컬었으며, 만약 그 아들이 관직에 제수되더라도 그대로 그 전지를 주고는 과전이라 일컬었는데, …… 왕께서 이를 없애고, 현직 관리에게 주어 직전(職田)이라 하였던 것입니다.

① (가) - (나) - (다) - (라)
② (가) - (나) - (라) - (다)
③ (나) - (가) - (라) - (다)
④ (나) - (다) - (가) - (라)
⑤ (다) - (라) - (나) - (가)

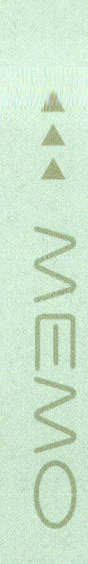

MEMO

합격을 위한 빠른길

고종훈
한국사
능력검정시험

2026

기출 400제
정답 | 해설

메가 공무원

고종훈
한국사
능력검정시험

기출 400제

정답 | 해설

I 한국 고대사

01 ⑤	02 ②	03 ⑤	04 ①	05 ④
06 ①	07 ④	08 ③	09 ④	10 ②
11 ⑤	12 ⑤	13 ②	14 ②	15 ①
16 ⑤	17 ②	18 ③	19 ③	20 ①
21 ⑤	22 ⑤	23 ①	24 ⑤	25 ④
26 ⑤	27 ⑤	28 ③	29 ③	30 ②

01 신석기 시대 　　　　정답 ⑤

농경과 정착 생활이 시작되고 갈돌과 갈판, 빗살무늬 토기를 사용한 '이 시대'는 신석기 시대이다.

신석기 시대 사람들은 대체로 강가나 바닷가에 살면서 어로와 사냥을 하였지만, 나중에는 농경과 목축이 시작되어 식량을 생산하는 단계에 이르렀다. 농경과 목축이 시작되자 사람들은 정착 생활을 하게 되었다. 신석기 시대 사람들은 땅을 1m 내외로 판 뒤 기둥을 세워 지붕을 얹은 움집에서 생활하였다.

신석기 시대에는 각종 농경 도구나 토기를 만들어 쓰는 것 이외에도 원시적인 수공업 활동이 이루어졌다. 옷이나 그물을 만들 때 사용하는 가락바퀴나 뼈바늘이 출토되는 것을 통해 이를 짐작할 수 있다.

오답분석
① 고려 시대에 소를 이용한 깊이갈이가 일반화되었다.
② 철기 시대에 반량전, 명도전 등의 중국 화폐를 교역에 사용하였다.
③ 청동기 시대에 청동 방울 등을 의례 도구로 이용하였다.
④ 철기 시대(청동기 시대 후기)에 거푸집을 이용하여 세형 동검을 제작하였다.

02 청동기 시대 　　　　정답 ②

(가)는 사유 재산과 계급이 발생하고, 벼농사가 이루어진 청동기 시대이다.

2000년경에서 기원전 1500년 무렵에 만주와 한반도에서 청동기 문화가 시작되었다. 이 시기에는 비파형 동검(요령식 동검), 거친무늬 거울(다뉴조문경) 등의 청동기를 만들어 사용하였다. 청동기 시대에는 생산력의 증가로 잉여생산물이 발생하자, 이것을 힘이 강한 자가 개인적으로 소유하였다. 생산물의 분배와 사유화는 구성원들 사이에 갈등, 빈부 격차와 계급 분화를 촉진시켰다. 특히 정복 활동이 활발해지면서 지배자와 피지배자의 분화를 촉진하였다. 그리하여 신석기 시대까지 유지되던 평등한 사회는 계급 사회로 바뀌어갔고, 족장(군장)이라고 부르는 권력과 경제력을 가진 지배자가 나타났다.

청동기 시대에는 돌널무덤과 함께 고인돌이 많이 만들어졌는데, 고인돌은 계급 사회의 발생을 보여주는 유물이다. 고인돌을 축조하기 위해서는 덮개돌을 채석하여 운반하고 무덤에 설치하기까지 많은 인력이 동원되었을 것으로 추정된다. 이는 당시 지배층이 우세한 정치권력과 경제력을 가지고 있었다는 것을 의미한다.

오답분석
① 구석기 시대 사람들이 주로 동굴이나 강가에 막집을 짓고 거주하였다.
③ 신석기 시대에 농경과 목축이 시작되어 식량을 생산하는 단계에 이르렀다.
④ 철기 시대에 호미, 쇠스랑 등의 철제 농기구를 만들어 사용하였다.
⑤ 구석기 시대에 주먹도끼, 찍개 등의 뗀석기가 사용되었다.

03 고조선 　　　　정답 ⑤

'왕검성', '우거왕' 등의 단서를 통해 (가)는 고조선임을 알 수 있다. 기원전 109년에 한무제는 섭하를 사신으로 보내 우거왕을 압박하였는데, 성과가 없자 섭하는 자신을 배웅한 고조선의 관리를 살해하고 돌아갔다. 고조선은 군대를 보내 요동도위로 있던 섭하를 살해하여 보복하였고, 이 사건을 계기로 한 무제는 위만조선을 침공하였다. 위만조선은 한 무제의 대규모 침략에 맞서 완강하게 대항하였으나, 지배층의 내분이 일어나 기원전 108년에 멸망하고 말았다.

고조선에는 범금 8조가 있었다고 하는데, 『한서』에는 사람을 죽인 자는 즉시 죽이고, 남에게 상처를 입힌 자는 곡식으로 갚으며, 도둑질을 한 자는 노비로 삼는다는 3개의 조항만 전하고 있다.

오답분석
① 고구려에서 매년 10월에 동맹이라는 제천 행사를 열었다.
② 삼한에 천군이 의례를 주관하는 신성 지역인 소도가 존재하였다.
③ 동예에 읍락 간의 경계를 중시하는 책화가 있었다.
④ 부여의 여러 가(加)들이 별도로 사출도를 다스렸다.

04 고구려의 발전(광개토 대왕) 　　　　정답 ①

백제의 관미성을 빼앗고, 신라에 침입한 왜를 격퇴한 왕은 고구려 광개토 대왕(391~413)이다.

광개토 대왕 때에는 대외 정복 사업에 나서 영역을 크게 확장시켰다. 북으로는 비려(거란, 392), 숙신(말갈, 395), 후연(선비, 405), 동부여(410) 등을 정벌하고 요동과 만주 지방을 차지하였다. 남으로는 백제를 공격하여 백제 아신왕의 동생과 대신을 인질로 삼았다. 한편, 왜구가 백제·가야와 연합하여 신라를 침입하자 신라 내물왕이 고구려에 구원을 요청하였다. 이에 광개토대왕은 5만의 원군을 보내어 왜구를 격퇴함으로써 한반도 남부에까지 영향력을 넓혔다. 광개토 대왕은 재위 기간 동안 영락(永樂)이라는 연호를 사용해서 중국과 대등함을 나타냈는데, '영락'은 우리나라에서 사용된 최초의 독자적 연호로 알려져 있다.

오답분석

② 소수림왕(371~384) 때 태학을 설립하여 귀족 자제에게 유학을 가르쳤다.
③ 미천왕(300~331) 때 서안평을 점령하고 낙랑군과 대방군을 축출하였다.
④ 고국천왕(179~197) 때 을파소를 등용하고 진대법을 시행하였다.
⑤ 영류왕 때 천리장성 축조를 시작하여 보장왕 때 완성하였다.

05 초기 국가   정답 ④

고구려에서는 10월이면 동맹이라는 제천 행사를 성대하게 치러 온 백성이 춤을 추고 노래를 부르며, 건국 시조인 주몽과 그 어머니 유화 부인을 조상신으로 섬겨 제사를 지냈다. 아울러 국동대혈에 왕과 신하들이 모여 함께 제사를 지냈다.
삼한은 해마다 씨뿌리기가 끝난 5월과 추수가 끝난 10월에 하늘에 제사를 지냈다. 이 때에는 낮이나 밤이나 술자리를 베풀고 축제를 벌였다. 춤출 때에는 수십명이 줄을 서서 땅을 밟으며 장단을 맞추었다.

오답분석

ㄱ. 동예에서 10월에 무천이라는 제천 행사를 열었다.
ㄷ. 부여에 본격적인 사냥철이 시작되는 12월에 영고라는 제천 행사가 있었다.

06 소수림왕   정답 ①

신진을 통해 불교를 받아들이고 태학을 설립한 왕은 소수림왕이다.
소수림왕은 국가 체제를 개혁하여 새로운 발전의 토대를 마련하였다. 그는 전진을 통해 불교를 받아들이고, 태학을 설립하여 귀족 자제들에게 유학을 가르쳤다. 또 율령을 반포하여 왕을 중심으로 하는 중앙 집권적 국가 체제를 강화하였다. 대외적으로는 전연이 멸망한 뒤 북중국의 패자로 등장한 전진과 우호 관계를 유지하였다.

오답분석

② 장수왕(412~491) 때 국내성에서 평양으로 도읍을 옮겼다.
③ 미천왕(300~331) 때 서안평을 공격하여 영토를 확장하였다.
④ 광개토왕(391~412) 때 영락 연호를 사용하였다.
⑤ 고국천왕(179~197) 때 진대법을 시행하였다.

07 근초고왕   정답 ④

박사 고흥으로 하여금 역사서 『서기』를 편찬하게 한 '왕'은 백제 근초고왕(346~375)이다.
근초고왕은 불안정했던 왕권을 강화하고 왕위의 부자 상속제를 확립하여 백제를 고대 국가로 완성하였다. 활발한 정복 활동을 펼쳐 마한의 나머지 세력을 정복하여 전라도 남해안에 이르렀으며, 북으로는 황해도 지역을 놓고 고구려와 대결하였다. 371년에는 고구려 평양성을 공격하여 고국원왕을 전사시키기도 하였다. 또, 가야 7국을 병합하여 낙동강 유역의 가야에 대해서도 지배권을 행사하였다.

오답분석

① 백제 무왕(600~641)이 금마저(익산)에 미륵사를 창건하였다.
② 의자왕이 642년에 윤충을 보내 신라의 대야성을 함락하였다.
③ 성왕(523~554)이 사비(부여)로 천도하고 국호를 남부여로 고쳤다.
⑤ 침류왕(384~385)이 동진에서 온 마라난타를 통해 불교를 수용하였다.

08 지증왕   정답 ③

밑줄 그은 '왕'은 국호를 신라로 확정하고, 순장을 금지한 지증왕(500~514)이다.
지증왕은 나라 이름을 '신라'로 바꾸고, 군주의 칭호도 마립간에서 중국식 칭호인 '왕'으로 바꾸어 왕권을 강화하였다. 한편, 지방 행정 구역도 주·군으로 나누어 관리를 파견하여 다스렸다. 512년에 하슬라주 군주였던 이사부는 우산국을 정벌하여 울릉도와 독도를 신라 영토로 복속하였다.

오답분석

① 법흥왕 때 병부와 상대등을 설치하였다.
② 내물마립간이 433년에 백제 비유왕과 동맹을 체결하였다.
④ 문무왕 때 매소성 전투에서 당의 군대를 격파하였다.
⑤ 신문왕 때 김흠돌의 난을 진압하고 귀족들을 숙청하였다.

09 가야의 발전(금관가야)   정답 ①

수로왕, 대성동 고분군, 구지봉과 관련된 (가) 나라는 금관가야이다. 김해에 있는 구지봉은 금관가야의 시조 수로왕의 탄생신화와 고대가요 '구지가'와 관련된 장소이다. 『삼국유사』에 따르면 구지봉에 하늘에서 6개의 황금알이 담긴 금상자가 내려오고, 그 알 속에서 6가야의 시조왕들이 태어났다는 전설이 전해진다.
낙동강 하류의 변한 지역에서는 3세기경 여러 정치 집단들이 김해의 금관가야를 중심으로 연맹 왕국으로 발전하였다. 금관가야는 낙동강 하류의 삼각주 지역에 자리 잡아 농업이 발달하고, 또 남쪽으로는 바다와 접해 있어 해상 활동에 유리한 입지 조건을 갖추었다. 또한 김해 지방에는 질 좋은 철이 많이 나서 각종 철제 무기를 만들어 사용하였고, 덩이쇠를 만들어 화폐와 같은 교환 수단으로 이용하기도 하였다. 금관가야는 이러한 조건을 바탕으로 중국 및 낙랑, 왜를 연결하는 중계무역의 중심지 역할을 하였다.

오답분석
② 고조선이 한 무제의 공격으로 멸망하였다.
③ 옥저에 민며느리제 혼인 풍속이 있었다.
④ 신라에 골품제도가 있었다.
⑤ 고구려 고국천왕이 빈민을 구제하기 위해 진대법을 시행하였다.

10 삼국의 항쟁 — 정답 ②

(가)는 371년 백제 근초고왕의 공격으로 고구려 고국원왕이 평양성에서 전사한 사건, (나)는 551년 백제와 고구려가 도살성과 금현성에서 공방전을 벌이고 있는 틈을 타 신라가 두 성을 빼앗은 사건을 다룬 기사이다.
고구려 장수왕(412~491)은 분열된 중국의 남북조와 각각 수교하여 배후를 안정시킨 후 평양으로 도읍을 옮기고(427), 적극적인 남진 정책을 실시하였다. 고구려의 남진 정책은 백제와 신라에 위협을 주었으며, 신라(눌지왕)와 백제(비유왕)는 동맹을 맺어 대응하였다(433, 나제동맹).
고구려의 압박에 위협을 느낀 개로왕은 중국 북위(北魏)에 군사 원조를 청하기도 하였다(472). 그러나 장수왕은 475년 백제 수도 한성을 공격하여 함락시키고 개로왕을 죽였다. 고구려는 이때 한강 전 지역을 포함하여 죽령 일대로부터 남양만을 연결하는 선까지 그 판도를 넓혔다.

오답분석
① 676년에 신라가 기벌포에서 당의 수군을 격파하였다.
③ 660년에 계백이 이끈 결사대가 황산벌에서 신라군에 맞서 싸웠으나 패배하였다.
④ 642년에 연개소문이 정변을 일으켜 영류왕을 시해하고 권력을 장악하였다.
⑤ 648년에 김춘추가 당으로 건너가 당 태종과 군사 동맹을 체결하였다.

11 백제의 통치 제도 — 정답 ⑤

좌평, 달솔 등의 관직이 있고, 지방을 5방으로 나눈 나라는 백제이다.
22담로의 지방 장관을 독점했다. 백제는 왕족인 부여씨와 8개의 귀족 가문이 왕과 연합하여 정치를 주도하였다. 초기에는 왕족인 부여씨와 왕비족인 진씨, 해씨가 정치를 주도하였으나, 후기에는 사씨, 연씨 등이 세력이 커져서 정치의 주도권을 잡고 귀족 중심의 정치를 하였다. 중앙에는 왕 밑에 좌평을 비롯한 16등급의 관리가 있어 나랏일을 맡아 보았는데, 그 중에서 상좌평이 최고 책임자였다. 사비로 천도한 후에는 6좌평 외에 새로 22부의 실무 관청을 두어 행정을 분담하였다. 그 후 수도는 5부로, 지방은 5방으로 각각 나누었으며, 지방에는 중앙의 관리를 보내 행정과 군사 일을 맡아 보게 하였다.

오답분석
① 신라에 골품제도가 있었다.
② 고구려에서 제가 회의를 통해 국가 중대사를 결정하였다.
③ 욕살, 처려근지는 고구려의 지방 장관이다.
④ 위화부, 영객부는 신라의 중앙 관서이다.

12 삼국의 항쟁 — 정답 ⑤

제시된 자료는 백제 개로왕이 472년에 중국 북조의 위(魏)에 사신을 보내 군사 원조를 요청하는 상황이다.
고구려 장수왕은 국내성 일대에 기반을 가진 5부 귀족세력을 약화시키고 국가 운영을 뒷받침할 경제적 기반을 확대하기 위해 평양으로 도읍을 옮기고(427), 적극적인 남진 정책을 실시하였다. 장수왕의 남하 정책에 대응하기 위해 433년 백제 비유왕은 신라의 눌지왕과 나·제 동맹을 체결하였다. 고구려의 압박에 위협을 느낀 백제의 개로왕은 중국 북위(北魏)에 군사 원조를 청하기도 하였다. 그러나 고구려를 침략할 의지가 없던 북위는 이 사실을 고구려에 알렸고, 장수왕은 3만의 군사를 동원해 백제를 공격하여 한성을 함락시키고 개로왕을 살해하였다.

오답분석
① 612년에 을지문덕은 살수에서 수의 별동대를 섬멸하였다.
② 493년에 동성왕은 신라 이벌찬 비지의 딸을 왕비로 맞이하여 나·제 동맹을 강화하였다.
③ 554년에 성왕이 신라에 복수하기 위해 관산성을 공격하다 전사하였다.
④ 660년에 계백이 이끄는 결사대가 황산벌에서 신라군에 맞서 싸웠으나 패배하였다.

13 삼국의 통일 — 정답 ②

연개소문은 666년에 사망하고, 기벌포 전투는 676년에 벌어졌으므로 (가)는 666~676년 사이에 발생한 사건이 들어가야 한다.
668년에 고구려가 멸망한 뒤 검모잠과 안승은 지금의 황해도 재령 지역에 근거지를 마련하고 신라의 지원을 받으며 고구려 부흥을 도모하였다. 당나라가 한반도 전체를 차지하려는 야욕을 드러

내자 신라는 백제 및 고구려 유민과 연합하여 당에 맞섰다. 670년 안승이 검모잠을 죽이고 신라에 투항하자 문무왕은 그를 금마저(익산)에 머무르게 하고 고구려왕에 봉하였다. 674년에는 안승을 보덕국왕으로 임명하여 고구려 부흥 운동세력을 당과의 전쟁에 활용하고자 하였다.

오답분석

① 660년에 백제가 멸망한 후 흑치상지는 임존성을 근거로 백제 부흥 운동을 전개하다 663년에 당에 항복하였다.
③ 612년에 을지문덕이 살수에서 수의 별동대를 섬멸하였다.
④ 663년에 부여풍이 왜군과 함께 백강 전투에 나섰으나 당군에 패하였다.
⑤ 472년에 개로왕이 중국 북위(北魏)에 군사 원조를 청하였다.

14 삼국의 항쟁 　　　정답 ②

(가)는 554년에 백제 성왕이 관산성에서 전사한 사건, (나)는 642년에 백제의 윤충이 신라의 대야성을 함락한 사건에 대한 기사이다.

전기 가야 연맹을 주도한 금관가야가 쇠퇴한 이후 고령의 대가야를 중심으로 합천, 거창, 함양 등지의 가야 세력은 후기 가야 연맹체를 이루었다. 대가야를 중심으로 한 가야 연맹은 5세기 후반 크게 성장하여 그 세력 범위를 호남 동부 지역까지 확장시켰다. 6세기 초 대가야의 이뇌왕은 신라의 법흥왕과 결혼동맹(522)을 맺어 국제적 고립에서 벗어나려 하였다. 이후 후기 가야 연맹은 분열하여 김해의 금관가야가 신라에 정복당하고, 신라와 백제에 의해 가야의 남부 지역은 분할 점령되었다. 562년에는 신라 진흥왕이 대가야를 공격하여 복속시키면서 가야 연맹은 완전히 해체되었다.

오답분석

① 538년에 백제 성왕이 사비로 천도하면서 국호를 남부여로 고쳤다.
③ 660년에 계백이 이끈 결사대가 황산벌에서 신라군에게 패배하였다.
④ 648년에 김춘추가 당으로 건너가 나·당 동맹을 체결하였다.
⑤ 553년에 신라가 한강 유역의 땅을 차지하여 신주(新州)를 설치하였다.

15 고구려의 멸망 　　　정답 ①

제시된 자료는 668년에 당이 고구려를 정벌한 뒤 연개소문의 아들 남생, 남산, 남건 등에 대한 처분을 내리고 평양에 안동도호부를 설치한 상황을 보여준다.

665년 연개소문이 죽은 뒤에 고구려는 국론이 분열되었다. 연개소문의 맏아들 남생이 막리지를 계승했으나 동생과의 권력 다툼에 패하여 당에 항복하고, 연개소문의 동생 연정토는 신라에 투항하였다. 결국 고구려도 668년 나·당 연합군의 공격으로 멸망하였다.

고구려가 멸망한 뒤 검모잠과 안승은 지금의 황해도 재령 지역에 근거지를 마련하고 고구려 부흥을 도모하였다. 670년 안승이 검모잠을 죽이고 신라에 투항하자 신라 문무왕은 그를 금마저(익산)에 머무르게 하고 고구려왕에 봉하였다. 674년에는 안승을 보덕국왕으로 임명하여 고구려 부흥 운동 세력을 당과의 전쟁에 활용하고자 하였다.

오답분석

② 612년에 을지문덕이 살수에서 수나라 군대를 상대로 대승을 거두었다.
③ 648년에 김춘추가 당과의 군사 동맹을 성사시켰다.
④ 642년에 의자왕이 윤충을 보내 신라의 대야성을 함락하였다.
⑤ 642년에 연개소문이 정변을 일으켜 영류왕을 시해하고 보장왕을 옹립하였다.

16 삼국의 통일 　　　정답 ⑤

(가)는 660년에 계백이 결사대를 이끌고 신라군에 맞선 황산벌 전투, (나)는 670년에 안승이 검모잠을 죽이고 신라에 투항한 사건에 대한 기사이다.

660년에 나·당 연합군은 먼저 백제를 공격하였다. 백제군은 기벌포(백강) 전투에서 소정방이 이끈 당군에게 패하였고, 계백의 결사대마저 황산벌에서 김유신이 이끈 신라군에 패배하였다. 나·당 연합군이 사비를 함락하자 웅진으로 피신하였던 의자왕은 결국 항복하였다(660).

백제 멸망 이후 각 지방에서 백제 부흥 운동이 일어났다. 복신은 도침과 함께 왕자 부여풍을 왕으로 추대하고 주류성을 근거로 군사를 일으켰다. 흑치상지는 임존성을 기점으로 군사를 일으켜 한때 200여 성을 회복하였다. 4년간 지속되었던 백제 부흥 운동은 결국 나·당 연합군에 의하여 진압되었다. 663년 백제 부흥 운동을 지원하기 위해 일본의 수군이 백강에서 나·당 연합군과 전투를 벌였으나 크게 패하고, 백제왕 부여풍은 고구려로 도망하였다.

오답분석

① 676년에 신라는 기벌포에서 당의 수군을 섬멸하고, 평양에 있던 안동도호부도 요동성으로 밀어 냄으로써 삼국통일을 이룩하였다.
② 554년에 성왕이 관산성 전투에서 전사하였다.
③ 676년에 신라군이 기벌포에서 당군을 격파하였다.
④ 648년에 김춘추는 당에 건너가 나당 동맹을 성사시켰다.

17 신문왕 정답 ②

(가)는 감은사를 완공한 신문왕이다. 삼국 통일을 달성한 문무왕은 왜병을 진압하려고 감은사를 지었으나 완성되기 전에 사망하였고, 그 아들 신문왕이 완성하였다. 신문왕은 아버지의 은혜에 감사한다는 뜻을 담아 절의 이름을 감은사로 짓고 동서로 마주 보는 3층 석탑을 세웠다.

신문왕은 김흠돌 모역사건을 진압하며 귀족 세력을 숙청하고 전제왕권 강화를 위한 개혁에 착수하였다. 중앙 정치 기구와 군사 조직을 정비하고 9주 5소경제의 지방 행정 조직을 완비하였다. 또, 문무 관리에게 관료전을 지급하고(687) 녹읍을 폐지하여(689) 귀족의 경제 기반을 축소하였다.

오답분석
① 진성여왕 때 향가집 『삼대목』이 편찬되었다.
③ 진평왕(579~632) 때 위화부를 설치하였다.
④ 법흥왕 때 건원 연호를 사용하였다.
⑤ 지증왕 때 시장 감독 기관으로 동시전을 설치하였다.

18 장보고 정답 ③

당에서 서주 무령군 소장에 오르고, 적산 법화원을 세웠던 인물은 장보고(787~846?)이다.

장보고는 청년기에 당나라에 건너가 서주 무령군 소장이라는 군직에 올랐고, 824년 산동성 적산촌에 법화원을 건립하고 이를 지원하였다. 828년에 장보고는 당에서 귀국하여 현재의 완도에 청해진을 설치하고 청해진 대사로 임명되었다. 장보고는 해적을 소탕한 뒤 일대의 해상권을 장악하여 당·신라·일본을 잇는 국제무역을 주도하였다. 장보고는 일본에 무역선과 회역사를 파견하였고, 당나라에 견당매물사의 인솔하에 교관선을 보내는 등 교역 사절을 파견하기도 했다.

장보고는 김우징이 신무왕으로 즉위하는 데에 큰 공을 세웠으나 중앙귀족들과의 대립과 반목이 심화되어 그의 딸을 문성왕의 왕비로 들이는 데 실패하였고, 한때 그의 부하였던 염장에게 살해당하였다.

오답분석
① 혜초가 인도와 중앙아시아를 순례하고 『왕오천축국전』을 지었다.
② 최치원이 진성여왕에게 개혁안 10여 조를 올려 유교적 정치 이념을 실현하려 하였다.
④ 체징이 전라남도 장흥에서 도의를 개조(開祖)로 하는 가지산문을 개창하였다.
⑤ 설총이 이두를 정리하여 한문 교육의 보급에 공헌하였다.

19 신라 말의 사회혼란 정답 ③

진성여왕(887~897)이 다스리던 시기는 9세기 말이다.

진성여왕 대에는 정치 혼란이 계속되며 지배층의 대토지 소유가 확대되고 농민의 부담은 더욱 무거워 졌다. 중앙 정부와 지방 세력가의 강압적인 수취에 저항하여 농민들은 전국 각지에서 봉기하였다. 889년에 원종·애노가 사벌주(상주)에서 반란을 일으켰고, 견훤은 군사를 일으켜 무진주를 점령하고 892년 스스로 왕이라 칭하였다. 원주 일대에 세력을 떨치고 있던 양길은 894년에 부하들을 보내 명주(강릉) 관할 군현을 공격하였다. 896년에는 적고적이라 불린 농민 반란 세력이 경주 외곽까지 진격할 정도로 기세를 보였다.

오답분석
① 진평왕 때 원광이 세속 5계를 제시하였다.
② 법흥왕 때 이차돈의 순교로 불교가 공인되었다.
④ 진흥왕 때 거칠부가 국사를 편찬하였다.
⑤ 선덕여왕 때 황룡사 9층 목탑이 건립되었다.

20 발해의 발전(무왕) 정답 ①

대문예에게 흑수말갈을 정벌하도록 명령을 내린 왕은 발해 무왕(대무예, 719~737)이다.

무왕은 동북방의 여러 세력을 복속하고 북만주 일대를 장악하였다. 발해가 세력을 확대하자 신라는 북방 경계를 강화하였고, 흑수말갈도 당과 연결하고자 하였다. 무왕은 아우 대문예를 시켜 흑수말갈을 진압하도록 하였는데, 대문예는 당과 맞서는 것에 반대하여 당에 망명하였다. 이에 무왕은 당에 대문예의 송환을 요구하고 장문휴로 하여금 수군을 동원하여 산둥 반도(덩저우)를 공격하고(732), 당군과 요서에서 전쟁을 벌였다(732~733).

오답분석
② 신라 신문왕 때 군사 조직을 9서당 10정으로 정비하였다.
③ 백제 성왕 때 웅진에서 사비로 천도하고 국호를 남부여로 고쳤다.
④ 신라 문무왕 때 지방관의 비리를 감찰하는 외사정(外司正)이 설치되었다.
⑤ 발해 고왕(대조영)이 698년 고구려 유민과 말갈 집단들을 이끌고 길림성의 돈화시 동모산 기슭에서 진국(震國)을 건국하였다.

21 발해의 경제 상황 정답 ⑤

(가)는 5경을 두었으며, 솔빈부의 말이 유명했던 발해이다. 『신당서』 발해전에는 솔빈부의 말을 비롯하여 태백산의 토끼, 남해부의 다시마, 책성부의 된장, 부여부의 사슴, 막힐부의 돼지, 위성의

철, 미타호의 붕어와 환도의 오얏, 악유의 배 등을 특산물로 기록하고 있다.

『신당서』에 의하면 발해에는 일본도, 신라도, 조공도, 영주도, 거란도 등 모두 5개의 교통로가 있었다고 한다. 일본도를 비롯한 발해의 5도(道)는 대체로 육로와 수로가 결합된 형태로 이루어져 있었고, 발해 주변의 모든 지역으로 통할 수 있는 교통로가 구축되어 있었음을 알려 준다.

> 오답분석

① 고려 시대에 예성강 하구의 벽란도를 통해 아라비아 상인과 무역하였다.
② 조선 후기에 감자, 고구마가 전래되어 구황작물로 널리 재배하였다.
③ 고려 시대에 주전도감에서 해동통보 등을 발행하였다.
④ 신라 지증왕이 시장을 관리하는 관청인 동시전을 설치하였다.

22 통일 신라의 경제 — 정답 ⑤

신라는 조세·공물·부역 등을 합리적으로 수취하기 위해 촌락의 토지 크기, 인구 수, 소와 말의 수, 토산물 등을 파악하는 촌락 문서(민정 문서)를 만들었다. 일본 정창원에서 발견된 신라 촌락 문서는 서원경 부근의 4개 촌락의 경제 상황을 구체적으로 기록하였는데, 변동사항을 조사하여 3년마다 다시 작성하였다.

신라는 지증왕 때에는 수도 경주에 동시를 개설하면서 이를 감독하는 관청으로 동시전(東市典)을 설치하였다. 삼국 통일 후 경주의 인구가 증가하고 상품 생산이 늘어나 동시만으로는 상품 수요를 감당할 수 없었다. 이에 따라 695년 효소왕 때 서시와 남시를 개설하고, 이와 함께 감독관청인 서시전(西市典)과 남시전(南市典)도 설치하였다.

통일 신라 시대에는 당과의 관계가 긴밀해지면서 사신에 의한 공무역뿐만 아니라 사무역도 활발해졌다. 8세기 이후 일본과의 무역도 점차 확대되었다. 9세기 전반에 장보고는 완도에 청해진을 설치하고 해적을 소탕하여 서남해의 교통과 무역을 장악하였다. 당시 무역항으로는 울산항, 청해진, 영암, 당항성(남양만)이 크게 번성하였는데, 특히 울산항에는 아라비아 상인까지 들어와 무역하였다.

> 오답분석

① 고려 성종 때 개경과 서경 및 12목에 상평창을 두어 물가가 쌀 때 곡식·포를 사들여 저장했다가 물가가 비쌀 때 방출해 물가를 안정시켰다.
② 고려 숙종 때 의천의 건의에 따라 주전도감을 설치하고 삼한통보, 해동통보, 해동중보 등의 동전과 활구(은병)라는 은전을 주조하여 통용시켰다.
③ 고구려 고국천왕 때 봄에 곡식을 빌려주고 가을에 돌려받는 진대법을 시행하였다.
④ 금관가야에서 덩이쇠를 만들어 화폐와 같은 교환 수단으로 이용하고, 중국 및 낙랑, 왜를 연결하는 중계무역을 하였다.

23 불교의 발전(원효) — 정답 ①

(가)는 『금강삼매경론』과 『대승기신론소』 등을 저술하고, 무애가를 지어 정토 신앙을 전파하며 불교 대중화에 앞장선 원효이다.

원효의 사상은 일심 사상, 화쟁 사상, 무애 사상으로 집약될 수 있다. 원효는 『금강삼매경론』과 『대승기신론소』를 저술하여 불교를 이해하는 기준을 확립하였으며, 모든 진리는 결국 하나의 진리에 있다는 일심 사상을 주장하였다. 또한 『십문화쟁론』을 지어 두 가지 이상의 다른 견해를 화해시키고 조화롭게 융합시키는 화쟁 사상을 주장하였다. 한편, 원효는 "일체에 걸림이 없는 사람은 단번에 생사를 벗어난다."는 무애 사상을 바탕으로 일반민들에게 불교를 알리는 활동에 주력하여 불교 대중화의 길을 열었다.

> 오답분석

② 혜초가 인도와 중앙아시아를 순례하고 『왕오천축국전』을 지었다.
③ 자장이 선덕여왕에게 황룡사 9층탑 건립을 건의하였다.
④ 진평왕의 명으로 원광이 수나라에 군사를 청하는 글을 지어 바쳤다.
⑤ 고려 고종 때 각훈이 왕명에 의해 삼국시대 이래의 고승들의 전기를 정리한 『해동고승전』을 편찬하였다.

24 의상 — 정답 ⑤

당나라에 유학하여 화엄학을 배우고, 귀국하여 영주 부석사를 세운 승려는 의상(625~702)이다.

진골 출신 승려인 의상은 당나라에 유학하여 지엄의 문하에서 화엄종을 수학하였고, 『화엄일승법계도』를 저술하여 화엄 사상을 정립하였다. 그는 '일즉다 다즉일(一卽多 多卽一)'의 원융사상으로 지배층과 피지배층의 대립이나 지배층 내부의 갈등을 지양하는 사회 통합 논리를 제시하였다. 의상은 676년 부석사를 창건하고 해동 화엄종의 시조가 된 이후 화엄 10찰을 짓고 강술과 포교에 힘써 불교 문화의 폭을 확대하였다. 한편, 의상은 아미타 신앙과 함께 현세에서 고난을 구제받고자 하는 관음 신앙을 화엄 종단의 중심 신앙으로 수용하였다.

> 오답분석

① 자장이 선덕여왕에게 황룡사 9층 목탑의 건립을 건의하였다.
② 원효가 무애가를 지어 대중을 교화하였다.
③ 원측이 현장에게서 유식학을 배웠으며, 『해심밀경소』를 저술하였다.
④ 고려 시대 각훈이 『해동고승전』을 편찬하였다.

25 원광 정답 ①

(가)는 수에 군사를 청하는 걸사표를 지은 원광이다.
신라 진평왕은 고구려와 백제의 거듭되는 침공으로 어려움을 겪게 되자 608년 원광에게 걸사표를 짓게 하여 수나라 양제에게 군사 원조를 요청하였다. 이 걸사표는 수 양제가 612년에 직접 100만이 넘는 대군을 이끌고 고구려를 침공하는 명분이 되었다.
원광법사는 수나라에서 공부하고 돌아온 뒤 엄격한 금욕과 계율을 강조한 계율종을 전파하였다. 원광은 청소년들에게 세속 5계를 전해주어 당시의 시대 정신을 깨우쳐 주었다.

오답분석
① 혜초가 인도와 중앙아시아 등을 순례하고 돌아와 『왕오천축국전』을 지었다.
② 자장이 선덕여왕에게 황룡사 구층 목탑의 건립을 건의하였다.
③ 원효가 무애가를 지어 불교 대중화에 기여하였다.
⑤ 도선이 풍수지리 사상이 반영된 『송악명당기』, 『도선비기』 등을 저술하였다.

26 백제의 고분벽화 정답 ⑤

공주 송산리 고분군과 부여 능산리 고분군을 남긴 (가) 국가는 백제이다.
백제에서는 왕족인 부여씨와 8개의 귀족 가문이 대귀족으로 정치를 주도하였다. 초기에는 왕족인 부여씨와 왕비족인 진씨, 해씨가 정치를 주도하였으나, 후기에는 사씨, 연씨 등의 세력이 커져서 정치의 주도권을 잡고 귀족 중심의 정치를 하였다. 이들은 정사암에 모여서 재상을 선출하였는데, 이는 귀족 회의의 전통을 보여주는 것이었다.

오답분석
① 신라가 일길찬, 사찬 등의 관등을 두었다.
② 고구려에 지방 장관으로 욕살, 처려근지 등이 있었다.
③ 동예의 특산물로 단궁, 과하마, 반어피가 유명하였다.
④ 고조선이 사회 질서를 유지하기 위해 범금 8조를 두었다.

27 신라의 화랑도 정답 ⑤

(가)는 신라의 청소년 수련 조직인 화랑도이다.
원시 사회의 청소년 집단에서 기원한 화랑도는 진흥왕 때 국가적 조직으로 정비되면서 신라 발전의 원동력이 되었다. 화랑도는 15~18세 청소년들로 수백 명에서 많게는 1000여 명 규모였으며, 귀족 자제 중에서 선발된 화랑이 다양한 신분을 포함한 낭도를 이끄는 조직이었다. 화랑과 낭도는 원광의 세속 5계를 받들며 생활했고, 명산대천을 유람하며 심신을 수련하였다.

신라는 왕성인을 대상으로 골품제를 운영하여 신분 계층 간 이동을 제한하고, 개인의 사회 활동과 정치활동의 범위를 제한하였다. 왕족은 성골·진골로 나누고 일반 귀족은 6두품에서 1두품까지 신분 등급을 나누었다. 골품은 관등 승진의 상한선은 물론 가옥의 규모와 장식물, 복색이나 수레 등 신라인의 일상생활까지 규제하였다.

오답분석
① 고구려가 수도에 태학을 두고, 지방에는 경당을 설치하여 인재를 양성하였다.
② 조선 시대에 활인서를 설치하여 병자와 유랑민을 수용하여 구휼하였다.
③ 백제의 귀족들이 정사암 회의에서 국가 중대사를 결정하였다.
④ 고려 시대에 도병마사에서 변경의 군사 문제 등을 논의하였다.

28 최치원 정답 ③

진성여왕에게 시무책 10여 조를 올린 인물은 최치원이다.
최치원은 당에서 빈공과에 급제하고 「토황소격문(격황소서)」이라는 명문장을 지어 명성을 떨쳤다. 당에서 귀국 후 최치원은 진성여왕(887~897)에게 개혁안 10여 조를 올려 유교적 정치 이념을 실현하려 하였다. 자신의 뜻이 받아들여지지 않자 그는 벼슬을 버리고 은둔 생활을 하였다. 최치원은 유학자이면서도 불교와 도교에도 조예가 깊었는데, 그가 남긴 난랑비서와 사산비명을 통해 이를 확인할 수 있다. 최치원의 저술 중 『계원필경』과 『사산비명』이 현재까지 전해진다.

오답분석
① 각간 위홍과 대구 화상이 향가 모음집인 『삼대목』을 편찬하였다.
② 강수가 외교 문서인 『청방인문표』를 작성하였다.
④ 원측이 현장에게서 유식학을 배웠으며, 『해심밀경소』를 저술하였다.
⑤ 설총이 신문왕에게 조언하는 내용의 『화왕계』를 저술하였다.

29 백제 역사 유적지구 정답 ③

(가) 공주는 삼국시대에는 웅진(熊津)으로 불렸으며, 백제의 22대 문주왕이 475년에 하남 위례성에서 웅진으로 천도한 이래 538년까지 백제의 도성이었다. 웅진도읍기의 왕성인 웅진성은 오늘날의 공산성으로, 이 공산성내에서는 근래 왕궁지로 추정되는 건물지가 확인되었다

(나) 공주 송산리 고분군의 7호분(무령왕릉)은 중국 남조의 영향을 받아 벽돌무덤으로 조성되었다. 금관 장식과 진묘수 등 우수한 공예품과 함께 왕과 왕비의 지석이 출토되어 무덤의 주인공과 축조 연대가 확실히 밝혀졌다.

(라) 능산리 고분군은 사비시대 백제의 왕과 왕족들의 무덤으로 알려져 있다. 굴식돌방무덤인 능산리 1호분(동하총) 내부에는 사신도 벽화가 남아 있다.
(마) 익산 왕궁리 유적은 백제 무왕(武王)의 왕궁, 혹은 별도(別都)였을 것으로 추전된다. 이 곳에서는 백제 도읍에서만 확인되는 '上部乙瓦'·'下部乙瓦'·'首府' 등이 새겨진 기와가 출토되었다.

오답분석

③ 성왕이 전사한 관산성은 지금의 충청북도 옥천에 위치한다.

30 발해의 문화   정답 ②

(가)는 당의 장안성을 모방하여 상경성을 축조한 발해이다. 발해는 고구려 문화를 계승하면서도 수준 높은 당나라 문화를 받아들여 고구려보다 한층 세련된 유교 및 불교 국가로 올라섰다. 유교를 가르치는 최고학부로 주자감을 두고 유교 경전의 이해 수준에 따라 관리로 등용하였다. 많은 인재를 당나라에 유학시켜 빈공과에 급제한 인물이 배출되었는데, 신라 유학생과 서로 수석을 다투기도 하였다.

오답분석

① 견훤이 건국한 후백제가 후당과 오월에 사신을 파견하였다.
③ 통일 신라 시대에 군사조직을 9서당과 10정으로 정비하였다.
④ 신라가 화백 회의에서 국가의 중대사를 논의하였다.
⑤ 백제에 내신좌평, 위사좌평 등 6좌평이 있었다.

II 한국 중세사

01 ④	02 ①	03 ②	04 ④	05 ④
06 ④	07 ②	08 ②	09 ④	10 ②
11 ①	12 ④	13 ③	14 ②	15 ②
16 ①	17 ④	18 ⑤	19 ③	20 ②
21 ③	22 ④	23 ②	24 ③	25 ⑤
26 ②				

01 궁예   정답 ④

송악에서 나라를 세우고 국호를 마진, 연호를 무태라고 한 인물은 궁예이다.
궁예는 901년에 송악(개성)에 도읍을 정하고 후고구려를 건국하였다. 궁예는 904년 국호를 마진, 연호를 무태라고 바꾸고, 905년 도읍을 철원으로 옮겼다. 911년에는 국호를 태봉으로 바꾸고 연호를 수덕만세라고 정했다. 궁예는 국정을 총괄하는 광평성을 두어 시중이 장관을 맡게 하였으며 내봉성(내무와 백관 서무), 원봉성(학술) 등 여러 관서를 설치하고 9관등제를 실시하였다. 그러나 궁예는 지나치게 조세를 거두었으며, 죄 없는 관료와 장군을 살해하고, 미륵 신앙을 이용하여 전제 정치를 도모하였다. 이에 따라 신망을 잃게 되어 신하들에 의하여 축출되었다(918).

오답분석

① 견훤이 후백제를 건국하고 후당, 오월에 사신을 파견하였다.
② 신라 지증왕이 이사부를 보내 우산국을 복속하였다.
③ 고려 충목왕 때 폐정 개혁을 위해 정치도감을 설치하였다.
⑤ 고려 태조(왕건)가 정계와 계백료서를 지어 관리가 지켜야 할 규범을 제시하였다.

02 태조(왕건)   정답 ①

신라왕 김부가 고려에 귀부하자, 김부에게 경주를 식읍으로 하사하고 사심관으로 임명한 왕은 고려 태조(왕건)이다. 태조 왕건은 지방의 중소 호족들에게는 향촌 사회에서의 지배권을 부분적으로 인정해 주었다. 그러나 다른 한편으로는 호족 세력을 견제하기 위해 지방에 연고가 있는 고관에게 해당 지역을 다스리도록 사심관으로 임명하는 사심관 제도와 지방 호족의 자제를 볼모로 중앙에 머물게 하는 기인제도를 실시하였다.
태조 왕건은 왕위에 오른 뒤 민생안정과 호족 세력 통합을 중시하였다. 취민유도를 내세워 호족들이 지나치게 세금을 거두지 못하도록 하고, 조세 제도를 합리적으로 조정하여 세율을 10분의 1로 낮추었다. 아울러 빈민을 구제하기 위해 흑창을 설치하였다.

오답분석
② 고려 성종 때 전국의 주요 지역에 12목을 설치하고 목사를 파견하였다.
③ 예종 때 국자감에 7재라는 전문 강좌를 설치하여 유학 교육을 전문화시켰다.
④ 광종 때 광덕, 준풍 등의 독자적인 연호를 사용하였다.
⑤ 경종 때 시정 전시과(976)를 시행하면서 전·현직 관리에게 전지와 시지를 처음으로 지급하였다.

03 광종   정답 ②

노비안검법을 실시하고, 제위보를 설치한 '이 왕'은 고려 광종(949~975)이다.
광종은 혜종과 정종 때의 왕위 계승 다툼으로 불안정했던 왕권을 강화하기 위해 노력하였다. 광종은 주현공부법을 시행하고(949), 노비안검법(956)을 시행하였다. 이로써 공신이나 호족의 경제적·군사적 기반은 약화되고, 노비들이 양인이 되어 조세와 부역의 의무를 지게 되었으므로 국가의 재정 기반과 왕권이 좀 더 안정되었다.
958년에 광종은 후주에서 귀화한 쌍기의 건의를 받아들여 과거제를 시행하였다. 이를 통하여 광종은 유학을 익힌 신진 인사를 등용하여 신구 세력의 교체를 도모하였다. 960년에는 관리의 공복을 제정하여 관료의 위계질서를 확립하였다.
이와 같은 개혁으로 자신감을 갖게 된 광종은 대상 준흥과 좌승 왕동을 비롯하여 많은 공신과 호족 세력을 숙청하여 왕권을 강화하였다. 그리고 국왕의 권위를 높이기 위해 황제를 칭하고 광덕·준풍 등 독자적인 연호를 사용하는 등 황제국을 표방하였다.

오답분석
① 충목왕(1344~1348) 때 이제현, 박충좌 등이 주도하여 폐정개혁을 목표로 정치도감을 설치하였다.
③ 고려 인종 때 최윤의 등이 『상정고금예문』을 편찬하였다.
④ 고려 성종 때 전국에 12목을 설치하고 지방관을 파견하였다.
⑤ 고려 경종 때 관리에게 전지와 시지를 지급하는 전시과를 처음 시행하였다.

04 고려의 중앙관제   정답 ④

ⓒ 송의 추밀원을 모방한 중추원(추밀원)은 군사 기밀을 담당하는 추밀과 왕명의 출납을 담당하는 승선으로 구성되었다.
ⓔ 도병마사는 본래 양계(兩界) 지역에 부임한 병마사를 중앙에서 통제하기 위해 설치되었으며 양계의 병졸에 대한 상벌, 양계의 축성 및 군사 훈련, 국경 문제 및 대외 관계 등 변경의 군사적인 문제를 의논하고 결정하는 일을 담당하였다. 도병마사는 처음에는 국방 문제를 담당하다가, 원 간섭기 충렬왕 때 도평의 사사로 개칭되면서 국정 전반에 걸친 중요 사항을 관장하는 최고 기구로 발전하였고 도당(都堂)이라고도 불렸다.

오답분석
㉠ 발해에서 좌·우사정이 6부를 나누어 관할하였으며, 고려에서는 상서성이 실제 정무를 나누어 담당하는 6부를 두고 정책의 집행을 담당하였다.
ⓒ 삼사는 화폐와 곡식의 출납·회계 사무만 담당하였다.

05 인종   정답 ④

제시된 자료는 고려 인종(1122~1146) 재위 시기의 사건들을 정리한 것이다.
이자겸은 자신의 외손인 14세의 인종을 즉위시키고 두 딸을 인종의 비로 들이는 한편, 한안인 등 측근 세력을 제거하면서 자신의 권세를 강화하였다. 한편 인종 때 크게 세력을 확대한 금은 고려에게 형제의 관계로 국교를 맺도록 강요하였고, 1125년에 요(거란)를 멸망시킨 후에는 군신 관계를 요구하였다. 이자겸 등 고려의 지배층은 금과 전쟁을 하기 어려운 점을 고려하여 결국 금의 요구를 받아들였다(1126).
인종(1122~1146)은 이자겸의 난 이후 실추된 왕권의 회복과 민생안정, 국방력 강화를 위해 정치 개혁을 추진하였다. 이 과정에서 김부식을 중심으로 한 보수적 관리들과 묘청, 정지상을 중심으로 한 지방 출신의 개혁적 관리들 사이에 대립이 벌어졌다. 묘청·정지상 등의 서경파가 풍수지리설을 내세워 서경길지설을 주장하자 인종은 서경에 대화궁을 짓고 수시로 서경을 순행하기도 하였다. 서경파가 내세운 서경천도론·금국정벌론·칭제건원론 등이 김부식 등의 보수 세력에 의해 좌절되자 묘청 등 서경파는 국호를 대위국, 연호를 천개라 하여 난을 일으켰다(묘청의 난, 1135).
인종 때 김부식 등이 왕명을 받아 편찬한 『삼국사기』는 현존하는 가장 오래된 역사서로, 기전체 방식을 도입하여 본기·연표·지·열전으로 구성되었다.

오답분석
① 1196년(명종 26)에 이의민을 제거하고 권력을 장악한 최충헌이 명종에게 봉사 10조를 올렸다.
② 예종(1105~1122) 때 동북 9성을 여진에게 돌려주었다.
③ 충선왕(1308~1313) 때 국자감이 성균관으로 개칭되었다.
⑤ 광종(949~975) 때 광덕, 준풍 등의 독자적 연호가 사용되었다.

06 12세기 정치 발전   정답 ④

(나) 1126년에 이자겸은 도참설(십팔자위왕설)을 믿고 스스로 왕

이 되려고 척준경과 함께 난을 일으켰으나 실패하고 영광으로 유배되었다.
(다) 1135년에 묘청 세력은 국호를 대위, 연호를 천개(天開), 자신의 군대를 천견충의군이라 칭하고 서경에서 난을 일으켰다.
(가) 1170년에 정중부, 이고, 이의방 등 무신들은 보현원에서 정변을 일으켜 문신들을 참살하고 의종을 폐한 뒤 명종을 세워 정권을 장악하였다.

07 거란과의 전쟁 정답 ②

(가) 정종(945~949) 때 광군사(光軍司)를 설치하고 광군 30만을 조직해 거란의 침입에 대비하였다.
(다) 거란의 1차 침입(993) 때 서희가 거란의 장수 소손녕과의 외교 담판에 나서 거란군을 퇴각시키고 압록강 동쪽의 강동 6주 지역을 획득하였다.
(나) 거란은 3차 침입(1018) 때 강감찬이 지휘하는 고려군이 귀주에서 퇴각하는 거란군을 섬멸하였다(귀주대첩, 1019).

08 최충헌 정답 ②

(가)는 이의민을 제거하고 정권을 장악한 최충헌(1149~1219)이다.
최충헌은 1196년 이의민을 제거하고 정권을 장악하여 이후 4대 60년 동안 이어진 최씨 무신집권기를 열었다. 그는 1219년까지 20여년 동안 집권하면서 네 명의 국왕을 갈아치웠다. 최충헌은 최고 집정부의 구실을 하는 교정도감을 설치하고 자신이 교정별감이 되어 권력을 장악하였다. 또, 경대승 사후 폐지되었던 도방을 부활시켜 신변을 경호하였다.

오답분석
① 정방은 최우가 설치하였고, 고려 말 우왕 때 최종적으로 폐지되었다.
③ 배중손이 진도에서 삼별초를 이끌고 대몽 항쟁을 전개하였다.
④ 우왕 때 최무선이 화통도감 설치를 건의하였다.
⑤ 태조 왕건이 훈요 10조를 제시하였다.

09 삼별초 정답 ④

(가)는 좌별초, 우별초, 신의군으로 구성된 삼별초이다.
삼별초는 최우가 치안 유지를 위해 설치한 야별초에서 유래하였으며, 야별초에서 분리된 좌별초, 우별초와 몽골에 포로로 잡혀갔던 병사들로 조직된 신의군으로 구성되었다. 삼별초는 최씨 무신 정권의 사병이었으나, 국왕 시위와 도적 체포 등 공적인 역할도 하였다.

고려 왕실이 개경 환도를 결정하고 삼별초 해산 명령을 내리자 삼별초는 배중손의 지휘 아래 반기를 들었다(1270). 삼별초는 왕족인 승화후 온을 왕으로 옹립하고 항몽 정권을 수립하였다. 이들은 진도로 옮겨 용장성을 쌓고 항전하다 김방경이 이끄는 여·몽 연합군에 함락되었다. 진도가 함락된 뒤에는 일부가 다시 제주도로 가서 항파두성을 쌓고 김통정의 지휘 아래 계속 항쟁하였다. 1273년에 이들도 제압되면서 삼별초의 항쟁은 끝이 났다.

오답분석
① 어영청, 총융청, 수어청이 후금의 침입에 대비하고자 창설되었다.
② 삼별초의 항쟁이 진압된 후 일본 원정이 추진되었다.
③ 별무반이 신기군, 신보군, 항마군으로 편성되었다.
⑤ 응양군과 용호군은 국왕의 친위부대인 2군이다.

10 일본원정 정답 ②

제시된 자료는 고려의 시중 김방경이 원의 일본 정벌 동참 요구에 대해 고려의 사정을 밝히는 기사이다.
고려는 원의 일본 원정에 동원되어 함선과 군대, 그리고 군량미를 부담해야 했다. 1차 원정(1274)이 일본 막부의 저항과 태풍으로 실패한 뒤, 원은 개경에 정동행성을 설치하고 다시 일본 정벌을 준비하였으나 2차 원정 역시 실패하였다(1281). 원은 일본 원정이 실패한 뒤에도 정동행성을 계속 유지하여 내정 간섭 기구로 삼았다.

오답분석
① 병자호란(1636) 이후 삼전도비가 건립되었다.
③ 고려 태조가 사심관 제도를 시행하였다.
④ 1174년에 무신 정권에 반발하여 서경 유수 조위총이 서경에서 반란을 일으켰다.
⑤ 지눌이 불교 혁신 운동을 전개하기 위해 수선결사운동을 전개하였다.

11 몽골과의 전쟁 정답 ①

'박서', '송문주'는 몽골의 침입 때 활약했던 장군들이므로, (가)는 몽골이다.
1225년에 고려에 왔던 몽골 사신 저고여가 귀국하던 길에 압록강 변에서 피살된 사건이 발생하였다. 몽골은 이 사건을 계기로 고려와 국교를 단절하고, 1231년에는 살리타를 앞세워 침입하였다. 몽골군은 귀주성에서 서북면 병마사 박서의 완강한 저항에 부딪히자 우회하여 개경을 포위하였다. 이에 고려는 몽골의 요구를 받아들이게 되었고, 몽골군도 물러갔다.
당시 집권자인 최우는 몽골의 무리한 조공 요구와 간섭에 반발하여 징기 칭진을 계획하고 칭화보로 모습을 옮겼다(1232). 그러자 살리타의 몽골군은 개경 환도를 요구하며 2차로 침입하였다. 몽골군의 침입은 1259년 강화가 이루어질 때까지 6차에 걸쳐 계속되었고, 고려는 이들의 침략을 끈질기게 막아 냈다. 강화도의 고려 정부는 주민들을 산성과 섬으로 피난시키고 항전과 외교를 병행하면서 저항하였다.

오답분석

② 정종(945~949) 때 광군을 창설하여 거란의 침입에 대비하였다.
③ 우왕(1374~1388) 때 화통도감에서 제작한 화약 무기로 왜구를 격퇴하였다.
④ 우왕(1374~1388) 때 명의 철령위 설치에 반발하여 요동 정벌을 추진하였다.
⑤ 숙종(1095~1105) 때 여진을 정벌하기 위해 별무반을 창설하였다.

12 공민왕   정답 ④

이자춘, 유인우 등이 쌍성총관부를 공격하여 격파한 것은 고려 공민왕(1351~1374) 때의 사실이다.
공민왕은 원·명 교체기를 이용하여 밖으로는 반원 정책을 통해 고려의 자주권을 회복하고, 안으로는 권문세족을 누르고 왕권과 민생을 동시에 안정시키는 정책을 추진하였다. 변발과 호복 등 몽골 풍속을 폐지하고, 고려의 내정을 간섭하던 정동행성 이문소를 폐지하였으며, 기철로 대표되던 친원 세력을 숙청하는 등 반원 자주 정책을 강력하게 추진하였다. 또, 쌍성총관부를 공격하여 철령 이북의 땅을 수복하였다.
1366년 공민왕은 출신이 한미한 승려 신돈을 기용하여 개혁을 추진하였다. 신돈은 전민변정도감을 설치하여 권문세족이 불법적으로 빼앗은 토지를 원주인에게 돌려주고, 불법적으로 노비가 된 자를 양인으로 해방시켰다. 이를 통하여 권문세족들의 경제 기반을 약화시키고 국가 재정 수입의 기반을 확대하였다.

오답분석

① 조선 후기에 초량 왜관이 설치되었다.
② 조선 광해군 때 허준이 『동의보감』을 편찬하였다.
③ 발해가 최고 교육 기관으로 주자감을 설치하였다.
⑤ 신라 선덕여왕 때 황룡사 구층 목탑을 건립하였다.

13 왜구 격퇴(최무선)   정답 ③

(가)는 진포대첩에서 물리친 왜구이다.
고려 말에 최무선은 원나라 상인 이원을 통해서 화약 제조법을 터득하였다. 우왕 때 최무선의 건의로 화약 및 화기의 제조를 담당하는 화통도감을 설치하였다. 최무선은 화통도감의 책임자가 되어 화약과 화포 제작을 담당하였다. 화통도감에서 제작한 화약 무기는 진포(금강 하구) 대첩 등에 이용되어 왜구를 격퇴하는 데 큰 위력을 발휘하였다.
왜구는 고려 말에서 조선 초에 이르기까지 중국 연안과 우리나라에서 도둑질하던 일본인 해적 집단을 가리킨다. 고려는 왜구 문제를 해결하기 위해 회유와 토벌을 병행하였다. 여러 차례 외교 사절을 보내 평화적으로 해결하려 하였고, 일본 정부 대표자를 만나는 등 대일 교섭을 실시하였다. 하지만 이러한 회유책은 일본 정부의 통제력 한계에 부닥쳐 별다른 효과를 거두지 못하였다. 따라서 고려는 국방 체제를 정비하고 직접 무력을 동원하여 응징을 가하기도 하였다. 1388년(창왕 1년)에는 박위가 병선 100여 척을 거느리고 왜구의 소굴인 대마도를 정벌하여 왜구의 배 300척과 가옥을 불태우고 붙잡혀 간 100여 명을 구하여 돌아왔다.

오답분석

① 거란의 침입에 대비하여 광군을 조직하였다.
② 조선 태종 때 경성과 경원에 무역소를 설치하여 여진과의 교역을 허락하였다.
④ 조선 효종 때 청에 복수하기 위해 어영청을 중심으로 북벌을 추진하였다.
⑤ 몽골군의 침입을 물리치기 위해 대장도감을 설치하여 팔만대장경을 간행하였다.

14 고려의 경제 활동   정답 ②

벽란도가 국제 무역항으로 번성했던 시기는 고려 시대이다.
고려 성종 때 우리나라 최초의 화폐인 건원중보를 만들어 유통시켰으나 널리 이용되지는 못하였다. 고려 숙종은 의천의 건의에 따라 주전도감을 설치하고 삼한통보, 해동통보, 해동중보 등의 동전과 은 1근으로 우리나라 지형을 본떠 만든 활구(은병)를 통용시켰다.

오답분석

① 조선 후기에 송상이 전국 각지에 송방을 설치하여 전국적으로 상권을 확장하였다.
③ 신라 지증왕 때 시장 감독 기관으로 동시전을 설치하였다.
④ 조선 후기에 담배, 면화, 생강 등 상품 작물 재배가 활발하였다.
⑤ 조선 세종 때 일본과 교역을 위해 부산포, 염포, 제포를 개항하였다.

15 공주 명학소의 난   정답 ②

제시된 자료는 공주 명학소에서 발생한 망이·망소이의 난에 대한 사료이다.

1176년에 특수 행정 구역인 공주 명학소에서 망이·망소이가 일으킨 봉기는 그 규모가 충청도 일대를 장악할 정도로 컸고 1년 반 동안 지속되었다. 정부는 명학소를 충순현으로 승격시켜 주민들의 불만을 무마하였다. 이를 계기로 특수 행정 구역인 향·소·부곡 등은 점차 일반 군현으로 승격되어 갔다.

고려 시대에 양민이면서도 일반 양민에 비하여 규제가 심하고 더 많은 세금을 부담하는 특수 집단이 있었다. 이들은 향·부곡·소, 장·처 등의 특수 행정 구역에 거주하였는데, 거주지는 소속 집단 내로 제한되어 다른 지역으로 이주하는 것이 원칙적으로 금지되었다. 향·부곡·장(莊)·처(處)에 거주하는 사람은 농업을, 소에 거주하는 사람은 수공업이나 광업품의 생산을 주된 생업으로 하였다.

오답분석
① 당이 고구려를 멸망시킨 뒤 안동도호부를 설치하였다.
③ 신라 하대 중앙 진골 귀족의 왕위 다툼이 치열할 때 지방에서 호족 세력이 성장하였다.
④ 조선 후기 서얼이 통청 운동을 통해 청요직으로 진출하였다.
⑤ 고려 공양왕 때 과전법이 제정되어 경기에 한하여 과전이 설치되었다.

16 원 간섭기의 사회와 경제   정답 ①

지배층을 중심으로 변발과 호복이 유행하고, 많은 여성이 공녀로 끌려간 '이 시기'는 원간섭기이다.

원 간섭기에 원과의 관계가 진전되면서 원의 세력을 배경으로 권문세족이 새로운 지배층으로 대두하였다. 한편, 원 간섭기에 결혼도감을 통하여 많은 고려의 처녀들이 공녀로 뽑혀가서 원의 황실에서 궁인으로 일했는데, 기황후와 같이 특별한 지위에 오른 사람도 있었지만 대부분은 고통스럽게 살았다. 고려 사회에는 몽골풍이 유행하여 변발, 성씨의 호칭, 일상의 지배층을 중심으로 널리 퍼졌다.

고려 후기에는 이암이 원에서 『농상집요』를 들여와 중국의 농법을 소개하였다. 『농상집요』는 중국 화북 지방의 농법을 정리한 책으로 공민왕 때 간행되어 널리 보급되었다.

오답분석
② 고려 태조 때 설치된 흑창은 성종 때 의창으로 확대·개편되었다.
③ 조선 태종 대 사섬서를 설치하여 저화를 발행하였다.
④ 조선 광해군 대 대동법을 실시하면서 선혜청을 설치하였다.
⑤ 조선 숙종 때 상평통보를 법화로써 주조하기 시작하였다.

17 관학진흥책   정답 ④

제시된 자료는 고려 중기 정부의 관학 진흥책을 묻고 있다.

고려 중기에 최충이 설립한 문헌공도(9재 학당)를 비롯하여 사학 12도가 융성하여 관학이 위축되었다. 정부에서는 위축된 관학 진흥을 위한 여러 시책을 추진하였다. 숙종 때에는 국자감에 서적포를 두어 서적 간행을 활성화하였다. 예종 때에는 국자감에 7재라는 전문 강좌를 설치하여 유학 교육을 전문화시켰다. 또, 양현고라는 장학 재단을 두어 관학의 경제 기반을 강화하였다. 인종 때에는 국자감에 경사 6학을 정비하여 국자학, 태학, 사문학, 율학, 서학, 산학이 만들어지고, 지방에도 주요 군현에 향교를 증설하여 유학 교육을 강화하였다.

오답분석
① 신라 원성왕 때 유교 경전의 이해 수준을 시험하여 관리를 채용하는 독서삼품과를 실시하였다.
② 조선 중기 이후 사액 서원에 서적과 노비를 지급하였다.
③ 조선 시대에 중등 교육 기관으로 중앙에 4부 학당, 지방에 향교를 설립하였다.
⑤ 조선 정조 때 초계문신제를 시행하였다.

18 이색   정답 ⑤

밑줄 그은 '그'는 이곡의 아들로, 고려 후기 성리학의 보급에 노력한 목은 이색이다. 이색은 원의 과거에 급제하고 돌아와 공민왕 때 성균관 대사성으로 있으면서 정몽주, 김구용 등을 선발하여 교관을 겸임하게 하였다. 이러한 조치는 당대 신진 학자들이 성균관에 모여 성리학을 공부하면서 교류를 나누고 고려 말 새로운 정치 세력으로 성장할 수 있는 기반이 되었다.

오답분석
① 이제현이 『사략』에서 사관을 기술하였다.
② 김부식이 인종의 명에 의해 『삼국사기』를 편찬하였다.
③ 최충이 문헌공도(9재학당)를 설립하여 유학 교육에 힘썼다.
④ 의천이 불교 개혁을 주장하며 수선사 결사를 제창하였다.

19 제왕운기   정답 ③

고려 후기에 이승휴가 지은 역사서는 『제왕운기』이다.

두 권으로 편찬된 『제왕운기』는 중국의 신화시대부터 금(金)·원(元)의 흥기에 이르기까지 중국의 역사와 단군조선 시대부터 고려 충렬왕 때까지의 역사를 서사시로 노래하였다. 『제왕운기』는 단군을 민족의 시조로 서술하여 우리 역사를 중국사와 대등하게 파악하였고, 부여와 고구려, 옥저, 삼한 등을 모두 단군의 후손이라고 서술하여 고조선 이래로의 역사 계승을 한국사 전체로 확장시켰나 노하 발해를 고구려의 계승국으로 인식해 고려 내사에 귀속해 온 사실을 서술함으로써 최초로 한국사에 포함시켰다. 이승휴는 요동 동쪽 지역을 중국과 다른 소중화의 세계로 인식하여 우리 민족 문화의 독자성을 강조하였다.

> 오답분석

① 유득공이 지은 『발해고』에 남북국이라는 용어가 처음 사용되었다.
② 일연이 지은 『삼국유사』가 불교사를 중심으로 민간 설화를 담았다.
④ 각훈이 왕명에 의해 지은 『해동고승전』에 고승들의 전기가 기록되었다.
⑤ 김부식이 지은 『삼국사기』가 본기, 열전 등으로 구성된 기전체 형식으로 서술되었다.

20 지눌 〔정답 ②〕

(가)는 '불일보조국사'라는 시호를 받고, 『권수정혜결사문』을 지은 지눌이다.
지눌은 명리에 집착하는 당시 불교계의 타락상을 비판하고, 승려 본연의 자세로 돌아가 독경과 선 수행, 노동에 고루 힘쓰자는 개혁 운동인 수선사 결사를 제창하였다. 송광사에서 조계종을 개창한 지눌은 돈오점수와 정혜쌍수를 기치로 선종 중심으로 교종을 통합하는 불교통합 운동을 전개하였다. 그는 선과 교학이 근본에 있어 둘이 아니라는 사상 체계인 정혜쌍수를 사상적 바탕으로 하였고, 내가 곧 부처라는 깨달음을 위한 노력과 함께 꾸준한 수행으로 깨달음의 확인을 아울러 강조한 돈오점수를 주장하였다.

> 오답분석

① 요세가 법화 신앙에 중점을 둔 백련 결사를 이끌었다.
③ 각훈이 승려들의 전기를 기록한 『해동고승전』을 저술하였다.
④ 혜심이 『선문염송집』을 편찬하고 유불 일치설을 주장하였다.
⑤ 균여가 성상융회를 제창하여 교종 내 대립을 해소하고자 하였다.

21 불교 사상의 발달 〔정답 ③〕

(가)는 「화엄일승법계도」를 저술한 의상, (나)는 「보현십원가」를 지은 균여, (다)는 교관겸수를 제창한 의천, (라)는 백련결사를 결성한 요세이다.
의천은 선종 때 불법을 구하기 위해 송(宋)나라로 유학을 간 후 여러 종파의 학승들과 교유하였다. 1086년 불교 전적 3,000여 권을 가지고 귀국한 뒤에는 흥왕사의 주지가 되어 천태교학을 정리하고 제자들을 양성하였다. 의천은 흥왕사에 교장도감을 두고 거란, 송, 일본 등지에서 수집한 불서의 목록에 해당하는 『신편제종교장 총록』3집을 먼저 간행하였다. 그 이후에도 많은 노력을 기울여 1,010부 4,740권에 달하는 교장(敎藏)을 간행하였다.

> 오답분석

① 혜심은 유교와 불교의 근본은 같다는 유불일치설을 내세워 심성의 도야를 강조하여 장차 성리학을 수용할 수 있는 사상적 토대를 마련하였다.
② 지눌이 정혜쌍수와 돈오점수를 수행 방법으로 제시하였다.
④ 체징이 전라남도 장흥에서 도의를 개조(開祖)로 하는 가지산문을 개창하였다.
⑤ 고려 광종 때 승과가 처음 도입되었고, (가)~(라) 중 요세만 승과에 합격하였다.

22 고려의 문화유산 〔정답 ④〕

(가)에는 고려 시대의 불교 문화유산이 들어가야 한다.
평창 월정사 8각 9층 석탑은 고려 전기에 송의 영향을 받아 건립된 석탑으로, 고려 시대 다각다층 석탑을 대표한다.
고려 시대 초기에는 하남 하사창동 철조 석가여래 좌상 같은 대형 철불이 많이 조성되었다. 논산 관촉사 석조 미륵보살 입상, 안동 이천동 마애 여래 입상과 같이 거대한 불상도 조성되었다. 또, 영주 부석사 소조 여래 좌상같이 신라 시대 양식을 계승한 걸작도 있다.
승탑은 고달사지 승탑과 같이 신라 후기의 팔각원당형 양식을 계승하는 것이 많았지만, 법천사 지광국사 현묘탑, 정토사지의 홍법국사 실상탑과 같은 특이한 형태를 띠면서 조형미가 뛰어난 승탑도 만들어 졌다.
고려시대 목조 건축물은 주로 주심포 양식이 유행하였는데 안동 봉정사 극락전, 영주 부석사 무량수전, 예산 수덕사 대웅전 등이 지금까지 남아있다. 우왕 2년(1376)에 새로 지은 영주 부석사 무량수전은 공포가 기둥 위에만 있는 주심포 양식에다 배흘림 기둥, 팔작 지붕이 조화를 잘 이루고 있다.

> 오답분석

④ 법주사 팔상전은 우리나라에 남아있는 유일한 5층 목조탑으로 조선 후기에 만들어졌다.

23 불교 문화의 발달(불상) 〔정답 ②〕

고려 초기에는 대형 철불이 많이 조성되었는데, 이 가운데서 가장 대표적인 것은 하남 하사창동 석가여래좌상으로 높이가 2.88m에 달하며, 주조기술도 뛰어나고, 표현기법도 비교적 우수한 작품이다.

오답분석
① 고구려의 불상인 금동 연가7년명 여래입상이다.
③ 경주 남산 장창곡 석조미륵여래삼존상이다.
④ 원에서 유행한 티벳 불상의 영향을 받아 고려 시대에 조성된 금동관음보살좌상이다.
⑤ 국보 제83호인 금동 미륵보살 반가사유상이다.

24 고려의 탑(경천사 10층 석탑) 정답 ③

자료로 제시된 탑은 고려 후기 충목왕 때 건립된 경천사지 10층 석탑이다. 이 탑은 화강암이 아닌 대리석으로 만들어졌고, 원에서 유행하던 티베트 불교(라마교)의 영향을 받아 화려한 조각이 새겨져 있다. 조선 세조 때 만든 원각사지 10층 석탑은 그 영향을 받은 것으로 보인다. 경천사지 10층 석탑은 1907년에 일본으로 반출되었다가 반환되어 경복궁에 있었는데, 파손된 부분을 해체 복원하여 국립 중앙 박물관으로 옮겼다.
고려 시대의 석탑은 신라 양식을 일부 계승하면서도 독자적인 조형 감각을 가미하여 다양한 형태로 제작되었다.
송나라의 영향을 받아 오대산 월정사 8각 9층 석탑과 같은 다각다층 탑이 제작되기도 하였다.

오답분석
① 경주 불국사 3층 석탑(석가탑)이다.
② 부여 정림사지 5층 석탑이다.
④ 구례 화엄사 4사자 3층 석탑이다.
⑤ 익산 미륵사지 석탑이다.

25 고려의 문화유산 정답 ⑤

고려 시대에는 옻칠한 바탕에 자개를 붙여 무늬를 나타내는 나전 칠기 공예가 크게 발달하였는데, 불경, 불심을 넣는 경함, 의상품갑, 문방구 등이 남아 있다.
고려 시대에는 자기 공예와 함께 금속 공예 분야도 큰 발전을 보였다. 특히, 청동기 바탕에 은으로 장식 무늬를 넣은 은입사의 기술이 크게 발달하여, 청동 은입사 포류 수금무늬 정병과 향로 같은 걸작품을 남겼다.
고려 시대의 불상은 시기와 지역에 따라 독특한 모습을 보여 주었다. 초기에는 하남 하사창동 철조 석가여래 좌상 같은 대형 철불이 많이 조성되었다. 논산 관촉사 석조 미륵보살 입상, 안동 이천동 마애 여래 입상, 파주 용미리 석불 입상과 같이 거대한 불상도 조성되었다. 또, 영주 부석사 소조여래좌상같이 신라 시대 양식을 계승한 걸작도 있다.
고려 시대의 석탑은 신라 양식을 일부 계승하면서도 독자적인 조형 감각을 가미하여 다양한 형태로 제작되었다. 다각다층탑이 많았고, 석탑의 몸체를 받치는 받침이 보편화되었다. 송나라의 영향을 받아 오대산 월정사 8각 9층 석탑과 같은 다각다층탑이 제작되기도 하였다.
12세기 중엽에 고려의 독창적 기법인 상감법이 개발되어 자기에 활용되었다. 상감청자는 무늬를 훨씬 다양하고 화려하게 넣을 수 있었기 때문에 청자의 새로운 경지를 열었다. 상감청자는 강화도에 도읍한 13세기 중엽까지 주류를 이루었으나, 원 간섭기 이후에는 퇴조해 갔다.

오답분석
⑤ 조선 후기인 17세기에 법주사 팔상전, 금산사 미륵전, 화엄사 각황전과 같은 규모가 큰 다층 건물이 많이 세워졌다.

26 고려의 문화유산 정답 ②

상감청자, 청동 정병은 고려를 대표하는 문화유산이다. 12세기 중엽에 자기 표면에 무늬를 음각하고 백토나 흑토를 채워 무늬를 만드는 상감청자가 출현하였다. 상감청자는 나전칠기나 은입사 공예에서 활용되던 상감기법을 자기에 적용한 고려의 독창적 자기이다. 상감청자는 강화도에 도읍한 13세기 중엽까지 주류를 이루었으나, 고려 말에는 점차 소박한 분청사기로 바뀌어 갔다. 한편, 고려 시대에는 자기 공예와 함께 금속 공예 분야도 큰 발전을 보였다. 특히, 청동기 바탕에 은으로 장식 무늬를 넣은 은입사의 기술이 크게 발달하여, 청동 은입사 포류 수금무늬 정병과 향로 같은 걸작품을 남겼다.
ㄱ. 나전 국화 넝쿨무늬 합은 고려 시대에 만들어진 나전 칠기이다. 나전 칠기는 옻칠한 바탕에 자개를 붙여 무늬를 나타내었는데, 특히 고려에서 가장 화려하게 꽃을 피워 불화, 청자와 더불어 3대 미술품으로 꼽는다.
ㄷ. 고려 후기에 그려진 수월관음도이다. 고려 후기에는 왕실과 권문세족의 구복적 요구에 따라 불화가 많이 그려졌다. 그 내용은 극락왕생을 기원하는 아미타불도가 가장 많았고 관음보살도가 많았다.

오답분석
ㄴ. 무령왕릉에서 출토된 석수(진묘수)이다.
ㄹ. 황남대총에서 출토된 신라 금관이다.

III 한국 근세사

01 ④	02 ②	03 ③	04 ③	05 ①
06 ④	07 ④	08 ③	09 ③	10 ④
11 ③	12 ②	13 ①	14 ④	15 ②
16 ④	17 ①	18 ④	19 ⑤	20 ③
21 ⑤	22 ②	23 ⑤	24 ③	25 ⑤
26 ①	27 ⑤	28 ②	29 ③	30 ⑤
31 ④	32 ④	33 ④	34 ②	35 ④
36 ②	37 ②	38 ②		

01 정도전   정답 ④

『불씨잡변』을 저술하고, 제1차 왕자의 난 때 이방원에게 죽임을 당한 인물은 정도전이다. 정도전은 『불씨잡변』에서 불교의 사회적 폐단과 철학적 비합리성을 비판하고, 성리학을 통치 이념으로 확립시켰다.
정도전은 『조선경국전』과 『경제문감』을 저술하여 조선 왕조의 통치 규범을 종합적으로 제시하고, 재상 중심의 합리적인 관료지배체제와 민본 사상을 강조하였다. 정도전은 훌륭한 재상에게 정치의 실권을 부여하여 위로는 임금을 받들어 올바르게 인도하고, 아래로는 백관을 통괄하고 만민을 다스리는 중책을 부여하자고 주장하였다.

(오답분석)
① 주세붕이 풍기에 백운동 서원을 건립하였다.
② 신숙주가 일본에 다녀온 경험을 바탕으로 『해동제국기』를 편찬하였다.
③ 이황이 『성학십도』을 저술하여 선조에게 바쳤다.
⑤ 정약용이 『경세유표』를 저술하였다.

02 태종   정답 ②

정도전을 숙청할 때 공을 세웠던 민무구, 민무질 등을 제거한 임금은 태종(1400~1418)이다.
정종의 양위를 받아 등극한 태종(1400~1418)은 공신은 물론 권세를 부리던 민씨 외척을 제거하였다. 태종은 명목상으로만 존재하던 문하부도 혁파하여 의정부를 최고 아문으로 정립하고, 간쟁을 담당하던 문하부 낭사를 사간원으로 독립시켜 대신들을 견제하게 하였다. 그리고 6조 직계제를 채택하여 의정부와 재상의 권한을 약화시켰다.
한편, 태종 때 주자소를 설치하고 구리로 계미자(1403)를 주조하였다.

(오답분석)
① 고려 태조 때 공신들에게 역분전을 지급하였다.
③ 고려 충목왕(1344~1348) 때 이제현, 박충좌 등이 주도하여 정치도감을 설치하고 개혁을 추진하였다.
④ 조선 명종 때 기근에 대비하기 위해 『구황촬요』가 간행되었다.
⑤ 예종(1468~1470) 때 유자광의 고변을 계기로 남이를 처형하였다.

03 계유정난   정답 ③

자료에 언급된 '노산군'은 세조에게 왕위를 물려준 단종을 가리키며, 성삼문은 단종 복위 운동을 주도한 사육신의 한 사람이다. 1456년에 성삼문 등은 세조와 세자를 죽이고 단종을 복위시키고자 하였다. 그런데 거사 계획이 드러나 성삼문 등은 죽임을 당하였고, 상왕(단종)은 노산군(魯山君)으로 강봉되었다가 폐서인 되어 영월에 유배되었다.
수양대군은 계유정난(1453)을 일으켜 김종서, 황보인 등을 제거하고 정권을 장악한 뒤 단종의 선양으로 왕위에 올랐다. 세조는 강력한 왕권을 행사하기 위하여 통치 체제를 6조 직계제로 고쳤고, 1456년 사육신 등이 단종 복위를 꾀하다가 발각된 사건을 계기로 집현전을 없애고 경연과 사가독서제를 폐지하였다.

(오답분석)
① 서인이 주도한 인조반정(1623)으로 광해군 때 집권했던 북인 세력이 몰락하였다.
② 기사환국(1689)을 통해 숙종은 송시열 등 서인을 축출하고 남인을 등용하였다.
④ 영조 집권 초기에 이인좌를 중심으로 한 소론 세력이 난을 일으켰다.
⑤ 연산군 때 갑자사화(1504)로 폐비 윤씨 사사 사건에 관련된 훈구대신과 사림이 처형되었다.

04 성종   정답 ③

밑줄 그은 '전하'는 집현전의 후신으로 홍문관을 설치하고 관원 모두에게 경연관을 겸하게 한 성종(1469~1494)이다.
성종은 건국 이후의 문물 제도의 정비를 완비하였으며, 『경국대전』의 편찬을 마무리하여 반포함으로써 이후 조선 사회의 기본 통치 방향과 이념을 제시하였다. 또한 『국조오례의』를 편찬하여 국가의 여러 행사에 필요한 의례를 정비하였다. 『국조오례의』는 제사 의식인 길례, 관례와 혼례 등의 가례, 사신 접대 의례인 빈례, 군사 의식에 해당하는 군례, 상례 의식인 흉례의 예법과 절차 등을 그림을 곁들여 정리한 책이다.

오답분석
① 정조(1776~1800) 때 국왕의 친위 부대인 장용영이 설치되었다.
② 명종(1545~1567) 때 백운동 서원이 소수 서원으로 사액을 받았다.
④ 영조(1724~1776) 때 통치 체제를 정비하기 위해 『속대전』이 편찬되었다.
⑤ 세조(1455~1468) 때 수신전과 휼양전이 폐지되고 직전법이 실시되었다.

05 김종서 정답 ①

문종 때 『고려사절요』를 편찬하고, 단종 때 계유정난으로 살해된 인물은 김종서이다.
세종은 재위 기간 동안 압록강과 두만강 일대의 영역을 확보하기 위해 다양한 정책을 추진했다. 세종은 평안도 도절제사 최윤덕을 시켜 압록강의 지류였던 파저강(婆猪江) 일대의 건주위 이만주(李滿住) 세력에 대한 정벌을 단행했다. 정벌 후 조선은 자성군, 여연군, 무창군, 우예군 등 4군을 개척하였다. 또한 김종서를 함길도 도절제사로 보내 두만강 일대에 6진을 설치하여 압록강과 두만강을 경계로 하는, 오늘날과 같은 국경선을 확정하였다.

오답분석
② 정도전이 『불씨잡변』을 저술하였다.
③ 조광조가 반정 공신의 위훈 삭제를 주장하였다.
④ 이종무가 쓰시마섬을 정벌하였다.
⑤ 숙종 때 김육이 대동법의 확대 실시를 건의하였다.

06 집현전 정답 ④

(가)는 세종이 학문 연구, 편찬 사업 등을 위해 신치한 집현전이다. 세종(1418~1450)은 궁궐 안에 집현전 기관으로 집현전을 설치하고, 젊고 유능한 학사들을 소속시켜 학문 연구와 국왕의 자문에 대비하게 하였다. 집현전 학사들에게는 사가독서제와 같이 학문연구를 위한 여러 가지 특권이 주어졌기 때문에 신숙주, 정인지, 서거정, 성삼문 등 뛰어난 학자들이 집현전을 통해 배출되었다. 세조(1455~1468)는 1456년 사육신 등이 단종 복위를 꾀하다가 발각된 사건을 계기로 집현전을 없애고 경연과 사가독서제를 폐지하였다.

오답분석
① 왕명을 출납하는 승정원이 정원(政院)·후원(喉院)·은대(銀臺)·대언사(代言司) 등으로 불렸다.
② 고려 예종 때 국자감에 7재라는 전문 강좌를 설치하여 유학 교육을 전문화시켰다.
③ 고려의 삼사는 화폐와 곡식의 출납·회계 사무를 담당하였다.
⑤ 성균관이 대사성을 수장으로 좨주, 직강 등의 관직을 두었다.

07 중종 정답 ④

연산군이 폐위된 후 즉위한 왕은 중종(1506~1544)이다.
중종은 유교 정치를 회복하고 훈구 대신들을 견제하여 약화된 왕권을 강화하기 위해 조광조 등 사림을 등용하였다. 조광조 등 사림세력은 도학정치를 내세워 훈구파의 비리를 공격하고, 훈구 세력에 장악된 유향소 대신 향약의 보급에 힘썼다. 이들은 3사의 언관직을 차지하고 자신들의 의견을 공론이라 표방하면서 경연 강화, 소격서 폐지, 방납의 폐단 시정, 위훈삭제(僞勳削除) 등의 급진적 개혁을 추진하였다. 그러나 위훈삭제에 대해 공신들이 강력히 반발하고 중종도 사림 세력의 급진적 태도에 반감을 갖게 되어 조광조를 비롯한 사림 세력은 제거되었다(기묘사화, 1519).

오답분석
① 인조 재위 초에 이괄이 평안도에서 반란을 일으켰다.
② 1680년(숙종 6)에 허적·윤휴 등 남인이 축출되고 서인이 집권하였다(경신환국).
③ 선조 때 정여립이 역모를 도모했다는 혐의로 정여립과 관련된 동인들이 희생되었다.
⑤ 연산군 때 김종직이 지은 「조의제문」을 김일손이 사초에 실어 무오사화가 발생하였다.

08 중립외교 정답 ③

명의 요청에 따라 강홍립을 도원수로 삼아 원군을 파견한 것은 광해군(1608~1623) 재위 시기의 사실이다.
광해군은 대내적으로 전후 복구 사업을 실시하면서 대외적으로는 명과 후금 사이에서 신중한 중립 외교 정책으로 대처하였다. 광해군은 강홍립을 도원수로 삼아 1만 명의 군대를 이끌고 명을 지원하러 가게 하였지만, 적절히 대처하도록 명령하였다. 결국 조·명 연합군은 패하고, 강홍립 등은 후금에 항복하였다.

09 임진왜란 정답 ③

제시된 자료는 권율이 행주산성에서 왜군을 격파한 행주대첩에 대한 기사이다.
1593년 1월 명나라의 원군이 조선군과 합세하여 평양성을 탈환하였고, 퇴각하는 왜군을 추격하다 고양의 벽제관에서 패배하였다. 명의 이여송은 개성으로 후퇴하였으나, 권율이 행주산성에서 왜군을 격파하여 대승을 거두었다(행주대첩). 조·명 연합군의 반격에 기세가 꺾인 일본군은 경상도 해안 일대로 물러난 뒤 명과

상화 협상에 나섰나.
이 시기에 정부는 훈련도감을 설치하여 군대의 편제와 훈련 방법을 바꾸고, 속오법을 실시하여 지방군의 편제를 개편하였다. 명나라와 일본 간의 강화교섭이 결렬되자 1597년 1월에 가토 기요마사가 이끄는 일본군 선봉대가 부산을 재침하면서 정유재란이 일어났다.

오답분석
① 고려 우왕 때 최영이 홍산대첩에서 왜구를 물리쳤다(1376).
② 1592년 7월에 이순신 함대는 한산도 앞바다에서 일본 수군을 물리쳤다(한산도 대첩).
④ 1419년(세종 1) 이종무는 대마도를 토벌하여 왜구의 근절을 약속 받고 돌아왔다.
⑤ 1592년 4월 신립은 충주 탄금대에 배수진(背水陣)을 치고 일본군과 맞서 싸웠으나 패배하였다.

10 병자호란 정답 ④

봉림대군과 인평대군 등이 강화로 피란하고, 국왕(인조)과 소현세자가 남한산성으로 피란한 '전란'은 병자호란(1636)이다.
후금은 1636년 국호를 청(淸)이라 고치고, 조선에 사신을 보내 군신 관계와 조공을 요구해 왔다. 조선의 조정에서 김상헌과 3학사(윤집·오달제·홍익한) 등이 강경하게 주전론을 주장하여 척화 의지를 분명히 하자, 청은 대군을 이끌고 조선을 침입해 왔다(병자호란, 1636). 청군은 의주 부윤 임경업이 지키던 백마산성을 우회하여 빠른 속도로 한양까지 돌격하였다. 왕자와 비빈은 강화도로 피난하고, 인조와 소현세자는 남한산성으로 들어가 40여 일에 걸쳐 항전하였다.

오답분석
① 임진왜란 때 정문부는 종성에서 의병을 일으켜 함경도 지역을 수복하였다.
② 광해군이 명의 요청을 수용하여 강홍립을 도원수로 삼아 원병을 파견하였다.
③ 임진왜란 때 3만의 왜군 연합부대가 진주성을 공격해 왔으나 진주 목사 김시민과 의병 곽재우가 합세하여 왜군을 물리쳤다(제1차 진주성 싸움).
⑤ 세종 때 평안도 도절제사 최윤덕이 파저강의 건주위를 정벌하고, 압록강 일대에 4군을 설치하였다.

11 광해군 정답 ③

밑줄 그은 '이 왕'은 영창 대군을 죽이고 인목 대비를 폐위한 광해군이다.
선조의 뒤를 이어 왕위에 오른 광해군은 대대적으로 전후 복구 사업을 실시하면서 대외적으로는 명과 후금 사이에서 신중한 중립 외교 정책으로 대처하였다. 이러한 광해군의 중립 외교 정책은 명에 대한 의리와 명분을 중시하는 양반 사대부의 비판을 받았다. 또한, 광해군이 이복동생인 영창 대군을 죽이고 계모인 인목 대비를 핍박하자, 인륜에 어긋나는 정치를 한다는 비판의 목소리가 높아졌다. 이를 구실로 권력에서 밀려나 있던 서인이 중심이 되어 정변을 일으켰다. 이로써 광해군이 폐위되고 인조가 왕위에 올랐다(인조반정, 1623).
허준은 선조의 명으로 중국과 우리나라의 의서들을 집대성하여 1610년(광해 2)에 『동의보감』을 완성하였다. 우리의 전통 한의학을 체계적으로 정리한 『동의보감』은 예방 의학에 중점을 두고 전통 약재를 사용한 치료 방법을 개발하였다.

오답분석
① 태종 때 6조 직계제를 처음 실시하였다.
② 세종 때 집현전을 설치하였다.
④ 영조 때 『동국문헌비고』를 편찬하였다.
⑤ 정조 때 신해통공을 시행하였다.

12 5군영 정답 ③

(나) 1593년 명과 일본군 사이에 강화 협상이 진행되는 동안 조선은 기존의 활과 창으로 무장한 부대 외에 조총으로 무장한 부대를 추가하여 훈련도감을 설치하였다. 훈련도감의 군병(삼수병)은 장기간 근무를 하고 일정한 급료를 받는 상비군으로서, 의무병이 아닌 직업 군인의 성격을 가진 군인이었다.
(가) 이괄의 난(1623) 당시 경기도의 방어망이 쉽게 뚫리고 서울이 점령당하는 취약성이 드러났다. 이에 1624년 북산산성에 근거지를 둔 총융청을 설치하였다.
(다) 숙종 때인 1682년 김수항과 김석주의 건의로 훈련별대와 정초군을 합하여 정군 14,098명, 보인 78,000명 규모의 금위영을 설립하였다. 금위영의 설치로 5군영 체제가 완성되었다.

13 효종 정답 ①

청에서 볼모 생활을 하고 귀국 후 즉위하였으며, 나선 정벌에 조총 부대를 파병한 왕은 효종이다.
8년간 심양에서 인질 생활을 경험했던 효종은 즉위 후 송시열, 송준길 등 서인과 이완 등을 등용하고, '숭명배청(崇明排淸)', '복수설치(復讎雪恥: 청나라에 당한 수치를 복수하고 설욕함)'를 내세워 북벌을 추진하였다. 이를 위해 효종은 수도 방위를 위해 설치한 어영청을 대폭 강화하였고, 금군을 모두 기병으로 전환하였다. 또한 남한산성을 복구하고 수어청을 강화하였으며, 네덜란드인

하멜 등을 훈련도감에 들여 조총과 화포 등의 신무기를 개량·보수하였다.

오답분석
② 이성계의 위화도 회군(1388) 이후 신진사대부 세력의 주도로 과전법을 시행하였다.
③ 정조 때 문신 재교육을 위해 초계문신제를 시행하였다.
④ 숙종 때 백두산 정계비를 건립하여 청과의 국경을 획정하였다.
⑤ 광해군 때 기유약조를 체결하여 일본과의 무역을 재개하였다.

14 예송논쟁   정답 ④

제시된 자료는 기해예송(1659) 당시 서인 송준길과 남인 허목의 주장이다.
현종(1659~1674) 때 두 차례의 예송이 발생하면서 서인과 남인 간의 대립이 격화되었다. 송시열, 송준길 등 서인은 왕실도 사대부와 같이 『주자가례』를 따라야 한다고 주장했다. 허목, 윤휴, 윤선도 등 남인은 『국조오례의』를 근거로 왕실의 예는 사대부의 예와 다르다는 주장을 내세웠다. 효종 사망 후 벌어진 1차 예송(기해예송, 1659) 때 서인은 기년복(1년)을 주장하였고, 남인은 3년복을 주장하였다. 효종비가 사망한 후 벌어진 2차 예송(갑인예송, 1674)에서는 서인이 대공복(9개월)을 주장하였고, 남인은 기년복을 주장하였다.

15 붕당 정치의 변질   정답 ②

(가) 1680년(숙종 6) 서인은 허적의 서자 허견이 역모를 도모하였다는 혐의로 허적·윤휴 등을 사형시키고 나머지 남인들도 대거 축출하였다(경신환국).
(다) 1689년 서인은 희빈 장씨가 낳은 왕자를 원자로 책봉하는 것에 반대하다 송시열 김수항이 유배 및 처형에 처해지며 남인이 다시 정권을 장악하였다(기사환국).
(나) 1694년(숙종 20) 서인 집안 출신의 왕비 민씨(인현왕후)가 복위하고 희빈 장씨가 강등되면서 서인(노론과 소론)이 다시 집권하였다(갑술환국).

16 18세기의 정치 발전   정답 ④

목호룡의 고변이 계기가 된 사건은 신임사화(1721~1722), 사도세자의 시호를 내린 것은 임오화변(1762) 직후의 사실이므로 (가)는 1722년부터 1762년 사이에 발생한 사실이 들어갈 수 있다.
1722년 3월에 노론 일파가 왕을 시해하려 모의했다는 목호룡의 고변으로 노론 4대신을 비롯한 관련자 50여 인이 처단되고, 170여 인이 유배 또는 연좌되어 처벌을 받은 임인옥사가 일어났다. 이 신임사화(1721~1722)로 노론은 큰 타격을 받았고 소론의 정권 장악이 강화되었다.
1762년(영조 38) 영조는 대리청정 중인 세자를 폐위하고 뒤주에 가두어 죽게 하였다(임오화변). 임오화변 직후 영조는 세자를 복권하고 사도라는 시호를 내렸다.
1728년(영조 4)에 이인좌 등 소론과 남인의 강경파가 연합하여 밀풍군 탄을 추대해 난을 일으켰다. 반란 세력은 경종의 죽음에 대한 의혹을 제기하고, 영조가 숙종의 친아들이 아니라고 하여 영조의 정통을 부정하였다. 이인좌의 난을 계기로 탕평책의 실시 명분은 더욱 강화되었으며, 이에 영조는 탕평파를 중심으로 정국을 운영할 수 있었다.

오답분석
① 인조 때 이괄이 반란을 일으켜 도성을 장악하였다(1624).
② 현종 때 자의 대비의 복상 문제로 예송이 전개되었다.
③ 태조와 정종 때 두 차례 왕자의 난이 발생하였다.
⑤ 1689년에 희빈 장씨 소생의 원자 책봉 문제로 기사환국이 발생하였다.

17 대전통편   정답 ①

『대전통편』이 완성된 것은 정조 때의 사실이다. 정조 때 통치규범을 전반적으로 재정리하기 위해 『대전통편』을 편찬하였다. 『대전통편』은 『경국대전』의 내용을 원(原), 속대전의 내용을 속(續), 그 이후의 내용을 증(增)자로 표시하여 이전 법전의 내용뿐 아니라 법률의 변천과정을 상세히 수록하였다.
정조는 붕당을 억제하고 왕이 중심이 되는 정치 질서를 추구하여 각 붕당의 주장이 옳은지 그른지를 명백히 가려 수용하는 적극적인 탕평책(준론탕평)을 추진하였다. 그 동안 권력에서 배제되었던 소론과 남인 계열 인사들을 중용하고 규장각을 강력한 정치 기구로 육성하였다. 그리고 자신의 권력과 정책을 뒷받침하기 위해 장용영이라는 친위 부대 및 수원에 새롭게 화성을 세웠으며 초계문신 제도를 실시하였다. 초계문신 제도는 37세 이하의 참상·참하의 당하관 중 젊고 재능 있는 문신들을 의정부에서 초선하여 규장각에 위탁 교육을 시키고, 40세가 되면 졸업시켰다.

오답분석
② 순조 재위기인 1811년에 홍경래 등이 봉기하여 정주성을 점령하였다.
③ 현종 때 자의 대비의 복상 문제로 기해예송, 갑인예송이 전개되었다.
④ 영조 즉위 초기에 이인좌를 중심으로 소론 세력 등이 난을 일으켰다.
⑤ 효종 때 청의 요청으로 신류가 조총 부대를 이끌고 흑룡강에서 전투를 벌였다.

18 정조 정답 ①

(가)는 이덕무, 박제가, 백동수 등에게 『무예도보통지』의 편찬을 명한 정조이다.
정조는 자신의 권력과 정책을 뒷받침하기 위해 신진 인물이나 중하급 관리 중 유능한 인사를 재교육하는 초계문신 제도를 실시하고, 규장각을 강력한 정치 기구로 육성하였다. 한편, 정조는 신분을 초월한 인재를 등용하기 위해 규장각의 실무를 담당하는 검서관에 관직 진출이 막혀 있던 서얼을 등용하였다. 검서관은 국왕 가까이에서 서적을 편찬, 간행, 관리하는 업무를 담당하였는데 유득공, 이덕무, 박제가, 서이수 등이 등용되었다.

오답분석
① 숙종 때 조선과 청의 관리가 백두산 일대를 답사하고 백두산정계비를 세웠다.
② 흥선대원군이 비변사를 혁파하고 삼군부를 부활시켜 군사 업무를 담당하게 하였다.
③ 영조 때 통치 체제를 정비하기 위해 『속대전』을 편찬하였다.
⑤ 세종 때 한양을 기준으로 역법을 정리한 『칠정산』 내편을 제작하였다.

19 세도정치 정답 ⑤

밑줄 그은 '이 시기'는 안동 김씨 등 외척 세력이 60여 년 동안 권력을 잡은 세도정치기이다.
삼정은 전정, 군정, 환곡을 말하는 것으로서 국가 재정의 수입원이었으나, 세도 정치로 정치 기강이 해이해지면서 삼정이 문란해졌다. 삼정의 문란으로 인하여 농민의 생활은 몹시 어려워지고, 국가의 재정은 궁핍해졌다. 농민들은 항조 또는 거세 등의 방법을 통하여 지배 체제에 항거하였다. 농민들의 집단적인 항거는 마침내 이른바 민란으로 발전하였다. 1862년 임술농민봉기가 일어나자 정부는 삼정이정청을 설치하여 삼정의 문란을 시정한다고 약속했지만, 정치 기강의 문란으로 바로잡을 수가 없었다.

오답분석
① 효종(1649~1659) 때 어영청을 중심으로 북벌이 추진되었다.
② 정조(1776~1800) 때 윤지충 등이 처형된 신해박해(1791)가 일어났다.
③ 고종(1863~1907) 때 이필제가 영해 지역을 중심으로 난을 일으켰다.
④ 고종(1863~1907) 때 흥선대원군이 경복궁 중건 비용 마련을 위해 당백전을 발행하였다.

20 진주 민란(임술 농민 봉기) 정답 ③

진주 안핵사 박규수가 파견된 사건은 진주민란(임술농민봉기)이다.
1862년에 경상도 우병사 백낙신의 가렴주구에 견디다 못한 진주 민중은 몰락 양반인 유계춘의 주도로 관아를 부수고 한때 진주성을 점령하였다. 이를 계기로 농민의 항거는 전국적으로 퍼져 나갔다. 정부는 선무사·안핵사·암행어사 등을 파견하여 지방의 실정을 조사하고 봉기의 원인이 된 수령을 처벌하였다. 안핵사로 파견되었던 박규수의 상소를 통해 삼정이정청이 설치되고 '삼정이정절목'이 책으로 반포되었다.

오답분석
① 홍경래, 우군칙 등은 1811년 영세 농민, 중소 상인, 광산노동자 등을 규합한 뒤 지방 차별 타파를 구호로 난을 일으켰다.
② 동학농민군의 2차 봉기 때 남접과 북접이 연합하였다.
④ 급진개화파가 우정총국 개국 축하연을 이용하여 갑신정변을 일으켰다.
⑤ 명종 때 윤원형 일파가 정국을 주도하였다.

21 대동법 정답 ⑤

(가)는 방납의 폐단을 시정하기 위해 광해군 때 이원익의 건의로 실시된 대동법이다. 대동법은 광해군 즉위년(1608) 경기도에서 시범적으로 시행되었고, 인조 때 강원도로, 효종 때는 충청·전라도, 숙종 때에는 경상·황해도까지 확대 실시되었다.
대동법의 실시로 호를 기준으로 토산물을 징수하는 대신 토지 결수에 따라 쌀, 삼베나 무명, 동전 등으로 거두었다. 농민들은 대체로 토지 1결당 미곡 12두를 납부하게 되어, 토지가 없거나 적은 농민들의 공물 부담은 없어지거나 어느 정도 경감되었다.
대동법 실시 이후 정부에서 필요로 하는 물품을 전문적으로 조달하는 공인이 등장하였다. 공인들이 시장에서 많은 물품을 구매하였으므로 상품수요가 증가하였다. 농민들도 대동세를 내기 위하여 토산물을 시장에 내다 팔아 쌀, 베, 돈을 마련하였다. 이와 같이 물품의 수요와 공급이 증가하면서 상품 화폐 경제가 한층 발전하였다.

오답분석
① 흥선대원군이 호포법을 실시하여 양반에게도 군포를 부과하였다.
② 세조 때 직전법을 실시하면서 수신전과 휼양전을 폐지하였다.
③ 대한제국 시기에 양전 사업을 실시하여 지계를 발급하였다.
④ 세종 때 공법(貢法)을 실시하면서 전세를 풍흉에 따라 9등급으로 차등 과세하였다.

22 균역법   정답 ②

자료에 언급된 '선무군관'은 영조 때 균역법이 시행되면서 부족해진 재원을 보충하기 위해 새로 조직한 군관을 말한다. 선무군관은 양인 가운데 재산이 비교적 넉넉하거나 일반 양인보다는 신분적으로 약간 우위에 있던 자들을 선발하였다.
영조 때 균역법을 시행하여 군포를 연간 1필로 낮추어 징수하였다. 균역법의 시행으로 감소된 재정을 보충하기 위해 정부는 결작이라고 하여 토지 1결당 미곡 2두(혹은 돈 5전)를 부담시키고, 일부 상류층에게 선무군관이라는 칭호를 주고 군포 1필을 납부하게 하였으며(선무군관포), 어염세·선박세 등 왕실의 잡세 수입을 균역청에서 관할하게 하였다.

오답분석
① 광해군 때 대동법을 시행하면서 토산물을 쌀, 동전 등으로 납부하게 하였다.
③ 정조 때 신해통공(1791)을 발표하여 육의전을 제외한 나머지 시전의 금난전권을 폐지하였다.
④ 세종 때 농민 부담의 경감과 공평 과세를 위해 전분6등법, 연분9등법을 시행하였다.
⑤ 효종 때 민간 자본의 광산 개발 참여를 유도하고 정부의 부담을 줄이기 위해 설점수세제를 시행하였다.

23 조선 후기 경제 변동   정답 ⑤

제시된 자료는 조선 후기 설점수세제 시행을 보여 주는 기사이다. 17세기 들어와 정부는 광물 생산을 부역에 의존하지 않고 채굴할 이들을 모집하여 광물을 생산하게 되었다. 1651년(효종 2)에 시행된 설점수세제는 호조에서 채은관(採銀官)을 생산지에 파견하여 설점(設店)한 뒤, 민간에 채굴을 맡기고 채은관에게 세금을 거두게 하는 제도였다.
조선 후기에는 농업 분야에서도 상업적기 속성님이 시설에서의 판매를 목적으로 하는 작물 재배가 확대되었다. 장시가 점차 증가하여 상품의 유통이 활발해지면서, 농민들은 쌀, 목화, 채소, 담배, 약초 등을 재배하여 팔아 가계 수입을 늘렸다. 17세기 초 일본으로부터 전래된 담배가 농촌의 소득 증대에 크게 기여하였고, 서울·평양 등 도시 근교에서는 도시민을 상대로 한 채소 재배가 성행하였다.

오답분석
① 발해에서 중앙의 최고 교육기관으로 주자감을 두었다.
② 고려 현종(1009~1031) 때 초조대장경 조판을 시작하였다.
③ 당나라에서 외국인을 대상으로 빈공과를 실시하였다.
④ 조선 초기에 과전법이 시행되었다.

24 조선 후기의 경제 상황   정답 ③

연행사는 조선 후기에 조선이 청에 보낸 사신을 가리키므로, 제시된 기사는 조선 후기를 배경으로 하고 있다. 조선은 연행사를 수행한 사행원에게 사적인 교역을 위해 일정량의 인삼이나 은을 가지고 가는 것을 허용하였다. 사행원들은 이 기회를 활용하여 상당한 부를 축적하기도 하였다.
광해군 때 기유약조가 체결되어 조·일 간의 관계가 정상화되고 왜관이 설치되면서 일본과의 교역이 재개되었다. 일본과의 무역 활동은 부산 초량에 설치된 왜관을 중심으로 이루어졌다. 동래 상인은 일본과의 무역에 독점적으로 참여할 수 있는 특권을 가졌다. 조선은 인삼, 쌀, 무명 등을 수출하고, 일본으로부터 은, 구리, 황, 후추 등을 수입하였다.

오답분석
① 고려 시대에 삼한통보, 해동통보가 발행되었다.
② 솔빈부의 말은 발해의 특산물이었다.
④ 통일 신라 시대에 당항성, 영암이 국제 무역항으로 번성하였다.
⑤ 고려 시대와 조선 초기에 경시서의 관리들이 수도의 시전을 감독하였다. 조선 세조 때 경시서는 평시서로 개칭되었다.

25 신유박해   정답 ⑤

(가)는 순조 1년(1801)에 수많은 천주교인이 탄압을 받은 사건인 신유박해이다.
순조 즉위 직후 세력을 잡은 노론 벽파 세력이 남인 등 정치적 반대 세력을 숙청하는 과정에서 대규모의 천주교 탄압이 가해졌다. 이 사건으로 이승훈, 이가환, 정약종, 권철신 등 300여 명의 신도와 청나라 신부(주문모)가 처형되고 정약전·정약용 형제가 유배되었다. 곧이어 프랑스에 무력 동원을 요청하는 황사영의 편지가 발각되어 천주교에 대한 탄압은 더욱 강화되었다(황사영 백서 사건).

오답분석
① 갑신정변(1884)의 결과로 한성조약이 체결되었다.
② 임오군란(1882) 때 정부의 요청으로 출병한 청군이 난을 진압하였다.
③ 임술농민봉기(1862) 때 사태의 수습을 위해 박규수가 안핵사로 파견되었다.
④ 이필제는 동학교도들을 규합하여 영해 지역에서 난을 일으켰다.

26 세종(동국정운)   정답 ①

집현전 학사인 신숙주, 최항, 박팽년 등이 『동국정운』을 편찬한 것은 조선 세종 때의 사실이다.

세종 때에는 인쇄 기술도 발전하였다. 경자자(1420)에 이어 글자 모습이 아름답고 인쇄에 편리한 갑인자(1434)를 주조하였다. 그리고 밀랍으로 활자를 고정시키는 방법 대신 식자판을 조립하는 방법을 창안하여 종전보다 두 배 정도의 인쇄 능률을 올리게 되었다.

오답분석
② 조선 후기 숙종 때 금위영이 설치되어 5군영 체제가 완성되었다.
③ 정조 때 박제가, 이덕무 등이 훈련 교범인 『무예도보통지』를 편찬하였다.
④ 조선 성종 때 『경국대전』이 완성되어 반포되었다.
⑤ 중종 때 조광조 등의 건의로 현량과가 시행되었다.

27 악학궤범(성종) 　정답 ⑤

성현 등이 『악학궤범』을 편찬한 것은 조선 성종 시기의 사실이다. 음악의 원리와 역사, 악기, 무용, 의상 및 소도구까지 망라하여 정리한 『악학궤범』은 전통 음악을 유지하고 발전시키는 데 큰 도움을 주었다.
성종 때 양성지 등이 『팔도지리지』를 편찬하였고, 노사신·양성지 등이 『팔도지리지』, 『세종실록지리지』 등을 참고하여 군현의 연혁, 지세, 인물, 풍속, 산물, 교통 등을 자세히 수록한 『동국여지승람』을 편찬하였다. 중종 때는 『동국여지승람』을 보충한 『신증동국여지승람』이 편찬되어 오늘날까지 전해지고 있다.

오답분석
① 태종 때 주자소를 설치하고 구리로 계미자(1403)를 주조하였다.
② 허준은 선조의 명으로 중국과 우리나라의 의서들을 집대성하여 1610년(광해군 2)에 『동의보감』을 완성하였다.
③ 영조 때 『경국대전』 간행 이후의 법전과 수교(受敎) 등을 종합한 『속대전』을 편찬하였다.
④ 세종 때 이순지 등이 서울(한양)을 기준으로 천체 운동을 계산한 역법서인 『칠정산』을 편찬하였다.

28 비변사 　정답 ②

(가)는 비국 또는 주사라고 불렸으며, 변방의 국방 문제에 대해 논의하고 대비하기 위한 임시 기구였던 비변사이다.
1510년 삼포왜란이 일어나자 임시기구로 비변사를 설치하였다. 비변사는 1555년 을묘왜변을 계기로 정식 관청이 되어 점차 기능이 확대·강화되었다. 초기에는 군사 문제만을 다루었으나 이후 외교, 재정, 사회, 인사 문제 등 거의 모든 정무를 총괄하게 되었고, 임진왜란 이후 비변사가 최고 정치 기구로 자리를 굳힘에 따라 왕권이 약화되고 의정부와 6조 중심의 행정 체계도 유명무실해졌다. 흥선대원군은 비변사를 혁파하고 의정부와 삼군부의 기능을 부활시켰다.

오답분석
① 한성부가 수도의 행정과 치안을 담당하였다.
③ 의금부가 국왕 직속 사법 기구로 반역죄 등을 다루었다.
④ 사간원과 사헌부의 관원이 5품 이하의 관리 임명에 대한 서경권을 행사하였다.
⑤ 승정원이 도승지를 수장으로 좌승지, 우승지 등의 관직을 두었다.

29 이황 　정답 ④

(가)는 성학십도를 지어 군주의 수양을 강조하고, 기대승과 사단칠정 논쟁을 전개한 퇴계 이황(1501~1570)이다.
이황은 이언적의 철학을 발전시켜 주리론을 확립했으며, 주자의 이론에 조선의 현실을 반영시켜 나름대로의 체계를 세우려고 하였다. 이황은 8년간 기대승과 편지를 주고받으며 사단칠정에 관한 이기론적 논쟁을 펼쳤다. 도덕적 행위의 근거로서 인간의 심성을 중시한 그의 사상은 근본적이며 이상주의적인 성격이 강하였다. 중종 때 김안국이 『여씨향약』을 간행·반포한 후 조광조 일파에 의해 처음 향약이 시행되었으며, 선조 때 이황·이이 등의 노력에 힘입어 전국적으로 보급되었다. 이황은 경제적 상부상조보다는 계급 질서의 안정에 주안점을 둔 예안향약을 만들었는데, 영남 지방에서는 예안향약을 표본으로 삼은 향약이 유행하였다.

오답분석
① 중종 때 주세붕이 최초의 서원인 백운동 서원을 건립하였다.
② 효종 때 송시열이 명에 대한 의리를 내세운 기축봉사를 올렸다.
③ 이이가 『동호문답』을 저술하여 다양한 개혁 방안을 제시하였다.
⑤ 김장생이 예학을 조선의 현실에 맞게 정리한 『가례집람』을 저술하였다.

30 이이 　정답 ⑤

『동호문답』, 『격몽요결』 등을 저술하고, 해주향약을 실시한 '이 인물'은 율곡 이이(李珥, 1536~1584)이다.
이이는 『동호문답』, 『만언봉사』 등의 저술에서 16세기 조선 사회의 모순을 극복하는 방안으로 통치 체제의 정비와 수취 제도의 개혁 등 다양한 방안을 제시하였다. 또한 『성학집요』를 저술하여 현명한 신하가 왕의 수양을 도와주어야 한다고 주장하면서 신하의 적극적인 역할을 중시하였다. 이이는 이밖에도 기자의 전기를 정리한 『기자실기』, 처음 글을 배우는 아동의 입문서인 『격몽요결』 등의 저술을 남겼다.

오답분석
① 효종 때 송시열이 명에 대한 의리를 내세운 기축봉사를 올렸다.
② 효종 때 김육이 청으로부터 시헌력을 도입하자고 건의하였다.
③ 박지원이 양반의 허세와 무능을 풍자한 소설 『양반전』을 저술하였다.
④ 김장생이 『가례집람』을 저술하여 예학을 조선의 현실에 맞게 정리하였다.

31 이익 정답 ④

『성호사설』을 저술하고, 나라를 좀먹는 여섯 가지 폐단을 지적한 인물은 이익이다.
이익이 지은 『성호사설』은 천지, 만물, 인사, 경사, 시문 등 5개 부문으로 나누어 우리나라 및 중국의 문화를 백과사전식으로 소개·비판하였다. 이익은 이 책에서 노비 제도·과거 제도·양반 문벌 제도·사치와 미신·승려·게으름 등 나라를 좀먹는 여섯 가지 폐단을 지적하였다(육두론).
이익은 국가에서 해결해야 할 시급한 문제를 19항목으로 나누어 조목별로 논술한 『곽우록』을 지었다. 이 책에서 이익은 자영농 육성을 위한 방안으로 매 호마다 영업전을 갖게 하고, 나머지 토지는 매매를 허락하여 점진적으로 토지 균등을 이루어 나가는 한전론을 주장했다.

오답분석
① 정약용이 마진(홍역)에 대한 의서를 종합하여 『마과회통』을 편찬하였다.
② 홍대용이 『의산문답』에서 중국이 세계의 중심이라는 생각을 비판하였다.
③ 유득공이 『발해고』에서 신라와 발해를 병립한 시기를 '남북국 시대'로 파악하였다.
⑤ 김정희가 『금석과안록』을 통해 북한산비가 진흥왕 순수비임을 고증하였다.

32 실학 사상(정약용) 정답 ④

강진에서 유배 생활을 하였으며, 『마과회통』, 『목민심서』 등을 편찬한 인물은 정약용이다.
정약용은 신유박해(1801)에 연루되어 전라도 강진에서 18년 동안 귀양살이를 하였는데, 이 기간 동안 학문 연구에 매진하였다. 그리하여 정약용은 지방 행정의 개혁에 대하여 쓴 『목민심서』, 중앙 정치 제도의 개혁 방안을 다룬 『경세유표』, 형벌 제도의 개혁 방안을 다룬 『흠흠신서』 등을 비롯하여 500여 권의 책을 저술하여 실학을 집대성하였다.

오답분석
① 이수광이 광해군 때 백과사전식 저서인 『지봉유설』을 편찬하였다.
② 홍대용이 『의산문답』을 편찬하여 중국 중심의 세계관을 비판하였다.
③ 박지원이 『양반전』 등의 한문 소설을 통해 양반의 허례와 무능을 풍자하였다.
⑤ 김정희가 『금석과안록』에서 북한산비가 진흥왕 순수비임을 고증하였다.

33 실학 사상(홍대용, 박지원) 정답 ④

(가)는 홍대용이 저술한 『의산문답』의 일부이고, (나)는 박지원이 저술한 『허생전』이다.
『의산문답』은 실옹(實翁)과 허자(虛子) 두 사람이 대화하는 형식으로 구성되어 있는데, 실옹은 청나라와 서구의 새로운 지식을 받아들인 실학자를 대변하고 허자는 당시의 전통적이고 세속적인 학문에 얽매여 있는 성리학자를 대표한다. 『의산문답』은 실옹과 허자의 문답형식을 빌어 지금까지 믿어 온 고정관념을 상대주의 논법으로 비판하였다. 홍대용은 청에 다녀온 후 『연기』, 『을병연행록』이라는 연행록을 저술하였다. 양반의 무능과 허위 의식을 풍자하였다.
박지원(1737~1805)은 청에 다녀온 후 『열하일기』를 저술하여 청의 문물을 소개하고 자신의 소신을 피력하였다. 그는 상공업의 진흥을 강조하면서 수레와 선박의 이용, 화폐 유통의 필요성 등을 주장하고, 양반 문벌 제도의 비생산성을 비판하였다. 한편, 박지원은 『양반전』, 『허생전』, 『호질』, 『민옹전』 등의 한문 소설을 통해 양반의 무능과 허위 의식을 풍자하였다. 특히, 박지원은 우리의 고유한 정서를 그대로 표현할 수 있는 문체인 패관소품체로 혁신할 것을 주장하여서 정조의 문체반정의 대상이 되기도 했다.

① 갑술환국(1694) 때 남인들이 정계에서 축출되었다.
② 정제두가 양명학을 체계적으로 연구하여 강화학파를 형성하였다.
③ 박제가, 유득공, 이덕무 등이 서얼 출신으로 규장각 검서관에 기용되었다.
⑤ 이익이 농민 생활의 안정을 위하여 화폐 사용을 반대하였다.

34 김정희 정답 ②

밑줄 친 '이 인물'은 제주도에서 유배 중에 세한도를 그린 김정희이다.
김정희는 청나라의 고증학적 연구 방법을 받아들여 특히 금석문

연구에 소예가 싶났다. 금석문을 심중석으로 연구한 김성희는 굳센 기운과 다양한 조형성을 갖춘 추사체를 창안하여 서예의 새로운 경지를 열었다. 또한 황초령 비문을 판독하고, 무학비(無學碑) 또는 도선비(道詵碑)라고 잘못 알려진 북한산 진흥왕 순수비를 고증하였다.

오답분석
① 이황과 기대승이 편지를 주고받으며 사단칠정 논쟁을 전개하였다.
③ 정제두가 양명학을 체계적으로 연구하여 강화학파를 형성하였다.
④ 김육이 청으로부터 시헌력을 도입하자고 건의하였다.
⑤ 박지원이 『열하일기』에서 수레와 선박의 사용을 강조하였다..

35 수원 화성 정답 ④

(가)는 정조가 축조한 수원 화성이다. 정조는 아버지 사도 세자의 명예 회복을 위해 수원으로 사도 세자의 묘(현륭원)를 옮기고, 팔달산 아래에 화성을 건설하였다. 최신의 과학적 공법으로 축성된 화성에 정조는 행궁을 두고 장용영의 외영을 설치하였다. 또한, 국영 농장인 대유둔전을 설치하여 화성 경비에 충당하고 만석거와 축만제 등 수리 시설을 개선하였다.

수원 화성은 1794년 2월에 착공하여 2년 반에 걸친 공사 후 완공되었다. 축성 당시 거중기, 유형거, 녹로(도르래 기구) 등 건축을 위한 새로운 기계를 고안해 큰 규모의 석재를 옮기고 쌓는 데 이용하였다. 화성은 기존 성곽의 문제점을 개선하였을 뿐만 아니라 외국의 사례를 참고해 포루, 공심돈 등 새로운 방어 시설을 도입하고 이를 우리의 군사적 환경과 지형에 맞게 설치하였다.

오답분석
ㄱ. 고종은 아관파천 이후 경운궁(덕수궁)을 증축한 뒤 이곳으로 환궁하였다.
ㄷ. 고종 때 흥선대원군은 경복궁을 중건하기 위해 당백전을 발행하였다.

36 조선 후기 문화의 새 경향 정답 ②

탈춤이 성행한 '이 시기'는 조선 후기이다.
조선 후기에는 탈춤과 산대놀이 등 가면극도 서민들에게 큰 인기를 얻었다. 가면극은 도시의 상인이나 중간층의 지원으로 성행하였는데, 황해도의 봉산탈춤, 안동의 하회탈춤, 양주의 별산대 놀이, 함경도 북청의 사자춤이 특히 성행하였다.
조선 후기에는 서민의 경제적 성장을 배경으로 서민의 지위가 향상되고 서민이 문화의 주체가 되었다. 조선 후기 서민문화의 대표적인 장르로는 한글 소설, 사설시조, 판소리와 탈춤, 민화 등이 있다. 판소리는 소리꾼과 고수가 장과 사실로 이야기를 엮어 가는 전통 음악의 하나로 조선 후기 서민문화의 중심이 되었다. 판소리 작품으로는 열두 마당이 있었으나, 19세기 후반에 신재효(1812~1884)가 판소리 사설을 창작하고 정리하여 여섯 마당을 확립하였다.

조선 후기에는 중인과 서얼 층의 사회적 지위가 향상됨에 따라 중인들의 문학 활동도 활발해졌다. 중인들은 인왕산·삼청동 등에 많은 시사(詩社)를 결성하고, 양반사대부 문학을 모방하여 한시를 짓고 시집을 발간하는 등 활발한 문학 활동을 전개하였다.

조선 후기 한글 소설의 유행은 새로운 직업을 탄생시켰다. 소설을 사람들에게 필사해주는 전문 필사자, 글을 모르는 사람들을 위해 소설을 읽어주고 일정한 보수를 받던 전기수(傳奇叟), 현세의 노서 대여점처럼 사람들에게 책을 빌려주고 돈을 받는 세책가와 같은 새로운 직업이 등장했다.

조선 후기에 소원을 기원하고 생활공간을 장식하기 위해 그린 민화가 널리 유행하였다. 민화는 해, 달, 나무, 꽃, 동물, 물고기 등을 소재로 삼아 파격적 구성과 화려한 색채로 민중의 미적 감각과 소박한 정서를 잘 나타내었다.

오답분석
② 조선 전기 태종 때 주자소가 설치되고 계미자가 주조되었다.

37 조선 후기 문화 정답 ②

조영석과 김홍도가 활동한 시기는 조선 후기이다. 김홍도는 정선, 조영석, 심사정으로 이어지는 조선 시대 진경 산수화 계보의 최종적인 완성자로 평가되며, 서민들의 생활 정경과 일상적인 모습을 소탈하고 익살스러운 필치로 묘사하여 풍속화의 새경지를 열었다.

조선 후기에 우리의 자연을 사실적으로 그려 회화의 토착화를 이룬 진경 산수화가 유행하였다. 진경 산수화를 개척한 정선은 「인왕제색도」, 「금강전도」 같은 작품을 남겼다.

조선 후기에는 서민의 경제적 성장을 배경으로 서민의 지위가 향상되고 서민이 문화의 주체가 되었다. 조선 후기 서민 문화의 대표적인 장르로는 한글 소설, 사설시조, 판소리와 탈춤, 민화 등이 있다.

한글 소설로는 허균의『홍길동전』을 비롯하여 김만중의『사씨남정기』와『구운몽』, 작자를 알 수 없는『춘향전』,『토끼전』,『심청전』, 『박씨전』 등의 작품이 서민들 사이에 널리 읽혔다.

오답분석
② 고려 충선왕 때 원의 수시력을 채택하였다.

38 조선 후기의 그림(김홍도) 정답 ②

(가)는 단원이라는 호를 사용하고 풍속화, 산수화, 인물화 등에서 뛰어난 작품을 남긴 김홍도(1745~1806)이다. 18세기 후반에 활동한 김홍도는 정선, 조영석, 심사정으로 이어지는 조선 시대 진경 산수화 계보의 최종적인 완성자로 평가되며, 기록화와 신선도에도 뛰어난 작품들을 남겼다. 또한 그는 서민들의 생활 정경과 일상적인 모습을 소탈하고 익살스러운 필치로 묘사하여 풍속화의 새 경지를 열었다.

오답분석
① 정선이 그린 「인왕제색도」이다.
③ 신윤복이 그린 「단오풍정」이다.
④ 강세황이 그린 「영통골입구도」이다.
⑤ 김정희가 그린 「세한도」이다.

IV 한국 근대사

01 ①	02 ③	03 ②	04 ①	05 ④
06 ①	07 ③	08 ④	09 ⑤	10 ③
11 ②	12 ③	13 ⑤	14 ⑤	15 ⑤
16 ④	17 ②	18 ⑤	19 ⑤	20 ⑤
21 ⑤	22 ③	23 ①	24 ⑤	

01 신미양요 정답 ①

어재연 장군이 광성보에서 미군에 맞서 결사 항전한 (가) 사건은 신미양요(1871)이다.
1871년 미국은 제너럴 셔먼호의 책임을 묻겠다고 하면서 강화도를 침범하였다. 로저스 제독은 콜로라도호 등 군함 5척을 이끌고 강화 해협의 조선군 진지를 공격하였다. 미국 해병대는 초지진과 덕진진을 함락하고, 곧 이어 광성보를 수륙양면으로 공격하였다. 이 전투에서 어재연·어재순 형제를 비롯하여 350여 명의 조선군이 전사하면서 광성보는 결국 함락되고 말았다. 신미양요 이후 흥선대원군은 전국 각지에 척화비를 세워 서양 세력의 침략을 물리친 자부심을 표현하였다.

오답분석
② 1866년에 평양 관민이 제너럴 셔먼호를 불태웠다.
③ 1866년에 프랑스가 강화도를 침범하자 한성근 부대가 문수산성에서 항전하였다.
④ 1801년에 신유박해로 이승훈, 이가환, 정약종, 권철신 등 300여 명의 신도와 청나라 신부 주문모가 처형당하고 정약전·정약용 형제 등은 유배형에 처해졌다.
⑤ 1868년에 오페르트가 충남 덕산에 있는 남연군의 묘를 도굴하려다 실패하고 달아났다.

02 미국과의 수교(보빙사) 정답 ③

조선이 청의 알선으로 서양과 맺은 최초의 조약은 조·미 수호 통상 조약(1882)이다. 1882년 5월에 조선은 서양 나라들 중에서 최초로 미국과 통상 조약을 맺었다. 러시아와 일본을 견제하고 조선에 대한 종주권을 유지하고자 했던 청이 미국과의 수교 조약을 적극 알선하였다. 조·미 수호 통상 조약은 치외법권뿐만 아니라 강화도 조약에는 없는 최혜국 대우를 인정한 불평등 조약이었다. 그러나 수출입 상품에 대해 협정 관세를 부과하기로 하였고, 양국이 어려움에 처할 경우 서로 돕자는 거중조정이 명시되었다.
1882년 미국과 수교를 맺고 나서 초대 미국 공사(푸트)가 부임하자, 조선 정부는 1883년에 미국에 보빙사절단을 보냈다. 민비(명

병영사)의 모기였던 민영익을 민정으로 이고 홍영식, 서광범, 서광범 등이 수행한 보빙사 일행은 뉴욕, 보스턴, 워싱턴을 다녀왔다. 이때 수행원으로 따라간 유길준이 보스턴에 남아서 유학하였는데, 이때의 경험을 쓴 책이 『서유견문』이다.

오답분석

① 1876년에 부산, 1880년에 원산, 1883년에 인천이 개항되었다.
② 1880년에 제2차 수신사로 파견되었던 김홍집이 국내에 조선책략을 소개하였다.
④ 1875년에 일본 군함 운요호가 영종도를 공격하였다.
⑤ 1880년에 통리기무아문이 설치되었다.

03 근대적 조약 체결   정답 ②

(가) 강화도 조약(조일수호조규, 1876), (나) 조·미 수호 통상 조약(1882)이다.
1880년 조선 정부는 통리기무아문을 설치하고 그 밑에 12사를 두어 근대적 개혁과 외교를 담당하도록 하였다. 아울러 군제 개혁을 단행하여 5군영을 2영(무위영과 장어영)으로 통합하였다. 또 별기군(교련병대)을 창설하고 일본인 교관(호리모토 소위)을 초빙하여 근대식 군사 훈련을 실시하였다.

오답분석

① 제1차 갑오개혁(1894) 때 공사 노비법이 혁파되었다.
③ 1898년에 대한제국 황실과 미국인 콜브란이 합자하여 한성 전기 회사를 설립하였다.
④ 을미개혁(1895) 때 건양이라는 독자적인 연호가 채택되었다.

04 통리기무아문   정답 ①

(가)는 개화 정책을 총괄하기 위해 설치한 통리기무아문이다.
1880년 조선 정부는 통리기무아문을 설치하고 그 밑에 12사를 두어 근대적 개혁과 외교를 담당하도록 하였다. 아울러 군제 개혁을 단행하여 5군영을 2영(무위영과 장어영)으로 통합하고, 별기군(교련병대)을 창설하여 근대식 군사 훈련을 실시하였다.

오답분석

② 대한제국 시기에 황제권 강화를 위해 원수부를 설치하였다.
③ 정조 때 『대전통편』을 편찬하였다.
④ 1907년에 통감부가 보안법과 신문지법을 제정하였다.
⑤ 1918년에 조선총독부가 서당규칙을 제정하였다.

05 임오군란   정답 ④

왕궁 및 민태호와 민겸호의 집이 습격당하고, 별기군 교관 호리모토 등이 피해를 입은 사건은 임오군란(1882)이다.
임오군란은 1882년 6월에 구식 군인들이 일으킨 폭동으로, 구식 군인들에 대한 차별대우와 민씨 정권의 개화 정책에 대한 보수파들의 불만이 겹쳐 일어났다. 왕십리와 이태원 일대의 빈민들도 합류하여 일본 공사관을 습격하고 별기군의 일본인 교관(호리모토 소위)을 죽였다. 군인과 도시 빈민들이 궁궐까지 침입하자 고종은 대원군을 불러 사태 수습을 위임하였다. 흥선대원군은 통리기무아문과 별기군을 폐지하여 민씨 정권 주도의 개화 정책을 중단하고, 5군영과 삼군부를 부활시켰다. 그러나 민비 측의 지원을 받은 청군이 군란을 진압하였고, 대원군은 톈진으로 압송되었다.

오답분석

① 1894년 5월에 동학농민군이 정부와 전주 화약을 체결하고 자진 해산하였다.
② 독립협회와 헌정연구회가 입헌 군주제 수립을 지향하였다.
③ 강화도 조약 체결 이후 김기수가 수신사로 파견되었다.
⑤ 갑신정변(1884)이 3일 만에 실패로 끝나고 주동자들이 해외로 망명하였다.

06 갑신정변   정답 ①

김옥균, 홍영식 등이 주도한 사건은 갑신정변(1884)이다.
김옥균, 박영효 등 개화당 세력은 1884년 10월 17일(양력 12월 4일)에 홍영식이 총판으로 있던 우정총국 개국 축하연에서 정변을 일으켰다. 이들은 국왕과 왕비를 창덕궁에서 경우궁으로 옮기고 민씨 고관과 수구파들을 살해하였다. 그리고 다음날인 10월 18일에 개화당 신정부 수립을 내외에 공포하고 14개 조의 개혁 정강을 발표하였다. 개혁 정강 공포 직후 창덕궁으로 청군이 침입함으로써 정변은 3일 만에 실패하였다. 김옥균·박영효·서광범·서재필 등 9명은 일본으로 망명하였고, 홍영식·박영교(박영효의 형)와 사관생도 7명은 고종을 호위하여 청군에 넘겨준 후 피살되었다.

오답분석

② 제2차 갑오개혁 실시에 앞서 홍범 14조가 반포되었다.
③ 1880년에 통리기무아문이 설치되었고, 갑신정변은 1884년에 일어났다.
④ 1883년에 조일 통상 장정이 체결되었다.
⑤ 임오군란(1882)이 구식 군인에 대한 차별 대우가 발단이 되어 일어났다.

07 최익현   정답 ③

(가)는 1873년에 흥선대원군의 하야를 요구하는 상소를 올리고, 왜양일체론을 주장해 강화도 조약 체결을 반대한 최익현이다.
대표적인 위정척사계열의 유생인 최익현은 1868년에 경복궁 재건을 추진한 대원군의 실정을 비판하는 상소를 올렸고, 1873년에는 서원 철폐를 단행한 대원군의 퇴진과 고종의 친정을 요구하는 상소를 올렸다. 1876년 조선 정부가 일본의 압력에 굴복해서 강화도 조약을 체결하려고 할 때 최익현은 일본이 서양 오랑캐와 같다는 '왜양일체론'을 내세워 개항에 반대하였다.
1905년 을사늑약이 체결되자 최익현은 「창의토적소」, 「포고팔도사민」을 통해 항일 투쟁을 호소하였고, 제자 임병찬과 함께 의병을 일으켜 태인·정읍·곡성을 점령하였다. 그러나 순창에서 정부의 진위대와 대치하자 임금의 군대와 싸울 수 없다며 스스로 체포되었고, 대마도에 끌려가 1907년 1월에 순국하였다.

오답분석
① 박상진 등이 대한광복회를 조직하여 친일파를 처단하였다.
② 박은식이 국권 피탈 과정을 정리한 『한국통사』를 집필하였다.
④ 13도 창의군의 군사장 허위가 서울 진공 작전을 전개하였다.
⑤ 전봉준, 손병희가 이끈 동학농민군이 우금치에서 일본군 및 관군에 맞서 싸웠다.

08 동학 농민 운동   정답 ④

(가)는 고부 민란(1894년 1월), (나)는 동학 농민군의 전주성 입성(1894년 4월 27일)을 다룬 기사이다.
1894년 1월 고부 농민들은 관아를 습격하여 군수 조병갑을 내쫓고 아전들을 징벌한 뒤 만석보를 허물었다. 민란을 해결하러 온 안핵사 이용태가 민란의 참가자와 주모자를 색출하여 가혹하게 처벌하면서 농민들의 불만이 폭발하였다.
1894년 3월 전봉준은 손화중·김개남과 함께 봉기하여 고부 백산을 점령하고, 4월 7일 황토현에서 전라도 감영의 군대를 물리쳤다. 1894년 4월 23일 동학 농민군은 장성 황룡촌에서 양호초토사 홍계훈이 이끄는 경군을 격파하였다(황룡촌 전투).
4월 27일에 농민군이 전주성에 입성하자, 민씨 정권은 청나라에 군사적 지원을 요청하였다. 조선 정부의 요청으로 청나라 군대가 5월 4일 아산만에 상륙하자, 일본군도 톈진 조약을 구실로 인천에 대규모 병력을 상륙시켰다. 1894년 5월 7일 동학 농민군은 관군과 전주화약을 맺고 스스로 해산하였다.

오답분석
① 1894년 9월에 봉기한 남접과 북접의 농민군이 논산에서 연합하였다.
② 1964년에 최제우가 혹세무민의 죄로 처형되었다.
③ 1894년 6월에 일본이 군대를 동원하여 경복궁을 점령하였다.
⑤ 1894년 10월에 우금치에서 농민군이 관군과 일본군에 맞서 싸웠다.

09 제2차 갑오개혁   정답 ⑤

1894년 12월에 박영효가 귀국하여 김홍집·박영효 연립 내각을 구성하였고, 1895년 11월에 제4차 김홍집 내각에서 단발령을 공포하였다. 따라서 (가)는 1894년 12월부터 1895년 11월 사이에 발생한 사건이 들어가야 한다.
내무대신 박영효가 주도하여 제2차 갑오개혁을 추진하였는데, 군국기무처를 폐지하고 중추원을 설립하였으며, 의정부를 내각으로 바꾸고 공무아문과 농상아문을 합쳐 8아문을 7부로 개편하였다. 또 새로운 지방 제도를 공포하여 군현제를 폐지하고 전국 8도의 행정구역을 23부 337군으로 개편하였다. 지방에는 1심 재판소로 지방재판소와 개항장 재판소, 2심 재판소로 순회재판소와 고등재판소를 설치하여 행정권과 사법권을 분리하였다.
1895년 2월 고종은 조선의 인민을 위해 새로운 교육 제도의 필요성을 인식하고 이의 중요성을 강조하기 위해 교육입국조서를 발표하였다. 이후 정부는 법관 양성소, 관립 한성사범학교, 외국어 학교, 그리고 소학교 등을 설립하였다.

오답분석
① 제1차 갑오개혁 때 과거제가 폐지되었다.
② 흥선대원군 집권기(1863~1873)에 호포제가 실시되었다.
③ 1894년 6월에 교정청이 설치되었다.
④ 1881년에 군제 개혁을 단행하여 5군영을 무위영과 장어영으로 통합하였다.

10 을미개혁   정답 ③

태양력을 채택하고, 새로운 연호로 건양을 제정한 '개혁'은 을미개혁이다.
일본 낭인들이 민비를 시해한 을미사변(1895)으로 친러 내각은 붕괴되고 친일파 관료 중심의 4차 김홍집 내각이 수립되어 을미개혁을 추진하였다. 을미개혁에서는 기존의 개국 기년 대신에 '건양(建陽)'이라는 연호를 채택하였고, 1896년부터는 음력을 대신하여 태양력을 사용하도록 하였다. 그리고 군제를 개혁하여 훈련대를 해산하고 서울에 친위대, 지방에 진위대를 설치하였다. 우체사를 설치해 갑신정변으로 중단된 우편 제도도 다시 실시하였다. 또한 종두법을 시행하고, 상투를 자르게 하는 단발령을 공포하였다.

오답분석
① 대한제국 시기에 양전 사업을 실시하여 지계를 발급하였다.
② 제2차 갑오개혁 때 지방 행정 구역을 8도에서 23부로 개편하

④ 제1차 갑오개혁 때 공사 노비법을 혁파하고 과부의 재가를 허용하였다.
⑤ 제2차 갑오개혁 때 교육의 기본 방향을 제시한 교육입국조서를 반포하였다.

11 독립협회   정답 ②

(가)는 관민 공동회를 개최한 독립협회이다. 1898년 10월에 독립협회는 정부 대신들까지 참석하는 관민 공동회를 종로에서 개최하였다. 이때 백정 출신 박성춘이 관민 공동회의 연사로 나섰다. 박성춘은 신분의 고하를 막론하고 관민이 힘을 합쳐 충군애국과 부국강병을 도모하자는 연설을 하기도 하였다. 관민 공동회에서 독립 협회와 정부 대신들은 헌의 6조를 채택하였다. 고종은 이를 수락하고 중추원을 새로 구성하도록 하였다.
이에 따라 중추원 의원 중 25명은 황제와 정부가 임명하고, 나머지 25명은 독립협회에서 선출하는 '중추원 신관제'가 제정·공포되었다. 중추원 관제 개편은 의회 설립을 통해 근대적인 입헌군주제를 수립하려는 시도였다. 그러나 익명서 사건으로 박정양 내각이 붕괴되고 독립협회가 해산되면서 의회설립운동도 좌절되었다.

오답분석
① 1904년에 보안회가 결성되어 일제의 황무지 개간권 요구를 저지하였다.
③ 1931년부터 동아일보가 농촌 계몽을 위한 브나로드 운동을 전개하였다.
④ 대한민국 임시정부가 외교 활동을 펼치기 위해 구미 위원부를 설치하였다.
⑤ 1898년에 서울의 양반부인들이 찬양회를 결성하고 여권통문을 발표하였다.

12 대한제국(광무개혁)   정답 ③

고종이 황제로 즉위한 뒤 추진한 개혁은 광무개혁이다.
대한 제국은 1899년부터 구본신참(舊本新參)의 개혁 방향에 따라 점진적인 광무개혁을 시행하였다. 먼저 황제 직속으로 교정소라는 특별 입법 기구를 만들어 대한국 국제를 제정하였다(1899). 그리고 황제권과 국방력을 강화하기 위해 원수부를 설치하여 황제가 군대를 통솔하게 하였다. 이어서 서울의 친위대를 2개 연대로 증강하고 시위대를 다시 창설하였으며, 지방의 진위대를 확충하여 군사력을 증강하였다.
대한제국은 식산흥업(상공업 진흥 정책)에도 힘써 황실이 주도하여 섬유, 제지, 공예, 유리, 무기 제조 공장을 설립하고, 민간 회사 설립을 지원하였다. 한편, 대한제국의 상공업 진흥 정책에 따라 실업 교육이 강조되었다. 이에 따라 우편학당, 상공학교, 광무학교(鑛務學校), 외국어학교 등 각종 실업 학교와 기술 교육 기관을 설립하였다. 의사 양성을 위한 기관으로 경성의학교를 설립하고, 무관학교를 설립하여 장교를 양성하였다. 또한 근대적 산업기술을 습득하기 위해 외국에 유학생을 파견하기도 하였다.
1885년 최초의 근대식 왕립 병원인 광혜원(제중원)이 설립되었으나 1894년에 미국의 개신교 선교사들에게 운영권을 넘겼다. 대한제국 정부는 광제원과 대한 의원 등을 설립하여 신식 의료 기술을 보급하였고, 전국 각지에 자혜 의원을 세워 의료 시설을 확장하였다.

오답분석
① 을미개혁(1895) 때 건양이라는 연호를 사용하였다.
② 1881년에 개화정책의 일환으로 신식 군대인 별기군을 창설하였다.
④ 1883년에 박문국을 설치하여 한성순보를 발간하였다.
⑤ 대한민국 임시 정부가 한일 관계 사료집을 편찬하고 독립 공채를 발행하였다.

13 광무개혁   정답 ⑤

고종이 황제로 즉위한 후 구본신참을 바탕으로 추진한 개혁은 광무개혁이다.
독립협회가 해산된 후 고종 황제와 대한제국은 황제 중심의 근대 국가를 지향하는 광무개혁을 추진하였다. 광무개혁은 '구본신참'을 개혁의 이념으로 채택하여 점진적인 개혁을 추구하였다.
대한제국은 '대한국 국제'를 통해 황제에게 모든 권한이 집중된 전제 군주 국가임을 표방하였다. 대한제국은 황제권의 강화를 위해 궁내부를 강화하고 황실 재정을 담당하는 내장원을 확대하였다. 내장원은 전국의 광산과 철도, 홍삼 제조 등을 관할하여 광무개혁을 재정적으로 지원하였다.
대한제국은 조세 수입을 늘리고 근대적인 토지 소유권 제도를 확립하기 위해 1898년에 양지아문을 설치하고 미국인 측량 기사를 초빙하여 양전 사업을 실시하였다. 1901년에는 지계아문을 설립하여 강원도와 충청남도 일대에서 근대적인 토지 소유 증명서, 즉 지계를 발급하였다.

오답분석
① 제2차 갑오개혁 때 홍범 14조를 반포하였다.
② 제1차 갑오개혁 때 공사 노비법을 혁파하였다.
③ 1881년에 신식 군대인 별기군을 창설하였다.
④ 1886년에 근대 교육 기관인 육영공원을 설립하였다.

14 국권의 침탈 정답 ⑤

(가) 1904년에 체결된 제1차 한·일 협약에 따라 일본인 메가타가 재정 고문으로 파견되었고, (나) 1907년에 체결된 한·일 신협약에 따라 대한제국의 군대가 해산되었다.
고종 황제는 1907년 네덜란드의 헤이그에서 열리는 만국 평화 회의에 이준, 이상설, 이위종 3인을 밀사로 파견하여 을사늑약의 무효와 부당성을 국제적으로 알리고자 하였다. 일본은 이를 빌미로 친일파 대신들을 동원하여 고종 황제를 강제로 퇴위시키고, 1907년 7월 한·일 신협약(정미7조약)을 체결하였다. 그리고 군대 해산 조칙을 만들어 1907년 8월에 대한제국의 군대를 해산시켰다.

오답분석

① 1910년에 초대 총독으로 데라우치가 부임하였다.
② 군대 해산 이후 13도 창의군이 결성되었다.
③ 1909년에 기유각서가 체결되었다.
④ 1898년에 황국 중앙 총상회가 조직되었다.

15 정미의병 정답 ⑤

이인영을 총대장, 허위를 군사장으로 삼은 의병 부대는 1907년에 결성된 13도 창의군이다.
1907년 고종 황제가 강제로 퇴위당하고 곧이어 대한제국의 군대가 해산되었다. 각 지방의 해산 군인들이 의병에 가담하면서 3차 의병(정미의병)이 일어났다. 1907년 9월 관동 의병장 이인영은 '대한매일신보'를 통해 전국의 의병장들에게 경기도 양주로 집결할 것을 호소하였다. 또한 각국 영사관에 통문을 보내 의병을 국제법상의 교전 단체로 인정해 줄 것을 요구하였다. 11월에 유생 의병장들과 1만 여 의병은 양주에 집결하여 이인영을 총대장, 허위를 군사장으로 하는 13도 창의군을 결성하였다. 13도 창의군은 서울 진공 작전을 추진하여 1908년 1월 군사장 허위를 중심으로 한 300여 명의 선발대가 동대문 밖 30리 지점까지 진격하였다. 그러나 일본군의 우세한 전력에 밀려 결국 패퇴하였다.

오답분석

① 의열단이 신채호가 작성한 조선 혁명 선언을 활동 지침으로 삼았다.
② 1881년에 『조선책략』 유포에 반발하여 이만손 등 영남 유생들이 만인소를 올렸다.
③ 대한광복회가 대구에 상덕태상회를 설립하여 군자금을 모집하고 연락거점으로 활용하였다.
④ 독립의군부가 일본에 국권 반환 요구서를 제출하고자 하였다.

16 신민회(태극 서관) 정답 ④

태극 서관을 운영하고, 대성학교를 설립한 단체는 신민회이다.
신민회는 1907년 안창호, 양기탁, 신채호 등이 주도해 비밀 결사 형태로 결성되었다. 신민회는 '유신한 국민이 통일 연합하여 국권을 회복하고 자유 문명국을 수립한다'라는 목표를 세웠다. 이 단체는 국권의 회복과 공화정에 바탕을 둔 근대 국가를 함께 지향하였다는 점에서 중요한 역사적 의미를 갖는다. 신민회 인사들은 교육·문화사업을 통해 국민들의 민족의식과 민주의식을 고취시키는 한편 민족자본을 육성하는 데 힘썼다. 민족 교육을 위해 평양의 대성 학교(안창호), 평북 정주의 오산 학교(이승훈)를 설립하여 인재를 양성하였고, 태극서관을 세웠다. 민족 자본 육성책으로 평양 자기 회사를 운영하고, 방직 공장과 연초 공장 설립을 계획하여 경제적 실력 양성을 도모하였다.

오답분석

① 1923년 이상재, 한용운, 이승훈 등이 조선 민립 대학 기성회를 조직하고 민립 대학 설립 운동을 전개하였다.
② 1898년 독립협회가 만민공동회를 개최하여 러시아의 절영도 조차 요구를 저지하였다.
③ 1919년에 신한청년단의 김규식이 파리 강화 회의에 독립 청원서를 제출하였다.
⑤ 1907년에 학부 안에 국문 연구소를 세워 한글의 문자 체계를 정리하였다.

17 보안회 정답 ②

제시된 자료에서 '일본 공사', '1904년' 등의 단서를 통해 일본의 황무지 개간권 요구에 대한 대응임을 추론할 수 있다.
1904년 6월 일본인 나가모리 도키치로는 황무지(미개간지, 진황지) 개간권을 이양받고자 일본 공사를 통해 조선 정부에 압력을 가했고, 일본 공사는 측은 공식적으로 대한제국 정부와 교섭을 시작하여 개인-국가적 차원의 이권을 요구하였다. 이에 대한 반대 여론이 고조되는 가운데 이도재, 김종한 등이 중심이 되어 농광회사가 설립되었다.
한편, 송수만, 심상진 등 유생과 관료 출신이 중심이 되어 보안회를 결성하였다. 보안회는 가두집회를 열어 일제의 황무지 개간 요구를 저지시키는 성과를 거두었다.

오답분석

① 1896년에 독립협회가 결성되어 독립문을 건립하였다.
③ 1883년에 조일 통상 장정이 개정되어 일본에 최혜국 대우를 부여하였다.
④ 1905년에 재정 고문 메가타가 화폐 정리 사업을 추진하였다.
⑤ 1898년에 시전상인들이 황국 중앙 총상회를 결성하였다.

10 화폐 정리 사업   정답 ③

메가타가 백동화와 엽전을 일본 제일은행권으로 교환한 '사업'은 화폐 정리 사업이다.

제1차 한·일 협약(1904)에 의해 대한제국의 재정 고문이 된 메가타는 대한제국의 화폐를 일본의 화폐 제도에 흡수·통합하고 일본 제일은행 한성 지점을 대한제국의 중앙은행으로 삼았다. 메가타는 '화폐 조례'의 실시를 공포하여 금본위 화폐 제도를 확립하고, 당시 사용되던 백동화를 일본의 제일은행권으로 바꾸도록 하는 화폐 정리 사업을 실시하였다. 이때 백동화를 갑·을·병종으로 나누어 갑종은 2전 5리로, 을종은 1전으로 교환해주었으며, 병종은 교환을 해주지 않았다. 이 과정에서 수많은 조선 상인들이 피해를 입었으며, 조선인들이 설립한 한성은행, 대한천일은행 등 민족 금융기관들은 거의 파산하거나 일본 은행에 흡수되었다.

오답분석
① 군국기무처는 제1차 갑오개혁을 주도하였다.
② 조선 정부는 재정난을 타개하기 위해 1883년(고종 20) 전환국을 설치하고 새로 당오전을 주조하여 유통시켰다.
③ 청일 전쟁에서 승리한 일본이 랴오둥 반도를 차지하자 러시아, 프랑스, 독일이 반대하여 청에 반환하게 하였다.
④ 1915년에 대한광복회가 결성되어 군자금 모집 등의 활동을 전개하였다.

19 국채 보상 운동   정답 ⑤

제시된 자료는 일본의 강요로 도입한 차관 1,300만 원을 갚아 경제적 예속에서 벗어나자는 국채 보상 운동의 취지문이다.

1907년 대구에서 서상돈·김광제 등 16명의 제의로 국채 보상 운동이 시작되었다. 서울에서는 1907년 2월 22일 김성희 등이 국채 보상기성회를 설립하고 취지서를 발표하였으며, 황성신문, 대한매일신보, 제국신문 등 각종 신문을 통해 전국으로 확산되었다. 이 운동에는 각계각층의 사람들이 참여하였는데, 남자들은 담배를 끊고 부녀자들은 생활비를 절약하는 한편 귀금속을 팔아 성금을 모았다.

오답분석
① 일제는 1925년에 치안유지법을 제정하여 민족운동을 탄압하였다.
② 1923년에 백정들이 형평사를 조직하고 백정에 대한 사회적 차별 철폐를 요구하였다.
③ 1896년에 독립협회가 결성되어 독립문 건립을 위한 모금 활동을 전개하였다.
④ 1920년대 초에 자작회, 토산 애용 부인회 등의 단체가 결성되어 물산 장려 운동을 전개하였다.

20 전차(한성전기회사)   정답 ③

한성 전기 회사가 최초로 서대문과 청량리 사이에 전차를 개통한 것은 1899년의 사실이다.

1898년에 일본은 경부 철도 합동 조약을 통해 경부 철도 부설권을 차지하였다. 일본은 이 조약을 통해 토지 수용, 노동력 제공, 관세 면제 등 여러 가지 특권을 얻어내었고, 선로와 역사 주변의 땅을 철도 용지라 하여 실제 필요한 토지보다 몇 배나 넓은 땅을 차지하였다. 경부 철도 부설권을 획득한 일본은 1901년에 경부 철도 주식회사를 설립하고 경부선 부설에 착수하였다. 1904년에 러·일 전쟁이 발발하자 일본은 군수 물자를 수송하기 위해 공사를 서둘러 1905년에 개통하였다.

오답분석
① 1871년에 신미양요가 끝난 뒤 전국에 척화비가 건립되었다.
② 1885년에 영국군이 거문도를 불법 점령하였다.
③ 1876년에 연무당에서 조선과 일본 사이에 강화도 조약이 체결되었다.
④ 1883년에 조선 정부는 미국에 보빙사절단을 파견하였다.

21 경인선 철도 개통   정답 ⑤

미국인 모스는 1896년 경인철도 부설권을 획득하고 공사에 착수하였으나 심한 재정 압박을 받았다. 1898년 일본은 모스로부터 경인철도 부설권을 인수하여 1899년 노량진~인천 구간을 개통하였다. 일본은 철도 부설 공사를 진행하면서 필요한 면적의 수십 배에 달하는 토지를 약탈하였고, 농민들을 강제로 동원하였다. 이후 개통된 경부선, 경의선도 모두 일본이 부설하였다.

1895년 2월 고종은 조선의 인민을 위해 새로운 교육 제도의 필요성을 인식하고 이의 중요성을 강조하기 위해 교육입국조서를 발표하였다. 이후 소학교의 교원 양성을 위해 한성사범학교를 설립하고 외국어 학교와 소학교 등을 설립하였다.

오답분석
① 일제는 1943년에 학도 지원병제를 실시하면서 전문학교 및 대학교 재학생들을 일본군에 동원하였다.
② 정조 때 신해통공(1791)을 반포하여 육의전을 제외한 시전상인의 금난전권을 폐지하였다.
③ 1927년에 신간회의 자매단체로 근우회가 조직되었다.
④ 1878년에 조선 정부의 두모진 세관 설치에 대항하여 일본 군인들이 무력 시위를 벌였다.

22 대한매일신보   정답 ③

(가)는 양기탁과 베델이 창간한 대한매일신보이다.

영국 출신의 신문기자인 베델은 1904년에 러·일 전쟁을 취재하기 위해 대한제국에 파견되었다. 양기탁은 베델을 발행인으로 초빙하여 1904년에 대한매일신보를 창간하였다. 대한매일신보는 초기에 순 한글로 발행되다가 1907년부터 한글(국문), 국한문, 영문판의 세 종류로 발행되었다. 대한매일신보는 영국인이 발행하는 신문이었기 때문에 일본이 함부로 검열할 수 없어서 비교적 활동이 자유로웠다. 따라서 항일 의병에 대하여도 호의적인 기사를 실었으며, 을사늑약의 무효를 선언하는 고종의 친서를 싣는 등 일제의 침략을 강경하게 비판할 수 있었다. 대한매일신보는 국채 보상 운동에도 앞장섰는데, 통감부는 베델·양기탁 등 중심 인물을 성금 횡령의 누명을 씌워 구속하고 탄압하여 결국 국채 보상 운동은 실패로 끝났다.

오답분석
① 한성주보가 처음으로 상업 광고를 실었다.
② 만세보가 천도교의 기관지로 발행되었다.
④ 조선중앙일보, 동아일보가 일장기를 삭제한 손기정 사진을 게재하였다.
⑤ 한성순보가 순 한문 신문으로 열흘마다 발행되었다.

23 주시경 정답 ①

(가)는 개화기에 한국어와 한글을 과학적으로 연구한 주시경(1876~1914)이다.
주시경은 1896년 독립신문사의 교보원으로 발탁되었고, 한글신문 제작에 종사하며 표기 통일을 해결하고자 국문동식회(國文同式會)를 조직하여 국어 연구에 몰두하였다. 주시경은 독립협회 해산 이후 배재학당 보통과를 졸업하고, 각급 학교의 교원을 역임하며 국어교육에 매진하였다. 1907년에 학부에 국문 연구소가 설치되어 주시경과 지석영 등의 주도로 한글 문법의 연구와 정리가 이루어졌다. 주시경은 국어문법의 체계화를 위한 국어연구에 몰두하였고, 『국문문법』, 『대한국어문법』, 『국문연구안』 등이 성과물을  어문법 연구의 기반을 마련하는 성과를 올렸다. 임경재, 최두선 등 여러 제자를 육성하여 그의 사후 조선어 연구회 창설에 간접적으로 기여하였다.

오답분석
② 이윤재, 이극로, 최현배 등이 조선어 학회 사건으로 구속되어 옥고를 치렀다.
③ 박은식이 국권 피탈 과정을 정리한 『한국통사』를 집필하였다.
④ 헐버트가 육영공원에서 교사로 재직하던 중 세계의 지리지식과 문화를 소개하는 내용의 『사민필지』를 저술하였다.
⑤ 문일평, 정인보, 안재홍 등이 『여유당전서』를 간행하고 조선학 운동을 전개하였다.

24 대종교 정답 ⑤

(가)는 나철이 단군 신앙을 기반으로 창시한 대종교이다.
1909년 나철, 오기호 등이 단군을 숭앙하는 대종교를 창시하였다. 대종교는 일제 통감부의 탄압을 받자 근거지를 간도와 연해주로 옮겨 활발한 무장 투쟁을 전개하였다. 북간도 왕청에서는 서일 등 대종교인이 중심이 되어 중광단을 조직하였다. 중광단은 1919년 민족운동가 39명의 명의로 대한독립선언서를 발표하고, 3·1 운동 뒤에는 북로군정서로 개편되어 청산리 전투의 주축 부대가 되었다.

오답분석
① 천도교에서 개벽, 신여성 등의 잡지를 발간하였다.
② 불교계에서 한용운 등이 사찰령 폐지와 조선 불교 유신론을 주장하였다.
③ 박중빈이 창시한 원불교에서 새생활 운동을 펼쳤다.
④ 1919년 김창숙 등 유교 지식인 137명이 파리강화회의에 제출하기 위해 파리장서(巴里長書)를 작성하였다.

V 독립운동사

01 ④	02 ⑤	03 ⑤	04 ③	05 ③
06 ①	07 ③	08 ②	09 ②	10 ③
11 ⑤	12 ③	13 ①	14 ④	15 ④
16 ⑤	17 ⑤	18 ②	19 ③	20 ④
21 ①	22 ③	23 ②	24 ①	

01 토지 조사 사업   정답 ④

일제는 1910년 임시 토지 조사국을 설치하고 1912년 토지 조사령을 발표하여 본격적으로 토지 침탈 정책을 추진하였다. 토지 조사 사업은 소유권 조사, 토지 가격 조사, 지형 조사 등으로 이루어졌는데, 토지 소유자가 신고서를 작성하여 조선 총독이 정하는 기간 내에 제출하도록 하였다. 이를 토대로 임시 토지 조사국은 전국의 토지를 측량하여 지적도를 만들고 토지대장을 비롯한 각종 장부를 작성하였다. 토지 조사 사업은 1918년 말 마무리되었다. 이에 따라 임시 토지 조사국은 1918년 11월 4일 임시 토지 조사국 관제가 폐지(칙령 375호)되면서 해산되었다.

국권 피탈 후 일제는 헌병 경찰제를 실시하여 군 경찰인 헌병이 일반 경찰까지 지휘·통제하게 하였고, 범죄즉결례(1910)와 경찰범 처벌 규칙, 조선 태형령(1912) 등을 시행하여 강압적인 통치를 하였다. 조선 태형령에 따라 헌병과 경찰은 재판 없이도 즉결 심판에 의하여 태형을 가할 수 있었다. 조선인 남성만을 대상으로 한 이 법으로 인해 3·1 운동 당시 만세 시위에 참여한 많은 남성들이 태형을 받았으며, 그 결과 불구가 되거나 사망하는 경우도 있었다.

오답분석
① 1924년에 경성 제국 대학이 설립되었다.
② 1927년에 근우회가 창립되었다.
③ 1883년에 민영익, 홍영식, 유길준, 서광범 등이 보빙사로 미국에 파견되었다.
⑤ 1885년에 영국 해군이 거문도를 불법 점령하였다.

02 제2차 교육령   정답 ⑤

제시된 법령은 보통학교의 수업 연한을 6년으로 규정한 제2차 조선교육령(1922~1938)이다. 조선총독부는 제2차 조선교육령을 통해 일본인 학생을 위한 소학교·중학교와 한국인 학생을 위한 보통학교·고등보통학교를 이원적으로 운영하면서, 보통학교의 수업 연한을 소학교와 마찬가지로 6년으로 하였다. 이 교육령은 제3차 조선교육령이 시행된 1938년까지 시행되었다.

우민화 교육을 극복하고 한국인의 고등 교육을 위해 1923년 민립대학 설립 운동이 전개되었다. 이상재, 한용운, 이승훈 등이 주도하여 조선 민립대학 기성회를 조직하고, '한민족 1천만이 한 사람이 일원씩'이라는 구호를 내걸고 전국적인 모금 운동을 벌였다.

오답분석
① 일제는 1918년 서당규칙을 만들어 개량 서당 설립을 방해하였다.
② 1919년에 동경 유학생들이 2·8 독립 선언을 발표하였다.
③ 1921년에 조선어연구회가 결성되었다.
④ 1920년에 차미리사 등이 조선여자교육회를 창립하고 야학 운영과 함께 강연회와 토론회를 열었다.

03 농촌 진흥 운동   정답 ⑤

밑줄 그은 시기는 농촌 진흥 운동이 전개된 1932년부터 1940년까지를 가리킨다. 이 시기 조선총독부는 공업화의 원료를 안정적으로 확보하고자 한반도 전역에서 남면북양 정책을 실시하였다.

조선총독부는 1932년부터 1940년까지 농촌 진흥 운동을 전개하였다. 농촌 진흥 운동은 표면적으로는 춘궁 퇴치, 농가 부채 근절 등 자력갱생을 통한 농가 경제 갱생을 목표로 내걸었지만, 농촌 경제의 몰락에 따른 사회 불안을 억제하고 각종 농민 운동의 활성화를 통제하는 데 본 뜻이 있었다. 조선총독부는 소작 문제를 해결할 목적으로 소작조정령(1932)과 조선농지령(1934)을 공포하였는데, 실제 집행에서는 지주를 옹호하여 그 목적을 실현할 수는 없었다.

1920년대 농민들은 소작료 인하와 소작권의 안정, 반농민적 농업 정책 철폐, 동양 척식 주식회사의 이민 사업 반대 등 생존권을 요구하는 투쟁을 벌였다. 1930년대 들어서면서 농민 운동은 사회주의자들과 연결된 비합법적인 혁명적 농민 조합을 중심으로 전개되었다. 농민 조합이 거의 붕괴되는 1937년 중반까지 혁명적 농민 조합은 소작료 인하, 군수용 물자 강제 수매 반대, 부역 동원 반대 등을 주장하는 한편 '토지는 밭갈이하는 농민에게', '노동자와 농민이 주인인 세상을 만들자.'라는 급진적 구호를 내걸고 계급 해방을 요구하기도 하였다.

오답분석
① 1927년에 여성계의 민족유일당인 근우회가 창립되었다.
② 1924년에 경성제국대학이 설립되었다.
③ 우리나라 최초의 서양식 극장인 원각사는 1908년부터 1914년까지 운영되었다.
④ 1907년에 13도 창의군이 결성되어 서울 진공 작전을 전개하였다.

04 여자 정신 근로령

일제가 한반도 남서 해안 지역에 대규모 군사 방어 시설을 구축한 시기는 태평양 전쟁 시기이다.

일제는 1938년 국가 총동원법을 제정하여 한국인의 인적, 물적 자원을 보다 적극적으로 수탈하였다. 일제는 군수 산업에 종사할 노동력을 확보하기 위해 1939년 국민 징용령을 실시하여 1백만 명 이상의 한국인을 일본, 사할린, 동남아시아 등지로 끌고 갔다. 1943년에 학도 지원병제를 실시하여 학생들을 전쟁터로 끌고 갔으며, 1944년에는 학도 근로령을 제정하여 학생들을 군사 시설 공사에 동원하였다. 한편, 근로보국대를 조직하여 여성들도 토목 공사에 동원하고, 1944년에는 여자 정신대 근로령을 제정하여 여성들의 노동력을 착취하였다. 일부 여성은 일본군 위안부로 끌려가 갖은 수난을 겪기도 하였다.

오답분석

① 1912년에 임병찬이 고종의 밀지를 받아 독립의군부를 결성하였다.
② 1925년에 만주 군벌과 일제가 미쓰야 협정을 체결하였다.
④ 1917년에 상하이에서 주권 재민을 천명한 대동단결선언이 발표되었다.
⑤ 1923년에 독립운동의 방략을 논의하고자 국민대표회의가 개최되었다.

05 일제 강점기 사회와 문화 [정답] ③

일제 강점기에 도시에 사람이 몰리면서 이전에 볼 수 없던 주택이 나타났다. 1920년대 이후에 상류층의 문화 주택, 중류층의 개량 한옥, 중·하류층의 영단 주택이 등장하였으며, 서울 변두리의 빈민들은 토막집을 짓고 살았다.

1940년대에 전시 체제가 되면서 남녀의 복장이 모두 바뀌었다. 남자는 한복이나 양복 대신 국민복을 입고, 전투모에 각반을 찼다. 여자는 치마 대신 일본 농촌 여성의 작업복인 몸뻬라는 바지를 입어야 했다.

오답분석

① 1885년에 최초의 서양식 병원인 광혜원이 설립되었다.
② 1884년에 근대적 우편 제도를 위해 우정총국을 설치하였다.
④ 1970년에 근면, 자조, 협동을 기치로 내세운 새마을 운동이 시작되었다.
⑤ 1980년대에 컬러텔레비전 방송이 시작되었다.

06 만주 지역의 민족 운동 [정답] ①

밑줄 그은 '이 지역'은 신흥 무관 학교가 설립된 만주(서간도)이다.

1909년 신민회 간부회의에서 만주에 독립운동기지를 건설할 것을 결의하고, 유하현 삼원보를 후보지로 결정하였다. 1910년 국권을 상실할 위기에 처하자 신민회 일부 인사들은 만주로 망명하여 무장 투쟁을 준비하였다. 그 결과 1911년 교민자치기관으로 경학사(耕學社)가 조직되었고, 1912년 독립군 지도자 양성을 목적으로 신흥강습소(신흥 무관 학교)가 설립되었다.

오답분석

② 1911년에 연해주에서 권업회가 조직되어 기관지로 '권업신문'을 발행하였다.
③ 1919년에 도쿄 유학생들이 조선청년독립단을 결성하고 2·8 독립선언서를 발표하였다.
④ 하와이에서 박용만이 대조선국민군단을 만들어 군사 훈련을 하였다.
⑤ 1913년 미국 샌프란시스코에서 안창호가 흥사단을 조직하였다.

07 3·1 운동 [정답] ③

고종의 장례식을 계기로 벌어진 독립 선언 시위는 3·1 운동(1919)이다.

3·1 운동은 비폭력, 무저항주의로 출발하였지만 시위가 확산되면서 점차 폭력적 형태로 발전해갔다. 시위는 4월 10일을 고비로 수그러들었지만, 일부 지역에서는 5월 말까지 계속되었고, 지식인·청년·학생보다 농민들이 투옥된 경우가 더 많았다.

독립 만세 운동은 국외에서도 추진되어, 미주지역에서는 필라델피아에 집결한 재미동포들이 4월 14일부터 16일까지 한인 자유 대회를 열어 독립선언식과 시가지 행진을 가졌다.

3·1 운동을 계기로 국내외 민족 운동이 활성화되고 이를 지도하는 해외 망명 정부, 즉 대한민국 임시 정부가 수립되는 결과를 낳았다. 뿐만아니라 3·1 운동은 중국의 5·4 운동 등 세계 여러 약소 민족의 반제국주의 민족 운동을 고양시키는 역할도 하였다.

오답분석

③ 신간회는 광주 학생 항일 운동(1929)에 진상 조사단을 파견하였다.

08 일제 말기

태평양 전쟁은 1941년에 시작되었으므로, 밑줄 그은 '시기'는 1941년부터 1945년까지를 가리킨다.

1937년 중일전쟁을 일으킨 일본은 1938년 국가총동원법을 제정하여 한국에 대한 인적·물적 자원의 수탈을 강화해나갔다. 일제는 주민 생활을 철저히 통제하기 위해 국민정신총동원조선연맹을 설치하고, 1940년에는 이를 국민총력조선연맹으로 개편하고 총북이 총재가 되어 관의 통제를 강화하였다.
1940년대에 전시 체제가 되면서 남녀의 복장이 모두 바뀌었다. 남자는 한복이나 양복 대신 국방색 국민복을 입고, 전투모에 각반을 찼다. 여자는 치마 대신 일본 농촌 여성의 작업복인 '몸뻬'라는 바지를 입어야 했다.

오답분석

① 1948년에 여수·순천 10·19 사건을 계기로 제헌국회에서 국가보안법을 제정하였다.
③ 1905년에 경부선 철도 개통식이 열렸다.
④ 1923년에 진주에서 형평사 창립 대회가 개최되었다.
⑤ 1910년대에 헌병경찰제와 태형이 시행되었다.

09 대한광복회   정답 ②

(가)는 박상진이 총사령이었으며, 군자금 모집과 친일파 처단 등의 활동을 전개한 대한광복회이다.
대한광복회는 1915년 7월 의병계열과 계몽운동 계열이 연합하여 결성한 단체로, 풍기에서 조직된 광복단과 대구에서 조직된 조선국권 회복단이 중심이 되어 창립되었다. 대한광복회는 각 도에 지부를 두고 군대식 조직을 갖추었으며, 주권재민의 공화국 건설을 지향하였다. 대한광복회는 국외 독립운동기지 건설을 위해 만주에 독립군 사관학교 설립을 계획하고 군자금 모금활동을 전개하였다. 대한광복회는 의연금 모집, 의협 투쟁이 전개되며 일제 경찰의 주목을 받기 시작하였고, 1918년 1월 박상진을 비롯한 대다수의 지도부가 사형당하여 큰 타격을 받았다.

오답분석

① 대한자강회가 고종 강제 퇴위 반대 운동을 전개하였다.
③ 상하이 임시 정부가 파리 강화 회의에 독립 청원서를 제출하였다.
④ 충칭 임시 정부 시기에 미군과 연합하여 국내 진공 작전을 계획하였다.
⑤ 독립협회가 만민 공동회를 개최하여 민권 신장을 추구하였다.

10 동경대지진   정답 ③

1923년에 발생한 지진과 관련해 수많은 조선인들이 학살된 곳은 일본이다. 관동 대지진(1923) 때에 조작된 유언비어로 인해 많은 조선인들이 일본인 자경단에 의해 살해되었다(관동대학살).
미국 대통령 월슨이 제창한 '민족자결주의'가 파리 강화 회의에서 채택되자 민족 운동가들은 이를 기회로 삼아 독립을 쟁취하려는 노력을 나라 안팎에서 활발하게 전개하였다. 재일 유학생들은 조선 청년 독립단을 결성하고 1919년 2월 8일 도쿄의 조선 기독교 청년회관에서 독립선언서를 발표하였다(2·8 독립선언). 2·8 독

립 신언서는 일제의 침략행위를 역사적으로 설명하고, 병합이 민속의 의사를 무시한 일제의 군국주의적 야심의 사기와 폭력에 의해 이뤄졌음을 규탄하였다.

오답분석

① 서간도 지역에서 한인 자치 기구로 경학사가 설립되었다.
② 북간도 용정에서 서전서숙이 설립되었다.
④ 하와이에서 박용만이 대조선국민군단을 결성하였다.
⑤ 연해주에서 대한광복군정부가 수립되었다.

11 대한민국 임시 정부   정답 ⑤

(가)는 상하이에서 조직되어 독립운동을 주도한 대한민국 임시 정부이다.
1919년 3월에 연해주에서 대한 국민 의회가 출범하였고, 이어서 4월에 상하이에서 대한민국 임시 정부가, 국내에서 한성 정부가 조직되었다. 이들은 곧바로 통합 운동을 전개하였고, 마침내 9월 상하이에서 대한민국 임시 정부로 통합되었다.
임시 정부는 파리 강화 회의에 김규식을 대표로 파견하여 독립을 주장하였고, 미국에 구미위원부를 두어 이승만을 중심으로 외교 활동을 전개하여 한국독립 문제를 국제 여론화하는 데 노력하였다.
임시정부는 비밀 행정 조직인 연통제를 통해 정보와 독립 자금 등을 모았는데, 이를 위해 서울에는 총판을 두고, 각 도에는 독판을 두었다. 부산의 백산 상회와 단둥의 이륭 양행은 군자금 모금에서 중요한 역할을 하였다. 이륭 양행은 아일랜드 사람인 죠지 루이스 쇼(1880~1943)가 만주 안동(단둥)에서 운영하던 무역 선박회사였다. 대한민국 임시 정부는 이륭 양행에 교통국을 설치하여 무기의 수송, 독립 자금의 모집, 독립지사의 망명 등의 임무를 수행하게 하였다.

오답분석

ㄱ. 1906년에 천도교의 기관지로 국한문 혼용체의 만세보가 창간되어 일진회 등의 매국 행위를 주로 비판하였다.
ㄴ. 신민회 인사들이 1911년 서간도 유하현의 삼원보에서 한인 자치기관으로 경학사를 조직하고, 1912년 독립군 양성을 목적으로 신흥강습소를 설립하였다.

12 한인애국단   정답 ③

(가)는 김구가 일제의 요인 제거 및 주요 기관 파괴를 목적으로 조직한 한인애국단이다.
김구는 1931년에 침체에 빠진 임시 정부에 활기를 불어넣기 위해 한인애국단을 조직하였다. 한인애국단의 이봉창은 도쿄에서 일왕이 타고 가는 마차를 향해 폭탄을 던졌다(1932. 1. 8.). 윤봉길은 상하이 홍커우 공원에서 열린 일왕의 생일과 승전을 축하하는 기

념식 단상에 폭탄을 던져 시라카와 대장과 거류민 단장 등 다수의 일본군 장성과 고관들을 처단하였다(1932. 4. 29.). 윤봉길 의거로 중국인의 반한 감정이 크게 완화되고, 중국 국민당 정부도 한국의 독립운동을 적극 지원하게 되었다.

오답분석

① 신민회가 105인 사건(1911)으로 와해되었다.
② 상하이 임시 정부가 파리 강화 회의에 독립 청원서를 제출하였다.
④ 의열단이 신채호가 작성한 조선 혁명 선언을 지침으로 삼았다.
⑤ 의열단이 1932년에 군사 훈련을 위해 조선 혁명 간부 학교를 설립하였다.

13 1920년대 무장 독립 투쟁   정답 ①

(가) 1920년 10월부터 일제는 청산리 전투 패배에 대한 보복으로 독립군 토벌 작전을 대대적으로 전개하는 한편 한국인 대학살을 자행하였다. 일본군은 1920년 10월부터 두달 동안 간도 지역의 한국인 촌락을 습격하여 3천여 명의 한국인을 무참히 살해하고 가옥, 학교, 교회 등을 방화하였다(간도 참변).
(나) 1921년 서일을 총재로 하여 결성된 대한독립군단은 소련의 자유시(스보보드니)로 이동하였으나 러시아 적군에 의해 무장해제를 당하였다.
(다) 1925년 일제는 만주 군벌과 이른바 미쓰야 협정(재만 한인 단속 방법에 관한 협약)을 체결하여 만주 지역 무장 독립운동에 타격을 주었다. 미쓰야 협정 이후 어려움을 극복하기 위해 만주 지역에서는 3부 통합 노력이 전개되었다.

14 조선 의용대   정답 ④

(가)는 조선 민족 혁명당이 1938년에 조직한 조선 의용대이다. 김원봉 등 중국에 있던 일부사회주의 세력과 민족주의 세력을 중심으로 통합에 찬성하는 단체들은 조선 민족 전선 연맹을 결성하였다. 이듬해 조선 민족 전선 연맹은 중국 국민당 정부의 지원을 받아 군사 조직으로 조선 의용대를 조직하고 정보 수집, 포로 심문, 후방 교란 등 중국군을 지원하는 활동을 하였다. 그러나 국민당이 일제에 맞서기를 꺼리자 조선 의용대 일부는 적극적인 항일 투쟁을 위해 일본과 교전 중인 화북 지역으로 이동하였다. 이들은 현지 한국인과 함께 조선 의용대 화북 지대를 만들어 호가장 전투(1941. 12.), 반소탕전(1942. 5.) 등에서 큰 전과를 올렸다. 화북으로 이동하지 않은 병력은 김원봉의 지휘 아래 1942년 한국 광복군에 합류하였다.

오답분석

① 1920년에 결성된 대한독립군단이 자유시 참변으로 큰 타격을 입었다.
② 지청천이 이끈 한국독립군이 대전자령 전투에서 일본군을 격퇴하였다.
③ 만주 지역에서 활동하던 공산주의자들이 중국 공산당 유격대와 연합하여 1936년 동북 항일 연군을 결성하였다.
⑤ 1920년 10월 김좌진이 이끄는 북로군정서를 비롯하여 대한독립군(홍범도)·국민회군(안무) 등의 독립군 부대가 청산리 전투에서 승리하였다.

15 한국광복군   정답 ④

(가)는 대한민국 임시 정부가 충칭에서 창설한 한국광복군이다. 한국광복군은 총사령 지청천, 참모장 이범석이었으며, 4개 지대로 출발하였다. 한국광복군 창설 초기에는 중국 국민당의 군사 원조를 받기 위해 중국 국민당 군사위원회의 지휘를 수용하겠다는 '한국광복군 행동 준승 9개항'을 맺었다. 광복군은 1944년에 가서야 독자적인 지휘권을 갖게 되었다.
한국광복군은 1943년 영국군의 협조 요청으로 미얀마와 인도 전선에 대원을 파견하여 일본군 포로의 심문, 전단 살포 등을 담당하였다. 한편 한국광복군은 미군 OSS(미 육군 전략처)와 협약을 맺고 1945년 국내정진군을 조직하여 국내 진공 작전을 추진하였다.

오답분석

① 대한독립군단이 자유시 참변(1921)으로 세력이 약화되었다.
② 양세봉이 이끈 조선혁명군이 영릉가에서 일본군에 승리를 거두었다.
③ 홍범도가 이끈 대한독립군이 봉오동 전투에서 일본군을 크게 물리쳤다.
⑤ 지청천이 이끈 한국독립군이 쌍성보 전투에서 한중 연합 작전을 전개하였다.

16 조소앙   정답 ⑤

1917년에 「대동단결선언」을 작성하였고, 대한민국 임시 정부의 건국강령 초안을 작성한 인물은 조소앙이다.
조소앙은 1913년 상해로 망명하여 1917년에 신규식, 박은식, 신채호 등 14명의 명의로 「대동단결선언」을 발표하였다. 1919년에는 4월 상해 임시 정부의 국무위원에 선출되었고, 6월에는 만국 평화회의 대표단 지원을 위해 파리에 도착하여 김규식과 합류하였다.
1930년에는 상해에서 한국독립당을 창당하고 삼균주의를 처음 제창하였다. 1940년 김구와 한국독립당을 창당하고, 충칭 임시 정부의 외교부장으로 활동하며 대일선전포고문, 대독선전포고 등 대외 문서를 작성·발표하였다.

해방 후에는 임시 정부 요인들과 함께 귀국하여 김구와 함께 반탁 운동을 전개하였다. 1948년 3월 김구, 김규식과 함께 5·10 총선거에 불참하는 공동성명을 발표하였고, 4월 평양에서 열린 남북 협상에 참가하였다. 1950년 5월 제2대 총선거에 전국 최고 득표로 당선되었으나 6·25전쟁 과정에서 납북되었다.

오답분석
① 신채호가 김원봉의 의뢰로 「조선 혁명 선언」을 작성하였다.
② 박은식이 『한국독립운동지혈사』를 저술하였다.
③ 김규식, 여운형이 1922년에 개최된 극동 인민 대표 대회에서 의장단으로 선출되었다.
④ 이상설, 이준, 이위종이 헤이그에서 열린 만국 평화 회의에 특사로 파견되었다.

17 대한민국 임시 정부(충칭) 　　　정답 ⑤

(가)는 충칭에서 대일 선전 성명서를 발표한 대한민국 임시 정부이다.
1940년 9월에 충칭에 정착한 임시정부는 한국 광복군을 창설하고, 국무위원제를 주석 중심제로 개편하여 행정과 군사를 총괄하도록 하였다. 1941년 11월에는 대한민국 건국강령을 발표하였다. 건국강령은 1930년대에 조소앙이 제창한 삼균주의를 이론적 틀로 삼아 정치적으로는 보통 선거를 통한 민주 공화국 건설, 경제적으로는 대생산 기관과 토지의 국유화, 토지 개혁 실시 등의 내용을 담고 있었다.

오답분석
① 1946년에 좌우 합작 위원회가 좌우 합작 7원칙을 발표하였다.
② 신민회 인사들이 1911년 서간도 유하현의 삼원보에서 한인자치기관으로 경학사를 조직하였다.
③ 의열단이 조선 혁명 선언을 활동 지침으로 삼았다.
④ 조선어학회가 1933년에 한글 맞춤법 통일안을 만들어 발표하고, 이후 조선어 표준말 모음(1936), 외래어 표기법 통일안(1940)을 만들었다.

18 이육사 　　　정답 ②

(가)는 본명은 이원록으로, '청포도' 등의 저항시를 발표한 이육사(1904~1944)이다.
이육사는 중국에서 조선 혁명 군사 정치 간부 학교를 졸업 후에 일제의 감시로 체포와 구금 생활을 반복하며 건강이 매우 나빠졌다. 이후 이육사는 시와 글을 통해 민족운동을 전개하는 길을 선택했고, 시집 『문장』과 함께 「광야」, 「절정」, 「청포도」 등 다양한 시들을 발표하였다.

오답분석
① 심훈이 소설 『상록수』를 신문에 연재하였다.
③ 조명하가 타이완에서 일본 육군 대장을 저격하였다.
④ 조소앙이 삼균주의를 바탕으로 한 건국강령을 만들었다.
⑤ 문일평, 정인보, 안재홍 등이 『여유당전서』를 간행하고 조선학 운동을 전개하였다.

19 민립 대학 설립 운동 　　　정답 ③

'대학을 세운다는 일', '조선 사람의 대학', '민립 대학 기성 준비회' 등의 단서를 통해 민립 대학 설립 운동 때 발표된 자료임을 알 수 있다.
1920년대에 들어와 한국인에 대한 우민화 교육을 극복하고 고등 교육 실시를 위해 민립 대학 설립운동이 전개되었다. 이상재, 한규설 등은 1920년 조선교육회를 설립하고 이를 모체로 1922년 조선 민립 대학 기성 준비회를 결성하였다. 1923년에는 조선 민립 대학 기성회가 조직되어 '한민족 1천만이 한사람이 1원씩'이라는 슬로건을 내걸고 민립 대학 설립을 위한 모금운동을 전개하였다. 그러나 총독부가 경성 제국 대학의 설립을 서둘러 추진하였고, 일본의 방해와 자연재해로 모금이 지지부진하면서 민립 대학 설립 운동은 흐지부지되었다.

20 광주 학생 항일 운동 　　　정답 ④

'광주 학생', '감금된 학생을 탈환' 등의 단서를 통해 제시된 자료는 광주 항일 학생 운동(1929) 때 발표된 격문임을 알 수 있다.
1929년 10월 30일 나주역에서 한국과 일본 학생 사이에 일어난 편싸움을 일본 경찰이 편파적으로 처리하자, 민족 차별에 분노한 광주 지역 학생들이 연대하여 11월 3일 대규모 가두시위를 전개하였다. 학생들은 각 학교의 독서회 조직을 중심으로 이를 반일 시위로 확대·발전시켰고, 시위는 목포·나주 등 인근 도시는 물론 서울 등 전국으로 확산되었다. 광주 학생 항일 운동은 단순한 동맹휴학에 그치지 않고 적극적인 가두시위 형태로 전개되었으며, 식민지 교육 제도의 철폐와 조선인 본위의 교육 제도 확립을 주장하였다. 신간회에서는 광주 학생 항일 운동이 일어나자 현지에 조사단을 파견하고, 진상보고를 위한 민중대회를 열어 부당성을 규탄하고 항일 열기를 확산시키려고 하였다.

오답분석
① 6·10 만세 운동(1926)이 순종의 장례일을 계기로 일어났다.
② 3·1 운동(1919)이 대한민국 임시 정부 수립에 영향을 주었다.
③ 물산 장려 운동이 '조선 사람 조선 것'이라는 구호를 내세웠다.
⑤ 원산 노동자 총파업(1929) 때 일본, 프랑스 등의 노동 단체가 격려 전문을 보내왔다.

21 신간회 　　　　　　　　　　　　정답 ①

(가) 1926년 11월에 정우회는 '정우회 선언'을 발표하여 민족주의 세력과의 제휴를 주장하였고, (나) 1931년 5월에 신간회 전체 대회에서 신간회 해소가 가결되었다.

국내외에서 전개된 민족 유일당 운동의 영향을 받아 1927년 2월에 비타협적 민족주의자들과 사회주의자들이 신간회를 창립하였다. 신간회는 각 지방의 지회를 중심으로 순회 강연회를 실시하여 민중을 계몽하고 민족의식을 고취하였다. 또한 사회 운동 세력과 조직적으로 연계하여 1929년 원산 노동자 총파업을 지원하였으며, 광주 학생 항일 운동이 일어나자 현지에 조사단을 파견하고 진상 보고를 위한 민중대회를 개최하려고 계획하였다. 그러나 민중 대회는 계획이 사전에 드러나 허헌, 홍명희 등 지도부가 검거됨으로써 실행되지 못하였다(민중대회 사건, 1929. 12.).
민중대회(1929) 사건 이후 김병로를 위원장으로 하는 새로운 집행부는 자치 운동을 주장하는 천도교 신파와 협력하려 했다. 이에 사회주의자들이 주도하던 지방의 지회를 중심으로 신간회 해소론이 제기되었다. 1930년대 들어와 코민테른도 민족주의 세력과의 연합 대신 계급 투쟁을 강조하는 노선으로 전환했다. 결국 1931년 5월 전체대회에서 민족주의 세력의 반대에도 불구하고 해소가 가결되었다.

오답분석

② 1912년에 고종의 밀지를 받아 임병찬이 독립 의군부를 조직하였다.
③ 1920년 6월에 홍범도가 이끈 독립군이 봉오동에서 큰 승리를 거두었다.
④ 1919년에 도쿄 유학생들이 2·8 독립 선언서를 발표하였다.
⑤ 1938년에 중국 우한에서 조선 의용대가 창설되었다.

22 물산 장려 운동 　　　　　　　　　정답 ③

'조선 사람 조선 것'이라는 구호를 내세운 '운동'은 물산 장려 운동이다.

1920년 회사령이 폐지된 후 한국인이 설립한 기업은 증가하였지만, 자본과 기술력이 우수한 일본 기업과의 경쟁에서 어려움이 많았다. 이에 더해 일본과 조선 사이의 관세를 철폐한다는 소식이 전해지자 1920년 8월에 평양에서 조만식 등이 주도하여 물산 장려 운동을 시작하였다. 서울 등 다른 지역에서도 자작회, 토산 애용 부인회, 금주·단연회 등의 이름으로 많은 단체들이 만들어졌다. 이에 1923년에 각 단체의 대표가 모여 조선물산장려회를 조직하고 물산 장려 운동을 전국으로 확산시켜 나갔다.
물산 장려 운동은 '내 살림 내 것으로', '조선 사람 조선 것' 등의 구호를 앞세우며 민족 산업의 보호와 육성을 위해 토산품 애용, 근검 저축, 금주·단연 등을 주장하였다. 하지만 일부 상인의 농간으로 상품 가격만 오르는 경우가 있었고, 사회주의자로부터 자본가와 상인의 이익만을 추구하는 이기적 운동이라고 비난을 받기도 하였다.

오답분석

① 1927년에 결성된 조선 노동 총동맹은 노동쟁의를 주도하였다.
② 동학농민군이 보국안민, 제폭구민 등의 구호로 내세우고 봉기하였다.
④ 1898년에 시전상인들이 황국중앙총상회를 조직하고 상권수호 운동을 전개하였다.
⑤ 화폐 정리 사업(1905)을 계기로 일본 제일은행권 화폐가 유통되기 시작하였다.

23 백남운 　　　　　　　　　　　　정답 ②

(가)는 조선사회경제사를 저술한 백남운이다.

백남운은 사회주의의 영향을 받아 사적 유물론(유물사관)의 입장에서 한국사를 연구하였고, 조선사회경제사를 저술하여 우리나라의 역사가 원시 공산사회 – 고대 노예사회 – 중세 봉건사회 – 자본주의사회라는 세계사의 보편적 역사발전 단계에 입각하여 발전하였음을 강조하였다. 이를 통해 조선 사회는 10세기 말 고대 일본의 수준과 비슷하며, 개항 이후 일본에 의해 비로소 성장하기 시작했다고 주장하였던 식민사학의 정체성론을 극복할 수 있는 근거를 제공하였다.

오답분석

① 한용운이 조선불교유신론을 주장하였다.
③ 조선총독부는 어용학자들을 동원해 조선사 편수회를 설치하고 조선사를 편찬하였다.
④ 이병도, 손진태 등이 진단 학회를 설립하여 실증주의 사학을 발전시켰다.
⑤ 식민후기 민족은 역사 사술의 중심에 둔 「조선사기론」을 집필하였다.

24 최현배 　　　　　　　　　　　　정답 ①

주시경의 제자인 이윤재·최현배 등과 장지연은 국문연구소의 전통을 계승해 1921년에 조선어연구회를 창립하였다. 조선어연구회에서는 강습회, 강연회를 통하여 한글 보급에 노력하였다. 조선어연구회는 1926년에 가갸날(1928년에 한글날로 개명)을 제정하였으며, '한글'이라는 잡지를 간행하여 한글 연구와 보급에 힘썼다.
조선어연구회는 1931년 이윤재, 이극로, 최현배 등이 중심이 되어 조선어학회로 확대·개편하였다. 조선어학회는 '한글맞춤법통일안'(1933)과 '조선어표준말모음'(1936)을 만들고 조선어 사전편찬회가 추진해온 사전 편찬의 업무를 인계받았다. 조선어 말살 정책을 펼치던 일제는 1942년에 조선어학회 회원을 체포·투옥하고 조선어학회를 강제로 해산시켰다(조선어 학회 사건). 체포된 조선어학회 회원들 중 이윤재, 한징은 가혹한 고문으로 옥사하고, 이극로·최현배·이희승 등은 징역형을 선고받았다.

오답분석
② 김규식이 파리 강화 회의에 독립 청원서를 제출하였다.
③ 임병찬이 복벽주의를 내세우며 독립의군부를 조직하였다.
④ 박은식이 국권 피탈 과정을 정리한 『한국통사』를 저술하였다.
⑤ 신민회 인사들이 105인 사건으로 재판을 받았다.

VI 한국 현대사

01 ④	02 ③	03 ②	04 ②	05 ①
06 ⑤	07 ③	08 ④	09 ②	10 ②
11 ②	12 ①	13 ⑤	14 ⑤	15 ④
16 ③				

01 미 군정기   정답 ④

1945년 9월 9일 서울에 진주한 미군은 일본군을 무장 해제하고, 9월 12일 공식적인 미군정청의 수립을 선포했다. 이렇게 수립된 미군정청은 남한 내 민간행정을 담당했으며 주로 점령지역의 행정·경제 관련 업무를 처리했다. 1948년 8월 15일에 대한민국 정부가 수립되며 3년여에 걸친 미군정의 통치는 막을 내렸다.
미군정은 동양척식주식회사와 일본인이 남기고 간 귀속재산(적산)을 접수·관리하기 위해 1946년 3월에 신한공사를 설립하였다. 미군정은 1948년 5·10 총선거를 앞두고 신한공사가 관리하는 귀속농지 일부를 불하하였다. 신한공사를 해체하고 중앙토지행정처를 신설하여 귀속농지에 한하여 원래의 소작인과 귀국 동포들에게 유상으로 불하하였다.

오답분석
① 1953년 10월에 한미 상호 방위 조약이 체결되었다.
② 1962년부터 제1차 경제 개발 5개년 계획이 추진되었다.
③ 1948년 9월에 반민족행위처벌법(반민법)을 제정·공포하고 반민족 행위 특별 조사 위원회를 설치하였다.
⑤ 1958년 12월에 자유당 단독으로 신국가보안법을 통과시켜 정부에 반대하는 세력을 탄압할 수 있는 근거를 마련하였다(보안법 파동).

02 여운형   정답 ③

(가)는 일제 패망에 앞서 조선총독부의 정무총감 엔도를 만나 행정권 이양 문제를 교섭한 조선건국동맹의 여운형이다.
1944년 8월에 여운형은 일제의 패망에 대비하여 비밀결사인 조선건국동맹을 조직하였다. 조선건국동맹은 중앙과 전국 10개 도에 체계적인 조직을 갖추었고, 대중적인 지지 기반의 확대를 위해 농민동맹 등의 보조단체들을 설립하기도 하였다. 광복 직후 여운형은 조선총독부로부터 치안권을 인수하여 조선건국준비위원회를 결성하였다.
1946년 5월 제1차 미소 공동위원회가 결렬되자 각 정치 세력들은 독자적인 모색을 시도하였다. 이승만은 통일 정부 수립이 여의치 않으므로 남쪽만이라도 먼저 임시 정부를 수립하자고 제의하였다(정읍발언, 1946. 6). 이에 여운형과 김규식 등은 미·소 공동위원회의 재개와 임시 민주 정부 수립을 위해 좌우합작위원회를 조직하였다.

오답분석

① 안창호가 샌프란시스코에서 흥사단을 결성하였다.
② 이윤재, 이극로, 최현배 등이 조선어 학회 사건(1942)으로 구속되어 옥고를 치렀다.
④ 여운형은 1947년에 암살당했고, 반민족 행위 특별 조사 위원회는 1948년에 결성되었다.
⑤ 이승만이 미국에서 귀국하여 독립 촉성 중앙 협의회를 조직하였다.

03 좌우 합작 운동 정답 ②

제시된 자료는 좌우 합작 운동과 관련된 기사이다.
1946년 제1차 미·소 공동위원회가 결렬된 후, 이승만은 통일 정부 수립이 여의치 않으므로 남측만이라도 먼저 임시 정부를 수립하자고 제의하였다(정읍발언, 1946. 6). 이에 중도 좌파 여운형과 중도 우파 김규식 등은 미·소 공동위원회의 재개와 임시 민주 정부 수립을 위해 좌우 합작을 모색하였다. 미군정도 신탁통치 문제를 둘러싼 좌우 대립과 혼란을 막기 위해 좌우 합작 운동을 적극 지원하였다. 이에 1946년 7월에 중도파 세력을 중심으로 좌우 합작 위원회가 결성되었다. 좌우 합작 위원회는 좌익이 제안한 5원칙과 우익이 제안한 8원칙을 절충하여 좌우 합작 7원칙을 발표하였다(1946. 10).

04 5·10 총선거 정답 ②

우리나라 최초로 실시된 총선거는 1948년에 치러진 5·10 총선거이다.
1948년 5월 10일 38도선 이남 지역에서 유엔 한국 임시위원단의 감시 하에 국민의 대표인 국회의원을 선출하는 총선거가 실시되었다. 5·10 총선거를 통해 제주도 2개 선거구를 제외한 지역에서 198명의 제헌 의원들이 선출되었다. 제헌국회는 '대한민국'을 국호로 결정하고, 7월 17일에 헌법을 제정하여 공포하였다.

오답분석

① 1961년에 5·16 군사 정변이 일어났다.
③ 유신헌법(1972)에 의해 통일 주체 국민 회의 대의원이 대통령을 선출하였다.
④ 1960년 제3차 개정 헌법에 따라 민의원, 참의원으로 구성된 양원제 국회가 탄생하였다.
⑤ 1985년에 치러진 총선거에서 신한 민주당이 제1야당이 되었다.

05 6·25 전쟁 정답 ①

제시된 자료는 유엔군과 국군이 서울에서 퇴각한 1·4 후퇴(1951) 상황이다.
1950년 6월 25일 북한군은 38도선 전 지역에 걸쳐 전면적인 공격을 개시하였다. 유엔에서는 안전 보장 이사회를 소집하여 미국 주도의 유엔군 파견을 결정하였다. 9월 15일 유엔군의 인천 상륙 작전이 성공하면서 전세가 역전하였고, 국군은 서울을 수복하고 38도선을 돌파하여 10월 하순에 압록강변까지 진격하였다. 그러나 중국군의 반격에 밀려 12월에 동부전선의 병력은 함흥과 흥남으로 후퇴하여 대규모 해상 철수작전을 단행하였다. 국군과 유엔군은 서울을 다시 빼앗기고 서울 이남 지역으로 후퇴하게 되었다(1951, 1·4 후퇴).
1951년 7월부터 휴전 회담이 시작되어 2년간 지속되었다. 1953년 7월 27일 유엔군과 북·중 사이에 비무장지대 설치, 군사 정전 위원회와 중립국 감독위원회 설치 등을 골자로 한 정전협정(휴전협정)이 체결되었다. 휴전 직후인 1953년 10월에 이승만 정부의 요구로 한미상호방위조약이 체결되었다.

오답분석

② 1950년 11월부터 12월에 걸쳐 장진호 전투가 벌어졌다.
③ 1949년 6월에 경찰이 반민족 행위 특별 조사 위원회를 습격하였다.
④ 1950년 1월에 애치슨 라인이 발표되었다.
⑤ 1948년 5월에 5·10 총선거가 실시되었다.

06 제2차 개헌 정답 ⑤

밑줄 그은 '개헌안'은 사사오입의 논리로 통과된 제2차 개정 헌법(1954)이다.
1954년 국회의원 총선거에서 압승을 거둔 자유당은 이승만의 영구 집권을 위해 당시 대통령에 한해 중임 제한을 두지 않는다는 개헌을 추진하였다. 그러나 개헌안은 재석 위원 3분의 2에 1표가 모자라 부결되었다. 그런데 다음날 자유당 측은 사사오입의 논리를 내세워 개헌안이 통과되었음을 선포하였다(사사오입 개헌).

오답분석

① 유신헌법(1972)에 따라 통일 주체 국민 회의에서 대통령을 선출하였다.
② 제9차 개정 헌법(1987)에 따라 5년 단임의 대통령을 국민이 직접 선출하였다.
③ 유신헌법에 따라 대통령이 국회의원의 3분의 1을 추천하였다.
④ 제헌헌법과 제3차 개정 헌법(1960)에 따라 국회에서 대통령을 선출하였다.

07 4·19 혁명   정답 ③

(가)는 2·28 민주 운동과 마산 3·15 의거가 도화선이 되었던 4·19 혁명이다.

대구지역 고등학교 학생들이 일으킨 2·28 민주 운동은 대한민국 정부 수립 이후 발생한 최초의 민주화 운동으로, 3·15 마산의거와 4·19 혁명으로 이어졌다.

4·19 혁명이 일어나자 이승만 정부는 비상 계엄령을 선포하고 군대를 투입하여 무력으로 사태를 일단 진압하였다. 그러나 유혈 사태로 국민 정서가 크게 악화되었고, 4월 25일에는 대학 교수들이 시국 선언을 발표하고 시위에 참여하였다. 미국의 퇴진 권유까지 더해지자 이승만은 결국 4월 26일에 하야 성명을 발표하고 미국으로 망명하였다. 4·19 혁명 후 구성된 허정의 과도 정부는 내각 책임제와 양원제를 핵심으로 하는 개헌을 실시하였다. 이후 실시된 총선에서 민주당이 승리하였으며, 국회는 대통령에 윤보선, 국무총리에 장면을 선출하였다.

오답분석

① 6월 민주 항쟁(1987) 때 시위 도중 대학생 이한열이 희생되었다.
② 5·18 민주화 운동 때 시민군이 조직되어 계엄군에 저항하였다.
④ 6월 민주 항쟁(1987)이 5년 단임의 대통령 직선제 개헌을 이끌어냈다.
⑤ 부·마 민주 항쟁(1979)이 야당 총재의 국회의원직 제명으로 촉발되었다.

08 박정희 정부   정답 ④

(가)는 전국 민주 청년 학생 총연맹 사건을 통해 유신 반대 운동을 탄압한 박정희 정부이다.

1972년 박정희 정부는 10월 유신을 단행하고 유신헌법을 제정하였다. 박정희 정부는 긴급조치를 잇달아 발표하고, 전국민주청년학생연합(민청학련) 사건, 인민혁명당 재건위원회 사건을 조작하여 유신 반대 운동을 탄압하였다. 이를 계기로 유신 체제에 저항하는 민주화 운동을 결집시키기 위해 민주회복국민회의가 결성되었고, 천주교 사제들은 천주교정의구현사제단을 결성하였다. 1976년 재야와 종교계 인사들은 명동성당에서 긴급조치의 철회와 박정희 대통령의 퇴진을 요구하는 3·1 민주 구국 선언을 발표하였다.

오답분석

① 이승만 정부 시기에 경향신문이 폐간되었다.
② 4·19 혁명(1960)으로 이승만이 대통령직에서 하야하였다.
③ 노태우 정부 시기에 대학생 강경대가 시위 도중 사망하였다.
⑤ 전두환이 간선제 헌법을 유지하겠다고 발표하였다(4·13 호헌 조치).

09 헌법 개정   정답 ②

(가)는 통일주체국민회의에서 간접선거로 대통령을 선출하는 유신헌법(1972), (나)는 대통령 선거인단에서 7년 단임의 대통령을 선출하는 제8차 개정 헌법(1980)이다.

1972년 제정된 유신헌법은 대통령의 임기를 6년으로 늘리고, 연임에 제한을 두지 않았다. 또 대통령이 의장으로 있는 통일주체국민회의에서 간접선거를 통해 대통령을 선출하도록 하였고, 사실상 대통령이 국회의원의 3분의 1을 임명할 수 있도록 하였다(유신정우회). 유신헌법은 대통령에게 긴급조치권이라는 초헌법적인 권한은 물론 국회해산권도 부여하였다.

전두환은 1980년 8월 최규하 대통령을 하야시키고 통일주체국민회의에서 제11대 대통령으로 선출되었다. 10월에는 대통령의 임기를 7년 단임으로 하고 선거인단을 통한 간접선거로 대통령을 선출하도록 하는 헌법 개정안을 국민투표로 확정하였다(제8차 개헌). 새 헌법은 국회해산권 등의 권한을 대통령에게 주어 유신헌법의 비민주적인 요소가 여전히 남아 있었다.

오답분석

① 발췌개헌(1952)이 6·25 전쟁 중 부산에서 공포되었다.
③ 사사오입 개헌(1954)을 반대하기 위해 범야당 연합의 호헌 동지회가 결성되었다.
④ 1976년에 3·1 민주 구국 선언이 발표되었고, 1980년에 제8차 개정 헌법이 확정되었다.
⑤ (가), (나) 모두 6월 민주 항쟁(1987) 이전에 제정되었다.

10 5·18 민주화 운동   정답 ②

제시된 자료는 1980년 5·18 민주화 운동 때 발표된 시민군의 궐기문이다.

12·12 사태로 권력을 장악한 신군부 세력은 1980년 5월 17일 비상계엄을 전국으로 확대하고, 모든 정치활동을 금지하였다. 광주에서는 5월 18일부터 27일까지 조속한 민주 정부 수립, 신군부 세력의 퇴진, 계엄령 철폐 등을 요구하는 시위가 전개되었다. 신군부는 광주 시민의 시위를 진압하기 위해 공수 부대를 투입하였다. 계엄군은 곤봉과 대검으로 학생과 일반 시민을 가리지 않고 살상하고 시위대를 향해 무차별 발포하였다. 집단 발포가 일어난 5월 21일 오후부터 시민들은 계엄군의 폭력으로부터 자신들을 지키기 위해 시민군을 조직하여 맞섰다. 그러나 계엄군은 27일 새벽 도청에서 저항하던 시민군을 전차까지 동원하여 무자비하게 진압하였다.

5·18 민주화 운동은 한국의 민주화에 중추적인 역할을 하였을 뿐만 아니라 필리핀, 타이, 중국, 베트남 등 동아시아의 다른 국가들에도 영향을 미쳤기 때문에 관련 기록물이 유네스코 세계 기록 유산으로 등재되었다.

오답분석
① 6월 민주 항쟁(1987)이 4·13 호헌 조치 철폐를 요구하였다.
③ 마산 3·15 의거(1960) 때 김주열이 최루탄을 맞고 사망하였다.
④ 6월 민주 항쟁(1987)의 결과로 직선제 개헌을 약속한 6·29 선언이 발표되었다.
⑤ 4·19 혁명(1960)의 결과로 이승만 대통령이 하야하였다.

11 전두환 정부 시기의 사실   정답 ②

중고등학생의 교복과 두발 자율화, 야간 통행금지 해제 등은 전두환 정부 시기에 실시되었다.
전두환 정부는 정의 사회 구현을 내세웠으며, 학도 호국단 폐지, 교복 자율화, 야간 통행금지 해제, 해외여행 자유화 등의 유화 정책을 실시하였다. 하지만 민주화 요구는 철저히 탄압하였으며, 언론 기관을 통폐합하고 보도지침 등을 통해 기사 내용에 간섭하는 등 언론을 억압하였다.

오답분석
① 노태우 정부 시기에 서울 올림픽 대회(1988)가 개최되었다.
③ 김영삼 정부 시기에 삼풍 백화점 붕괴 사고가 일어났다.
④ 노무현 정부 시기인 2005년에 호주제가 폐지되었다.
⑤ 이명박 정부 시기인 2008년에 다문화 가족 지원법이 제정되었다.

12 박정희 정부의 경제 상황   정답 ①

제시된 자료는 1971년에 경기도 광주대단지(지금의 경기도 성남시) 주민 수만여 명이 정부의 무계획적인 도시정책과 졸속행정에 반발하며 도시를 점거한 광주 대단지 사건에 대한 뉴스이다.
박정희 정부는 경제제일주의를 표방하고 정부 주도, 수출 위주의 경제 개발 계획을 추진하였다. 제1·2차 경제개발 5개년 계획 기간에서는 풍부하고 값싼 노동력을 이용하여 섬유, 가발과 같은 노동 집약적 공업 제품을 수출하는 데 집중하였다. 이 기간에는 국가 기간 산업을 육성하기 위해 울산 공업 단지와 마산 수출 자유 지역이 조성되고, 포항제철이 설립되기 시작하였다. 1968년에 착공해 1970년에 개통된 경부고속도로는 경제개발의 상징이 되었다.

오답분석
② 김영삼 정부 시기에 경제 협력 개발 기구(OECD)에 가입하였다.
③ 이승만 정부 시기에 원조 물자를 가공한 삼백산업이 발달하였다.
④ 전두환 정부 시기에 저유가, 저금리, 저달러의 3저 호황이 있었다.

⑤ 김대중 정부 시기에 노사정 위원회가 구성되었다.

13 전태일 사건   정답 ⑤

제시된 자료는 전태일 분신 사건(1970)을 다룬 삽화이다. 1970년 11월 동대문 평화시장에서 재단사로 일하던 전태일은 근로기준법의 준수를 요구하며 분신하였다.
전태일의 죽음은 열악한 노동 조건 속에서도 묵묵히 일해 왔던 노동자들의 주장을 대변한 것이었다. 전태일의 분신을 계기로 대학생과 지식인들이 노동운동에 관심을 갖기 시작하였다. 또한 전태일의 분신은 노동운동에도 새로운 활력을 불어넣었다. 전태일 분신 직후 전태일의 어머니 이소선과 삼동친목회 회원들을 중심으로 '전국연합노조 청계피복지부'가 결성되어 활발한 노동운동을 벌였다.

오답분석
① 1946년에 미군정이 귀속재산 관리를 위해 신한 공사를 설립하였다.
② 1951년에 부산의 조선방직 노동자들이 총파업을 벌였다.
③ 1962년부터 제1차 경제개발 5개년 계획이 추진되었다.
④ 1950년대에 삼백산업이 발달하였다.

14 박정희 정부(경제·사회·문화)   정답 ⑤

포항 제철소 착공(1970), 제1차 석유 파동(1972), 100억 불 수출 달성(1977)은 모두 박정희 정부 시기의 일이다.
광주 대단지는 1968년 서울시장이던 김현옥이 서울 시내 무허가 판잣집을 철거해 서울 근교(지금의 경기도 성남시)로 철거민을 집단 이주시킨다는 계획에 따라 추진됐다. 1971년에 경기도 광주 대단지 주민 수만 여 명이 정부의 무계획적인 도시정책과 졸속행정에 반발하여 도시를 점거하고 격렬한 시위를 벌였다. 대규모 시위를 벌인 주민들은 박정희 정권의 철거 이주정책으로 인해 서울에서 강제 이주된 철거민들이었다.

오답분석
① 1986년에 최저 임금법이 제정되었다.
② 김영삼 정부 시기인 1993년에 대통령 긴급명령으로 금융실명제가 시행되었다.
③ 노무현 정부 시기에 칠레와 자유 무역 협정(FTA)을 체결하였다.
④ 김영삼 정부 시기인 1995년에 전국 민주 노동조합 총연맹이 창립되었다.

15 노무현 정부 시기의 사실 정답 ④

호주제는 노무현 정부 시기인 2005년에 폐지되었다. 2003년에 출범한 노무현 정부는 권위주의 청산을 위해 노력하였으며 국민과 함께하는 참여 민주주의, 더불어 사는 균형 발전 사회, 평화와 번영의 동북아 시대 등을 국정 지표로 제시하였다. 노무현 정부는 저소득층을 위한 복지 정책을 강화했고, 진실·화해를 위한 과거사 정리 기본법을 제정하여 왜곡된 현대사의 어두운 면을 바로잡기 위해 노력하였다. 또한, 김대중 정부의 대북 정책을 계승하여 대북 지원과 협력 사업을 지속적으로 추진했으며, 제2차 남북 정상 회담을 성사시켰다(2007).

오답분석

① 문재인 정부 시기에 평창 동계 올림픽이 개최되었다.
② 김영삼 정부 시기에 전국 민주 노동조합 총연맹이 창립되었다.
③ 노태우 정부 시기에 헝가리와 상주 대표부 설치 협정을 체결하였다.
⑤ 박정희 정부 시기에 중학교 입시 제도가 폐지되고 무시험 추첨제가 실시되었다.

16 통일을 위한 노력 정답 ③

(나) 1985년에 분단 이후 처음으로 서울과 평양에서 이산가족 고향 방문이 이루어지고 예술 공연단 교환이 실현되었다.
(가) 1988년에 민족자존과 통일 번영을 위한 7·7 선언이 발표되었다.
(다) 2000년에 평양에서 열린 남북 정상 회담에서 남북 교류 협력을 위한 개성 공단 조성에 합의하였다.

VI 기타(문화유산, 기록유산, 역사 속의 시억, 시내 통합)

01 ①	02 ②	03 ⑤	04 ③	05 ④
06 ④	07 ⑤	08 ⑤	09 ①	10 ②
11 ⑤	12 ①			

01 경운궁(덕수궁) 정답 ①

(가)는 고종이 러시아 공사관에서 환궁한 경운궁(덕수궁)이다. 1896년에 러시아 공사관으로 피신한 고종은 외국 공사관과 가까운 경운궁(덕수궁)을 중축한 뒤, 1897년 2월에 환궁하였다. 그 후 칭제건원의 요구가 잇따르자 8월에 연호를 '광무'로 바꾸고, 10월에 환구단(원구단)을 세워 황제 즉위식을 거행하고 대한제국을 선포하였다. 대한제국은 경운궁(덕수궁)을 정궁으로 삼고 정전인 중화전을 1902년에 건설하였다. 경운궁(덕수궁)에는 중명전과 석조전 등 서양식 건축물들이 곧 들어서게 되었다. 중명전은 황실 도서관, 고종 황제의 편전 등으로 사용되었다.
경운궁(덕수궁)은 1905년 을사늑약이 체결된 장소이며, 1907년에는 을사늑약의 부당함을 세계에 알리기 위해 고종이 네덜란드 헤이그에 이상설, 이준 등의 특사를 파견한다는 밀명을 내린 곳이기도 하다. 1946년 3월에는 제1차 미·소 공동위원회가 개최되었으나 두 달 만에 휴회에 들어갔다.

오답분석

② 경희궁이 도성 내 서쪽에 있어 서궐이라고 불렸다.
③ 창경궁이 일제에 의해 창경원으로 격하되었다.
④ 정도전은 경복궁 창건을 주도하고 궁궐과 주요 전각의 명칭을 정하였다.
⑤ 창덕궁이 태종이 도읍을 한양으로 다시 옮기며 건립하였다.

02 독도 정답 ②

(가)는 우리나라 동쪽 끝에 있는 섬인 독도이다.
독도는 삼국시대 이래로 우리나라의 영토로 『세종실록지리지』에는 강원도 울진현 소속으로 구분하고, 우산으로 표기되었다. 숙종 때에는 안용복이 1693, 1696년 2차례에 걸쳐 일본에 건너가 울릉도와 독도가 조선의 영토임을 확인받고 돌아왔다.
대한제국은 칙령 제41호를 통해 울릉도를 울도군으로, 울릉도 도감을 군수로 격상하고, 울릉군수의 관할 구역을 울릉도 본섬과 함께 독도(석도)로 규정하였다. 대한제국은 이를 통해 독도에 대한 영유권을 국제법적으로 확고히 하였다.
일본도 독도를 우리나라의 영토로 인식해 왔는데, 『은주시청합기』(1667)는 일본의 서북쪽 경계는 오키섬이며, 독도는 일본의 영토에서 제외된다고 기술하고 있다. 1785년 일본의 하야시 시헤이가 편찬한 『삼국접양지도』는 일본을 중심으로 주변 3국(조선, 류큐, 하이국)을 각기 색채를 달리하여 그렸는데, 울릉도와 독도는 조선과 같은 색으로 표시되어 당시 일본인들이 독도를 조선의 영토로 인식하였음을 보여준다. 1877년 일본 메이지 시대 최고 행정 기관인 태정관은 시마네현의 질의에 대해 '독도는 일본과 관계없다는 사실을 명심할 것'이라고 지시하기도 하였다(태정관 문서).
일본은 러·일 전쟁 중인 1905년 2월 '시마네현 고시 제40호'를 통해 독도를 다케시마라 이름 짓고 시마네현에 편입시켰다.

오답분석
② 1885년 3월 영국은 조선과 러시아 사이의 비밀 협약 추진에 대응하여 대한해협의 요충지인 거문도를 불법으로 점령하고 해군 기지를 건설하였다(거문도 사건). 러시아가 조선에서 영토를 확보하지 않을 것을 약속하자 영국군은 1887년 2월 거문도에서 철수하였다.

03 문화유산(왕실 의궤) 　　　 정답 ⑤

(가)는 조선 시대 왕실이나 국가의 큰 행사가 있을 때 일체의 관련 사실을 글과 그림으로 기록한 의궤이다. 조선은 건국 초기부터 왕실의 혼사, 장례, 궁중의 잔치 등 주요 사건이 있을 때에는 의궤를 만들어 기록했다. 의궤는 행사의 주요 장면과 주요 도구를 그림으로 그리고 행사의 진행 과정, 참가자, 행사 비용 등을 상세하게 기록하였다.
의궤는 조선 초기부터 만들어진 것으로 보이나, 조선 전기에 만들어진 것은 전해지지 않고, 현재 전하고 있는 것들은 모두 조선 후기의 것들이다. 의궤는 보통 5~8부 정도가 제작되었는데, 임금의 열람을 위하여 고급재료로 화려하게 만드는 어람용(御覽用) 1부가 포함되며, 나머지는 관련 관서 및 사고(史庫)에 나누어 보관하였다.
정조 때 강화도에 외규장각을 두어 의궤 등의 서적을 보관하였다. 병인양요(1866) 때 강화도에 침입한 프랑스 군은 퇴각 일 분 만에 물러가면서 의궤를 비롯한 외규장각의 도서를 약탈하였다. 프랑스군이 약탈해 간 어람용 의궤는 프랑스 국립도서관에 소장되어 있다 2011년에 모두 우리나라로 반환되었다.

오답분석
ㄱ. 실록청에서 사초와 시정기를 바탕으로 실록을 편찬하였다.
ㄴ. 조선왕조실록이 연대순으로 기록하는 편년체로 구성되었다.

04 역사 속의 지역 – 전주 　　　 정답 ③

전라 감영이 있었으며, 이성계의 어진을 봉안한 경기전이 위치한 곳은 전주이다. 전주는 전주 이씨인 조선 왕실의 본관지로써 조선이 세워진 뒤에는 조정으로부터 우대받았다. 태종 때 경기전을 세우고 태조 이성계의 어진을 이곳에 봉안하게 되었다.
1894년 3월에 봉기한 동학 농민군은 황토현과 장성 황룡촌에서 관군을 격파한 후 전주성을 점령하였다. 청나라 군대가 5월 4일 아산만에 상륙하자, 일본군도 톈진 조약을 구실로 인천에 대규모 병력을 상륙시켰다. 농민군은 외세의 개입으로 사태가 악화될 것을 우려하여, 5월 7일 관군과 전주화약을 맺고 스스로 해산하였다.

오답분석
① 유형원(1622~1673)은 부안에서 학문 연구에 몰두하여 『반계수록』을 저술하였다.
② 견훤은 장남 신검에 의해 김제 금산사에 유폐되었다.
④ 기묘사화(1519)로 조광조는 전남 화순으로 유배된 후 사사되었다.
⑤ 을사늑약 직후 최익현, 임병찬은 전북 정읍의 무성서원에서 의병을 일으켰다.

05 근대 역사의 현장 　　　 정답 ④

1896년에 러시아 공사관으로 피신한 고종은 외국 공사관과 가까운 경운궁(덕수궁)을 증축한 뒤, 1897년 2월 환궁하였다. 그 후 8월에 연호를 '광무'로 바꾸고, 10월에 환구단(원구단)을 세워 황제 즉위식을 거행하고 대한제국을 선포하였다. 대한제국은 경운궁을 정궁으로 삼고 정전인 중화전을 1902년에 건설하였다. 덕수궁에는 중명전과 석조전 등 서양식 건축물들이 곧 들어서게 되었다. 중명전은 황실 도서관, 고종 황제의 편전 등으로 사용되었다. 1905년 을사늑약이 체결된 장소이며, 1907년에는 을사늑약의 부당함을 세계에 알리기 위해 고종이 네덜란드 헤이그에 이상설, 이준 등의 특사를 파견한다는 밀명을 내린 곳이기도 하다.

오답분석
① 기기창은 최초의 근대식 무기 공장이고, 박문국에서 우리나라 최초의 근대 신문인 한성순보를 간행하였다.
② 제중원은 1885년에 설립된 근대식 병원이고, 환구단에서 고종의 황제 즉위식이 거행되었다.
③ 박문국은 신문 발행을 담당하였고, 전환국에서 백동화 등 화폐를 주조하였다.
⑤ 원각사는 최초의 서양식 극장이고, 단성사에서 나운규의 아리랑이 처음 상영되었다.

06 백제의 문화유산 　　　 정답 ④

(가)는 백제의 첫 도읍이었던 위례성(서울), (나)는 백제가 475년에 천도한 웅진성(공주), (다)는 백제가 538년에 천도한 사비성(부여)이다.

『삼국사기』에 따르면 온조(溫祚)와 비류(沸流)는 자신들의 세력을 이끌고 고구려에서 남하하여 한반도 중서부에 자리를 잡았다. 형인 비류는 미추홀(인천)에 이르러 나라를 세웠고, 동생 온조는 위례성(서울)에 정착하여 나라를 세웠다.

공주는 삼국시대에는 웅진(熊津)으로 불렸으며, 백제의 22대 문주왕이 475년에 하남 위례성에서 웅진으로 천도한 이래 538년까지 백제의 도성이었다. 공산성은 방어력을 강화한 전형적인 방어용 산성으로, 이 안에 왕궁을 비롯한 중요 시설들을 배치하였다. 공주 송산리 고분군의 1~5호분은 굴식돌방무덤이며, 송산리 6호분과 7호분(무령왕릉)은 벽돌무덤이다. 벽돌무덤은 중국 남조의 영향을 받은 것으로, 무령왕릉이 완전한 형태로 발견되었다. 무령왕릉 내부에는 벽화가 없지만, 송산리 6호분 내부에는 사신도 벽화가 그려져 있다.

백제 성왕은 538년 웅진(공주)에서 사비(부여)로 도읍을 옮기고, 국호를 남부여로 고치며 중흥을 도모하였다. 백제 금동 대향로는 1993년 부여 능산리 절터에서 발굴되었다. 향로를 장식한 용과 봉황, 연꽃, 그리고 신선이 산다고 하는 삼신산의 74개 봉우리는 도교의 이상향을 표현한 것이다.

오답분석

④ 왕궁리 오층 석탑은 익산에 위치한 문화유산이다.

07 유네스코 세계기록유산 　　정답 ⑤

(가) 조선은 건국 초기부터 왕위가 바뀌면 춘추관을 중심으로 실록청을 설치하고 전왕의 통치기록을 모두 합하여 실록을 편찬하였다. 실록을 편찬할 때에는 사초와 시정기, 등록,『승정원일기』가 기본 자료로 활용되었다.

(나) 청주 흥덕사에서 1377년에 금속활자로 인쇄한 직지심체요절은 독일의 구텐베르크보다 70여 년 앞선 것으로, 세계 최고의 금속활자본으로 공인되었다.『직지심체요절』은 1886년 조불수호통상조약 이후 초대 공사를 지낸 콜랭 드 플랑시가 국내에서 구매해 프랑스로 가져갔으며, 프랑스 국립도서관에 소장되어 있다.

(다) 조선시대에는 왕실의 혼사·장례, 궁중의 잔치, 국왕의 행차, 궁궐의 영건 등 주요 사건이 있을 때 의궤를 만들어 행사의 주요 장면과 도구를 그림으로 그리고, 진행과정·참가자·행사비용 등을 후대에 참고하도록 하기 위해 상세하게 기록해 두었다. 강화도의 외규장각에 보관되어 있던 의궤는 병인양요(1866) 때 프랑스 군인들에 의해 약탈당했다.

(라) 허준은 선조의 명으로 중국과 우리나라의 의서들을 집대성하여 1610년(광해 2)에『동의보감』을 완성하였다. 우리의 전통 한의학을 체계적으로 정리한『동의보감』은 예방 의학에 중점을 두고 전통 약재를 사용한 치료 방법을 개발하였다.

(마)『일성록』은 정조(1776~1800)가 세손 시절에 자신의 생활과 학문에 관해 성찰하며 쓴 일기에서 유래하였다. 성(聖)은 즉위 후 규장각의 신하들로 하여금 일지를 쓰게 하고 내용에 대해 자신의 승인을 받게 함으로써,『일성록』은 왕 개인의 일기에서 국사에 관한 공식 기록으로 바뀌었다.

오답분석

⑤『일성록』은 백성에게 알릴 목적으로 편찬되는 관보가 아니고 국왕의 동정과 국정을 기록한 일지이다.

08 유네스코 세계유산(한국의 산사) 　　정답 ⑤

(가) 보은 법주사 팔상전은 우리나라에 남아 있는 유일한 5층 목조탑으로, 벽면에 부처의 일생이 8장면으로 그려져 있으며, 국보 제55호이다.

(나) 우왕 2년(1376)에 새로 지은 영주 부석사 무량수전은 공포가 기둥 위에만 있는 주심포 양식에다 배흘림 기둥, 팔작 지붕이 조화를 잘 이루고 있다.

(다) 안동 봉정사 극락전은 주심포 양식의 맞배 지붕 건물이다. 공민왕 12년(1363)에 중창했다는 상량문이 발견되어 현존 최고(最古)의 목조 건물임이 확인되었다.

(라) 81,258장의 대장경판을 보관하고 있는 합천 해인사의 장경판전은 1995년에 세계문화유산으로 등재되었다.

(마) 순천 선암사는 신라 하대 도선국사가 창건하였다는 전설이 전해지는 사찰로서, 고려시대 대각국사 의천에 의해 중창되면서 천태종 전파의 중심 사찰이 되었다. 통도사, 부석사, 봉정사, 법주사, 마곡사, 대흥사와 함께 "산사, 한국의 산지승원"으로 2018년에 세계유산으로 등재되었다.

오답분석

⑤ 불국사 3층 석탑(석가탑)에서 무구정광대다라니경이 발견되었다.

09 역사 속의 지역(안동) 　　정답 ①

(가)는 홍건적의 침입 당시 공민왕이 피란했던 안동이다. 안동 봉정사의 극락전은 우리나라에서 가장 오래된 목조 건물이고, 도산 서원은 이황이 세운 서원이다.

918년에 왕건은 신하들의 추대로 왕위에 올라 국호를 고려라 하였다. 고려는 930년 고창 전투(지금의 안동 지방)를 계기로 경상도 지역에서 후백제 세력을 몰아내고 후백제와의 경쟁에서 우위를 점하게 되었다. 신라에 대한 우호 정책의 결과 태조는 신라인의 신망을 얻었고, 935년 신라 경순왕의 항복을 받아 전쟁 없이 신라를 통합할 수 있었다.

오답분석

② 서경(평양)에서 묘청이 반란을 일으키고 국호를 대위라 하였다.
③ 청주 흥덕사에서 1377년에 『직지심체요절』이 금속활자로 인쇄되었다.
④ 개경의 보현원에서 정중부를 비롯한 무신들이 정변을 일으켰다.
⑤ 전라북도 남원시 운봉면의 황산에서 이성계가 왜구를 격퇴하였다.

10 시대통합 – 지방제도   정답 ②

(가) 통일 신라 시대, (나) 고려 시대, (다) 조선 시대, (라) 제2차 갑오개혁 시기의 지방 통치 체제에 대한 기사이다.
(가) 신라는 통일 이후 신문왕 때 지방 행정 조직을 9주 5소경 체제로 정비하여 중앙집권을 더욱 강화하였다. 군사 행정상의 요지에는 5소경을 설치하여 수도인 금성(경주)이 지역적으로 치우쳐 있는 것을 보완하면서 각 지방의 균형있는 발전을 도모하였다. 전국은 9주로 나누고, 주의 장관을 군주에서 총관(뒤에 도독)으로 바꾸었다.
(나) 고려의 지방 행정 조직은 성종 때 12목이 설치된 후 현종 때 골격이 완성되었다. 현종은 전국을 5도와 양계, 경기로 크게 나누고, 그 안에 3경, 4도호부, 8목을 비롯하여 군·현·진 등을 설치하였다. 주·군·현에는 중앙에서 지방관(지사, 현령)이 직접 파견되었지만, 지방관이 파견되는 주군·주현보다 파견되지 않는 속군·속현이 더 많았다.
(다) 조선은 전국을 8도로 나누고 그 아래에 약 330여 개의 군현을 두었다. 군현은 그 고을의 인구와 크기에 따라 부·대도호부·목·도호부·군·현으로 구분하여, 각각 중앙에서 수령을 파견해 다스렸다. 수령은 왕의 대리인으로 부윤·대도호부사·목사·도호부사·군수·현령·현감 등을 통칭하였다. 수령의 임기는 대체로 5년이었고, 상피제에 의하여 출신지에는 임명되지 않았다.
(라) 제2차 갑오개혁에서는 의정부를 내각으로 바꾸고 공무아문과 농상아문을 합쳐 8아문을 7부로 개편하였다. 또 새로운 지방제도를 공포하여 군현제를 폐지하고 전국 8도의 행정 구역을 23부 337군으로 개편하였다.

오답분석

ㄴ. 고구려에서 지방 장관으로 욕살, 처려근지를 파견하였다.
ㄹ. 제2차 갑오개혁 때 8도제를 23부제로 개편하였다.

11 시대통합(관리 등용 방식)   정답 ⑤

㉠ 신라 원성왕(785~798) 때 유교 경전에 대한 이해 수준에 따라 관리를 임용하는 독서삼품과를 실시하였다(788).
㉡ 958년에 광종은 후주에서 귀화한 쌍기의 건의를 받아들여 과거제를 시행하였다. 이를 통하여 광종은 유학을 익힌 신진인사를 등용하여 신구 세력의 교체를 도모하였다.
㉢ 조선 시대 과거에는 문관을 뽑는 문과와 무관을 뽑는 무과, 그리고 기술관을 뽑는 잡과가 있었다. 문과는 3년마다 실시하는 정기 시험인 식년시와 함께 특정한 사유가 있을 때 시행하는 증광시, 알성시, 별시 등 부정기 시험이 있었다.
㉣ 중종(1506~1544)은 유교 정치를 회복하고 훈구대신들을 견제하여 약화된 왕권을 강화하기 위해 조광조 등 사림을 등용하였다. 조광조 일파는 천거제의 일종인 현량과를 통하여 자신들의 세력을 확대하였다.

오답분석

⑤ 제1차 갑오개혁 때 과거제를 폐지하는 대신 보통시험과 특별시험을 거쳐 관리를 임용하였다.

12 역대 토지 제도   정답 ①

(가) 신라 신문왕(681~692)은 문무 관리에게 관료전을 지급하고(687) 녹읍을 폐지하여(689) 귀족의 경제 기반을 축소하였다.
(나) 고려 경종 때 시정전시과가 시행되었다(976). 이때는 관직의 높고 낮음과 함께 인품을 반영하여 전·현직 관리에게 전지와 시지를 지급하였다.
(다) 고려 공양왕 때 제정된 과전법은 전·현직 관리에게 경기 지방의 토지를 지급하였는데, 받은 사람이 죽거나 반역을 하면 국가에 반환하도록 정해져 있다. 과전법에 따라 관구들은 18과로 나뉘어 최고 150결에서 최하 10결의 녹봉을 수조지로 받게 되고, 한량(閑良)들은 10결 혹은 5결의 군전(軍田)만을 받게 되었다.
(라) 과전법 시행 이후 수신전, 휼양전, 공신전 세습의 증가로 신진 관료에게 지급할 수조지가 부족해졌다. 이에 세조 때 직전법을 시행하여 현직 관리만을 대상으로 수조지를 분급하고 수신전·휼양전을 폐지하였다.

MEMO

MEMO